远航国际贸易系列丛书

进出口实战 2

李秀芳　王晨钟　谢茜萍　著

内容提要

本书包括第一部分出口实战的第5篇出口合同履行，第二部分进口实战，第三部分加工贸易实战，第四部分进出口贸易中企业关注的问题。

本书既可作为各类进出口企业的外贸人员、刚进入外贸领域的毕业生工作中的参考，也可为高校国际经济贸易专业的在校生熟悉和掌握外贸流程和操作方法、提高动手能力提供帮助。此外，本书的一些营销方法、与客户接触和谈判的技巧等内容，对从事国内贸易的企业的业务人员也具有参考价值。

图书在版编目(CIP)数据

进出口实战. 2/李秀芳，王晨钟，谢茜萍著. —天津：天津大学出版社，2010.9

(远航国际贸易丛书)

ISBN 978-7-5618-3711-5

Ⅰ.①进… Ⅱ.①李… ②王… ③谢… Ⅲ.①进出口贸易-基本知识 Ⅳ.①F740.4

中国版本图书馆CIP数据核字(2010)第179543号

出版发行 天津大学出版社
出 版 人 杨欢
地　　址 天津市卫津路92号天津大学内(邮编:300072)
电　　话 发行部:022-27403647　邮购部:022-27402742
网　　址 www.tjup.com
印　　刷 昌黎太阳红彩色印刷有限责任公司
经　　销 全国各地新华书店
开　　本 185mm×260mm
印　　张 19.5
字　　数 488千
版　　次 2010年9月第1版
印　　次 2010年9月第1次
定　　价 35.00元

序　言

我国的对外贸易在过去的2009年,通过自身不懈努力,克服了国际金融危机带来的不利影响和困难,出口额跃居世界首位,进出口业绩辉煌。要继续保持对外贸易的强劲势头,就必须继续深化对外贸易改革,优化进出口商品结构,改进和提高对外贸易经营方式。在诸多措施中,应该把对当前进出口贸易新知识的学习放在重要地位,以便更好地充实自己,不断提高业务水平,来应对复杂的国际贸易环境。

对外经贸专业书《进出口实战》,经过作者几年来不断充实修改,终于完稿。阅读后,感到本书具有以下特点。

1. **内容编排打破旧的编排方式,使全书更趋合理实用。**以往,有关进出口业务的书籍,通常都是从贸易合同条款着手撰写。至于交易前期及交易完成后的相关工作,涉及较少或不够完整,使读者学后在正式操作时,有不知如何着手之感。本书则从编排上力求解决这个问题,全书共分四部分,“部分”以下再细分若干“篇”和“章”。第一部分占了全书很大篇幅,内容涉及交易前在国内及国外众多的准备工作,也较详细地阐述当交易完成后在国内应做的“收尾”工作。作者在书内采用这样的编排方式,无疑给初学者或初次踏上本行业的“新手”提供了极大方便,使他们知道怎么去做,也明白为什么这样去做。

2. **内容与书名密切结合。**本书既有“实战”之名,也有“实战”之实。全书四部分基本包括当前最新的进出口贸易整个作业流程。全书内容思路清楚,相互联系紧密,读后有耳目一新之感。本书既可作为高等院校外贸专业学生主要专业课程的相关教材和外贸业务实习基地不足的补充,同时,也可以作为外贸工作者据以检查、核实自身工作质量的依据和外贸企业培训职工的教材。

3. **内容翔实、新颖。**作者在撰写进出口实务方面,尽量采用最新资料、最新案例。对于有关的国际贸易的惯例,也根据其内容,随附在相关的章中,使读者感到惯例贴近实际,便于运用。

相信本书出版后,定会受到广大读者欢迎。

陈国武

天津财经大学 国际贸易系教授、名誉博士生导师

国务院颁发的政府特殊津贴获得者

全国外贸业务员考试认证中心　　专家

全国外贸单证员考试认证中心　　专家

前　言

中国加入世界贸易组织后,尤其是在2004年7月1日新修改的《对外贸易法》颁布实施后,外贸进出口权全面放开,从而促使各类进出口企业迅速发展,特别是民营中小型进出口企业日益增多。新《对外贸易法》的颁布实施,不仅为中小企业从事进出口贸易提供了法律保障,而且促进了我国外贸持续、健康、协调发展。但是,众多刚刚从事或即将从事进出口贸易的中小企业,尤其是民营中小企业,普遍缺乏对外贸易的知识和经验。即使是从事多年对外贸易的老企业,由于国际贸易惯例和规则的变化,也需要不断补充新的知识。加之我们的一些高校国际贸易专业学生普遍缺乏实际动手能力,因此,作者结合自己多年的教学和实践经验,撰写了《进出口实战》一书。本书有如下特点。

特点之一是新。一是体系、结构新。本书采用全新的体系和内容结构,打破国际贸易实务书籍通常的内容编排方式(即主要介绍贸易合同条款和简单的合同履行程序,对于交易前期及交易完成后的相关工作,通常涉及较少,而对加工贸易涉及的更少),系统、全面地展示企业从事出口、进口和加工贸易的业务全过程,让人有耳目一新之感。二是资料、内容新。本书采用最新版本的相关国际惯例、法律、规章制度,并在实例(如报价和运费计算等方面)资料的选取上力求采用目前外贸业务中的实际数据资料。在内容上,本书力求反映目前进出口企业在外贸实务中的最新做法。开拓市场、寻找客户和争取订单是外贸企业生存和发展的关键。因此,本书在出口实战部分中用较大篇幅撰写了寻找买家的方法和渠道以及如何与国外客户谈判、争取订单等,并提供了一些可操作性的方法、技巧和建议,这些将会对我国进出口企业开拓市场,争取客户和实现交易提供一些帮助。三是写作方法新。本书打破外贸书籍常规的写作方式,本着方便读者阅读、理解和实际运用的目的,将解释外贸政策、法律、惯例、规则和讲解外贸原理及行业习惯做法结合在一起。如把对有关的国际贸易惯例的解释,根据其内容,随附在相关的章、节中,便于读者加深理解惯例和运用。再如,在出口实战的制单部分中,将每种单据的填制方法,直接写入单据的栏目中,以方便读者更快更好地掌握出口单据的制作。

特点之二是全。本书以一项完整的出口、进口交易和加工贸易为主线,详细、具体地撰写了进出口实务操作及加工贸易的全过程。尤其在出口实战部分中,作者首先阐述了交易前的各项准备,如企业登记进出口权、贸易公司选择出口产品和供应商、出口产品认证、国际市场调查、寻找买家、接触客户、对客户资信调查和取得客户信任等。其次撰写了如何与国外客户谈判、判断"真""假"买家、如何管理买家询盘、如何接待客户和争取订单,以及打样、寄样和报价等。而这些内容在目前国内的国际贸易实务类的书中鲜有涉及。最后系统完整地介绍了国际货物买卖合同条款及合同履行。由于加工贸易是我国多年开展的一种主要贸易方式,加工贸易的出口占我国全部出口的一半左右,许多各种性质的企业主体都在从事加工贸易,而加工贸易的业务流程及海关管理又比较复杂,因此本书在加工贸易实战部分,对加工贸易的实际操作流程和海关管理作了比较系统和详细的阐述。贸易融资、汇率风险、国外客户的信用风险以及全球日益增多的贸易壁垒等是企业在进出口贸易中面临的实际问题和需要防范及应对的问题,本书在第四部分(即第2册的最后)介绍了贸易融资方式、汇率风险及信用风险的防范以及国际上贸易壁垒的现状和应对措施。

特点之三是实用。全书的四部分及每一部分的各篇,基本包括了当前最新的出口、进口和加工贸易的整个作业流程,使读者能完整地了解和掌握进出口业务全部操作过程。尤其是作者在注重系统介绍进出口业务流程和操作方法及步骤的同时,强化实际动手能力,力求做到在结构、内容及案例和实例上都体现实用的特点。为突出“实战”特点,作者在写作过程中,尤其对出口准备、出口营销、国际商务谈判及合同履行等方面作了大量研究,吸收和借鉴了许多外贸企业的业务人员、经理和其他部门的建议、经验和好的做法,为读者提供了一些可操作性的方法、技巧和建议,甚至在书中有些内容上写入了外贸行业和货代物流行业的“行话”和“俗称”,目的是使初入外贸行业的人员和国际贸易专业的毕业生和在校生通过阅读本书,能够系统完整地掌握国际贸易的操作流程,并具有较好的实际操作能力。

《进出口实战》分为2册,共四部分。第1册包括第一部分出口实战的第1至4篇,即出口准备工作、出口营销、国际商务谈判与合同订立、国际货物买卖合同条款。第2册包括第一部分的第5篇出口合同履行,第二部分进口实战,第三部分加工贸易实战,第四部分进出口贸易中企业关注的问题。

本书既可作为各类进出口企业的外贸人员、刚进入外贸领域的毕业生工作中的参考,也可为高校国际经济贸易专业的在校生熟悉和掌握外贸流程和操作方法、提高动手能力提供帮助。此外,本书的一些营销方法、与客户接触和谈判的技巧等内容,对从事国内贸易的企业的业务人员也具有参考价值。

本书写作分工情况:第一部分中,李秀芳负责第1至16章、第20、23、26、27章,李秀芳和冯强负责第17、18、19章,谢茜萍负责第21、22章,李秀芳和冯友竞负责第24、25章,王晨钟负责第28至36章;第二部分中,李秀芳和高琳负责第1至6章,赵娜负责第7至16章;第三部分中,李秀芳负责第1、2、3章,曹圆圆负责第4至8章;第四部分中,李秀芳和孙晓刚负责第1章,李秀芳和崔治林负责第2章。全书由李秀芳负责修改和统稿。

本书在写作过程中得到了天津纽莱克进出口有限公司总经理张辉,伟明(天津)国际贸易有限公司副总经理赵莉云、业务员王鸣鸣和董爱莉,上海和明航运服务有限公司天津分公司李山君,以及在天津从事货运代理工作的许莹、李玥、李媛等同志的大力支持和帮助,在此衷心表示感谢!最后,尤其要感谢陈国武教授为本书所提的修改意见和建议,研究生曹圆圆、翟美怡、徐珅等为本书的完成做了很多具体的、基础性的工作,耗费了他们许多精力和宝贵的时间,在此深表谢意。

限于作者水平,书中缺点、疏漏和不妥之处在所难免,欢迎读者批评指正,以便再次修订时,使之更臻完善。

作者
2010年8月

目　录

第五篇　出口合同履行

合同的履行是指签约的买卖双方分别完成合同约定的义务,同时享受其赋予的权利的过程。即卖方向买方提交符合合同规定的货物,并移交一切与货物有关的单据和转移货物的所有权;买方按照合同规定支付货款,并收取货物。在国际贸易中,经过买卖双方交易磋商,达成的进出口合同,对双方的权利和义务都具有约束力,合同一经有效成立,双方必须严格履行合同的规定。可以说,做好履行合同工作的重要性决不亚于合同的磋商和签订。因此,在外贸工作中,必须要遵守“重合同,守信誉”的基本原则。我国企业在对外签订进出口合同时要极为慎重,因政策(如受配额及许可证限制的出口商品,该企业无法取得配额和许可证)或实际生产能力的限制不能或难以做到的事项,则不能轻易作出允诺。而一旦允诺并在合同中以书面形式定下的内容,企业就必须严格按合同办事,不能以各种借口或理由单方面修改或变更合同的条款。

本篇重点分析出口合同履行的基本流程(详见下图),以及卖方在出口合同履行过程中的基本义务,同时系统介绍在出口合同履行的各个环节中涉及的各式单据及其填制方法和注意事项。在进出口业务中,如果采用不同的价格术语和支付方式,卖方履行出口合同就会产生不同的做法。因此,本篇将在 CIF 价格条件和凭 L/C 支付的方式下,具体阐述出口合同履行的各个步骤,大致分为以下几个环节:备货,催证、审证、改证,租船订舱,商品检验,投保,报关,装船,制单、交单、结汇。其中以货、证、船、款 4 个环节最为重要。

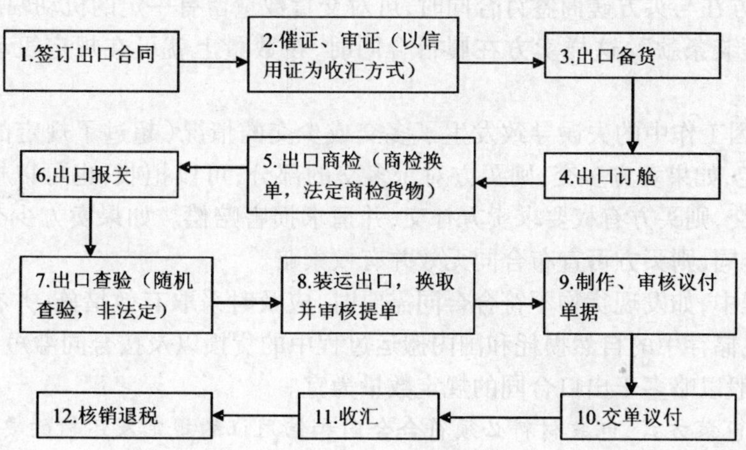

第 28 章　如何做好备货工作

备货是指卖方根据出口合同的规定，按时、按质、按量地准备好应交的货物，并做好包装、刷唛等工作，对要求检验和需要申领出口许可证的商品做好申请报验和领证工作。准备货物是履行出口合同的重要环节。《联合国国际货物销售合同公约》(简称《公约》)第 30 条明确指出："卖方必须按照合同和本公约的规定交付货物，移交一切与货物有关的单据并转移货物所有权。"由此可见，按照合同交付货物、移交单据和转移货物所有权是卖方的三项基本义务。其中，交付货物又是最主要的义务。因为只有交付了货物，才谈得上移交单据和转移货物所有权，而做好备货工作就是为履行交货义务准备物质基础。

1. 备货的基本要求

(1)保证货物的品质、规格与合同和信用证的规定相符

凡凭规格、等级、标准等文字说明达成的合同，交付货物的品质必须与合同规定的规格、等级、标准等文字说明相符；如系凭样品达成的合同，则必须与样品相一致；如系既凭文字说明，又凭样品达成的合同，则两者均须相符。此外，货物应符合进口国法律法规所要求的质量标准，即使合同中未作规定，卖方也必须保证货物达到标准，否则无法进入进口国市场。在备货过程中，要充分注意这一点。

(2)货物的数量与合同和信用证的规定相符

货物的数量是国际货物买卖合同的主要条件之一，按合同规定的数量交付货物是卖方的重要义务。在实际交货过程中，常常会发生超交或少交的情况，对此，《联合国国际货物销售合同公约》等法律法规都有明确的规定，对卖方交货责任的要求是严格的。根据生产和交货的实际需要，卖方在与买方磋商签订合同时，可对交货数量留有一定的机动幅度并达成特别约定，如规定"溢短装条款"，这样卖方在履行合同时，在数量上就可在规定机动幅度内有所伸缩。

此外，如果因工作中的失误导致发生了多交或少交的情况(超过了规定的溢短装数量)，根据《公约》规定，如果卖方多交，则买方对于多交的部分，可以拒收，也可以接收一部分或全部；如果卖方少交，则买方有权要求卖方补交，并请求损害赔偿。如果卖方少交货物的后果构成了根本违反合同，则买方可宣布合同无效并有权索赔。

在备货过程中，如发现货物不符合合同需要时，应及时采取有效措施，并在规定期限内补足。为便于补足储存中的自然损耗和国内搬运过程中的货损以及按合同溢短装条款的溢装之用，备货数量一般以略多于出口合同的规定数量为宜。

(3)货物的包装方式、包装材料必须符合合同和信用证的规定及运输的要求

货物的包装如同品质一样，也是买卖合同的主要条款，有的国家的法律把合同中的包装条款视作对货物说明的组成部分，卖方必须按照合同规定的包装方式交付货物。包装标志也应按合同规定或客户要求刷制。运输标志的式样，如合同有规定或客户另有指定的，则必须按合同规定或客户指定的办理；如合同未规定、客户对此又无要求的，则由出口方自行选定运输标志，一般应包括收(发)货人缩写、目的港、件号等内容。如进口国有关当局规定包装标志必须

使用特定文字的(如海湾国家要求用阿拉伯文等),一般应予照办。

在刷制运输包装上的标志时应注意以下问题:一是符合运输要求和有关国家海关的规定;二是保证货物被适当处置;三是帮助收货人识别货物;四是货物包装上的运输标志应与所有出口单据上对运输标志的描述一致;五是运输标志应既简洁,又能提供充分的运输信息;必须用防水墨汁刷写,大小适中,使相关人员在一定距离内能够看清楚。

(4)备货的时间应与合同和信用证规定的装运期限以及船期紧密衔接,防止船货脱节,同时要注意适当留有余地,以免造成延误

交货时间是国际货物买卖合同的主要交易条件,若有违反,买方不仅有权拒收货物并提出索赔,甚至还可宣告合同无效。因此,货物备妥的时间,必须适应出口合同与信用证规定的交货时间和装运期限,并结合运输条件,例如船期,进行妥善安排。为防止意外,一般还应适当留有余地。

2. 出口备货的流程

出口备货是指根据信用证或合同规定,按时、按质、按量地准备好应交付的货物,也是出口方履行合同的第一步。

出口主体不同,出口备货的流程也有所不同。对进出口公司来说,需要与生产供货企业签订国内购销合同;对有进出口经营权的生产企业来说,应该及时安排好出口商品的生产;对通过进出口公司代理出口的生产企业来说,应该与代理公司密切合作,按时完成出口商品的生产。相对来说,进出口公司的备货流程环节最多,而有进出口经营权的生产企业的备货比较简明。

出口备货的工作很多,为了保证按时、按质、按量履行出口合同的交货义务,出口备货的主要工作有:向生产或供货部门安排生产或催交货物,然后核实检查应收货物的品质、数量和包装状况,并对货物进行验收。有的商品进仓后,需根据出口合同规定再次进行整理、加工和包装,并在外包装上加刷唛头和其他必要的标志(指示性、警告性标志),如毛净重,包件长、宽、高以及"中华人民共和国制造"等,有的还需视客户要求和市场习惯,标以买卖合同号、订单号、信用证号、进口许可证号、货号、花色号、型号等。

现以纺织品与服装出口贸易为例,根据其特点,归纳出口备货工作的重点。

(1)下达联系单(或)签订国内购销合同

对于有出口经营权的企业,通常由出口部向生产加工及仓储部门下达联系单(或称加工通知单);无实体的出口公司则向国内的工厂签订国内的购销合同。无论是哪一种类,有关部门都要以联系单或国内的购销合同为依据,对应交的货物进行清点、加工整理、刷制运输标志以及办理申请报验和领证等项工作。所以该单据或国内购销合同同时也是国内进出口公司内部之间或与内地工厂进行制单结汇的依据。

此类单据在缮制时要与原合同相符,用中文填写,并且清楚、完整。

联系单(或国内购销合同)一般包括下列主要内容:

➢产品名称、货号、规格、数量和价格;
➢质量标准及验收方法;
➢包装标准及费用负担;
➢交货期限、交货方式、交货地点;
➢运输方法、运输负担;

➢结算方式及日期；

➢供需双方的违约责任。

这对外贸公司的国内购销合同特别重要。比如："供方不能交货，按不能交货部分货款总值的一定比例，向需方偿付违约金；需方中途退货，按退货部分货款总值的一定比例，向供方偿付违约金；因逾期供货，客户取消合同并索赔，或同意降低价格所造成的损失由供方负责。"出口生产企业加强出口部门和生产部门间的管理和核算的同时，也应该重视双方的违约责任。

(2)拟订跟单计划，抓好生产进度，满足交货期要求

从签订合同到交货出运这段时间，出口商对能否按时交货一定要做到心中有数。在签订合同前，出口商对生产商或供应商的生产供货情况已经有了初步的了解和把握，在此基础上，出口商就必须一环扣一环地落实生产和交货进度。

1)纺织原料出口跟单

在纺织原料的出口中，出口商要根据原料产地的环境状况，了解气候、温度、水土等对纺织原料的生长的影响，有无突发情况的应对措施，如棉花产地的历史和近期的气候环境，桑蚕饲养中桑叶的供应、柞蚕野外树林放养环境等。除此之外，更要熟悉和了解纺织原料加工企业的状况，如棉花的轧花加工企业、加工生丝的缫丝厂的生产工艺、生产设备和生产条件等，定期到企业督促检查，这对完成生产任务、按时交货是十分重要的。

2)纺织面料出口跟单

在纺织面料出口中，除了一般规格的白坯布外，大多需要提交色布等样品，提供给买方予以确认。在此期间，出口商必须与生产企业密切合作，对企业的生产设备、技术条件以及工人操作水平做到心中有数。对有些具有特殊要求的产品，要帮助企业一起制订生产工艺和生产计划。有的产品必须由无梭织机生产，有的产品对后整理有特殊要求，如免烫整理、阻燃整理等等，跟单计划就要统筹安排，对一道道生产工序进行检验和敦促，直至成品包装出厂。

3)服装出口跟单

服装的出口备货较之纺织原料和面料出口更为复杂，因其生产工艺流程长，任何一道环节都不能出错。在服装出口跟单计划中，尽管拟定了各项工作实施的时间表，但有些工作实施的先决条件是买方提供的物件或单证：算料时需要具有颜色搭配的订单；定购辅料需要辅料样品和色样；服装打样需要原样和纸样等。客供标签/吊牌应在服装生产前到位；买方信用证应在规定的到证日内到达。这些客供物件或单证的延误无疑会影响到整个跟单计划。因此，为了使合同顺利履行，卖方应避免消极等待。在拟订好跟单计划，确定了需要这些客供物件或单证所需时间后，卖方应该和买方保持良好的联系，适时提醒、敦促买方。如果买方一味拖延，卖方可以向买方点明可能会产生的后果，并且严明责任。

除了向服装买方做敦促工作外，卖方还可根据拟订的跟单计划，适时敦促面料厂商及辅料厂商及时出样、生产和交货；督促服装生产厂及时安排流水线、组织生产等，以保证各项工作环环相扣，顺利实施；如果合同规定由买方订舱、办理运输，则要敦促买方及时发装运要求(shipping instructions)。

(3)建立良好的文档

为使备货工作有案可查，在实施跟单计划过程中，建立良好的文档也是重要的一环。随时做好业务记录，在办公室分档保存该项合同的各类往来函电、工艺单、订单、操作要则和实施记录等，这对完成出口备货、将来争议的解决都是至关重要的。

(4)货物出仓管理

货物在出运时,必须办理出仓手续。很多进出口公司使用“货物出仓申请单”作为办理货物出仓的交接手续。

3.出口备货过程中的注意事项

在备货工作中,应注意以下几个问题。

◆货物的品质、规格:应按合同或信用证的要求核实,必要时应进行加工整理,以保证货物的品质、规格与合同规定一致。

◆货物的数量:应保证满足合同或信用证对数量的要求,备货的数量应适当留有余地,备作装运时可能发生的调换和适应舱容之用。

◆货物的包装和唛头(运输标志):应进行认真检查和核实,使之符合信用证的规定,并要做到保护商品和适应运输的要求,如发现包装不良或破损,应及时进行修整或换装,标志应按合同规定的式样刷制。

◆备货时间:应根据信用证规定,结合船期安排,以利于船货衔接。

第29章 如何做好催证、审证与改证

信用证(简称 L/C)支付方式是随着国际贸易的发展、银行参与国际贸易结算的过程中逐步形成的。由于货款的支付以取得符合信用证规定的货运单据为条件,避免了预付货款的风险,因此信用证支付方式在很大程度上解决了进出口双方在付款和交货问题上的矛盾。它已成为国际贸易中的一种主要付款方式。然而,在出口贸易中,出口方为了能够安全收汇,仍要对信用证进行仔细审核,规避各种潜在风险,注意各个操作环节,尤其在收到并确定最终要执行的信用证之前,一定要贯彻以下3个步骤:催证、审证和改证。

1. 催证的含义及发生的前提

催证就是出口商通知或催促国外进口商按照合同内容,迅速通过银行将信用证开来,以便出口商能将货物及时装运。

并非每笔业务都需要催证,一般以下情况需要催证:

第一,合同内规定的装运期距合同签订的日期较长,或合同规定买方应在装运期前一定时间开出信用证;

第二,卖方提早将货备妥,可以提前装运,可与买方商议提前交货;

第三,国外买方没有在合同规定期限内开出信用证;

第四,买方信誉不佳,故意拖延开证(因市场行情的变化可能导致无利可图),或因资金等问题无力向开证行交纳押金。

第五,买方工作疏忽,忘记开证;或买方无法开证,因为不能满足开证行的开证条件。

2. 出口商催证的原因及采用的方式

在以信用证为支付条件的合同项下,买方按约定的时间开证是卖方履行合同的前提条件,对于大宗交易或按买方要求而特别定制的商品交易,买方及时开立信用证尤其重要,否则卖方无法准时安排生产和组织货源,轻者造成货物不能及时出运,或者市场行情发生变化造成损失;重者使得货物销售不出去,严重影响企业的持续经营。

催证是通过信件、电报、电传或其他方式,催促对方及时办理开证手续并将信用证送达卖方,以便卖方及时备货或装运货物出口。为保证按时履行合同,提高履约率,卖方有必要在适当的时候,提前催促买方依约开立信用证。

在正常情况下,买方信用证最晚应在货物装运期前15天开到卖方手中。对于资信情况不是很了解的新客户,原则上坚持在装运期前30天或45天甚至更长的期限,并且配合生产加工期限和客户的要求灵活掌握信用证的开证日期。在实际业务中,国外客户在遇到市场行情变化或缺乏资金的情况下,往往拖延开证,因此出口商应经常检查买方的开证情况。

3. 催证信函的形式及内容

1)写信要点

催证信函中应包括以下要点:

➢有关的信用证还未收到;

➢要求速开信用证;

➢开证注意事项；

➢盼早收到信用证。

2）常用句型

【未收到有关的信用证】

Referring to the 500 sets Children Bicycles under our Sales Contract No. 123, we would draw your attention to the fact that the date of delivery is drawing near, but we haven't received your L/C.

关于我方第123号销售合同项下的500辆童车,我们拟提请你方注意,交货期日益迫近,而有关信用证迄今仍未收到。

With reference to our S/C No. 234, we regret to find that your L/C has failed to arrive here within the time stipulated.

关于我方第234号销售合同,我们很遗憾你方的信用证未能在规定的时间开达我方。

【要求速开信用证】

As the goods are ready for shipment, please expedite your L/C so that we may effect shipment by S. S"Peace".

由于货已备好待装,请速开信用证以便这批货赶上"和平"号轮。

Please do your utmost to open your L/C, so that we may execute your order smoothly.

请速开信用证以便这笔订货得以顺利执行。

【开证注意事项】

In order to avoid subsequent amendments, please see to it that the L/C stipulations are in exact accordance with the terms of the contract.

为了避免随后修改,务请做到信用证内规定事项与合同条款完全一致。

In order to avoid subsequent L/C amendment, please pay attention to the stipulations of the S/C.

为了避免随后对信用证的修改,请留意销售合同的规定。

3）信函范例

Dear Sirs,

With reference to our S/C No. 234, we would draw your attention to the fact that the date of shipment is approaching, but we still have not received your covering L/C. We request you to open the relevant L/C immediately, so that we can ship the goods in time.

In order to avoid subsequent amendments, please see to it that the L/C stipulations are in exact accordance with the terms of the contract.

We look forward to receiving your covering L/C soon.

Yours faithfully

敬启者:

关于我方第234号销售合同,拟提请注意交货期日益临近,但至今我们还未收到有关的信用证。请速开信用证,以便我方及时装运。

为了避免日后的修改,请做到信用证的规定事项与合同条款完全一致。

盼早日收到你们的信用证。

谨上

4. 审证的含义及原因

审证是履行出口合同中的一个非常重要的环节,关系到卖方能否顺利交货、制单和收汇。

由于国外开来的信用证先到达通知行,因此先由通知行审证,通知行审核后再将信用证转交给卖方,由卖方审证。二者审证同等重要,各有侧重,不能相互替代,缺一不可。

通知行审证的内容主要包括开证行背景、资信、付款责任、信用证真伪、信用证内容完整性、信用证有效性、索汇路线和索汇方式、费用负担等。常见的问题是信用证未生效或有条件生效。通知行一般在通知信用证时将其审核结果通报卖方。根据通知行通报的情况,如果开证行资信欠佳,卖方可考虑请求通知行或其他银行对信用证加具保兑;如果信用证只是"预先通知",而非全部内容,卖方必须等待其余内容。

卖方审证是将信用证与买卖合同及《UCP600》对照审核,着重审核来证的内容与买卖合同的有关条款是否一致,以及有无违反《UCP600》及ISBP最新版本的相关规定。此外,卖方审证时还要考虑业务实际情况,对于合同中未作规定或无法根据《UCP600》作出判断的信用证条款,应根据业务实际情况进行审核。可根据以下原则作出判断:是否符合相关法律法规、是否影响安全收汇、是否符合商业习惯、是否可以做到、是否大幅增加费用等。

信用证是依据合同开立的,信用证内容应该是与合同条款一致的。但在实践中,由于种种因素,如工作的疏忽、电文传递的错误、贸易习惯的不同、市场行情的变化或进口商有意用开证的主动权加列有利于自己利益的条款等,往往会出现开立的信用证条款与合同规定不符。为确保收汇安全和合同顺利执行,防止导致经济上和政治上对我方不应有的损失,我们应该在国家对外政策的指导下,对不同国家、不同地区以及不同银行的来证,依据合同进行认真的核对与审查。

5. 审核信用证的要点

一般来说,在审查国外来证时,从宏观角度应考虑下列4个方面:

第一,政治上是否符合我国对外政策;

第二,对安全及时收汇是否有保障;

第三,与我国有贸易协定的国家的来证是否符合协定的规定;

第四,来证的条款是否符合合同规定,证内所列条款我方能否履行。

下面就一些细节的审核作详细的阐述。

(1)对开证银行的审核

开证银行的政治背景、资信状况、印鉴、密押是否相符,索汇路线是否正确,是否符合支付协定,是否要加具保兑或由偿付银行确认偿付。

(2)对信用证类型的审核

来证不论是即期的、远期的、保兑的、可转让的、循环的或备用的信用证,都应该有"IRREVOCABLE"字样。根据《UCP500》规定,若信用证没有明示是否可撤销,应理解为不可撤销。自从《UCP600》实施以后,所有信用证都属于不可撤销信用证。

当合同规定开出的是保兑信用证时,应检查证内是否注明"CONFIRMED"字样。

(3)对开证人的审核

开证人一般情况下是订立货物买卖合同的买方,也可能是买方的客户或买方委托的开证人。

(4)对受益人的审核

受益人应是订立货物买卖合同的卖方。审证时应以合同为依据,逐字审核受益人的名称和地址是否完整、正确。

(5)对币制和金额的审核

原则上来证的币别和币值应与合同的币别和币值相符。如用其他货币开证,应按汇率折算是否与合同金额相符,否则要改证。如来证金额因含折扣或佣金而与合同不一致,应核算来证的净值是否与合同的净值相一致。若来证规定数量增减,应注意来证金额应该有相同比例的增减。

(6)对到期日、到期地点的审核

来证应规定一个有效期或到期日,到期地点应在我国国内。根据《UCP600》规定,若信用证没有规定有效期,视为无效信用证。如来证规定的有效期的最后1天,适逢法定假日或银行休假日,该期限可顺延至下一个营业日。信用证的到期日应在最迟装运日期之后,并与最迟装运日期有合理间隔(通常10~15天),以便卖方有合理的时间制作单据结汇。

(7)对汇票条款的审核

若信用证为即期付款,其汇票条款一般为"CREDIT AVAILABLE BY YOUR DRAFT(S) AT SIGHT FOR 100 PERCENT OF INVOICE VALUE DRAWN ON..."。若信用证为远期付款,要分清是真远期还是假远期,真远期的汇票条款一般为"AVAILABLE BY YOUR DRAFT(S) AT 30 DAYS SIGHT DRAWN ON THE ISSUING BANK FOR 100% OF INVOICE VALUE",假远期的汇票条款一般为"THE NEGOTIATION BANK IN AUTHORISED TO NEGOTIATE THE USANCE DRAFTS ON SIGHT BASIS; DISCOUNT CHARGES, ACCEPTANCE COMMISSION ARE FOR BUYER'S ACCOUNT"。

(8)对分批装运及转运的审核

根据《UCP600》规定,运输单据表面注明货物系使用同一运输工具并经同一路线运输的,即使每套运输单据注明的装运日期不同及/或装货港、接受监管地、发运地不同,只要运输单据注明的目的地相同,也不视为分批装运。

根据《UCP600》规定,除非信用证另有规定,允许分批装运和转船。

根据《UCP600》规定,除非信用证特别授权,如信用证规定在指定时期内分期装运,其中任何一期未按期装运,则信用证对该期和以后各期均告失效。

来证不准分批,又没有数量增减条款,则实际装运数量不得少。但对于散装货而言,根据《UCP600》规定,即使信用证不准分批装运,数量也可有5%的增减幅度。

来证不准转运的,要确定能否取得直达提单,否则必须改证。

来证规定在某个港口转船,有的指定由某个船公司接转或在某港转装集装箱等,收证后都要核实能否按来证要求办理,是否使得额外的费用(如ORC、THC)大量增加。

(9)对装运港和目的港的审核

来证规定海运的起运港为中国港口(CHINESE PORTS)或当地的港口,甚至规定亚洲口岸(ASIAN PORTS)都可以,但不能是一个内陆城市如乌鲁木齐、拉萨或北京等。

来证的目的港应与合同一致,除非分运几个港口,否则目的港只能列一个。

来证笼统规定目的港为欧洲主要港口(EUROPEAN MAIN PORT),只需按合同或买方通知的港口发货即可,不必改证。

(10)关于选择港的审核

选择港,即允许收货人预先提出两个或两个以上的卸货港,在货轮驶抵第一个备选港口前,按船公司规定的时间,将最后确定的卸货港通知船公司或其代理人,船方负责按通知的卸货港卸货。按一般航运惯例,如果货方未在规定时间将选定的卸货港通知船方,船方有权在任何一个备选港口卸货。

对选择港进行审核时应该注意以下几个方面:

➢合同中规定的选择港的数目一般不超过3个;

➢备选港口在同一条班轮航线上,而且是班轮公司的船只都能停靠的港口;

➢在核定价格和计算运费时,应按备选港口中最高的费率加上选港附加费计算;

➢在合同中应明确规定因选择港而增加的运费、附加费均由买方负担。

(11)对装运期的审核

信用证的装运期一般应规定为最迟(LATEST)某月某日。

来证没有规定装运期,根据《UCP600》的规定,可理解为双到期,即装运期与信用证的有效期相同。卖方需根据实际情况判断可否接受。

来证规定尽快装运(ASAP),根据《UCP600》的规定银行将不予置理。

来证如在规定装运日期时使用"于或约于"(on or about)之类词,按惯例银行将理解为在所述日期前后各5天装运,起讫日包括在内。

(12)对货物描述的审核

来证的品名、货号、规格、包装和合同号等必须与合同一致。

来证所列单价、数量和贸易术语应与合同一致。

(13)对单据要求的审核

◆汇票(Draft)。当来证要求汇票的付款人为开证申请人,汇票的付款期限与合同规定不符时,应要求国外客户改证。

◆商业发票(Commercial Invoice)。来证要求出具两份不同买主名称的商业发票时应要求改证。来证要求商业发票由买方签字,应要求改证。

◆装箱单(Packing List)。来证要求提供中性装箱单(NEUTRAL PACKING LIST),装箱单上不显示受益人名称和地址即可,不必改证。

◆提单(Bill of Lading,B/L)。以FOB成交,提单应注明"FREIGHT COLLECT",如来证误开为"FREIGHT PREPAID",应要求改证。

来证要求提单上列出集装箱号和/或铅封号,则须以集装箱船装运并在提单上列出集装箱号和/或铅封号。

来证要求提供直达提单或某船公司提单时,应考虑实际和可能,若无法提供时应要求改证。

◆保险单(Insurance Policy)。来证要求保险单中的保险条款、险别、保险加成、保险人和理赔人等方面内容应与合同一致。

来证规定由于任何原因引起的灭失或残损(LOSS OR DAMAGE FROM ANY CAUSE HOWSOEVER ARISING)都赔偿,应要求改证,改为任何外部原因(ANY EXTERNAL CAUSE),方能被保险公司承保。

关于保险加成,保险公司一般可承保加成到30%,如来证规定加成高于30%,要取得保险公司同意,否则应该改证。

◆产地证(Certificate of Origin)。来证指定由出入境检验检疫局或贸促会出具产地证可以接受,但要求上述两家机构互相加具证明的不能接受。

◆普惠制产地证格式 A(Generalized System of Preferences Certificate of Origin Form A, GSP)。出入境检验检疫局是我国签发普惠制产地证的唯一机构,来证指定其他机构如贸促会签发普惠制产地证,应要求改证。

◆品质证(Certificate of Quality)和检验证(Inspection Certificate)。品质证和检验证是检验货物的证明文件,其检验项目有品质、数量和重量等。来证未指定出证机构,可由出口公司或生产厂出证,也可由出入境检验检疫局出证。

来证要求由贸促会出具品质证或检验证,应要求改证。

◆受益人证明书(Beneficiary's Certificate)。受益人证明书主要有寄单证明、电抄本和履约证明等。来证要求出具的受益人证明书应是受益人实际已完成或受益人力所能及的任务的证明。

◆装船通知。来证规定装运前若干天发装船通知并且要列明装运日期,实务中应要求改证,改为装运后发电(Immediately After Shipment)。

◆海关发票(Customs Invoice)。如来证指定某种格式或编号的海关发票,应核实能否提供,否则应改证。

◆领事发票(Consular Invoice)。来证规定要求提供领事发票,实务中应要求改证删除。

(14)交单期限审核

来证一般规定一个装运后的交单期限,如来证没有要求,一般为装船后的 7 ~ 15 天,根据《UCP600》的规定,最长的交单期限为装船后 21 天,但不能超过信用证的有效期。

(15)对银行费用条款的审核

根据《UCP600》,银行费用(一般包括议付费、通知费、保兑费、承兑费、修改费、邮费等)由发出指示的一方负担。如果来证规定由受益人承担全部费用,显然是不合理的,应要求改证。

(16)审核信用证附加条款

国外开来的信用证经常会出现各种各样的附加条款,尤其是一些软条款。常见的附加条款有:必须使用英文制作单据;第三方单据是否接受;某些具体内容需在全部或某几种单据中显示;关于不符单据的扣费和处理过程等等。常见的软条款如:信用证暂时不生效,须经再次通知后才生效;信用证规定必须由开证申请人或其指定人验货并签署质量检验合格证书或者货物收据;货物质量检验证书须经开证行或者通知行核实等。

(17)跟单信用证统一惯例文句

来证一般规定有依照惯例声明,如"除非另有规定外,来证根据国际商会 2007 年修订本第 600 号小册《跟单信用证统一惯例》办理"。但对于 SWIFT 开证,可以省略该声明。

6. 信用证修改

(1)改证信函的格式及内容

1)写信要点

改证信函的要点如下:

➢确认收到信用证,指出不符点;

➢不符点内容的修改;

➢要求尽快修改。

2)常用句型

【指出不符点】

◆We have received your L/C No. 123, but find it contains the following discrepancies and would request you to make the following amendments:

我们收到你方第123号信用证,但发现其中有下列不符点,请对信用证作如下修改:

◆Thank you for your L/C No. 123, but we regret to say that we have found a number of discrepancies. Please amend the L/C as follows:

收到你方第123号信用证,谢谢。但我们遗憾地发现其中有一些不符点,请对信用证作如下修改:

◆Referring to L/C No. 123, we must point out that the unit of quantity does not conform to the contract.

关于第123号信用证,我们必须指出数量的单位与合同不符。

【不符点内容的修改】

To add the clause"..." 增加"……条款"

To insert the word(s)"..."before/after/between... 在……之前/之后/中间加上……

To increase the amount from...to... 把金额由……增加到……

To delete the clause/the words... 删除……条款/词

"..."should read"..." ……应改为……

Please amend"..."instead of"..." 请将……修改为……

【要求尽快修改】

◆Please amend the L/C as soon as possible so as to enable us to effect shipment in time.

请尽快修改信用证以便我方按时装运。

◆Please adjust the credit immediately so that we can make arrangements to ship the goods in time.

请马上修改信用证,以便我们按时装运。

◆Your early amendment to the L/C will be highly appreciated.

请尽快修改信用证,深表谢意。

3)信函范例

Dear Sirs,

Thank you for your L/C No. 123, but we regret to say that there are some discrepancies in it. Please amend the L/C as follows:

①The amount both in figures and in words should respectively be USD55000 and "Say US Dollars Fifty-five Thousand Only".

②Insert "Children" before "Bicycles".

③Delete the clause of insurance.

We look forward to your early amendments to the L/C.

Yours faithfully

敬启者:

感谢你方第123号信用证,但是我们感到很遗憾,该证有一些与合同不符之处。请将该证作如下修改:

①金额的数字和文字表示都应该是"55 000 美元";

②在"自行车"前加上"儿童"一词;

③删除保险条款。

盼望早日收到你们的信用证修改书。

谨上

(2)改证的操作

第一,受益人向开证申请人提出修改信用证,并将希望修改的内容一一说明;

第二,协商一致后,开证申请人填写信用证修改申请书,向开证行提出改证申请;

第三,开证行同意后,向信用证的原通知行发出信用证修改书(MT707);

第四,原通知行将信用证修改书通知给受益人。

(3)修改信用证时的注意事项

信用证经过全面的审核后,如发现有问题应及时通知国外客户通过开证行进行修改。改证时一般应掌握以下几点。

第一,一份信用证如有几处需要修改,应集中一次通知开证人办理修改,避免一改再改,既增加双方的费用又浪费时间,而且还会造成不良影响。

第二,修改信用证的要求一般应用电信通知开证人,同时应规定一个修改书的到达时限。

第三,对收到的信用证修改通知书应认真进行审核,如发现修改内容有误或我方不能同意的,出口企业有权拒绝接受。实务中应及时将拒绝修改的通知送交通知行,以免影响合同的顺利履行。

第四,根据《UCP600》规定,一份信用证的修改通知书的内容要么全部接受,要么全部拒绝,不能接受其中一部分拒绝另一部分。

第五,信用证修改通知书必须由原通知行转递或通知,如由开证人或开证行直接寄给出口企业的应提请原证通知行证实。

第六,在实际业务中,由于修改信用证既需要时间,也需要费用,还需要取得开证申请人、开证行的同意,因此,受益人要把握好改与不改的原则:凡是来证内容与合同规定不符,并且我方完全无法做到,或来证有违反相关法律法规或惯例的条款,或来证的内容严重影响我方安全收汇的,则必须修改;如果来证的内容虽然与合同规定不符或对我方不利,但在不增加或基本不增加成本的情况下我方可以完成,也可不改证。

7. 信用证诈骗防范

在国际结算诈骗中,跟单信用证诈骗是最主要和较隐蔽的类型。本部分将对跟单信用证诈骗的常见方式作进一步的分析。

(1)跟单信用证诈骗的常见方式及其特征

1)假冒或伪造印鉴(签字)诈骗

所谓"假冒或伪造印鉴(签字)诈骗",是指诈骗分子在以打字机打出并通过邮递方式寄出的信用证上,假冒或伪造开证行有权签字人员的印鉴(签字),企图以假乱真、骗受益人(出口商)盲目发货,最终达到骗取出口货物的罪恶目的。

这种诈骗一般有如下特征:

➢信用证不经通知,而直达受益人手中,且信封无寄件人详细地址,邮戳模糊;

➢所用信用证格式为陈旧或过时格式;

➢信用证签字笔画不流畅,或采用印刷体签名;

➢信用证条款自相矛盾,或违背常规;

➢信用证要求货物空运,或提单做成申请人(进口商)为收货人。

例:河南某外贸公司曾收到一份以英国标准麦加利银行伯明翰分行(STANDARD CHARTERED BANK LTD. BIRMINGHAM BRANCH, ENGLAND)名义开立的跟单信用证,金额为USD37 200.00元,通知行为伦敦国民西敏寺银行(NATIONAL WESTMINSTER BANK LTD., LONDON)。

因该证没有像往常一样,经受益人当地银行专业人员审核,发现几点可疑之处:

➢信用证的格式很陈旧,信封无寄件人地址,且邮戳模糊不清,无法辨认从何地寄出;

➢信用证限制通知行——伦敦国民西敏寺银行议付,有违常规;

➢收单行的详细地址在银行年鉴上查无;

➢信用证的签名为印刷体,而非手签,且无法核对;

➢信用证要求货物空运至尼日利亚,而该国为诈骗案多发地。

根据以上几点,银行初步判定该证为伪造信用证,后经开证行总行联系查实,确是如此,从而避免了一起伪造信用证件诈骗。

2)盗用或借用他行密押(密码)诈骗

所谓"盗用或借用他行密押(密码)诈骗",是指诈骗分子在电开信用证中,诡称使用第三家银行密押,但该第三家银行的确认电却无加押证实,企图瞒天过海,骗取出口货物。

这种诈骗通常有如下特征:

➢来证无押,而声称由第三家银行来电证实;

➢来证装效期较短,以逼使受益人仓促发货;

➢来证规定装船后由受益人寄交一份正本提单给申请人;

➢开立远期付款信用证,并许以优厚利率;

➢证中申请人与收货人分别在不同的国家或地区。

例:某中行曾收到一份由加拿大AC银行ALERTA分行电开的信用证,金额约100万美元,受益人为安徽某进出口公司。银行审证员发现该证存在以下疑点:①该证没有加押证实,仅在来证中注明"本证将由××行来电证实";②该证装效期在同一天,且离开证日不足一星期;③来证要求受益人发货后,速将一套副本单据随同一份正本提单用DHL快邮寄给申请人;④该证为见票45天付款,且规定受益人可按年利率11%索取利息;⑤信用证申请人在加拿大,而收货人却在新加坡;⑥来证电传号不合常理。针对这几个疑点,该中行一方面告诫公司"此证密押未符,请暂缓出运";另一方面,赶紧向总行国际部查询,回答"查无此行"。稍后,却收到署名"美洲银行"的确认电,但该电文没有加押证实。于是该中行设法与美洲银行驻京代表处联系,请示协助核实,最后得到答复"该行从未发出确认电,且与开证行无任何往来"。至此,终于证实这是一起盗用第三家银行密押的诈骗案。

例:某中行曾收到一份署名印尼国民商业银行万隆分行(PT BANK DAGANG NEGARA INTL OPERATION, BANDUNG, INDONESIA)电开的信用证,金额约80万美元,来证使用开证行与渣打银行上海分行之密押。后来,该中行去电上海渣打银行核实,得到复电"本行不为第三家非其集团成员的银行核实密押,且不负任何责任"。该中行只好转查开证行总行,但被告知"开证行从未开出此证,且申请人未在当地注册,无业务往来记录"。显然,这是一份盗用他行密押并伪冒印尼国民商业银行的假信用证。

3）软条款/陷阱条款诈骗

所谓“软条款/陷阱条款诈骗”，是指诈骗分子要求开证行开出主动权完全操纵于开证方手中，能制约受益人，且随时可解除付款责任条款的信用证，其实质就是变相的可撤销信用证，以便行骗我方出口企业和银行。

这种诈骗主要有以下特征：

➢来证金额较大，在50万美元以上；

➢来证含有制约受益人权利的“软条款”/“陷阱条款”，如规定申请人或其指定代表签发检验证书，或由申请人指定运输船名、装运日期、航行航线或声称“本证暂未生效”等；

➢证中货物一般为大宗建筑材料和包装材料，如花岗石、鹅卵石、铸铁盖、木箱和纤维袋等；

➢诈骗分子要求出口企业按合同金额或开证金额的5%～15%预付履约金、佣金或质保金给买方指定代表或中介人；

➢买方获得履约金、佣金或质保金后，即借故刁难，拒绝签发检验证书，或不通知装船，使出口企业无法取得全套单据议付，白白遭受损失。

例：某中行曾收到一份由香港KP银行开出的金额为USD117000000元的信用证，受益人为我国A进出口公司，出口货物为木箱。该证有如下“软条款”：“本证尚未生效，除非运输船名已被申请人认可并由开证行以修证书形式通知受益人”（THIS CREDIT IS NON-OPERATIVE UNLESS THE NAME OF CARRYING VESSEL HAS BEEN APPROVED BY APPLICANT AND TO BE ADVISED BY L/C OPENING BANK INFORMING OF AN L/C AMENDMENT TO BENEFICIARY）。

中行在将来证通知受益人时提醒其注意这一“软条款”，并建议其修改信用证，以避免可能出现的风险。后来，经磋商，申请人撤销该证，另由香港IB银行开出同一金额、同一货物、同一受益人的信用证，但证中仍有这样的“软条款”：“装运只有在收到本证修改书，指定运输船名和装运日期时，才能实施”（SHIPMENT CAN ONLY BE EFFECTED UPON RECEIPT OF AN AMENDMENT OF THIS CREDIT ADVISING NAME OF CARRYING VESSEL AND SHIPMENT DATE）。可谓“换汤不换药”，主动权仍掌握在申请人手中，而受益人却面临若申请人拒发装运通知，则无法提交全套单据给银行议付的风险。此时，该中行了解到与该进出口公司联营的某工贸公司已将40万元人民币质保金汇往申请人在深圳的代表，而且该进出口公司正计划向其申请人民币打包贷款600万元作订货之用。于是，该中行果断地采取措施，一方面暂停向该公司贷款，另一方面敦促其设法协助工贸公司追回质保金。后经多方配合，才免遭损失。

例：我国某贸易公司与美国金华企业签订了销往香港的5万立方米花岗岩合同，总金额高达1 950万美元，买方通过香港某银行开出了上述合同下的第一笔信用证，金额为195万美元。信用证规定：“货物只能待收到申请人指定船名的装运通知后装运，而该装运通知将由开证行随后以信用证修改书方式发出”（SHIPMENT CAN ONLY BE EFFECTED UPON RECEIPT OF APPLICANT'S SHIPPING INSTRUCTIONS THROUGH L/C OPENING BANK NOMINATING THE NAME OF CARRYING VESSEL BY MEANS OF SUBSEQUENT CREDIT AMENDMENT）。该贸易公司收到来证后，即将质保金260万元人民币付给了买方指定代表。装船前，买方代表来产地验货，以货物质量不合格为由，拒绝签发“装运通知”，致使货物滞留产地，中方公司根本无法发货收汇，损失十分惨重。

4) 伪造信用证修改书诈骗

所谓"伪造信用证修改书诈骗",是指诈骗分子不经开证行而径向通知行或受益人发出信用证修改书,企图钻出口方空子,引诱受益人发货,以骗取出口货物。

这种诈骗一般带有如下特征:

➢原证虽是真实、合法的,但含有某些制约受益人权利的条款,亟待修改;

➢修改书以电报或电传方式发出,且盗用他行密押或借用原证密码;

➢修改书不通过开证行开出,而直接发给通知行或受益人;

➢证内规定装运后邮寄一份正本提单给申请人;

➢来证装效期较短,以迫使受益人仓促发货。

例:USD1092000.00 的信用证,受益人为 F 外贸公司。来证含有这样一个"软条款":"只有在收到我行加押电报修改书并经通知行通知的买方装运指示、指定运输船名、装运日期时,才可装船;而且该修改书的副本必须被附在用于议付的每套单据中"(SHIPMENT CAN ONLY BE EFFECTED UPON RECEIPT OF BUYER'S SHIPMENT INSTRUCTIONS, NOMINATING NAME OF CARRYING AND VESSEL DATE OF SHIPMENT IN THE FORM OF OUR AUTHENTICATED CABLE AMENDMENT THRU ADVISING BANK AND COPY OF SUCH AMENDMENT MUST BE INCLUDED IN EACH SET OF DOCUMENTS FOR NEGOTIATION)。同时规定"1/3 的正本提单在装船后快邮寄给申请人"。该中行在将来证通知受益人时,提出请其关注这些条款,并做好防范。稍后,该中行又收到原证项下电开修改书一份,修改书指定船名、船期,并将原证允许分批装运改为禁止分批装运,但其密押却是沿用原证密码。该中行马上警觉起来,并迅速查询开证行,在确认该电文为伪造修改书后立即通知受益人停止发货。而此时,受益人的出口货物(70 吨白胡椒)正整装待发,其风险不言而喻。

5) 假客检证书诈骗

所谓"假客检证书诈骗",是指诈骗分子以申请人代表名义在受益人出货地签发检验证书,但其签名与开证行留底印鉴式样不符,致使受益人单据遭到拒付,而货物却被骗走。

这种诈骗通常有如下特征:

➢来证含有检验证书由申请人代表签署的"软条款";

➢来证规定申请人代表签名必须与开证行留底印鉴式样相符;

➢来证要求一份正本提单交给申请人代表;

➢申请人将大额支票给受益人作抵押或担保;

➢申请人通过指定代表操纵整个交易过程。

例:某中行曾收到香港 BD 金融公司开出的以某信息公司为受益人的信用证,金额为 USD992000.00,出口货物是 20 万台照相机。信用证要求发货前由申请人指定代表出具货物检验证书,其签字必须由开证行证实,且规定 1/2 的正本提单在装运后交予申请人代表。在装运时,申请人代表来到出货地,提供了检验证书,并以数张大额支票为抵押,从受益人手中拿走了其中一份正本提单。后来,受益人将有关支票委托当地银行议付,但结果被告知"托收支票为空头支票,而申请人代表出具的检验证书签名不符,纯属伪造"。更不幸的是,货物已被全部提走,下落不明。受益人蒙受重大损失,有苦难言。

6) 涂改信用证诈骗

所谓"涂改信用证诈骗",是指诈骗分子将过期失效的信用证刻意涂改,变更原证的金额、装效期和受益人名称，并直接邮寄或面交受益人，以骗取出口货物，或诱使进口方向其开立信用证，骗取银行融资。

这种诈骗往往有如下特征：

➢原信用证为信开方式，以便于涂改；

➢涂改内容为信用证金额、装效期及受益人名称；

➢信用证涂改之处无开证行签章证实；

➢信用证不经通知行通知，而直交受益人；

➢金额巨大，以诈取暴利。

例：某外贸公司曾收到一份由香港客商面交的信开信用证，金额为127 318万美元。当地中行审核后，发觉该证金额、装效期及受益人名称均有明显涂改痕迹，于是提醒受益人注意，并立即向开证行查询。最后查明此证是经客商涂改，交给外贸公司，企图以此要求我方银行向其开出630万美元的转让信用证，以便在国外招摇撞骗。事实上，这是一份早已过期失效的旧信用证。幸亏我方银行警惕性高，才及时制止了这一起巨额信用证诈骗案。

7）伪造保兑信用证诈骗

所谓“伪造保兑信用证诈骗”，是指诈骗分子在提供假信用证的基础上，为获得出口方的信任，蓄意伪造国际大银行的保兑函，以达到骗取我方大宗出口货物的目的。

这种诈骗常常有如下特征：

➢信用证的开证行为假冒或根本无法查实之银行；

➢保兑行为国际著名银行，以增加欺骗性；

➢保兑函另行寄来，其签名为伪冒签字；

➢贸易双方事先并不了解，仅通过中介人相识；

➢来证金额较大，且装效期较短。

例：某中行曾收到一份由印尼雅加达亚欧美银行（ASIAN UERO-AMERICAN BANK，JAKARTA，INDONESIA）发出的要求纽约瑞士联合银行保兑的电开信用证，金额为600万美元，受益人为B外贸公司，出口货物是200万条干蛇皮。但查银行年鉴，没有该开证行的资料，稍后，又收到苏黎世瑞士联合银行的保兑函，但其两个签字中，仅有一个相似，另一个无法核对。此时，受益人称货已备妥，亟待装运，以免误了装船期。为慎重起见，该中行一方面劝阻受益人暂不出运，另一方面抓紧与纽约瑞士联合银行和苏黎世瑞士联合银行联系查询，先后得到答复“从没听说过开证行情况，也从未保兑过这一信用证，请提供更详细资料以查此事”。至此，可以确定，该证为伪造保兑信用证，诈骗分子企图凭伪造保兑信用证骗取我方出口货物。

（2）对跟单信用证诈骗的防范对策

从上述跟单信用证诈骗的各种情况来看，诈骗分子的行骗对象主要是我方出口企业，而受害者还涉及出口方银行和工贸公司。因此，三方均应密切配合，采取切实有效的措施，以避免或减少上类诈骗案的发生。具体可实施如下防范对策。

◆出口方银行（指通知行）必须认真负责地核验信用证的真实性，并掌握开证行的资信情况。对于信开信用证，应仔细核对印鉴是否相符，大额来证还应要求开证行加押证实；对于电开信用证及其修改书，应及时查核密押相符与否，以防止假冒和伪造。同时，还应对开证行的名称、地址和资信情况与银行年鉴进行比较分析，发现疑点，立即向开证行或代理行查询，以确保来证的真实性、合法性和开证行的可靠性。

◆出口企业必须慎重选择贸易伙伴。在寻找贸易伙伴和贸易机会时,应尽可能通过正式途径(如参加广交会和实地考察)来接触和了解客户,不要与资信不明或资信不好的客户做生意。在签订合同前,应设法委托有关咨询机构对客户进行资信调查,以便心中有数,作出正确的选择,以免错选贸易伙伴,自食苦果。

◆银行和出口企业均需对信用证进行认真审核。银行审证侧重于来证的有效性和风险性。出口企业一经发现来证含有主动权不在自己手中的"软条款"/"陷阱条款"及其他不利条款,必须坚决和迅速地与客商联系修改,或采取相应的防范措施,以防患于未然。

◆出口企业或工贸公司在与外商签约时,应平等、合理、谨慎地确立合同条款。以国家和集体利益为重,彻底杜绝一切有损国家和集体利益的不平等、不合理条款,如"预付履约金、质保金、佣金和中介费"等条款,以免误中对方圈套,破财耗神。

此外,银企双方还应携手合作,要树立整体观念,互相配合,增强防骗意识。一旦发觉诈骗分子的蛛丝马迹,立刻跟踪追击,并严惩不贷,以维护信用证业务的正常开展,确保我国对外贸易的顺利进行。

第30章　如何租船订舱和装运

买卖双方在签订合同(CIF或CFR)后,分别履行各自的职责和义务。卖方在备妥货物后需要办理租船订舱事宜,将货物按照信用证的要求按时装运出口。但是很多出口公司并非亲自与船公司联系办理租船订舱,往往是寻找货运代理人(简称货代)代替出口商完成相关的操作,例如租船订舱、报检、报关等出口环节。在货运代理人完成各项出口环节后,出口商再向其支付代理费。货代不仅可以提供一揽子货运服务,还可以提供出口商个人无法从承运人那里申请到的优惠运价。除非进口商指定承运人或货代,出口商应根据货代的等级、优势航线、所提供运价的竞争力和综合服务能力选择货代。

货运代理人,主要是根据货主的要求,代办货物运输业务的机构,他们在托运人与承运人之间起着桥梁的作用。现按一票货物的托运流程来演示三者之间的关系:

货主 —运输合同1→ 货运代理人 —运输合同2→ 承运人

首先,进出口商签订了贸易合同之后,为了履行合同,就得与货运代理人签订一份运输合同1。在该合同中,货主是托运人,货运代理人是承运人。由于货运代理人不掌握运载工具,他必须与拥有运载工具的承运人再签订一份运输合同2。在此合同中,货运代理人是托运人。运输合同1和运输合同2是两个在法律上完全独立的合同。由此可见,货运代理人是以事主的身份出现在两个合同之中,既非货主,亦非承运人之代理。为了加以区别,将运输合同1称为"纸运输合同",将货运代理人称为"契约承运人",即不是真正的承运人;将运输合同2称为"实际运输合同",将拥有运载工具的承运人称为"实际承运人"。货运代理人在这个真正的运输合同中则像货主或商人一样是一个地地道道的托运人。

货运代理人在签订了运输合同1后,根据委托人的要求与实际承运人签订运输合同2,并根据货物的性质、运量的大小、距离的远近、市场需求缓急、成本的高低、装卸的条件、气候与自然条件以及国际社会的政治状况等各种因素,审慎选择运输方式。

下面就主要的几种运输方式作简单的介绍。

1. 集装箱运输的操作

(1)集装箱的装载能力

最常用的20英尺(1英尺=0.304 8米)集装箱长为6.096米,宽和高各为2.438米,集装箱和货物的最大总重量为24公吨。实际业务中,20英尺集装箱的有效载重量为17.5公吨,有效容积为25立方米。当已知包装箱的毛重和尺码后,即可分别按重量和体积计算出20英尺集装箱对该批货物可装的最大数量。

例如:李明和外商成交的商品,纸箱规格为50厘米×50厘米×28厘米,纸箱毛重为9千克,则按重量17.5/0.009=1 944(箱);按体积25/(0.5×0.5×0.28)=357(箱)。取较少的整数数量357箱,即为估算数量。

40英尺集装箱长为12.192米,宽和高各为2.438米,集装箱和货物的最大总重量为30.48公吨。实际业务中,40英尺集装箱的有效载重量为公24.5公吨,有效容积为55立方米。当已知包装箱的毛重和体积后,即可分别按重量和体积计算出40英尺集装箱对该批货物可装的最大数量。

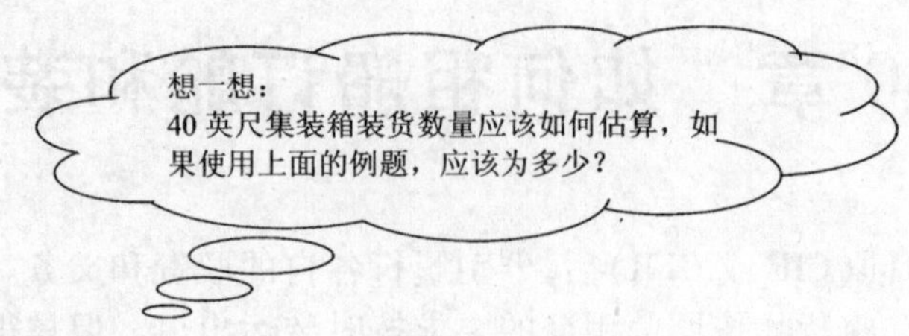

(2)整箱货出口货运流程

1)委托代理

在集装箱班轮货物运输过程中，货主一般都委托货运代理人为其办理有关的货运业务。货运代理关系在由作为委托人的货主提出委托、由作为代理人的国际货运代理企业接受委托后建立。在货主委托货运代理时，会出具一份货运代理委托书或订舱委托书。在订有长期货运代理合同时，可能会用货物明细单等单证代替委托书，见示例 1.30.1。

2)订舱

货运代理人接受委托后，应根据订舱委托书及货主提供的有关贸易合同或信用证条款的规定，在货物出运之前的一定时间内，填制订舱单或托运单向船公司或其代理人申请订舱。船公司或其代理人在决定是否接受发货人的托运申请时，会考虑其航线、船舶、港口条件、运输时间等方面能否满足运输的要求。船方一旦接受订舱，就会着手编制订舱清单，然后分送集装箱码头堆场、集装箱空箱堆场等有关部门，并将据此安排办理空箱及货运交接等工作。在订舱时，货运代理人会填制"场站收据"联单、预配清单等单据。

3)提取空箱

在订舱后，货运代理人应提出使用集装箱的申请，船方会给予安排并发放集装箱设备交接单。凭设备交接单，货运代理人就可以安排提取所需的集装箱。

在整箱货运输时，通常是由货运代理人安排集装箱卡车运输公司到集装箱空箱堆场领取空箱，但也可以由货主自己安排提箱。无论由谁安排提箱，在领取空箱时，提箱人都应与集装箱堆场办理空箱交接手续，并填制设备交接单。

4)货物装箱

整箱货的装箱工作大多由货运代理人安排进行，并可以在货主的工厂、仓库装箱或是由货主将货物交由货运代理人的集装箱货运站装箱。当然，也可以由货主自己安排货物的装箱工作。

装箱人应根据订舱清单的资料，并核对场站收据和货物装箱的情况，填制集装箱货物装箱单。

5)整箱货交接签证

由货运代理人或发货人自行负责装箱并加封志的整箱货，通过内陆运输到承运人的集装箱堆场，并由码头堆场根据订舱清单，核对场站收据和装箱单接收货物。整箱货出运前也应办妥有关出口手续。

6)签署场站收据

托运人报检、报关、办妥有关手续后将单证交码头堆场配载；集装箱码头堆场在验收货箱后，即在场站收据(Dock Receipt，D/R)上签字，并将签署的场站收据交还给发货人，由发货人据此换取提单。场站收据的样式见示例 1.30.2。

示例 1.30.1　货运代理委托书(货物明细单)

货物出运委托书

（货物明细单）　日期:2008.4.12

根据《中华人民共和国合同法》与《中华人民共和国海商法》的规定，就出口货物委托运输事宜订立本合同。

合同号	NEO2001026		运输编号	2001SDT001	
银行编号			信用证号	0011LC123756	
开证银行	AL RAJHI BANKING AND INVESTMENT CORP.				
汇票付款人					
付款方式	L/C AT SIGHT				
贸易性质	一般贸易		贸易国别	SAUDI ARABIA	
运输方式	海运		消费国别	SAUDI ARABIA	
装运期限	2008-04-30		出口口岸	SHANGHAI PORT	
有效期限	2008-05-15		目的港	DAMMAM PORT	
可否转运 N	可否分批	N	运费预付	N	到付 Y
正本提单 3	副本提单		价格条件	CFR	

托运人	SHIGE TRADING CO., LTD. HUARONG MANSION RM2901 NO.85 GUANJIAQIAO, NANJING 210005, CHINA TEL: 0086-25-4715004 FAX: 0086-25-4711363
提单抬头	TO THE ORDER OF AL RAJHI BANKING AND INVESTMENT CORP.
通知人	NEO GENERAL TRADING CO. P.O. BOX 99552, RIYADH 22766, KSA TEL: 00966-1-4659220 FAX: 00966-1-4659213

标志唛头	货名规格、海关编号	件数及包装式样	毛重(公斤)	净重(公斤)	价格币制:USD 单价	总价
ROSE BRAND ABOUT 178/2008 RIYADH	1700 CARTONS CANNED MUSHROOMS: PIECES & STEMS 24 TINS ×425 GRAMS NET WEIGHT (D.W. 227 GRAMS) AT USD7.80 PER CARTON. ROSE BRAND.	1700CTNS	19074.44KGS	17340.00KGS	USD7.80	USD13260.00
TOTAL:		1700CTNS	19074.44KGS	17340.00KGS	USD7.80	USD13260.00

SAYTOTAL: ONE THOUSAND SEVEN HUNDRED CARTONS ONLY.

TOTAL:USD13260.00

法定商检:Y	有进料不超过20%	来料加工:	来料费:	加工费:	总尺码:	FOB价:USD12260.00

受托人注意事项	1个20英尺集装箱，请订4月25日船。	指定货代	上海凯通国际货运代理有限公司		
		运费	USD1000.00	确认	
		随附单据	1.发票：　份	2.装箱单：　份	3.报关单：　份
			4.核销单：　份	5.许可证：　份	
受托人注意		保险条款			
		保险金额:		赔款地点	
	发运信息	危险品:		制单员	胡爱玲

受托人(承运人或货运代理人):　　委托人(即托运人):

名称:上海凯通国际货运代理有限公司　　名称:世格国际贸易有限公司

电话:　　传真:　　传真:　　电话: 025-4715004

委托代理人签章　　联系人:胡爱玲

注：托运人应填写出口商的名称和地址；提单抬头一般用指示性抬头，便于背书转让；通知人应填写进口商的名称和地址。

示例 1.30.2　场站收据

场站收据

D/R No.（编号）TUFO4587

场站收据副本

Shipper（发货人）
GUANGDONG LONGHUA TRADING COMPANY LIMITED

Consignee（收货人）
TO ORDER

Pre-carriage by（前程运输）　Place of receipt（收货地点）

Ocean vessel（船名）	Voy. No.（航次）	Port of loading（装货港）
SUISUN	V. 103	GUANGZHOU

Port of discharge（卸货港）	Place of delivery（交货地点）	Final destination（目的地）
HELSINKI		

Container No.（集装箱号）	Seal No. marks&nos（封志号和标记）	No. of container or P' kgs.（箱数或件数）	Kind of packages; description of goods（包装种类与货名）	Gross weight（毛重 公斤）	Measurement（尺码 立方米）
MAEU 6150875	ABC HELSINKI NO.1—400	400 CTNS	TRIANGLE BRAND 3U-SHAPE ELECTRONIC ENERGY SAVING LAMP	3600KGS	28CBM

TOTAL NUMBER OF CONTAINERS OR PACKAGES（IN WORDS）集装箱数或件数合计（大写）
SAY FOUR HUNDRED CTNS ONLY

Freight&charges（运费与附加费）	Revenue tons（运费吨）	Rate（运费率）	Per（每）	Prepaid（运费预付）	Collect（运费到付）
				FREIGHT PREPAID	

Ex rate:（兑换率）	Prepaid at（预付点）	Payable at（到付地点）	Place of issue（签发地点） GUANGZHOU
	Total prepaid（预付总额）	No. of original B/L（正本提单份数） THREE	Booking（订舱确认） APPROVED BY

Service type on receiving	Service type on delivery	Reefer Temperature Required.（冷藏温度） ℉ ℃
□-CY, □-CFS, □-DOOR	□-CY, □-CFS, □-DOOR	

Type of Goods	■Ordinary, □Reefer, □Dangerous, □Auto □Liquid □live Animal □bulk □———	危险品	Glass Property IMDG CODE Page

可否转船:	允许	可否分批: 不允许	REMARKS（备注）
装期:	LATEST DEC.28.2008	有效期:	
金额:	USD67500.00		李刚
制单日期:	DEC.13,2008		By Terminal Clerk（场站员签字）

7)装船

集装箱码头堆场或集装箱装卸区根据接受待装的货箱情况制订出装船计划,等船靠泊,并经船公司确认后,实施装船作业。

发货人(出口商)在货物装船出运后,通常在24小时之内向买方发送装船通知(Shipment Advice),便于买方办理保险等相关事宜。装船通知示例如下。

广东龙华贸易有限公司

GUANGDONG LONGHUA TRADING COMPANY LIMITED

152 ZHENGLONG ROAD, GUANGZHOU, CHINA

Fax:	0752 - 12345678
Ref. No.:	LH - 29038
To messrs:	ABC COMPANY LIMITED, FINLAND
	AKEDSANTERINK AUTO P. O. BOX9, FINLAND

ADVICE OF SHIPMENT

Name of commodity:	TRIANGLE BRAND 3U-SHAPE ELECTRONIC ENERGY SAVING LAMP
Quantity:	400 CARTONS
Invoice value:	USD6750.00
Name of carrying steamer:	SUISUN V. 103
Date of shipment:	DEC. 13, 2008
Credit No.:	LRT9802457
Shipping marks:	ABC
	HELSINKI
	NO. 1— 400

8)换取提单

货运代理人或发货人凭已签署的场站收据,向承运人或其代理人换取提单。发货人取得提单后,就可以去银行结汇。

由于集装箱运输方式下承运人的责任早于非集装箱运输方式下承运人的责任,所以理论上在装船前就应签发提单,这种提单是收货待运提单,而收货待运提单在使用传统贸易术语的贸易合同下是不符合要求的。因此,为了满足贸易上的要求,也为了减少操作程序上的麻烦,实践中的做法是在装船后才签发提单,即已装船提单才符合使用传统贸易术语的贸易合同的需要。

(3)拼箱货货运流程

集装箱拼箱业务的操作比较复杂,先要区别货种,合理组合,待拼成20英尺或40英尺箱时可以向船公司或其代理人订舱。

集拼的每票货物各缮制一套托运单(场站收据),附于一套汇总的托运单(场站收据)上。例如将五票货物拼成一个整箱时,集拼人须分别按这五票货的货名、数量、包装、重量、尺码等缮制托运单(场站收据),另外缮制一套总的托运单(场站收据),货名可作"集拼货物"(Consolidated Cargo),数量是总的件数(Packages),重量、尺码都是五票货的汇总数,目的港是统一的,关单(提单)号也是统一的编号,但五票分单的关单(提单)号则在这个统一编号之尾缀以

A、B、C、D、E 以资区分。货物运出后船公司或其代理人按总单签一份海运提单(Ocean B/L),托运人是货代公司,收货人是货代公司的卸货港代理人,然后货代公司根据海运提单,按五票货的托运单(场站收据)内容签发五份货代提单(House B/L),House B/L 编号按海运提单号,尾部分别缀以 A、B、C、D、E,其内容则与各该托运单(场站收据)相一致,分发给各托运单位到银行作结汇之用。

另外,货代公司须将船公司或其代理人签发给他的海运提单正本连同自签的 House B/L 副本快寄到其卸货港代理人,代理人在船到时向船方提供海运提单正本,提取该集装箱到自己的货运站(CFS)后拆箱,并通知 House B/L 中各个收货人持正本 House B/L 前来提货。集拼业务票数越多,处理难度越大,有时其中一票货的数量发生变更往往牵涉整箱货的出运,所以在处理中要倍加审慎。

(4)集装箱运输的交接方式和交接地点

1)集装箱货物的交接方式

◆整箱交,整箱接(FCL/FCL)。货主在工厂和仓库把装满货后的整箱交给承运人,收货人在目的地以同样整箱接货。换言之,承运人以整箱为单位负责交接,货物的装箱和拆箱均由货方负责。

◆拼箱交,拆箱接(LCL/LCL)。货主将不是整箱的小票托运货物,在集装箱货运站或内陆转运站交给承运人,由承运人负责拼箱和装箱(Stuffing,Vanning)运到目的地货运站或内陆转运站,由承运人负责拆箱(Unstuffing,Devanning),拆箱后,收货人凭单接货,货物的装箱和拆箱由承运人负责。

◆整箱交,拆箱接(FCL/LCL)。货主在工厂或仓库把装满货后的整箱交给承运人,在目的地的集装箱货运站或内陆转运站由承运人负责拆箱后,各收货人凭货单接货。

◆拼箱交,整箱接(LCL/FCL)。货主将不足整箱的小票托运货物在集装箱货运站或内陆转运站交给承运人,由承运人分类调整,把同一收货人的货集中拼装成整箱,运到目的地后,承运人以整箱交,收货人以整箱接。

上述各种交接方式中,以整箱交,整箱接效果最好,也最能发挥集装箱的优越性。

2)集装箱货物的交接地点

集装箱货物的交接,根据贸易条件所规定的交接地点不同一般分为 9 种。

◆门到门(Door to Door):从发货人工厂或仓库至收货人工厂或仓库。

◆门到场(Door to Cy):从发货人工厂或仓库至目的地或卸箱港的集装箱堆场。

◆门到站(Door to Cfs):从发货人工厂或仓库至目的地或卸箱港的集装箱货运站。

◆场到门(Cy to Door):从起运地或装箱港的集装箱堆场至收货人工厂或仓库。

◆场到场(Cy to Cy):从起运地或装箱港的堆场至目的地或卸箱港的集装箱堆场。

◆场到站(Cy to Cfs):从起运地或装箱港的集装箱堆场至目的地或卸箱港的集装箱货运站。

◆站到门(Cfs to Door):从起运地或装箱港的集装箱货运站至收货人工厂或仓库。

◆站到场(Cfs to Cy):从起运地或装箱港的集装箱货运站至目的地或卸箱港的集装箱堆场。

◆站到站(Cfs to Cfs):从起运地或装箱港的集装箱货运站至目的地或卸箱港的集装箱货运站。

以上 9 种交接方式,进一步可归纳为以下 4 种方式。

◆门到门:在整个运输过程中,完全是集装箱运输,并无货物运输,故最适宜于整箱交,整箱接。

◆门到场站:由门到场站为集装箱运输,由场站到门是货物运输,故适宜于整箱交,拆箱接。

◆场站到门:由门至场站是货物运输,由场站至门是集装箱运输,故适宜于拼箱交,整箱接。

◆场站到场站:除中间一段为集装箱运输外,两端的内陆运输均为货物运输。故适宜于拼箱交,拆箱接。

(5) 集装箱运输运费的计算

1) 最低运费(Minimum Freight)的计算

◆拼箱货的最低运费:与传统班轮的最低运费的规定基本相同。即在每一航线上,各规定一个最低运费额,任何一批货运,其运费金额低于规定的最低运费额时,均须按最低运费金额计算。

◆整箱货的最低运费:与拼箱货的规定不同,整箱货的最低运费的标准不是金额,而是运费吨,凡以整箱托运的货运,为避免运费的收入不够运费成本,对不同规格的集装箱分别规定计收运费的最低应计收的重量吨和尺码吨。如实际运费低于最低运费,则运费按最低运费标准计算,但最低运费标准规定很不一致。例如,远东水脚公会对 20 英尺标准型干货集装箱的最低运费吨为重量货 17.5 公吨和尺码货 21.5 立方米;对 40 英尺标准型干货集装箱规定为重量货 27.5 公吨和尺码货 43 立方米。另有一些船公司对最低运费规定以百分比计算方法:装重量货按集装箱载货净重量的 95% 计算;装尺码货按集装箱内容积的 85% 计算。

2) 最高运费(Maximum Freight)的计算

最高运费的规定是集装箱运输所独有的特点,这是因为一个集装箱有时装有几种货类,而其中部分货类缺少正确衡量单位(多数由于托运人未提供和申报),且计算等级和费率又不相同,最高运费就是为计算这部分货物的运费而规定的,最高运费的标准是运费吨。主要是尺码吨,至于货物重量可以通过地秤衡量,而且重量货以最大载重量计算,故无须另作规定。

目前,国际上对最高计费吨的规定,一般是 20 英尺集装箱为 31 立方米,40 英尺集装箱为 67 立方米,如所装货物尺码低于上述规定,则按上述最低规定计收,如超过上述规定,则可免计运费。所以,提高集装箱内积载技术,充分利用集装箱容积,对节省运费有很大作用。

2. 班轮运输的基本操作流程

下面主要介绍在 CIF 或 CFR 合同项下卖方办理班轮出口托运的程序。

1) 委托货代办理托运

在集装箱班轮货物运输过程中,货主(即出口商)一般都委托货运代理人为其办理有关的货运业务。货运代理关系由作为委托人的货主提出委托、作为代理人的国际货运代理企业接受委托后建立。在货主委托货运代理办理托运时,会根据合同、信用证填制货运代理委托书或订舱委托书(写明要订的船期、目的港、始发港、几个柜子、大柜还是小柜、产品名称、数量、件数、毛重、净重、体积等),让其代为定舱,盖章后交给其选定的货代,委托其办理货物出运相关手续。

出口商在委托货代办理托运时,首先要注意发出订舱委托书的时间,给货代留出必要的工作时间。其次要注意订舱委托书的内容必须完备、无误，与合同、信用证要求严格一致，因为订舱委托书不仅是货代缮制托运单的依据，也是承运人出具提单的依据，如有遗漏或错误，会导致提单与合同、信用证不符。在委托订舱期间如遇信用证修改，必须将有关修改内容及时通知货代。再次是虽然委托货代办理货物出运，但出口商仍需密切注意船期、航线、运价、截单期等。货代只是出口商的代理，作为合同当事人，出口商必须依据合同履行应尽的责任义务。在FOB术语下，如因出口商原因造成船货脱节，则出口商需要承担相应产生的滞期费、空舱费等。

2)货代向船公司或其代理办理订舱

货代收到订舱委托书后，首先据此查阅各班轮公司和航运中介机构公布的船期表和航运信息，如能找到符合货主(出口商)要求的船舶，则接受货主委托，并以货主的订舱委托书为依据，向船公司(承运人)提出货物托运申请，填制并递交如图1.30.3所示的集装箱货物托运单(Shipping Note，也称订舱单Booking Note，B/N)，填写如图1.30.4所示的装货联单(主要由装货单、收货单和留底组成)，盖章或签字后，以纸质或电子报文形式向承运人(船公司或其代理人)提出订舱申请。承运人一旦同意承运，则运输合同的法律关系正式确立。

3)承运人接受订舱

承运人如接受订舱，则指定船名，在托运单上加填船名、航次、编号(俗称关单号，也是将来的提单号)，在核对装货单(Shipping Order，S/O)与托运单上的内容无误后，在装货单上加盖"订舱确认章"，将留底联(Counterfoil)留下后，退还给货代，用于报关并将集港时间、地点告知货主。

4)货代向货主传进仓单

货代定舱成功后，传真一份进仓单给货主，上面注有何时到工厂拖柜或何时前将货物送到指定的仓库地点，及单证的送达截止日期(一般是开船前三天为截止时间)。

货主收到货代的进仓通知后，就要给工厂发进仓通知，写明货物的品名、箱数、送达仓库的详细地址、到达时间(最好比规定的提前一天)、进仓编号、联系人、电话等。然后货主电话确认工厂是否已收到该进仓通知，是否能按时进仓，如有问题，可及时与货代联系进行调整。

5)货物报检

法定检验的商品，托运人向检验检疫机构报检，经检验检疫后由检验检疫机构出具商检证书和通关单。

6)货物集港

货物集港是指托运人将货物按承运人规定的时间送达指定地点。集装箱货物的集港有两种方式：一是"门到门"作业方式(产地装箱)，即空箱到工厂仓库装货，重箱直接送至承运人指定的集装箱装卸作业区，一般适用于整箱货；另一是"内装箱"作业方式，即货主自行将货物送至承运人指定仓库即完成集港。货物在仓库完成装箱再送至承运人指定的集装箱装卸作业区，一般适用于拼箱货。

不论采用哪一种集港方式，货主或其货代需凭订舱后由承运人处取得的集装箱设备交接单(Equipment Receipt，E/R)自承运人的空箱堆场按订舱规定的数量提取空箱，设备交接单的使用原则是一箱一单、箱单一致、箱单同行。装箱后，装箱人必须将实际装货内容记录在集装箱装箱单(Containers Load Plan，CLP)里，并随货箱送至承运人指定的集装箱装卸作业区。集装箱装卸作业区接收货物后，签发场站收据(Dock Receipt，D/R)给货代。如有必要，货代此时可凭场站收据向承运人换取备运提单。

示例 1.30.3 托运单

托　运　单

SHIPPING NOTE

托运人：

Exporter: GUANGDONG LONGHUA
TRADING CO., LTD.
152 ZHENGLONG ROAD,
GUANGZHOU, CHINA

托运单号 NO.: KEN—98—25401
日期 Date: DEC. 01, 2008
装运港 Loading port: GUANGZHOU
目的港 Destination: HELSINKI
提单号 B/L No.: KEN—98—25401

收货人：

Consignee: TO ORDER

通知人：

Notity: ABC COMPANY LIMITED, FINLAND
AKEDSANTERINK AUTO P. O. BOX9,
FINLAND

标记 Shipping marks	件数 Quantity	货名 Description of goods	净重 Net weight	毛重 Gross weight	尺码 Measurement
ABC HELSINKI NO. 1—400	400 CTNS	TRIANGLE BRAND 3U-SHAPE ELECTRONIC ENERGY SAVING LAMP	3000KGS	3600KGS	28CBM

TOTAL: SAY FOUR HUNDRED CTNS ONLY

可否分批 Partial shipment:	不允许 Not allowed	正本 Original B/L: 3
可否转船 Transshipment:	允许 Allowed	副本 Copy of B/L: 3
装船期限 Latest shipment date:	LATEST DEC. 28, 2008	货存地点 Goods in:
结汇期限 Expiry date:	JAY. 7, 2009	发票金额 Amount: USD67500.00
运费缴付方式：	FREIGHT PREPAID	L/C 号：
发票号 Invoice No.:	LH03－29038	合同号 S/C No.: 98SGQ468001
货证情况：		
运输方式：	江海运	

运费吨：　　运费率：　　运费金额：

特殊条款：

GUANGDONG LONGHUA TRADING CO., LTD.
152 ZHENGLONG ROAD, GUANGZHOU, CHINA

注：托运单中托运人应填写出口商名称和地址；为便于背书转让，收货人应用指示性抬头，即填 To order 或 To order of shipper 或 To order of ×× bank，具体填写哪个，按信用证的要求；通知人应填写进口商的名称和地址。

示例1.30.4　装货联单

广东龙华贸易有限公司
出口货物联合单证

出口口岸:广州海关　　运输工具名称:　　核销单号:44K782591

起运地点:广州　　目的港:HELSINKI　　收汇方式:信用证

贸易国别货地区:　芬兰　　对外合同号码:98SGQ468001

收货人:ABC COMPANY LIMITED, FINLAND 消费国别或地区:芬兰　　装运日期:

地址及电话: AKEDSANTERINK AUTO P. O. BOX 9, FINLAND

商品货名	品名及规格	包装		数量			重量(千克/箱)		价格		箱件尺寸	备注
		唛头	种类	件数	数量	单位	单位毛重	单位净重	单价(美元)	外币总值(美元)		
	“三角”牌节能灯											
	110V　5W	ABC HELSINKI NO. 1—400	箱	100	5 000	只	9	7.5	2.5	12 500	50×50×28	
	110V　7W			100	5 000	只	9	7.5	3.0	15 000		
	110V　22W			100	5 000	只	9	7.5	3.8	19 000		
	110V　26W			100	5 000	只	9	7.5	4.2	21 000		
合计				400	重合计		3 600千克	3 000千克	总额	67 500美元		
险别	F. P. A	保费 185.62美元	总尺码	24.48	外币运费	2 688美元	人民币杂费		FOB总值	64 626.38美元	托运日期	12.01
注意事项									要求出货日期:2008. 12. 12 出货仓库:罗涌仓库			

填报单位:广东龙华贸易有限公司　2008年11月1日　仓库:　　出运:　　复核:　　业务:

中国外轮代理公司
CHINA OCEAN SHIPPING AGENCY
装　货　单
SHIPPING ORDER

S/O No. KEN—98—25401

船　名　　　　　　　　　　　　　　目的港
S/S　SUISUN V. 103　　　　　　　　For　HELSINKI

托运人
Shipper　GUANGDONG LONGHUA TRADING COMPANY LIMITED.

收货人
Consignee　TO ORDER

通知
Notify　ABC COMPANY LIMITED, FINLAND

兹将下列完好状况之货物装船后希签署收货单。

Receive on board the undermentioned goods apparent in good order and condition and sign the accompanying receipt for the same.

标记及号码 Marks & nos.	件数 Quantity	货名 Description of goods	毛重(公斤) Gross weight in kilos	尺码 Measurement
ABC HELSINKI NO. 1—400	400 CTNS	TRIANGLE BRAND 3U—SHAPE ELECTRONIC ENERGY SAVING LAMP	3600KGS	28CBM(立方米)

共计件数(大写)
Total Number of Packages(in Words) SAY FOUR HUNDRED CTNS ONLY

日期　　　　　　　　　　　　　　　　时间
Date　DEC. 13 , 2008　　　　　　　　Time

装入何舱
Stowed

实收
Received　ONE (20′) CONTAINER ONLY

理货员签名　　　　　　　　　　　　　经办员
Tallied by　赵刚　　　　　　　　　　Approved by　李云龙

第一部分　出口实战

编号

No. KEN—98—25401

大 副 收 据

船名

S/S SUISUN V. 103

MATE'S RECEIPT

托运人

Shipper GUANGDONG LONGHUA TRADING COMPANY LIMITED.

目的港

For HELSINKI

下开完好状况之货物业已收妥无损。

Receive on board the following goods apparent in good order and condition.

标记及号码 Marks & nos.	件数 Quantity	货名 Description of goods	毛重(公斤) Gross weight in kilos	尺码 Measurement
ABC HELSINKI NO. 1—400	400 CTNS	TRIANGLE BRAND 3U-SHAPE ELECTRONIC ENERGY SAVING LAMP	3600KGS	28CBM(立方米)
共计件数(大写) Total Number of Packages(in Words) SAY FOUR HUNDRED CTNS ONLY				

日期

Date DEC. 13 , 2008

时间

Time

装入何舱

Stowed

实收

Received ONE (20′) CONTAINER ONLY

理货员签名

Tallied by 赵刚

经办员

Approved by 李云龙

<table>
<tr><td colspan="3">Shipper:
GUANGDONG LONGHUA TRADING COMPANY LIMITFD.
152 ZHENGLONG ROAD, GUANGZHOU, CHINA</td><td colspan="3" rowspan="6">B/L NO: KEN—98—25401
海运提单
中国远洋运输(集团)总公司
CHINA OCEAN SHIPPING (GROUP) CO.
Combined Transport BILL OF LADING</td></tr>
<tr><td colspan="3">Consignee:
TO ORDER</td></tr>
<tr><td colspan="3">Notify party:
ABC COMPANY LIMITED, FINLAND AKEDSANTERINK AUTO
P. O. BOX 9 , FINLAND</td></tr>
<tr><td>Pre-carriage by</td><td colspan="2">Place of receipt</td></tr>
<tr><td>Ocean vessel
SUISUN</td><td>Voy No.
V. 103</td><td>Port of loading
GUANGZHOU</td></tr>
<tr><td>Port of discharge
HELSINKI</td><td>Place of delivery</td><td>Final destination</td></tr>
<tr><td>Marks & nos. container seal No.</td><td>No. of containers or P'kgs</td><td colspan="2">Kind of packages; description of Goods</td><td>Gross weight</td><td>Measurement</td></tr>
<tr><td>ABC HELSINKI
NO. 1—400
MAEU6150875</td><td>400 CTNS</td><td colspan="2">TRIANGLE BRAND
3U-SHAPE
ELECTRONIC ENERGY
SAVING LAMP</td><td>3600KGS</td><td>28CBM</td></tr>
<tr><td colspan="6">TOTAL NUMBER OF CONTAINERS OR PACKAGES (IN WORDS)
SAY FOUR HUNDRED CTNS ONLY</td></tr>
<tr><td>Freight & charges</td><td>Revenue tons</td><td>Rate</td><td>Per</td><td colspan="2">Prepaid
FREIGHT PREPAID</td></tr>
<tr><td>Ex rate</td><td>Prepaid at</td><td colspan="2">Payable at</td><td colspan="2">Place and date of issue
GUANGZHOU DEC. 13, 2008</td></tr>
<tr><td></td><td>Total prepaid</td><td colspan="2">No. of original B(S)/L
THREE</td><td colspan="2">Signed for the carrier:
CHINA OCEAN SHIPPING (GROUP) CO.</td></tr>
</table>

LADEN ON BOARD THE VESSEL

DATE DEC. 13, 2008 BY (TERMS PLEASE FIND ON BACK OF ORIGINAL B/L)

(COSCO STANDARD FORM 11)

注:

海运提单中 Shipper 项应填写出口商名称和地址。Consignee 为收货人,应填写指示性抬头,即填 TO ORDER 或 TO ORDER OF SHIPPER 或 TO ORDER OF ×× BANK,具体填写哪个,按信用证的要求填写。如来证提单条款内规定"MADE OUT TO ORDER"(凭指示),亦称"空白抬头"。提单收货人栏应打"TO ORDER",这种提单需由发货人背书才能转让。如来证规定"MADE OUT TO ORDER OF SHIPPER"或"MADE OUT TO SHIPPER'S ORDER"(凭发货人指示),提单收货人栏应打"TO ORDER OF SHIPPER"。这种提单也须发货人背书转让。如来证规定"MADE OUT TO ORDER OF(开证行)"或"MADE OUT TO OUR ORDER"(凭开证行指示),提单发货人栏内打"TO ORDER OF(开证行名称)"。这种提单须由开证行背书转让。

提单做成这种抬头，开证行可以控制货权。Notify Party 为被通知人，应填写进口商的名称和地址。Ocean Vessel Voy No. 为船名和航次。Marks & nos. container Seal No. 项应填写唛头和集装箱号。Gross Weight 项为毛重，单位用千克。Measurement 项为体积，单位用立方米。如果是 CIF 或 CFR 条件的，提单上要有“FREIGHT PREPAID”（FOB 条件填“FREIGHT COLLECT”）。Place and Date of Issue 项应填写提单的签发日期和地点（该日期不得迟于信用证规定的装运期）。No. of Original B(S)/L 项为正本提单份数。

根据海关规定的货物先运抵监管区后报关的要求以及承运人指定的集装箱装卸作业区对货物装船的时间要求，一般货主须在船舶离港前48 小时集港，以便随后完成报关和装船。

根据中国海关法的相关规定，件杂货运输中，承运人的责任起讫期间为“船至船”，即承运人自货物装上船起至卸下船止承担货物灭失、毁损等责任；而集装箱运输中，承运人的责任起讫期间为“堆场到堆场”（CY-CY），即承运人自装货港集装箱堆场接收整箱货物时起至卸货港集装箱堆场整箱交付货物时止承担货物灭失、毁损等责任。

7）货代报关

货主如果委托货代报关，应将制作完成的代理报关委托书、出口报关单、商业发票、装箱单、出口收汇核销单、出境货物通关单或出境货物换证凭单（条）及其他报关所需单证、资料交给货代。货代凭以上单据及装货单（S/O）向海关报关，海关查验合格后，在装货单上盖“海关放行章”，在出口货物报关单的出口收汇证明联、出口退税证明联及出口收汇核销单上盖“海关验讫章”，同意放行，货物准予装船出口。

8）承运人装船

海关放行后，货代凭盖有“海关放行章”的装货单要求承运人装货。班轮公司将货物集中整理，并按次序进行装船，这就是所谓的“仓库收货，集中装船”的形式。但如果对于特殊货物、鲜活货、贵重货、重大件货物等，通常采用由托运人将货物直接运至船边，交接装船的形式，即采取现装或直接装船的方式。

货物由集装箱装卸作业区运往码头泊位装上船后，货物装船后，现场理货员核对，在 S/O 上签注实装数量、装船位置、装船日期并签名，再由理货长审查并签名后，将 S/O 交大副，船长或大副将盖有“海关放行章”的装货单留存作为随船货运资料，在场站收据副本上签字后退还给货代凭以向承运人换取正本已装船提单。场站收据副本又称大副收据或收货单（Mate's Receipt ，M/R），是船方收到货物的凭证。

当一条船截载或开船后，船公司根据客户最后确认的提单内容制作舱单，最重要的是有关货物的描述（件数、重量、品名等），然后以 EDI 形式传给海关，发货人（出口商）最后退税时，货物报关内容必须与舱单一致，否则无法退税。如出现不一致，要么改报关单，按舱单内容退税，这种情况简单一些；要么改舱单，很麻烦，需要一大堆单据并交纳一定费用，再经过 SHIPPER、报关行、船公司、船代层层盖章，最后以纸面形式提交到海关更改。

9）凭大副收据换取提单

货代代托运人持 M/R 到船公司付清运费（预付运费情况下），船公司审核无误后，留下 M/R 签发正本已装船提单（B/L）给托运人。托运人持 B/L 及有关单证到议付银行结汇（在信用证支付方式下），议付银行将 B/L 及有关单证邮寄开证银行。

10）收货人凭提单提货

在船公司交接货物的时候，是以收货人交出提单为前提条件，并且该提单必须经过适当的、正确的背书，否则船公司没有交付货物的义务。如果在使用海运单的情况下，收货人无须出具海运单，承运人只要将货物交给海运单上所列的收货人，便被视为已经做到了谨慎处理。通常收货人在取得提货单之前，应出具海运单副本及本人确实是海运单注明的收货人的证明材料。

3. **租船运输方式下的租船程序**

办理租船运输最重要的一个环节是签订租船合同,而租船合同的签订通常情况下是通过租船经纪人进行的。一项租船业务从发出询价到缔结租船合同的全过程称为租船程序(Chartering Procedure, Chartering Process)。通常情况下,租船程序大致经过租船询价、租船要约、租船还价、租船承诺、签订租船合同5个阶段。租船程序的整个过程实际上是船舶出租人和承租人通过经纪人或直接就各自的交易条件向对方进行说明、说服、协商的谈判过程。租船谈判要求当事人具有很强的专业知识,应关注全球政治、经济的变化,对航运市场的变化非常敏感,在谈判中要有预见性。对航运业务的操作过程应相当清楚和了解,掌握各种典型船舶的规范及特点,对各种合同范本的所有条款有深刻的理解。

(1)租船询价

租船询价又称租船询盘(Chartering Inquiry)。询盘的目的和作用是让对方知道发盘人的意向和需求的概况,通常是指承租人根据自己对货物运输的需要或对船舶的特殊要求通过租船经纪人在租船市场上发出租用船舶的意向。询价也可以由船舶出租人为承揽货载而首先通过租船经纪人向租船市场发出。当然,询价也可以由船舶出租人或承租人直接发出。

1)承租人租船询价主要内容

◆承租人航次租船询价主要内容如下:

➤承租人的名称及营业地点;

➤货物种类、名称、数量、包装形式;

➤装卸港口或地点名称;

➤受载期和解约日;

➤装卸时间和装卸费用条件;

➤船舶类型、载重吨;

➤希望采用的租船合同范本。

◆承租人定期租船询价主要内容如下:

➤承租人的名称及营业地点;

➤船舶类型、载重吨及特殊要求;

➤租期和租金;

➤交/还船地点;

➤航行区域;

➤交船日期和解约日;

➤希望采用的租船合同范本。

2)船舶出租人租船询价主要内容

船舶出租人租船询价的主要内容如下:

➤出租人的名称及营业地点;

➤船舶概况;

➤装卸港口或地点名称;

➤受载期和解约日;

➤装卸时间和装卸费用条件;

➤运费率及运费支付条件;

➤希望采用的租船合同范本。

上述租船询价内容可以根据实际需要、不同的租船方式等作出一些改变,有时比较简单,有时比较全面。通常情况下,租船询价对于询价人没有法律约束力,从我国合同法的角度上讲,租船询价相当于要约邀请,它是希望他人向自己发出租船要约的意思表示。要约邀请发出后,对于要约邀请人来说是没有法律上的意义的。

(2)租船要约

租船要约(Offer)又称租船报价或租船发盘,承租人或船舶出租人围绕租船询价中的内容,就租船涉及的主要条件答复询价方即为租船要约。当船舶出租人从租船经纪人那里得到承租人的询价后,经过成本估算或者比较其他的询价条件,通过租船经纪人向承租人提出自己所能提供的船舶情况和运费率或租金率。

由于要约对于要约人有约束力,实务中往往在租船要约中附带某些保留条件,从而使得租船要约报价按不同的约束力分为绝对发盘和条件发盘两种情形。

(3)租船还价

租船还价(Counter Offer)又称还盘,是接受发盘的一方对发盘中的一些条件提出修改,或提出自己的新条件,并向发盘人提出的过程。还价意味着询价人对报价人报价的拒绝和新的报价开始,我国合同法是将还盘认定为一种新要约的行为。因此,报价人对还价人的还价可能全部接受,也可能接受部分还价,对不同意部分提出再还价或新报价。这种对还价条件作出答复或再次作出新的报价称为返还价或返还盘。

在一笔租船交易中,经过多次还价与返还价,如果双方对租船合同条款的意见一致,一方可以以报实盘的方式要求对方作出是否成交的决定。报实盘时,要列举租船合同中的必要条款,将双方已经同意的条款和尚未最后确定的条件在实盘中加以确定。同时还要在实盘中规定有效期限,要求对方答复是否接受实盘,并在规定的有效期限内作出答复。若在有效期限内未作出答复,所报实盘即告失效。同样,在有效期内,报实盘的一方对报出的实盘是不能撤销或修改的,也不能同时向其他第三方报实盘。

(4)租船承诺

租船承诺(Acceptance)又称受盘或接受订租,即为明确接受或确认对方所报的各项租船条件。原则上,接受订租是租船程序的最后阶段,一项租船业务即告成交,至此租船合同成立。

(5)签订订租确认书

租船实务中通常的做法是在达成租船承诺后,当事人之间还要签署一份"订租确认书"。双方签认的订租确认书实质就是一份供双方履行的简式的租船合同,订租确认书经当事人双方签署后,各保存一份备查。

正式的租船合同是在合同主要条款被双方接受后开始拟制的。受盘后,双方共同承诺的实盘中的条款已产生约束双方的效力。按照国际惯例,在条件允许的情况下,双方应签署一份"确认备忘书"(Fixture Note)或称"订租确认书",作为简式的租船合同。

4. 海洋运输中的近洋运输

(1)近洋运输的概念

近洋运输是指不出国际规定的几大洋(比如太平洋)的海洋运输,是本国各海港至邻近国家海港间的海上运输的通称。在我国,通常指东至日本海,西至马六甲海峡,南至印度尼西亚沿海,北至鄂霍次克海的各海港的海上运输。

(2)近洋运输中使用的提单

当属于近洋运输时,常常会面临船比提单到得早的情况,那收货方怎么提货?

一般近洋运输提单都是做电放的(电放提单样式见示例1.30.5)。即通知货代给客户做电放,然后传真单据给客户,客户凭传真件在目的港换下证就可以办理提货手续。所谓电放提单,就是指船公司或其代理人签发的注有"Surrendered"或"Telex Release"字样的提单、提单副本。

示例 1.30.5　电放提单

Shipper

BEIJING SECNOVO CO., LTD
ADD:ROOM 303, HUIZHI BUILDING NO.9, XUEQING ROAD, HAIDIAN DISTRICT BEIJING(100085)
TEL:86-10-82730210-208
FAX:86-10-82730211

Consignee

MR.HAKIM MASBAHI
HIGH TECH MEDIA
7, RUE, TIRICELLI, A PPT, NO.1 QUARTIER DES HOPITAUX-CASABLANCA, MOROCCO
MOBILE:+00212 661 497535
TEL/FAX:+00212 225 863581

Notify party

SAME AS CONSIGNEE

B/L No. TJ09110123B

Ref.

KORMAN SHIPPING CO. LTD.

BILL OF LADING

RECEIVED the goods in apparent good order and condition as specified below unless otherwise stated herein.
The Carrier, in accordance with the provisions contained in this document.
1) undertakes to perform or to procure the performance of the entire transport from the place at which the goods are taken in charge to the place designated for delivery in this document, and
2) assumes liability as prescribed in this document for such transport.
IN WITNESS whereof the number of original Bills of Lading stated above have been signed, all of this tenor and date, one of which being accomplished, the other(s) to be void.

Pre-carriage by	Place of receipt	
Ocean vessel Voy. No.: MAERSK KOWLOON V.0912	Port of loading: XINGANG, CHINA	
Port of discharge: CASABLANCA	Place of delivery: CASABLANCA	Final destination for the Merchant reference

Particular furnished by shipper

Marks and Numbers	Number and kind of packages: description of goods	Gross weight (KGS)	Measurement (CBM)
N/M	5 CTNS S.T.C.: SHIPPER'S LOAD, COUNT & SEAL (CFS/CFS)S.T.C SUPERMAN CAMCRANE 9.6M MOVEMENT - CFS/CFS	228 KGS	0.68 CBM

FULL SET ORIGINAL B/L
ALREADY SURRENDER
TO
KORMAN INT'L TIANJIN OFFICE

* Total number of Containers or other packages of units received by the Carrier (in words): SAY FIVE CTNS ONLY.

Freight and charges	Revenue tons	Rate	Per	Prepaid	Collect
FREIGHT COLLECT					

DELIVERY AGENT :
LOGISTICA (CASABLANCA, MOROCCO)
LOGISTICA S.A.R.L
10 AV 2 MARS, ET: 5, N° 28
CASABLANCA 20100
MOROCCO
TEL: 212 22 270492 / 494
FAX: 212 22 227 951

Exchange Rate	Freight prepaid at	Freight payable at: DESTINATION	Place and date of issue: TIANJIN 2009-11-27
	Total prepaid in national currency	No. of original B(s)/L: THREE (3)	

Date	Laden on board the vessel
2009-11-27	Signature: MAERSK KOWLOON V.0912

1)电放的含义及其不同时期的做法

电放就是电报放货的简称。国外的承运人保留全套正本提单,并通知目的港的代理,收货人可凭加盖正本公章的提单复印件和保函换单提货。

为了解决"货到单未到",收货人没有办法提货这个问题,在发明电报以后,收货人要求发货人通过电报把放货信息传达收货人。这种形式就叫做电报放货。其具体操作如下:首先把正本提单交回船公司,然后给船公司指令,要求船公司给目的港代理人发电报,用电报通知此票货物放弃正本,收货人凭密押或者印鉴提货。发货人按照电报字数收取费用。

后来,随着科技的发展,先后出现了电传、传真等技术,以至人们不再用费用高、效率低的电报来通知收货人,而采用了电传或者传真的形式。其操作如下。首先是交回正本,声明放弃,改用 Release 形式放货。由船公司统一对目的港发电放指令,同时在发货人放弃的正本提单上加盖电放章,回复给发货人,以证明此票货物已经电放。发货人将此电放提单传真给收货人,以凭此收货。

到了现在,随着网络的普及,大家开始逐渐摒弃电传和传真的方式,采用邮件来解决问题。但从传真向邮件过渡时期,主力船东开始改变电放格式,其做法是不再在正本提单上加盖任何与电放有关的签章,或者出具带有电放字样的提单,而是直接出具正本提货单,并改用电放回执以证明此票货物电放。届时,整船货物电放后,由船公司缮制电放回执,此回执一般由船公司标志、起运港证明、货物信息、收货人证明等信息组成,其中尤为重要的是船公司出示的电放编号,发货人将此回执通知于收货人,收货人凭电放编号即可受领货物。由此,电放的风险就变得低了很多,而且效率高了很多。

2)电放的法律原理

在承运人签发提单的情况下,当收回提单时即可交付货物(或签发提货单)。由于承运人收回提单的地点是在交付货物(卸货港)以外的地点(通常是在装货港),视其为特殊情况,所以收回全套正本提单。然而,目前有关的国际公约、各国的法律(如中国的海商法)和法规中均无"电放"的定义。

3)电放与海运单的关系

"电放"与"海运单"都是为了便利海上运输而创设的,而且在目前的国际集装箱班轮运输实践中经常使用。

"电放"实践在我国国际班轮运输中已经有了近十年的历史,并在实践中起到了一定的作用。但是,其存在的问题也是显而易见的。由于许多船公司尚未拥有自己的海运单,而货方在绝大多数情况下也不存在故意欺诈的行为,所以,"电放"在实践中广为流传。当承运人、无船承运人以及托运人(发货人)和收货人都了解了"电放"的原理和海运单规则,承运人也拥有了自己的海运单后,大家就会逐渐弃用"电放"而采用海运单了。

5. 空中托运的含义及其程序

(1)空中托运的含义

当然,如果卖方所运输的货物数量较少,而且需要及时交货,比如说是季节性货物或者买方急迫代销的货物,卖方可以选择空中集中托运的方式。这种方式虽然较海运方式贵,但是能够使卖方及时交货,节省了运输时间,对于卖方的信誉有较好的保障。

(2)空中集中托运的程序

第一,货主填写《国际货物托运委托书》(见示例 1.30.6),货运代理则依此委托书缮制托运单向航空公司办理出口订舱托运手续。各外贸公司及工贸企业在备齐货物、收到开来的信用证经审核(或经修改)无误后,就可办理托运,即按信用证和合同内有关装运条款以及货物名称、件数、装运日期、目的地等填写《国际货物托运委托书》并提供有关单证,送交货运代理公司作为订航班的依据。

示例 1.30.6　国际货物托运委托书(SHIPPER'S LETTER OF INSTRUCTION)

<table>
<tr><td colspan="6">托运人证实以上所填全部属实并愿意遵守承运人的一切载运章程。THE SHIPPER CERTIFIES THAT THE PARTICULARS ON THE FACE HEREOF ARE CORRECT AND AGREES TO THE CONDITIONS OF CARRIAGE OF THE CARRIER.</td></tr>
<tr><td colspan="2" rowspan="2">托运人姓名及地址:
Shipper's name and address

GUANGDONG LONGHUA ELECTRICAL APPLIANCES CO. LTD.
152, ZHENGLONG ROAD, GUANGZHOU, CHINA</td><td colspan="2" rowspan="2">托运人账号:
Shipper's Account Number

123456789</td><td colspan="2">供承运人用:
For Carrier Use Only</td></tr>
<tr><td>航班/日期
Flight/Day</td><td>航班/日期
Flight/Day</td></tr>
<tr><td colspan="2" rowspan="2">收货人姓名及地址:
Consignee's Name and Address

ABC CORP. AKEKSANTERINK AUTO P. O. BOX9, FINLAND</td><td colspan="2" rowspan="2">收货人:
Consignee's Account Number

987654321</td><td colspan="2">已预留吨位
Booked</td></tr>
<tr><td colspan="2">运费
Charges
Freight Prepaid</td></tr>
<tr><td colspan="4">代理人的名称和城市 Issuing carrier's agent name and city</td><td colspan="2" rowspan="3">Also Notify:

SAME AS CONSIGNEE</td></tr>
<tr><td colspan="4">始发站 Airport of departure

Guangzhou</td></tr>
<tr><td colspan="4">到达站 Airport of destinating

HEL FINLAND</td></tr>
<tr><td colspan="2">托运人声明的价值:
Shipper's Declared Value</td><td colspan="2" rowspan="2">保险金额:
Amount of insurance</td><td colspan="2" rowspan="2">所附文件:
Documents to Accompany air waybill</td></tr>
<tr><td>供运输:
For Carriage</td><td>供海关用
For Customs NCV</td></tr>
<tr><td colspan="6">处理情况(包括包装方式货物标志及号码等)Handling Information(Inc. Method of packing identifying Marks and Numbers etc.)
COMMERCAIL INVOICE AND PACKING LIST ARE ATTACHED</td></tr>
<tr><td>件数
No. of packages</td><td>实际毛重
千克(公斤)
Actual Gross weight(kg)</td><td>运价类别
Rate class</td><td>收费重量
千克(公斤)
Chargeable weight(kg)</td><td>费率
Rate/Charge</td><td>货物品名及数量(包括体积或尺寸)
Nature and quantity or goods(Inc. Dimensions of volume)</td></tr>
<tr><td>40PACKAGES</td><td>360KGS</td><td>Q</td><td>360KGS</td><td>21.86</td><td>TRIANGLE BRAND 3U-SHAPE ELECTRONIC ENERGY SAVING LAMP</td></tr>
<tr><td colspan="6">托运人签字 Signature of shipper　李明 LIMING　日期 Date　2008.12.12 DEC. 12,2008　经手人 Agent　日期 Date</td></tr>
</table>

第二,货运代理人对相关单证(如商业发票、装箱单、报关单、外汇核销单等)进行审核后,进行预配舱、预订舱。确定航班和日期,确定运价后,通知货主交单、交货。通常,货运代理公司收到国际货物托运委托书及有关单据后,会同中国民航,根据配载原则、货物性质、货运数量、目的地等情况,结合航班安排舱位,然后由中国民航签发《航空运单》(见示例 1.30.7)。

第三,货运代理制作订舱预报单和操作交接单,并给每份交接单配一份总运单或分运单或一份总运单下数票分运单。通常,由中国民航签发航空总运单,货运代理公司签发航空分运单。航空分运单有正本三份、副本十二份。正本三份,第一份交给发货人,第二份由外运公司留存,第三份随货同行交给收货人。副本十二份作为报关、财务结算、国外代理、中转分拨等用途。

第四,货主须自己送货至代理人的仓库并符合有关规定,代理人在接货时要对货物进行称重、丈量,并根据发票或有关单据清点货物,核对货物的数量、唛头、进舱编号、合同号等是否一致,检查货物外包装是否符合运输规定等。对于一份总运单下有数票分运单的,还要贴上分标签。

第五,货运代理人将已配总运单和货主提供的全部报关单证在起飞前 24 小时向海关办理出口报关手续,海关核准、在总运单和报关单上盖放行章后,凭此总运单货物才可以装运离境,凭此报关单航空公司才给予空运总运单。

第六,货运代理人根据实际接收并已清关的货物,按待运货物的数量、重量、体积与实际舱容进行配舱,并向航空公司吨控部门正式订舱。经吨控部门确认舱位,货代领取集装箱装货。

第七,经由航空公司确认舱位的货物,货运代理人填制该货物的总运单。

第八,将发货人专为收货人清关提货用的文件,如集中托运清单、分运单、商业发票和装箱单等,装入一个信袋,订在航空货运单后面交航空公司,随同货物一起运到目的港。

第九,将盖有海关放行章的货运单、随机信袋和集装货物一起交给航空公司,航空公司验收单据和货物,在交接单上签字,并负责装上飞机。

第十,货物装机离境后,出口企业向买方发出装运通知,以便对方准备付款、赎单、办理清关手续。货运代理向其海外代理发出装运预报,以便让对方办理到货清关准备。

(3)空运单的填写注意事项

◆Shipper's Name and Address 项填写托运人的名称和地址, 在信用证结汇方式下,托运人一般按信用证的受益人内容填写。通常,托运人可以是货主,也可以是货运代理人。集中托运的总运单上的托运人是货运代理人,分运单的托运人是货主,直接托运的托运人也是货主。

◆Consignee's Name and Address 项应填写收货人的名称和地址。通常,集中托运的总运单上的收货人是进口地的货运代理人,分运单的收货人是实际收货人,直接托运的收货人也是实际收货人。与海运提单不同,因为空运单不可转让,所以“凭指示”之类的字样不得出现。

◆Accounting Information 项为财务说明,此栏只有在采用特殊付款方式时才填写。

◆Airport of Departure 项为始发站机场,需填写 IATA 统一制定的始发站机场或城市的三字代码。

◆Charge 项为收费代号,表明支付方式。此时可以有两种情况:预付(PPD,Prepaid)或到付(COLL,Collect)。需要注意的是,航空货物运输中运费与声明价值费支付的方式必须一致,不能分别支付。

示例 1.30.7　空运单

Shipper's Name and Address GUANGDONG LONGHUA TRADING CO., LTD. 152, ZHENGLONG ROAD, GUANGZHOU, CHINA	NOT NEGOTIABLE **Air Waybill 空运单** Issued by Martinair CARGO
Consignee's Name and Address ABC CORP. AKEKSANTERINK AUTO P.O. BOX9, FINLAND	It is agreed that the goods described herein are accepted in apparent good order and condition (except as noted) for carriage SUBJECT TO THE CONDITIONS OF CONTRACT ON THE REVERSE HEREOF, ALL GOODS MAY BE CARRIED BY ANY OTHER MEANS. INCLUDING ROAD OR ANY OTHER CARRIER UNLESS SPECIFIC CONTRARY INSTRUCTIONS ARE GIVEN HEREON BY THE SHIPPER. THE SHIPPER'S ATTENTION IS DRAWN TO THE NOTICE CONCERNING CARIER'S LIMITATION OF LIABILITY. Shipper may increase such limitation of liability by declaring a higher value of carriage and paying a supplemental charge if required.
Issuing carrier's agent name and city Agents IATA code / Account No.	

Airport of Departure(Add.of First Carrier)and Requested Routing GUANGZHOU	Accounting Information FREIGHT PREPAID

To	By first carrier	to	by	to	by	Currency	Declared Value for Carriage	Declared Value for Customs
HEL	MP098					CNY	NVD	NCV

Airport of destination	Flight/Date	Amount of insurance	Insurance–If carrier offers insurance and such insurance is requested in accordance with the conditions thereof indicate amount to be insured in figures in box marked "Amount of Insurance"
FINLAND	MP098/ 12 DEC		

Handling Information
COMMERCAIL INVOICE AND PACKING LIST ARE ATTACHED

No. of pieces	Gross weight	Rate class	Chargeable weight	Rate/Charge	Total	Nature and quantity of goods
40	360KGS	Q	360KGS	21.86	7869.6	TRIANGLE BRAND 3U-SHAPE ELECTRONIC ENERGY SAVING LAMP

Prepaid weight charge collect 7869.6	Other charges AWC:50.00 FSC: 597.60 SOC: 199.20
Valuation charge	
Tax	
Total other charges due agent 846.80	Shipper certifies that the particulars on the face hereof are correct and that insofar as any part of the consignment contains dangerous goods, such part is properly described by name and is in proper condition for carriage by air according to the applicable Dangerous Goods Regulations. GUANGDONG LONGHUA TRADING CO., LTD. Signature of Shipper or His Agent
Total other charges due carrier	

Total prepaid 8716.4	Total collect	Executed on____ at____ Signature of Issuing Carrier or as Agent

◆Declared Value for Carriage 项为供运输用声明价值，在此栏填入发货人要求的用于运输的声明价值，如果发货人不要求声明价值，则填入“NVD”(No Value Declaration)。

◆Declared Value for Customs 项供海关用声明价值，发货人在此填入对海关的声明价值，或者填入“NCV”(No Customs Valuation)，表明没有声明价值。

◆Handling Information 项为操作信息，一般填入承运人对货物处理的有关注意事项。

◆Chargeable Weight 项为计费重量，此栏填入航空公司据以计算运费的计费重量，该重量可以与货物毛重相同也可以不同。

6.《UCP600》对运输环节的规定

第一，除非信用证另有规定，允许分批支款及/或分批装运。

第二，运输单据上表面注明货物系使用同一运输工具并经同一路线运输的，即使每套运输单据注明的装运日期不同及/或装运港、接受监管地、发运地不同，只要运输单据注明的目的地相同，就不视为分批装运。

第三，如信用证规定在指定的时期内分期支款及/或分期装运，其中任何一期未按信用证所规定的期限支款及/或装运，则信用证对该期及以后各期货物均告失效，信用证另有规定者除外。

第四，如运输单据未注明出具单据的份数，银行将接受所提交的运输单据，并视为全套正本，不论运输单据是否注明为正本，银行将视为正本予以接受。

第五，运输单据上如出现“运费可预付”或“运费应预付”或类似意义的词语，不能视为运费付讫的证明，将不予接受。

第六，海运或包括海运在内的一种以上运输方式，未注明货物已装或将装于舱面，然而，运输单据内有货物可能装于舱面的规定，银行对该运输单据予以接受。

第七，对装运期，不应使用诸如“迅速”、“立即”、“尽快”之类词语，如使用此类词语，银行将不予置理。

第八，如使用“于或约于”之类词语限定装运日期，银行将视为在所述日期前后各5天内装运，起讫日包括在内。

第 31 章　如何办理出口报检

1. 检验检疫的由来

“检验检疫”是出入境检验检疫的简称，它是由“进出口商品检验”、“进出境动植物检验”和“国境卫生检疫”（简称“三检”合一）组合演变出的新名词。因此，检验检疫实际包含进出口商品检验、动物检疫、植物检疫和卫生检疫 4 个专业的范畴，其实质内容是“检验”和“检疫”。

2. 检验的含义

“检验”即通过观察和判断，辅以测量、测试或度量，进行符合性评价（ISO/IEC 指南 214.2）。它在出入境检验检疫学中有狭义和广义之分。从狭义来看，就是指对出入境商品的品质检验。其具体的含义是指在国家的授权下，根据合同、标准或来样的要求，应用感观的、物理的、化学的或微生物的分辨分析方法，对出入境的商品所含各种原材料、成品和半成品进行检查，分辨其是否符合规格的过程。广义的“检验”包含两个层次。第一层次包括检查管理水平、效果，以衡量管理是否得力有效；第二层次包括检验商品的质量、规格、数量、重量、包装以及是否符合安全、健康、环保、卫生要求。其具体的含义是指根据国家的授权，对出入境的商品进行检验、监督管理以及公证鉴定。

3. 检疫的含义

“检疫”是以法律为依据，包括 WTO 惯例、法律与法规和国家法律与法规，国家授权特定机关对有关生物及其产品和其他相关商品实施科学检验鉴定与处理，以防止有害生物在国内蔓延和国际传播的一项强制性行政措施，或是为防止人类疫病的传播所采取的防范管理措施。

4. 出境货物报检的基本程序

出境货物检验检疫工作的一般程序是：报检后先检验检疫，再放行通关。

(1) 出口报检申请

属于法定检验的出口商品，报检员应填写出境货物报检单，随附合同、信用证、发票和装箱单等文件提交出入境检验检疫局。报检时间一般在装运前 7～10 天。

1) 报检的条件

报检货物必须同时具备以下条件：完成生产、包装、刷唛，准备出运的整批货物；经生产企业检验合格的货物；备齐报检所需各种单证的货物。

2) 报检的主体

关于报检单位的规定，必须是登记备案后的企业才可以报检，主要包括有进出口经营权的国内企业，入境货物收货人或其代理人，出境货物生产企业或代理人，中外合资、中外合作和外商独资企业，国外企业、商社常驻中国代表机构等。

只有下列人员才具有报检资格。

◆报检单位应事先向检验检疫机构办理登记备案手续，其报检人员经培训考试合格后领取《报检员证》，凭证报检。

◆代理报检单位应事先向检验检疫机构办理注册登记手续，其报检人员经培训考试合格后领取《代理报检员证》,凭证办理代理报检手续。

◆报检单位无持证报检人员的,应委托代理报检单位报检。代理报检单位报检时应提交委托人按检验检疫机构规定的格式填写的委托书。

◆非贸易性质的报检行为,报检人凭有效证件可直接办理报检手续。

3)报检人应该注意的问题

报检人应该注意以下几个问题。

◆报检人必须按规定认真填写报检单,按照同一合同、发票、提单填写同一份报检单。做到书写工整,字迹清楚,不得随意涂改;项目填写齐全,译文准确,中英文内容一致,并加盖报检单位公章。

◆报检人对所需检验检疫证书的内容如有特殊要求的,应预先在报检单上申明。

◆同一合同、同一发票、同一提单限填一份申请单,同一合同、不同发票或提单的,应分别填写申请单。

◆申请报检时应按规定预缴检验检疫费。

◆报检人应预先约定抽样检验检疫、鉴定的时间,并提供进行抽样和检验检疫鉴定等必要的工作条件。

◆报检人如因特殊原因需撤销报检时,经书面申明原因后,可办理撤销手续。

4)法定检验的含义

法定检验是指商检机构根据国家法律法规,对规定的进出口商品或有关的检验检疫项目实施强制性的检验或检疫。根据《中华人民共和国进出口商品检验法》规定,法定检验只能由出入境检验检疫机构实施。属于法定检验的出口商品,未经检验合格的,不准出口;属于法定检验的进口商品,未经检验的,不准销售、使用。实施法定检验的范围是指列入《出入境检验检疫机构实施检验检疫的进出口商品目录》(简称《目录》)的进出口商品的检验和法律、行政法规规定实施检验的进出口商品或者检验项目。《目录》由国家商检部门制定和调整,并公布实施。法定检验的内容是指确定列入《目录》的进出口商品是否符合国家技术规范的强制性要求的合格评定活动。合格评定程序包括:抽样、检验和检查;评估、验证和合格保证;注册、认可和批准以及各项的组合。

具体地说,实施法定检验的商品主要包括:

➢《中华人民共和国进出口商品检验法》规定的商品;

➢《中华人民共和国食品卫生法》规定的应实施卫生检验及检疫的食品、食品添加剂、食品容器、包装材料等;

➢《中华人民共和国进出口动植物检疫法》规定应实施检疫的动植物产品;

➢卫生部有关条例规定应实施检验的药品。

上述商品出口报关前,先报请出入境检验检疫机构实施检验检疫,海关凭出入境检验检疫机构签发的检验证书和通关单验放。

5)报检的时间和地点

◆出境货物最迟应于报关或装运10日前报检,对个别检验检疫周期较长的货物,应留有相应的实验室工作时间。

◆出境活动物,应在动物计划离境60日前向出境口岸检验检疫机构预报,并提交相关资料,在出境口岸隔离检疫一周前报检。

6)出口报检时需提供的单证

◆申请出境货物报检时,报检人应提供外贸合同(确认书)、信用证、发票、装箱单、出口货物报关单以及有关函电等资料。

➢凭样成交的还应提供买卖双方确认的签封样品。

➢申请预检的货物,还应提供必要的检验检疫依据。

➢经本地区检验检疫机构预检的货物,需在本地区换证出境时,应加附原地签发的《出境货物换证凭单》;经其他地区检验检疫机构检验检疫的货物,必须加附发运地检验检疫机构签发的《出境货物换证凭单》正本。

➢凡办理审批、卫生注册或许可证手续的,报检时应提交有关文件。

➢过境动植物及其产品报检时,还应持货运单和输出国或地区官方出具的检疫证明;运输动物过境时,还应提交国家检验检疫局签发的"动物过境许可证"。

◆申请包装检验检疫的报检要提供以下材料。

➢申请包装性能鉴定时,申请人须提供有关产品标准和厂检结果单等有关资料。

➢申请包装使用鉴定时,申请人须提供包装性能鉴定报告及有关单证。

◆申请委托检验检疫的报检要提供以下材料。

➢申请人应提交检验检疫样品、列明检验检疫要求,必要时提供有关检验检疫标准或检验检疫方法。

➢国外委托人委托检验检疫和鉴定业务时,应提供有关函电或资料。

7)报检注意事项

➢根据"先报检,后报关"的检验检疫货物通关管理模式,必须在报关前完成报检;

➢法定检验检疫的货物,除活动物在出境口岸检验检疫外,原则上应在产地检验检疫;

➢出口商委托供货商在产地报检时,应将填好的报检委托书和出境货物报检单盖章后交给供货商;

➢出口商应在相关检验证书有效期内完成货物报关出口,如在检验证书有效期内未能出口,需要在下次报关前重新向商检机构申请检验;

➢如货物需要客检,应在货物备齐前的适当时间通知客户,以便客户能够及时派人在装运前进行检验,客检合格并签发验货报告后,货物才能出口。

8)填制《出境货物报检单》应注意的问题

填制《出境货物报检单》应注意以下问题。

◆《出境货物报检单》所列各栏必须填写完整、准确、清晰,没有内容填写的栏目应以斜杠"/"表示,不得留空。

◆"发货人"栏是指本批货物贸易合同中卖方名称或信用证中受益人名称。如需要出具英文证书的,填写中英文。

◆"收货人"栏是指本批出境货物贸易合同或信用证中买方的名称。如需要出具英文证书的,填写中英文。

◆编号由检验机构填制;H.S.编码应填写货物对应的海关《商品名称及编码协调制度》中的代码,填写8位数或10位数,以当年海关公布的商品税则编码为准。

◆货物名称不得填写笼统的商品类,如"陶瓷"、"玩具"等,必须填写具体的类别名称,如"日用陶瓷"、"塑料玩具"等。填写位置不够的,可用附页的形式填报。

◆"数/重量"栏填写报检货物的数/重量,重量一般填写净重,如填写毛重或以毛重作净重则需注明。

◆同一报检单报检多批货物,需列明每批货物的总值。(注:如申报货物总值与国内、国际市场价格有较大差异，检验检疫机构保留核价权力。）

◆贸易方式应填报与实际情况一致的海关规范贸易方式。常见的贸易方式有：A. 一般贸易；B. 来料加工贸易；C. 易货贸易；D. 进料加工；E. 补偿贸易。

◆贸易合同或信用证中贸易双方对本批货物特别约定而订立的质量、卫生等条款和报检单位对本批货物检验检疫的特别要求，须在“合同、信用证订立的检验检疫条款或特殊要求”中标出。

◆对报检单上未标出的，如“通关单”等，须自行填写所需证单的名称和数量。

◆报检单必须有报检人的亲笔签名。

9)《出境货物报检单》式样

《出境货物报检单》式样如示例1.31.1。

示例1.31.1　出境货物报检单

中华人民共和国出入境检验检疫

出境货物报检单

报检单位（加盖公章）：　广东省龙华贸易有限公司　　　　*编　　号________

报检单位登记号：　4401091349　联系人：李明　　电话：* * *　　　报检日期：2008年12月3日

<table>
<tr><td rowspan="2">发货人</td><td colspan="7">（中文）广东省龙华贸易有限公司</td></tr>
<tr><td colspan="7">（外文）GUANGDONG LONGHUA TRADING CO.，LTD.</td></tr>
<tr><td rowspan="2">收货人</td><td colspan="7">（中文）芬兰ABC有限公司</td></tr>
<tr><td colspan="7">（外文）ABC COMPANY LIMITED，FINLAND</td></tr>
<tr><td>货物名称（中/外文）</td><td>H.S.编码</td><td>产地</td><td>数/重量</td><td>货物总值</td><td colspan="3">包装种类及数量</td></tr>
<tr><td>节能灯
ENERGY SAVING
ELECTRONICS LAMP</td><td>85393190</td><td>中山</td><td>20 000只</td><td>67 500美元</td><td colspan="3">400纸箱</td></tr>
<tr><td>运输工具名称号码</td><td>船舶 SUISUN V. 001</td><td>贸易方式</td><td>一般贸易</td><td>货物存放地点</td><td colspan="3">大朗仓库</td></tr>
<tr><td>合同号</td><td>98SGQ468001</td><td>信用证号</td><td>LRT9802457</td><td>用途</td><td colspan="3">其他</td></tr>
<tr><td>发货日期</td><td>2008.12.13</td><td>输往国家（地区）</td><td>芬兰</td><td>许可证/审批号</td><td colspan="3">/</td></tr>
<tr><td>启运地</td><td>广州</td><td>到达口岸</td><td>赫尔辛基</td><td>生产单位注册号</td><td colspan="3">/</td></tr>
<tr><td>集装箱规格、数量及号码</td><td colspan="7">1×20′FCL MAEU6150875</td></tr>
<tr><td>合同、信用证订立的检验检疫条款或特殊要求</td><td colspan="3">标记及号码</td><td colspan="4">随附单据（划“√”或补填）</td></tr>
<tr><td></td><td colspan="3">ABC
HELSINKI
NO. 1—400</td><td colspan="2">✓合同
✓信用证
✓发票
□换证凭单
✓装箱单
□厂检单</td><td colspan="2">□包装性能结果单
□许可/审批文件
□
□
□
□</td></tr>
<tr><td colspan="5">需要证单名称（划“✓”或补填）</td><td colspan="3">*检验检疫费</td></tr>
</table>

续表

□品质证书 ＿正＿副	□植物检疫证书 ＿正＿副	总金额（人民币元）
□重量证书 ＿正＿副	□熏蒸/消毒证书 ＿正＿副	
□数量证书 ＿正＿副	□出境货物换证凭单 ＿正＿副	计费人
□兽医卫生证书 ＿正＿副	✓出境货物通关单 ＿正＿副	
□健康证书 ＿正＿副	□	收费人
□卫生证书 ＿正＿副	□	
□动物卫生证书 ＿正＿副	□	

报检人郑重声明：	领取证单	
1. 本人被授权报检。		
2. 上列填写内容正确属实，货物无伪造或冒用他人的厂名、标志、认证标志，并承担货物质量责任。	日期	
	签名	
签名：＿李明＿		

注：有“＊”号栏由出入境检验检疫机关填写

◆国家出入境检验检疫局制

［1－2（2000.1.1）］

(2) 抽样与制样

除委托检验外，抽样的样品不得由报检员送样，而应由抽样员按规定的标准和方法随机抽样。如果属于申请委托检验时，报验人应填写《委托检验申请单》并提交检验样品、检验标准和方法。国外委托人在办理委托检验手续时还应提供有关函电、资料。

(3) 检验

出入境检验检疫局根据检验标准对抽样的商品进行检验。

(4) 签证

签证一般在10个工作日内完成。用于结汇的商检证书一般使用英文签发一份正本，其签证的日期不得迟于提单日期。

5. 其他相关问题

(1) 修改证单时应注意的问题

修改证单时应注意以下问题。

◆检验检疫机构签发的各种证单，报检人有正当理由需要更改或者增减内容时，必须向原签证的检验检疫机构申请，并随附原签发的全部证单，经审核同意后，由原检验检疫机构予以更改或者换发有关证单。

◆内地检验检疫机构签发的证书，如发现问题，属于检验检疫项目内容的更正和补充，应由报检人与原签证机构联系处理。

◆已报检的出境货物，如国外开来信用证修改函时，凡涉及与检验检疫有关的条款，报检单位须及时将修改函送检验检疫机构，办理更改手续。

(2) 换证凭条的含义及其与换证凭单的区别

换证凭单和换证凭条都是出境货物报检的凭证，它们都是报检地与出境地不同的情况下去出境地检验检疫机构换取正本《通关单》的凭证。

换证凭单可以一次报检、分批核销。也就是说可以一次将货物进行检验然后分批出口，但是必须带换证凭单正本到出境地核销并换通关单。

换证凭条是电子转单的凭证，也就是在报检地通过报检后有关数据就已通过系统自动传送到出境地检验检疫机构，企业只需凭换证凭条上的转单号或者换证凭条的传真件就可以到出境地检验检疫机构换取正本通关单。

两者比较：换证凭单速度慢，需要正本，但是可以一次报检、分批核销；换证凭条速度快，无需正本，货物一证一批。

(3)通关单的含义及作用

我国自2000年1月1日起，对实施进出境检验检疫的货物，正式启用《入境货物通关单》和《出境货物通关单》，对列入《目录》范围内的进出口货物(包括转关运输货物)，海关一律凭货物报关地出入境检验检疫局签发的《入境货物通关单》或《出境货物通关单》验放。

实际在进口中，都是先报检，后报关，然后根据实际情况，检验检疫部门决定现场检验。出口中，在本地报检，如果是异地报关，则签发换证凭条，出口报关前，凭借换证凭条在出入境检验检疫部门换取通关单，如果是本地检验本地报关，则直接签发通关单。只有检验检疫部门出具了通关单，海关才会放行。另外，如果不是法定检验的货物，也需要盖报检章才能通关。

(4)重新报检的条件

凡具有下列情况之一的，应重新报检，并交还原签发的证书或证单，并按规定交纳检验检疫费：

➢超过检验检疫有效期限或逾期报运出境的；

➢更改不同输入国或地区而有不同检疫要求的；

➢出境改换包装或又重新拼装的货物需重新检验检疫的；

➢报检后在30日内未联系检验检疫事宜或自动撤销报检的。

第32章 如何办理出口报关

1.报关的含义

报关是履行海关进出境手续的必要环节之一。报关是指进出口货物收发货人、进出境运输工具负责人、进出境物品所有人或者他们的代理人向海关办理货物、物品或运输工具进出境手续及相关海关事务的过程,包括向海关申报、交验单据证件,并接受海关的监管和检查等。报关涉及的对象可分为进出境的运输工具和货物、物品两大类。由于性质不同,其报关程序各异。运输工具如船舶、飞机等通常应由船长、机长签署到达、离境报关单,交验载货清单和空运、海运单等单证向海关申报,作为海关对装卸货物和上下旅客实施监管的依据。而货物和物品则应由其收发货人或其代理人,按照货物的贸易性质或物品的类别,填写报关单,并随附有关的法定单证及商业和运输单证报关。如属于保税货物,应按"保税货物"方式进行申报,海关对应办事项及监管办法与其他贸易方式的货物有所区别。

2.出口货物通关的流程

(1)出口申报

申报,是指进出口货物的收发货人、受委托的报关企业,依照《海关法》以及有关法律、行政法规,在规定的期限、地点,采用电子数据报关单和纸制报关单形式,向海关报告实际进出口货物情况,并接受海关审核。

1)申请报关主体的要求

海关对进出口货物报关管理的主要制度实际是报关注册登记制度。凡是在中华人民共和国进出境口岸办理进出口货物报关手续的企业必须向海关办理报关注册登记,才能取得报关权。目前在我国有资格办理报关的单位有两类:一类是自理报关单位,即已在海关办理报关注册登记的具有进出口经营权的企业;另一类是代理报关单位,包括专业报关企业(即报关行)和代理报关企业(即有报关权的货代)。报关业务应由专业报关企业、代理报关企业或自理报关单位指派专人即报关员办理。报关员必须经海关培训、考核合格并获得由海关颁发的报关员证才可以从事报关工作。

报关单位的资格随同原申请成为报关单位的企业的撤销而自动终止。如更改注册登记内容时,需重新向海关申请。

2)申报地点和时间

出口货物应当由发货人或其代理人在货物的出境地海关申报,如果是转关运输货物也可经发货人申请,海关同意后在设有海关的货物启运地申报。

出口货物的申报期限为货物运抵海关监管区后、装货的24小时以前。也就是说,应先报关、后装货。须在报关24小时之后,才能将货物装入运输工具。

3)报关时间的限制

出口货物规定报关期限,是为了保证海关对出口货物的查验监管,保证货物及时运输出口。

4）申报工作的具体步骤

申报工作分为如下3步。

◆准备申报单证。这是申报工作能否顺利进行至关重要的一步。申报单证分为主要单证（即报关单）和随附单证，其中随附单证又包括基本单证（货运单据和商业单据）、特殊单证和预备单证。

在出口报关中，主要单证即出口报关单。基本单证，一般要求提供出口装货单据、商业发票、装箱单等。特殊单据包括出口许可证件、出口加工贸易登记手册、作为特殊货物进出境证明的原进出口货物报关单、出口收汇核销单、原产地证明书等。预备单据包括贸易合同、进出口企业的有关证明文件等。经审核以上单证后据此填报报关单。报关单与随附单证数据必须一致。

如果有委托关系存在时，还应提交《报关委托书》。另外，现在许多国家都要求所进口的药品具有出口国卫生部门的证明书。因此当出口货物为药品时，需要开具有关的药品证明。当贸易对象是美国、日本、韩国或欧盟成员国时，还需开具《无木质包装声明》。

◆正式申报。第一步，出口货物发货人或其代理人通过网络系统，将报关单内容录入海关电子系统，生成电子数据报关单。一旦接收到“接受申报”报文和“现场交单”或“放行交单”通知，即表示电子申报成功，同时申报日期自动生成，否则需要继续修改。第二步，提交纸质报关单和随附单据。自收到通知之日起10日内，持打印的纸制报关单、备齐规定的各种随附单证并签名盖章，到海关办理相关手续。海关审核各种单证是否一致，并加盖印章，作为发运货物的凭证。

◆修改内容或撤销申报。海关接受申报后，其申报内容不得修改，报关单证不得撤销；确有正当理由的提交书面申请，经海关审核批准后进行修改或撤销。但海关已经决定要进行查验的进出口货物，不得修改内容或撤销报关单。

（2）配合查验

1）海关查验

海关查验一般在海关监管区进行。当海关决定查验时，会以书面形式通知货主或其货代。所申报的货物，除海关总署特准免除查验的以外，都应接受海关查验。查验的目的是核对报关单证所报内容与实际货物是否相符，有无错报、漏报、瞒报、伪报等情况，审查货物的进出口是否合法。海关查验货物，应在海关规定的时间和场所进行。如有特殊理由，事先报经海关同意，海关可以派人员在规定的时间和场所以外查验。

海关查验的方式有外形查验、抽查和彻底查验。

2）配合查验的工作内容

海关查验货物时，要求货物的收发货人或其代理人必须到场，并按海关的要求负责办理货物的搬移、拆装箱和重封货物的包装等工作。海关认为必要时，可以径行开验、复验或者提取货样，货物保管人应当到场作为见证人。查验后，认真阅读《海关进出境货物查验记录单》，并签字确认。

3）货物损坏赔偿

查验货物时，由于海关关员责任造成被查货物损坏的，海关应按规定赔偿当事人的直接经济损失。赔偿办法：由海关关员如实填写《中华人民共和国海关查验货物、物品损坏报告书》一式两份，查验关员和当事人双方签字，各留一份；双方共同商定货物的受损程度或修理费用

(必要时,可凭公证机构出具的鉴定证明确定),以海关审定的完税价格为基数,确定赔偿金额;赔偿金额确定后,由海关填发《中华人民共和国海关损坏货物、物品赔偿通知单》,当事人自收到《通知单》之日起,3个月内凭单向海关领取赔款或将银行账号通知海关划拨,逾期海关不再赔偿。赔款一律用人民币支付。如在海关查验时对货物是否受损未提出异议,事后海关不负赔偿责任。

(3)缴纳税费

海关在对报关单进行审核及对需要查验的货物进行查验后,核对计算机系统计算的税费,开具税款缴款书和收费票据。进出口货物收发货人或其代理人在规定时间内,持缴款书或收费票据到指定银行办理税费交付手续。

1)关税征收的分类方法

目前较为常见的分类方法是按照征税标准不同,将征税方法分为从量税、从价税、选择税、滑准税、复合税、差价税和季节税。我国目前主要采用从价税、从量税、复合税和滑准税4种关税。

关税征收的最基本的两种方法是从量税和从价税。在这两种税收的基础上,又有复合税和选择税。

◆从量税(Specific Duties)。从量税是按照商品的重量、数量、容量、长度和面积等计量单位为标准计征的税收,其中重量是较为普遍采用的计量单位。在征收从量税时通常是按法定重量征收。所谓法定重量是指商品本身的重量加上直接接触商品包装物料的重量。

◆从价税(Ad Valorem Duties)。从价税是按进口商品的价格为标准计征的关税,其税率表现为货物价格的一定百分率。

◆复合税(Mixed or Compound Duties)。复合税是指对于同一种商品同时制定从价和从量两种税率,对某种进口商品采用从量税和从价税同时征收的方法。

◆选择税(Alternative Duties)。选择税是指对一种进口商品同时规定有从量税和从价税两种税收,在征收时选择其中一种税额较高的征收。但有时为了鼓励进口,也选择其中税额较低的一种征收。

◆滑准税(Sliding Duties)。滑准税是一种对进口税则中的同一种商品按其市场价格标准分别制定不同价格的税率而征收的进口关税。

2)关税的完税价格及其审定方法

出口货物的关税完税价格,以海关审定的实际成交价格为基础的售予境外的离岸价格,扣除出口税后为完税价格。

其中,实际成交价格是一般贸易项下出口货物的买方为购买该货物向卖方实际交付或应当支付的价格。

海关在审定出口货物的完税价格时,以下情况将区别办理:

➢出口货物成交价格中含有支付给外国的佣金,如与货物的离岸价格分列应予扣除,未单独列明则不予扣除;

➢出口货物的离岸价格以外,买方还另行支付货物包装费,应将其计入完税价格。

3)出口关税的计征方法

出口货物关税计算公式:

从价税的计算公式:

出口关税 = 出口货物完税价格 × 出口关税税率

出口货物完税价格 = FOB 价/(1 + 出口关税税率)

出口货物完税价格 = (CFR 价 − 运费)/(1 + 出口关税税率)

从量税的计算公式:

从量税 = 出口货物数量 × 适用的单位税额

出口关税的完税价格中的外币以海关签发税款缴纳证之日的汇率折算为人民币。

例:某公司出口到香港甲苯共 450 公吨,每公吨售价 CFR 香港 7 610 港元,已知总运费为 390 150 人民币元,税款缴纳证填发之日的外汇牌价为 1 港元 = 0.93 人民币元。求应征出口税多少?(出口税率为 10%)

答:

第一步:转换单位

出口货物总价 = 450 × 7 610 × 0.93 = 3 184 785(人民币元)

第二步:计算完税价格

出口货物完税价格 = (CFR 价 − 运费)/(1 + 出口关税税率)

= (3 184 785 − 390 150)/(1 + 10%)

= 2 540 577.3(人民币元)

第三步:计算出口关税

出口关税 = 出口货物完税价格 × 出口关税税率

= 2 540 577.3 × 10%

= 254 057.73(人民币元)

4)海关审价的含义及其原因

为了维护外贸出口商品的正常秩序,防止低价倾销出口商品扰乱国际市场,海关对出口商品进行审价。

出口商品的海关估价应是成交价格,即该出口商品售予境外的应售价格。中国各进出口商会协调的价格和出口许可证上核定的价格,可视为应售价格。

海关对重点审价的出口商品,依次按以下价格审定:

- 中国各进出口商会协调的出口商品价格;
- 出口许可证发证部门在出口许可证上确定的价格;
- 其他重点商品的价格。

出口商品价格低于海关据以审定的价格的,海关将有关情况通报有关进出口商会和国家外汇管理部门,并进行处罚;对价格明显偏低,借以逃、套汇的,海关可将货物扣留,不准出口,并处货物等值以下的罚款。

(4)装运货物

海关对出口货物放行,一般是由海关在出口货物装货凭证上签盖海关"放行章",同时由发货人或其代理人签收。并凭此盖有放行章的出口装货凭证(运单、装货单、场站收据等),到货物出境地的港区、机场、车站、邮局等地的海关监管仓库办理将货物装上运输工具运离关境的手续。

(5)申请签发报关单证明联

出口货物的发货人或其代理人在办理完装运出口货物的手续后,如需要海关签发有关货物出口证明联的,均可向海关提出申请。常见的证明有以下3类。

1)出口收汇证明

对需要在银行或国家外汇管理部门办理出口收汇核销的出口货物,由报关员向海关申请签发出口货物报关单收汇证明联。海关审核后,在报关单上签字、加盖海关"验讫章";同时,向银行和国家外汇管理部门发送证明联电子数据。

2)出口收汇核销单

对需要办理出口收汇核销的,报关员在申报时应向海关提交由国家外汇管理部门核发的出口收汇核销单。海关放行货物后,海关关员在出口收汇核销单上签字、加盖海关"单证章"。

3)出口退税证明

对需要在国家税务机构办理出口退税的出口货物,报关员应向海关申请签发出口货物报关单出口退税证明联。海关审核后,在证明联上签名、加盖海关"验讫章";同时,向国家税务机构发送证明联电子数据。

报关单及出口收汇核销单见示例1.32.1。

示例1.32.1　报关单及出口收汇核销单示例

出口收汇核销单存根

编号:44K782591

出口单位:广东龙华贸易有限公司
单位代码:25H28998 -0
出口币种总价:USD67500.00
收汇方式:信用证
预计收款日期:
报关日期:2008.12.10
备注:
此单报关有效期截止到

出口收汇核销单

编号:44K782591

出口单位:广东龙华贸易有限公司				
单位代码:25H28998 -0				
银行签注栏	类别	金额	日期	签章
海关备注栏:				
外汇局签注栏: 年　月　日(签章)				

出口收汇核销单
出口退税专用

编号:44K782591

出口单位:广东龙华贸易有限公司		
单位代码:25H28998 -0		
货物名称	数量	总价
节能灯	20 000 只	67 500 美元
报关单编号:		
外汇局签注栏: 年　月　日(签章)		

中华人民共和国海关出口货物报关单

预录入编号:　002102133	海关编号:		
出口口岸 新凤罗冲(5102)	备案号	出口日期 2008.12.13	申报日期 2008.12.10
经营单位 广东龙华贸易有限公司 (4401A13217)	运输方式 江海运输(2)	运输工具名称 SUISUN V.001	提运单号 KEN—98—25401
发货单位 广东龙华贸易有限公司	贸易方式 一般贸易	征免性质 一般征税	结汇方式 信用证

续表

许可证号	运抵国(地区) 芬兰		指运港 赫尔辛基	境内货源地 广东中山
批准文号 28HT82591	成交方式 CIF	运费 502/2688/3	保费 0.25	杂费
合同协议书 98SGQ468001	件数 400	包装种类 箱	毛重(千克) 3 600	净重(千克) 3 000
集装箱号 MAEU6150875/20/2275	随附单据			生产厂家 中山威威电器厂

标记唛码及备注

ABC

HELSINKI

NO. 1—400

FOB 总值:64 626.38 美元

项号	商品编号	商品名称、规格型号	数量及单位	最终目的国(地区)	单价	总价	币制	征免
01	85393190	节能灯 TR－3U-A 110V 5W E27/B22	5 000 只	芬兰	2.50	12 500.00	美元	照章征税
02	85393190	节能灯 TR－3U-A 110V 7W E27/B22	5 000 只	芬兰	3.00	15 000.00	美元	
03	85393190	节能灯 TR－3U-A 110V 22W E27/B22	5 000 只	芬兰	3.80	19 000.00	美元	
04	85393190	节能灯 TR－3U-A 110V 26W E27/B22	5 000 只	芬兰	4.20	21 000.00	美元	

税费征收情况

录入员　　录入单位 ＊＊　　＊＊＊	兹声明以上申报无讹并承担法律责任	海关审单批注及放行日期(签章) 审单　　审价
报关员　　李明	申报单位(签章) 广东龙华贸易有限公司报关专用章	
单位地址　　广州政龙路 152 号		征税　　统计
邮编　＊＊＊　　电话　＊＊＊	填制日期 2008.12.10	查验　　放行

3. 报关过程中的特殊情况

(1) 不予退税的几种情况

下列情况不予退税。

◆因故退还的我国出口货物,由原发货人或者他们的代理人申报进境,并提供原出口单证,经海关审查核实,可以免征进口关税。但已征的出口关税,不予退还。

◆因故退还的境外进口货物,由原发货人或者他们的代理人申报出境,并提供原进口单证,经海关审查核实,可以免征出口关税。但已经征收的进口关税,不予退还。

◆进口环节代征税如果已经由国内税务机关办理了抵扣手续,海关不受理企业的退税申请。

◆对按照规定可予减免税的进出口货物,由于某种原因,进出口报关时没能向海关交验经海关签章的免税证明,向海关照章纳税的,可在自缴纳税款之日起3个月内向海关递交减免税证明和税款缴纳证申请退税,并交纳人民币50元退税手续费,逾期海关不予受理。

(2)填写报关单的注意事项

填写报关单时要注意以下事项。

◆"出口口岸"栏目应填报口岸海关名称及代码,且口岸海关名称必须按《关区代码表》统一规定的称谓填写。

◆一份报关单只允许填报一个备案号。无登记手册或无备案审批文件的报关单,本栏目免于填报。

◆"出口日期"、"申报日期"和"填制日期"栏目填写8位数,顺序为年四位,月、日各两位。如2008年9月15日填为2008.09.15,不能填为2008.9.15。申报日期应早于出口日期。

◆"经营单位"填报对外签订并执行出口贸易合同的中国境内企业或单位的名称及代码。如果签订合同和执行合同不是一家企业,填执行合同的单位;进出口企业之间相互代理进出口,或没有进出口经营权的企业委托有进出口经营权的企业代理出口的,填报代理方中文名称及代码;外商投资企业委托外贸企业代理出口的,填报外商投资企业中文名称及代码,并在"备注"栏注明"委托某某公司出口"。

◆"运输方式"栏指载运货物进出关境所使用的运输工具的分类,包括实际运输方式和海关规定的特殊运输方式,本栏目应根据实际运输方式按海关规定的《运输方式代码表》选择填报相应的运输方式名称或代码。应用较多的是江海运输,代码为2。

◆"贸易方式"栏应根据实际情况按海关规定的《贸易方式代码表》选择填报相应的贸易方式简称或代码。出口加工区内企业填制的《出口加工区进(出)境货物备案清单》应选择填报适用于出口加工区货物的监管方式简称或代码。需特别注意的是一份报关单只允许填报一种贸易方式。在实际业务中使用较多的贸易方式是一般贸易,代码为0110。

◆"征免性质"栏指海关根据《海关法》、《关税条例》及国家有关政策对进出口货物实施征、减、免税管理的性质类别。本栏目应按照海关核发的《征免税证明》中批注的征免性质填报,或根据实际情况按海关规定的《征免性质代码表》性质填报相应的征免性质简称或代码。加工贸易货物本栏目应按照海关核发的"加工贸易手册"中批注的征免性质填报相应的征免性质简称或代码。需注意的是一份报关单只允许填报一种征免性质,在实际业务中使用较多的是一般征税,代码为101。

◆"结汇方式"栏应按照海关规定的《结汇方式代码表》选择填报相应的结汇方式名称或代码或英文缩写。比如,信用证,代码是6,英文缩写是L/C。

◆"成交方式"栏应根据实际成交价格条款按海关规定的《成交方式代码表》选择填报相应的成交方式名称或代码。需注意的是如果无实际进出境的,进口填报CIF价,出口填报FOB价。对于国际贸易中实际成交方式是CIP、CPT、FCA的,应相应转换成《成交方式代码表》中的CIF、CFR、FOB成交方式填报。

◆"运输工具名称"栏目应填制载运货物出境的运输工具的名称或运输工具编号。对于需要中转的货物,只填制第一程运输工具的名称。江海运输填报船舶编号(来往港澳小型船舶为监管簿编号)或船舶英文名称。一份报关单只允许填报一个运输工具名称。

◆一份报关单只允许填报一个提单号,一票货物对应多个提运单时,应分单填报。

◆一份报关单只允许填报一个许可证号。

◆出口报关单"批准文号"栏目用于填报《出口收汇核销单》编号。

◆运费可按运费单价、总价或运费率三种方式之一填报,同时注明运费标记,并按海关规定的《货币代码表》选择填报相应的币种代码。运保费合并计算的,运保费填报在本栏目中。

◆保费可按保险费总价或保险费率两种方式之一填报,同时注明保险费标记,并按海关规定的《货币代码表》选择填报相应的币种代码。运保费合并计算的,运保费填报在运费栏目中。

◆应计入完税价格的杂费填报为正值或正率,应从完税价格中扣除的杂费填报为负值或负率。杂费标记"1"表示杂费率,"3"表示杂费总价。

◆"件数"栏目应填报有外包装的出口货物的实际件数。舱单件数为集装箱(TEU)的,填报集装箱个数;舱单件数为托盘的,填报托盘数;裸装货物填报为1。

◆"毛重"和"净重"栏目填报出口货物实际毛重和净重,计量单位为千克,不足1千克的填报为1。

◆"集装箱号"栏目用于填报集装箱编号。集装箱编号以"集装箱号"+"/"+"规格"+"/"+"自重"的方式填报。在多于一个集装箱的情况下,其余集装箱编号打印在备注栏或随附清单上。

◆合同、发票、装箱单、许可证等必备的随附单证应在"随附单据"栏目中填报。

◆"商品名称、规格型号"栏目分两行填报。第一行填报出口货物规范的中文商品名称;第二行填报规格型号,必要时可加注原文。

◆申报单位指对申报内容的真实性直接向海关负责的企业或单位。自理报关的,应填报出口货物的经营单位名称及代码;委托代理报关的,应填报经海关批准的专业或代理报关企业名称及代码。

(3)异地报关需提交的资料

已经在当地海关办理自理报关注册登记手续的企业,如需要在其他海关办理报关手续,可申请异地报关备案,并提供下列资料:

➢已填妥的《报关备案申请表》一式两份;

➢海关核发的《报关注册证明书》复印件一份;

➢批准企业成立的批文复印件;

➢工商登记执照副本复印件;

➢海关认为需要的其他资料。

主管海关审核上述资料合格后,制作关封交企业带交备案转入海关,企业到备案转入海关办理备案手续后,应将备案转入海关签注意见的单据送回主管海关核销。

以上是传统异地报关的操作方法及提交的单据。目前,由于海关已经实现了全国联网,所以不需要异地备案了,只要在当地的省备案就可以。而且异地报关和本地海关报关需要一样的资料:销售合同、商业发票、装箱单、报关委托书、核销单,如果要商检的话,还需商检出的换证凭条或者换证凭单,并附一张要在异地商检换单的报检委托书。

第 33 章　如何办理出口投保

1. 出口争取以 CIF 或 CIP 成交

在出口货物从卖方运到买方的长途运输和装卸过程中，常常会由于自然灾害、意外事故或其他外来原因遭受损失，为了在货物受损后获得经济补偿，货主在货物出运前就必须及时向保险公司办理投保。采用不同的贸易术语成交，办理投保的人就不同。凡采用 FOB 及 CFR 条件成交时，在买卖合同中，应订明由进口方投保（to be Effected/Covered by the Buyers）。凡以 CIF 条件成交的出口合同，应向保险公司按保险金额、险别和适用的条款投保，应订明由卖方投保。国际贸易价格术语是买卖双方协商决定的，争取以 CIF 或 CIP 贸易术语成交不仅可为国家多收外汇，扩大我国的保险业务，而且有利于出口商。原因主要在于以下 3 点。

第一，海洋运输货物保险的责任范围是仓至仓，由出口商投保，货物从仓库出仓开始，保险公司就承担责任。相反，以 CFR、FOB 或 CPT、FCA 术语成交，保险由进口商自行购买。由于买卖双方的风险划分是以货物越过发货港船舷为界，所以保险责任也就从这一点开始。这样，从仓库到装上海轮前这一段风险要么由出口商自负，要么由出口商再向保险公司购买保险，陡然增加了出口商的风险或保费负担。

第二，以 CFR 或 CPT 成交，出口商在发货装船时，应向进口商发出"装船通知"，以便进口商及时办理保险手续。如果出口商由于疏忽或其他原因漏发、迟发通知，以致使进口商未能及时办理投保手续，那么根据国际贸易惯例和某些国家的国内法，在运输途中发生的一切风险损失，由出口商承担责任。因此，按 CFR 或 CPT 条件成交明显增加了出口商的费用和责任。

第三，采用 D/P、D/A 付款方式的出口交易，则更应以 CIF 或 CIP 成交。由于已在国内买了保险，即使出口货物在运输途中遭到重大损失，进口商拒绝付款或承兑，出口商也能从保险人手中获得相应的经济补偿。

2. 投保险别的选择

◆根据货物的性质及包装选择投保险别。不同种类的货物在相同的风险之下，遭受的损失程度往往是不同的。如茶叶、烟草等商品容易吸潮霉烂，那就应该在基本险的基础上加保受潮受热险。另外，还要考虑货物的包装情况，特别是一些容易破损的包装，对货物致损的影响很大。保险公司对由于包装不良或由于包装不适合国际货物运输的一般要求而使货物受损的情况不负责任。

◆根据运输工具所经的路线选择投保险别。如采用空运的货物应选择投保航空运输货物保险的有关险别。此外，根据不同的运输路线，自动选择合适的险别。如途径海盗经常出没的水域或战争热点地区，应考虑货物遭受意外袭击的因素。

◆根据可保利益的归属选择投保的险别。在国际贸易中保险责任与可保利益有时是统一的，有时则是脱节的。当两者统一时，要视被保险货物的实际需要选择适宜的险别；当两者脱节时，选择的险别则应该是承保的范围最小，保险费用最省的一个。

根据以上 3 个原则对一些常规商品选择保险给出表 1.33.1。

表 1.33.1 险别选择统计表

商品类别	险种
纺织、服装类	
棉布、麻布装	平安险或水渍险,附加偷窃提货不着险、淡水雨淋险、污染险、战争险
服装、针棉织品(箱装)	平安险或水渍险,附加偷窃提货不着险、淡水雨淋险、污染险、战争险
生丝、绸缎生丝复制品(箱装)	平安险或水渍险,附加偷窃提货不着险、淡水雨淋险、污染险、战争险(无包装:加钩损险)
手工艺品、珠宝、翠钻、木刻、牙刻、料器、陶瓷器、玻璃器皿等(箱装)	平安险或水渍险,偷窃提货不着险、碰损破碎险、战争险,如系邮包寄递应按邮包险投保
泥人、石膏像、宫灯(箱装)	平安险或水渍险,附加偷窃提货不着险、淡水雨淋险、碰损破碎险、战争险
草帽辫、草制品(箱装)	平安险或水渍险,附加偷窃提货不着险、淡水雨淋险、污染险、战争险
台布、枕袋、印花餐巾(箱装)	平安险或水渍险,附加偷窃提货不着险、淡水雨淋险、包装破裂险、战争险
纸制品、绒绢制品、香料及其他手工艺品(箱装)	平安险或水渍险,附加偷窃提货不着险、淡水雨淋险、污染险、战争险
茶叶类	
茶叶(箱装)	平安险或水渍险,附加偷窃提货不着险、淡水雨淋险、污染险、受潮受热险、包装破裂险、变味险、战争险
茶砖(篓装)	平安险、战争险
食品类	
盐黄、蜜黄(木桶装)	平安险或水渍险,附加渗漏险、战争险
鲜蛋(箱装)	平安险或水渍险,附加偷窃提货不着险、淡水雨淋险、污染险、战争险,如使用冷藏设备应附加冷藏条款,负责冷藏机器损坏所致损失
皮蛋、咸蛋(篓装、坛装)	平安险或水渍险,附加破碎险、战争险
冰冻鲜肉、鱼虾、家禽和蛋品等(箱装)	平安险或水渍险,附加偷窃提货不着险、淡水雨淋险、污染险、战争险,附加冷藏条款
新鲜水果(筐、箱装)	平安险,附加偷窃提货不着险、受潮受热险、战争险
新鲜蔬菜(篓装、散装)	平安险或水渍险,附加战争险。注:自然变坏和自然短量均不属于保险责任范围内,应加易腐货物条款
咸腌腊食品(各种包装)	平安险或水渍险,附加偷窃提货不着险、淡水雨淋险、战争险
咸腌腊食品(各种包装)	平安险或水渍险,附加偷窃提货不着险、淡水雨淋险、战争险
酱油、醋、冬菜(桶装、瓶装、坛装)	平安险或水渍险,附加破碎险、渗漏险、战争险,如装舱面应加保舱面险
酒(坛装、箱装)	平安险或水渍险,附加偷窃提货不着险、破碎险、渗漏险、战争险
各种罐头(箱装)	平安险或水渍险,附加偷窃提货不着险、包装破裂险、破碎险、战争险
各种果脯、糖果、饼干(箱装)	平安险或水渍险,附加偷窃提货不着险、淡水雨淋险、受潮受热险、战争险
粮油类	
生仁、生果(袋装)	平安险或水渍险,附加偷窃提货不着险、淡水雨淋险、受潮受热险、短量险、发霉险、生虫险、战争险
大豆、大米、其他豆类(散装)	平安险或水渍险,附加偷窃提货不着险、淡水雨淋险、受潮受热险、短量险、自燃险、战争险
大麻籽(袋装、散装)	平安险或水渍险,附加短量险、战争险
甜菜籽(袋装)	平安险或水渍险,附加受潮受热险、发霉险、战争险
谷类	平安险或水渍险,附加受潮受热险、战争险

续表

商品类别	险种
油类(桶装、散装)	平安险或水渍险,附加短量险、污染险、战争险
桐油(桶装、散装)	平安险或水渍险,附加短量险、污染险、散装桐油险、战争险
食盐(袋装)	平安险或水渍险,附加战争险
轻工业品类	
窗玻璃、玻璃器皿、热水瓶胆、搪瓷、瓷砖、陶瓷制品(箱装)	平安险或水渍险,附加偷窃提货不着险、碰损破碎险、战争险
家用金属制品(箱装)	平安险或水渍险,附加偷窃提货不着险、淡水雨淋险、生锈险、战争险
自行车、缝纫机(箱装)	平安险或水渍险,附加偷窃提货不着险、淡水雨淋险、生锈险、战争险
无线电(箱装)	平安险或水渍险,附加偷窃提货不着险、淡水雨淋险、受潮受热险、碰损破碎险、生锈险、战争险
乐器(箱装)	平安险或水渍险,附加偷窃提货不着险、碰损险、战争险
纸张卷筒(箱装)	平安险或水渍险,附加淡水雨淋险、污染险、钩损险、战争险
墨水(瓶装外加木箱)	平安险或水渍险,附加偷窃提货不着险、碰碎险、渗漏险、战争险
其他文教用品(箱装)	平安险或水渍险,附加偷窃提货不着险、战争险
五金类	
小五金(箱装)	平安险或水渍险,附加偷窃提货不着险、淡水雨淋险、生锈险、战争险
大五金(捆装或无包装)	平安险或水渍险,附加偷窃提货不着险、战争险。注:大五金容易生锈,但不影响使用,可不保生锈险,但铝片应加保生锈险
矿产类	
滑石粉(袋装)	平安险或水渍险,附加包装破裂险、短量险、战争险
各种矿砂(散装)	平安险,附加短量险、战争险
各种矿砂、矿石	平安险,附加偷窃提货不着险、战争险
煤(散装)	平安险,附加短量险、自燃险、战争险
化医类	
粉状化工原料(袋装)	平安险或水渍险,附加偷窃提货不着险、包装破裂险、短量险、淡水雨淋险、受潮受热险、战争险
医疗器械(箱装)	平安险或水渍险,附加偷窃提货不着险、碰损险
液体化工原料(玻璃瓶装、陶瓷器、木、铁桶装)	平安险或水渍险,附加偷窃提货不着险、破碎险、战争险,装舱面时加保舱面险
仪器类	
各种仪器、仪表、无线电、真空管(箱装)	平安险或水渍险,附加偷窃提货不着险、碰损破碎险、淡水雨淋险、战争险
机械类	
机械配件(箱装)	平安险,附加偷窃提货不着险、战争险
船舶	平安险,附加船舶险、战争险
铁路车辆、各种车辆	平安险,附加车辆损失险
汽车(箱装、裸装)	一切险、平安险,附加偷窃提货不着险、碰损破碎险、战争险
其他	
土、畜产类,废棉、麻类(麻布包)	平安险或水渍险,附加偷窃提货不着险、淡水雨淋险、染污险、战争险

续表

商品类别	险种
烟叶(箱装)	平安险或水渍险,附加淡水雨淋险、污染险、发霉险、发酵险、战争险
核桃仁、山桃仁(箱装)	平安险或水渍险,附加淡水雨淋险、变潮变热险、发霉险、生虫险、战争险
松子仁、核桃等(袋装)	平安险或水渍险,附加发霉险、生虫险、战争险。注:5—10 月间出运必须利用冷藏设备,保险单上应附贴冷藏条款,负责因冷藏机器损坏所致的损失
苦杏仁、黑白瓜子及其他干果(箱装)	平安险或水渍险,附加淡水雨淋险、变潮变热险、战争险
淀粉(袋装)	平安险或水渍险,附加包装破裂险、短量险、淡水雨淋险、受潮受热险、污染险、战争险
香料油(桶装)	平安险或水渍险,附加渗漏险、短量险、战争险
木材(无包装)	平安险,附加偷窃提货不着险、战争险
陶瓷器(箱装)	平安险或水渍险,附加偷窃提货不着险,碰损破碎险,战争险
土纸、神纸(捆扎)	平安险或水渍险,附加淡水雨淋险、污染险、钩损险、战争险
药材(箱装或捆装)	平安险或水渍险,附加淡水雨淋险、受潮受热险、包装破裂险、战争险
成药(箱装)	平安险或水渍险,附加破碎险、渗漏险、战争险
湿肠衣(桶装)	平安险或水渍险,附加渗漏险、短量险、战争险
羽毛、鬃类(箱装)	平安险或水渍险,附加淡水雨淋险、潮受热险、包装破裂险、战争险
活家禽、牲畜	畜运输死亡险,战争险
地毯(箱装)	平安险或水渍险,附加偷窃提货不着险、钩损险、污染险、战争险
各种毛皮及毛皮制品	平安险或水渍险,附加偷窃提货不着险、受潮受热险、钩损险、战争险

在加保附加险时需注意如果加保两种以上的附加险,就以投保一切险更好,因合计的保费是相似的。对于某些特别附加险或超出保险公司所规定范围的险别,被保险人需要事先与保险公司联系,经保险公司同意后才能办理投保。

3. 投保申请与保险单的转让

(1)填制投保申请单

凡以 CIF 和 CIP 条件成交的出口货物,由我国出口企业在当地保险公司(如:中国人民财产保险股份有限公司、中国平安财产保险股份有限公司、中国太平洋财产保险股份有限公司)办理投保手续(尤其在仓至仓条款下),被保险人应在货物运离仓库前向保险公司办理投保手续。被保险人根据信用证或合同(托收方式时)规定填制《运输保险投保单》(Application for Transportation Insurance)或其他名称的投保申请单。投保单主要内容和项目要正确、齐全,因为保险公司系根据该投保申请单出具正式保险单。如果出现差错、不完整则影响将来安全、及时收汇,甚至造成国外拒付的事故。

投保申请单主要内容有以下方面。

◆被保险人名称(the Insured's Name)。一般是出口企业名称。如信用证要求以进口商名称投保或指明要过户给银行,在投保单上明确表明,以便保险公司按要求制作保险单据。

◆标记(Marks & Nos.)。与发票、提单上的标记一致,如标记繁杂,可以简化,如"与×号发票同"(as per invoice NO. ×××)。

◆包装及数量(Package & Quantity)。写明包装性质,如箱、捆、包以及具体数量,以集装箱装运的也要注明。

◆货物名称(Description of Goods)。不能将货物写成百货、食品,而要写具体品名,如服装、大米、小五金等。可写统称但不能与发票所列货名相抵触。

◆保险金额(Amount Insured)。按买卖合同规定的加成比例计算保险金额,保额小数点后进位成整数(不能用四舍五入法),所用币制应与发票一致。

◆船名或装运工具(per Conveyance)。海运应注明船名。

◆开航日期(Slg. on abt.)。按确定日期或估计的开航日期填写,但与提单所列开航日期要一致。

◆航程。即写明从何地起运至何地止。如转内陆,则要写明内陆城市名称,不能笼统写"内陆城市"。

◆保险险别(Conditions)。要明确具体险别,不能笼统地写"海运保险"(Marine Clauses)。

◆赔款地点(Claim Payable at...)。通常是在货运目的地,如果在目的地之外的地点,要加以注明。

◆投保日期(Applicant's Date)。保单上载明的出单日期,不能迟于提单上的开航日期。

在办理投保以后如发现投保申请单项目有差错、变更或遗漏等情况,要及时以书面通知保险公司更正,或已出具保险单者,如发现保险单上任何内容有错误、遗漏或变更项目等现象,保险公司视具体情况或在原保单上更改,或重新出具保险单,或出立批单,作为更改保险单的书面文件,以防止可能产生的被动和不良后果。批单应粘贴在原保险单上,并经保险公司骑缝盖章,为保险单不可分割的一部分。如保险单已寄交收货人,应按原寄单路线将批单寄交收货人,要求粘贴在原保险单上。如投保申请单有虚假或隐瞒真实情况,发生损失,保险公司可以不负责赔偿。

目前我国有些地区的保险公司为了方便工作,不使用投保申请单,而由被保险人自己直接代保险公司缮制保险单,再提供发票及信用证副本给保险公司(或其他类似单据以代替申请单),保险公司据以审核、填制险别及签章。

(2)投保单样式

投保单样式见示例1.33.2。

(3)保险单的转让

被保险人的投保申请单与保险单作为保险公司与被保险人双方保险契约的一种形式。保险单也是被保险人向保险公司索赔的书面依据。一般说来,以信用证付款的合同,当卖方将出口货物装上海轮后,风险已转移给买方。倘若保险单是以卖方为被保险人的,按商业习惯,卖方在将单证送到银行结汇前,在保险单正本加盖签章(即背书),于是这份保险单的权益随同被保险货物权利的转移而转给单据持有人。

4. 保险金额的确定和保险费的计算

(1)确定保险金额

保险金额是投保人对保险标的的实际投保金额,是计算保险费的基础,也是在保险标的受损时,保险人承担赔偿责任的最高限额。

在国际货物运输业务中,保险金额一般是以被保险货物的发票金额为基础确定的。从买方的进口成本来看,无论以何种贸易条件成交,除去FOB价外,还须承担运费和保险费,所以,保险金额一般是以货物的CIF或CIP价发票金额为基础确定的。但是,在国际贸易中,若货物全部损失,而被保险人得到的补偿却只是 CIF 或 CIP 发票金额,那么,被保险人已经支付的经营费用和预期利润仍然无法得到补偿。因此,各国保险法和相关国际惯例均规定,国际货物运输保险的保险金额,可以在 CIF 或 CIP 货价的基础上适当地加成,一般加一成(10%),加成的多少应视实际需要而定,通常最高为 30%。

示例 1.33.2　出口货物运输保险投保单

发票号码	NT001FF004		投保条款和险别
被保险人	客户抬头	( )	PICC CLAUSE
		(✓)	ICC CLAUSE
	卖方公司名称	(✓)	ALL RISKS
		( )	W. P. A. /W. A.
	过户	( )	F. P. A.
		(✓)	WAR RISKS
		( )	S. R. C. C.
		(✓)	STRIKE
保险金额	USD　(　发票价值＊投保加成　)	( )	ICC CLAUSE A
	HKD　(　)	( )	ICC CLAUSE B
		( )	ICC CLAUSE C
	(　)　(　)	( )	AIR TPT ALL RISKS
		( )	AIR TPT RISKS
起运港	SHANGHAI	( )	O/L TPT ALL RISKS
目的港	MONTREAL	( )	O/L TPT RISKS
转内陆		( )	TRANSHIPMENT RISKS
开航日期	2008. 3. 20	( )	W TO W
船名航次	HUA CHANG V. 09981	( )	T. P. N. D.
		( )	F. R. E. C.
赔款地点	CANADA	( )	R. F. W. D.
赔付币别	USD	( )	RISKS OF BREAKAGE
正本份数	1 份正本,1 份副本	( )	I. O. P.
其他特别条款	COVERING INSTITUTE CIVIL COMMOTIONS CLAUSES.		
以下由保险公司填写			
保单号码		费　率	
签单日期		保　费	

投保日期:　　2008 年 3 月 16 日　　投保人签章:

保险金额的计算可采用下面的公式:

保险金额 = CIF(或 CIP)发票金额 ×(1 + 加成率)

(2)保险费计算

保险金额乘以所规定的保险费率得出保险费,即

保险费 = 保险金额 × 保险费率

我国保险公司的运输货物的保险费率分成两大类,即一般货物费率和特殊货物费率。凡是损失率高、容易受损的货物名称列为一类,为特殊货物费率。除指明货物以外的其他所有货物都属于一般货物费率。

一般附加险属于一切险范围内,所以在投保一切险时,对于一般附加险不另加费,特别附加险则加费。投保货物运输战争险和罢工险任何一项时,要另收保险费。如果两者同时投保,只收一项,两者不重复收。

5. 关于单证一致方面若干问题的处理

在采用信用证方式结算货款的交易中,单证一致是出口收汇的重要条件之一。但在实际业务中,往往由于境外进出口商开出的信用证中保险条款与买卖合同中保险条款不一致,如果处理不当,小则增加出口费用,大则影响按时出口结汇。常见的问题有下列6种。

(1)来证要求投保任何原因的损失或损坏

保险所承担的责任一般是意外的、外来的原因致使保险货物受到损失或损坏,如果投保不论任何原因的损失,则包括了货物自身的品质、质量以及自然损耗等,保险公司一般不予接受。

此外,外商还会提出一些特殊险别,如拒收险等,保险公司即使接受了投保,也会大大增加保险费用。

凡遇到不能接受的保险要求,应及时通知客户修改信用证。

(2)来证扩大了投保险别

来证要求投保的险别,其责任范围超过了买卖合同的规定,则应视不同情况区别对待。例如合同订明是水渍险,来证要求投保一切险,一般可按一切险投保,发生的保费差额可请保险公司另行出具保费收据,向进口商收取。至于合同订明投保一切险,来证列出要附加TPND, Breakage等附加险,因为这些险别已包括在一切险范围内,所以可向保险公司提出加列这些内容,保险公司不会另行加费。

(3)保险金额加成的幅度过高

《UCP600》第三十四条中提到:保险单据表明的投保最低金额应为货物的到岸价金额加10%。目前习惯上保险金额一般也都按CIF金额的110%计算,有的进口商来证要求增加保额,甚至高达发票金额的150%以上。为避免道德风险,对过高的保险加成要慎重,一般掌握在发票金额的110%~130%。如合同订明按110%投保,来证要求提高保额,在征得保险公司同意后,可请保险公司对于增加的费用另行出具收据,向进口商收取。

(4)延长保险期限

如进口商要求货物卸离海轮后增加在码头仓库的保险期限,可要求保险公司对原保险单加批。这里也存在保险公司会加收保费的问题。

(5)转运内陆目的地

买卖合同未订明保险到内陆某地、而信用证规定保险要延伸至内陆某地时,可在加费的基础上接受。但保险公司不会接受无确定起点的"转内陆"要求,遇到这种情况,则要求对方修改信用证予以明确。

(6)CIF或CIP价格条件的合同

来证改成CFR或CPT,要求价格中扣除保险费,照例应按合同条款办事,要求对方改证。如果客户坚持,一般也应维持原来的货价,至少要注意对方扣除的保险费不能高于我国保险公司实收保险费的金额。

概括起来,对于来证的额外要求,一般可按以下原则掌握。

◆对于客户的特殊或无理要求,保险公司又不能接受承保的,应及早通知开证人修改信用证条款。

◆信用证规定虽与合同内容不一致,但所提要求保险公司可以承保,但要加收保险费,增加的保险费原则上应由外商承担,可要求外商在信用证上加列可支付增加保费的条款。如涉及金额小,则可请保险公司另行开立收据向对方托收,或由出口公司自行承担。

◆有些要求可以接受,又不涉及保费金额,则要求保险公司在保单上加列,以符合"单证一致"。

总之,要正确处理来证上的保险条款与合同不一致的问题,要及时做好信用证的预审工作,以便及早发现问题,有较充裕的时间采取相应的措施。否则,可能造成被动局面。

6. 保险索赔和理赔

出口货物在我国保险后,如果货到国外发现灭失或损坏,收货人或其代理人应及时向保险公司在当地的理赔、检验代理人申请检验。代理人的名称、地址、电话等一般都在保险单上注明。如果当地尚无保险公司的特约代理,则可委托当地有资格的检验人检验出证。

保险公司聘请的代理人一般有两种:一种是检验及理赔代理,收货人在委托检验并提供各项索赔单证后,由该代理直接赔付;另一种仅限于代理检验货损,收货人在取得其出具的检验报告后,连同保险单、提单、发票及其他有关必要的索赔单证直接寄交保险公司索赔。有时收货人将索赔单证直接寄送给出口商,由于出口商投保仅是代办性质,所以,如货损属于保险责任,出口商只需将全套单证转交保险公司处理,保险公司赔与不赔均与出口商无关。如货损属于品质不良、原装短少等发货人的责任,则应由发货人自行处理。

海洋货物运输保险索赔时效,从被保险货物在最后卸载港全部卸离海轮后起算,最多不超过二年。

第34章　如何做好制单结汇工作

1. 结汇单证的含义及其种类

制单是指依据买卖合同、信用证、有关商品的原始资料(由生产制造厂商提供的一些资料)、相关国际惯例(《UCP600》)、相关国内管理规定、相关国外客户要求等缮制单证。单证质量直接关系到出口企业能否安全、及时收汇。如果单证工作出现差错,不能及时交单或提供正确的单证,则会导致买方拒付货款、延迟付款,进而给企业乃至国家带来风险和损失。

在信用证支付方式下,制单的最主要依据是信用证以及与信用证相关的国际惯例。出口商要在认真研读信用证各项条款的基础上,找出与制单相关的条款。如MT700格式中的42C、42A是关于汇票的制作要求;46A是各种商业单据的制作要求,包括单据的种类、份数和缮制方法等;47A中往往会涉及一些附属单据的制作要求,如受益人证明、装运通知等或是对制单提出一些特殊的要求,如所有单据都必须显示信用证号码、开证日期和开证行名称等。根据信用证中的46A、47A的要求,制作信用证要求的其他单据,如受益人证明等。根据信用证中的42C、42A的要求,最后制作汇票。

结汇单证是指国际贸易中,为解决货币收付问题所使用的单据、证明和文件。出口业务中,国际结算所涉及的单据种类繁多,不同的收款方式、不同地区、不同的商品,对结汇单证的单据要求会有所不同。近年来,结汇单证有逐步简化的趋势。一般情况下,结汇单证包括以下几类。

◆商业单证:主要有商业发票、包装单据、运输单据、保险单等。

◆官方单证:主要有产地证明、检验证书、许可证等。

◆金融单证:主要指汇票。

◆其他附属单据:主要包括出口商证明、运输机构出具的证明等。

◆国家外汇管理需要的单证:出口收汇核销单。

2. 填制单证的基本要求

(1)正确

在信用证的支付方式下,正确是一切单证的前提,因此在缮制单据的时候要做到以下4个"一致"。

1)证、同一致

在以信用证为付款方式的交易中,买方开给卖方的信用证,其基本条款应该与合同内容保持一致,否则,卖方应要求买方修改信用证,以维护合同的严肃性。

2)单、证一致

银行在处理信用证业务时应坚持单据与信用证相符的原则,卖方提供的单据应与信用证对有关单据的要求完全一致,否则就可成为银行拒绝付款的理由。

3)单、单一致

《UCP600》规定:"单据之间表面上互不一致者,将被认为表面上不符信用证条款。"例如,货运单据上的运输标志(Shipping Mark)与装箱单上的运输标志存在差异,银行就可拒绝付款,尽管信用证上并没有规定具体的运输标志。

4)单、货一致

单据必须真实地反映货物,如果单据上的品质、规格、数量与合同、信用证完全相符,而实际发运的货物以次充好或以假乱真,这就有悖于"重合同、守信用"的基本商业准则。尽管在信用证业务中,银行所处理的是单据而不是与单据有关的货物,只要单、证相符,单、单相符,银行就应付款。但是如果所装货物不符合合同条款的要求,买方在收货检验后仍然有权根据合同向卖方索赔和追偿损失。

5)单据与有关国际惯例和进口国有关规定相符

相关国际惯例主要指国际商会的《UCP600》、《跟单信用证项下银行间偿付统一规则》(即《URR725》)、《审核跟单信用证项下单据的国际标准银行实务》(即《ISBP681》)。单据不仅要与有关的国际惯例相符,还要与进口国有关规定相符。

(2)完整

单据的完整性指信用证规定的各项单据必须齐全,不可缺少,单据的种类、每种单据的份数和单据本身的必要项目都必须完整。例如,签署和背书一般只需盖一个章即可,但如果漏盖了章,这项单据便成为"未签署"的单据,而未经签署的单据是无效的。背书是使单据的转移得以实现的手段,不同的背书形式直接影响到单据的流通价值和作用。所以单证内容的齐全和完整是构成单证合法性的重要条件之一,必须十分重视。此外,由于有些单证需要经过一定手续和事先申请才能取得,在制单过程中,必须密切注意,及时催办,防止遗漏和误期,以保证全套单证的完整无缺。

(3)及时

处理单证要在一定时间内完成。国际贸易单证的时间性表现如下:

➢单证之间的时间差必须符合进出口程序;

➢各种单据的出单日期必须合理;

➢单证的处理,除合同、信用证有特殊规定外,原则上应力求赶先不拖后,需知早出运、早交货、早结算可以加速货物和资金的流通,这是符合买卖双方共同利益的。

(4)简洁

单证的内容应力求简洁,避免不必要的烦琐。具体要求是:单证格式的规范化,内容排列的行次整齐,字迹清晰,纸面洁净,格式美观等。

(5)严谨

严谨是对单证工作的整体要求,主要应把握以下几点:

➢单证中的各种条款必须订得严密;

➢单证必须经过严格的审核;

➢单证的处理必须合理谨慎。

3.出口业务中需要填制的单据

(1)汇票

1)汇票的含义

国际贸易结算,基本上是非现金结算。使用以支付金钱为目的并且可以流通转让的债权凭证——票据为主要的结算工具。汇票(Bill of Exchange/Postal Order/Draft)是由一人向另一人签发的书面无条件支付命令,要求对方(接受命令的人)即期或定期或在可以确定的将来时间,向某人或指定人或持票人支付一定金额。汇票是国际结算中使用最广泛的一种信用工具,通常由出口方签发。

从以上定义可知,汇票是一种无条件支付的命令,有3个当事人:出票人、付款人和收款人。

2)在实际业务中汇票的使用及注意事项

国际贸易中,主要使用的是跟单汇票,作为出口方要求付款的凭证。制作汇票时应注意下列问题。

◆出票条款。信用证项下的汇票,应填写出票依据(Drawn Under),包括开证行名称、信用证号码和开证日期。

◆汇票金额。托收项下汇票金额应与发票一致。若采用部分托收、部分信用证方式结算,则两张汇票金额各按规定填写,两者之和等于发票金额。信用证项下的汇票,若信用证没有规定,则应与发票金额一致。若信用证规定汇票金额为发票的百分之几,则按规定填写。这一做法,通常用于以含佣价向中间商报价,发票按含佣价制作,开证行在付款时代扣佣金的情况。

◆付款人名称(To)。托收方式的汇票,付款人为买方。信用证方式下,以信用证开证行或其指定的付款行为付款人。若信用证未加说明,则以开证行为付款人。

◆收款人名称(Pay to the order of)。汇票的收款人应是银行。信用证方式下,收款人通常为议付行或寄单行;托收方式下,收款人可以是托收行,均做成指示式抬头。托收中也可将出口方写成收款人(已收汇票),然后由收款人做委托收款背书给托收行。

3)汇票的样式

汇票的样式如示例1.34.1。

示例1.34.1 汇票

BILL OF EXCHANGE

凭 Drawn Under 此项为开票依据 应填写开证银行的名称 不可撤销信用证 Irrevocable L/C No. 应填写信用证编号

日期 Date 信用证开证日期 支取 Payable with interest @ % per annum 按 息 付款

号码 No. 汇票编号 汇票金额 Exchange for 小写金额需加上货币单位 南京 Nanjing 开票的地点(或加议付日期)

见票 at 即期汇票填写**** 远期汇票填写天数 日后(本汇票之副本未付)付交 sight of this FIRST of Exchange (Second of Exchange being unpaid)

Pay to the order of 填写出口地银行名称

金额 the sum of **填写大写金额,注意顶头写,有英文SAY,结尾时要加上货币单位和ONLY**

此致 To **此处是将汇票开给谁,应填写开证行的名称** 开票人的名称及单位签章

BILL OF EXCHANGE

凭 METITA BANK LTD,不可撤销信用证 LRT9802457
Drawn Under FINLAND Irrevocable L/C No.

日期 支取
Date NOV. 25 ,2008 Payable with interest @ % per annum 按 息 付款

号码 汇票金额 USD 67500.00 南京 Guangzhou. China
No. Exchange for Nanjing

见票 ****** 日后(本汇票之副本未付)付交
at sight of this FIRST of Exchange (Second of Exchange being unpaid)
Pay to the order of BANK OF CHINA

金额
the sum of US DOLLARS SIXTY-SEVEN THOUSAND FIVE HUNDRED ONLY

此致
To **METITA BANK LTD . ,FINLAND**

GUANGDONG LONGHUA TRADING CO.,LTD.
152 ZHENGLONG ROAD, GUANGZHOU, CHINA

4)填制汇票时应注意的问题

填制汇票时应注意以下问题:

➤除非合同或信用证特别规定,汇票的金额应与商业发票的金额一致;

➤汇票的付款人不能是开证人,而应该是开证行或付款行;

➤付款人的名称、地址应填写齐备;

➤出票人的名称、地址、签章应填写齐备;

➤当汇票须背书时,应严格按合同或信用证的要求处理;

➤汇票的出票日期应在信用证规定的有效期内,实务中该日期由银行代填写。

(2)受益人证明

1)受益人证明的含义及作用

受益人证明(Beneficiary's Certificate)是一种由受益人自己出具的证明,以便证明自己履行了信用证规定的任务或证明自己按信用证的要求办事,如证明所交货物的品质、证明运输包装的处理、证明按要求寄单等。事实上,对双方来说在实际操作中几乎用不到,只是信用证条款规定必须要提供这个单据,所以出口商才必须提交它,对进口商来说,受益人证明只有在银行审核信用证单据时有用。

比如:信用证规定,证明在发货后3天内提交整套运输单据给对方。作为出口商,在交单时就必须出具受益人证明,如果不出,银行将以存在不符点为由扣费。

2)受益人证明包括的栏目及其样式

一份受益人证明书一般有以下几个栏目:

➤受益人中文、英文名称;

➤单据名称,一般标明"BENEFICIARY'S CERTIFICATE"(受益人证明)或"BENEFICIARY'S STATEMENT"(受益人声明);

➤发票号码及信用证号码;

➤出证日期;

➤证明内容;

➢受益人名称及签字。

受益人证明的样式如示例 1. 34. 2。

示例 1. 34. 2　受益人证明

广东龙华贸易有限公司

GUANGDONG LONGHUA TRADING COMPANY LIMITED

152 ZHENGLONG ROAD ,GUANGZHOU, CHINA

BENEFICIARY'S CERTIFICATE

INVOICE NO. : LH－29038　L/C NO. : LRT9802457

WE HEREBY CERTIFY THAT ONE COPY EACH OF INVOICE, N/N B/L HAVE BEEN FAXED TO BUYER TO FAX NO. 833－675 WITHIN 3 DAYS AFTER SHIPMENT.

GUANGDONG LONGHUA TRADING CO. , LTD.

152 ZHENGLONG ROAD, GUAGNZHOU, CHINA

(3)商业发票

1)商业发票的含义

商业发票是出口方向进口方开列的发货价目清单,是买卖双方记账的依据,也是进出口报关交税的总说明。商业发票是一笔业务的全面反映,内容包括商品的名称、规格、价格、数量、金额、包装等,同时也是进口商办理进口报关不可缺少的文件。因此商业发票是全套出口单据的核心,在单据制作过程中,其余单据均需参照商业发票缮制。

2)商业发票的作用

发票的作用有以下几方面:

➢便于进出口商核对已发货物是否符合合同或信用证规定;

➢作为进口方和出口方记账的依据;

➢在出口地和进口地作为报关、清关及纳税的凭据;

➢在不用汇票的情况下,可代替汇票作为付款依据;

➢凭光票付款时,通常用以确定有关交易的细节;

➢是整套出口单据的中心及其填制和审核的依据;

➢可作为索赔、理赔的凭据。

3)商业发票的样式

商业发票的样式如示例 1. 34. 3。

示例 1.34.3　商业发票

广东龙华贸易有限公司

GUANGDONG LONGHUA TRADING COMPANY LIMITED

152 ZHENGLONG ROAD, GUANGZHOU, CHINA

商业发票

COMMERCIAL INVOICE

ORIGINAL

Messrs: Invoice No.: 发票编号

进口商公司名称 Invoice date: 开票日期

进口商公司地址 S/C No.: 销售合同编号

Transport details:

从装运港(地)到目的港(地),写明运输方式

标记 Marks & numbers	货名 Description of goods	数量 Quantity	单价 Unit price	总值 Amount
唛头	货物的详细名称	双方商定的数量 需标注单位	需要表明术语 商定的价格 需标注单位	数量和单价的乘积 要准确,不要四舍 五入

注:如果货物种类较多,一定要分行填写,如下例。

TOTAL: 总值的英文大写表示,注意开头的 SAY 和结尾的 ONLY 及货币单位

出口商的公司名称和地址,加盖公章

广东龙华贸易有限公司

GUANGDONG LONGHUA TRADING COMPANY LIMITED

152 ZHENGLONG ROAD, GUANGZHOU, CHINA

商业发票

COMMERCIAL INVOICE

ORIGINAL

Messrs: Invoice No.: LH03 - 29038

ABC COMPANY LIMITED, FINLAND Invoice Date: DEC. 3, 2008

AKEDSANTERINK AUTO P. O. BOX 9, FINLAND S/C No.: 98SGQ468001

Transport Details:

FROM GUANGZHOU TO HELSINKI BY VESSEL

标记 Marks & numbers	货名 Description of goods	数量 Quantity	单价 Unit price	总值 Amount
	TRIANGLE BRAND 3U-SHAPE ELECTRONIC ENERGY SAVING LAMP			
ABC	TR - 3U-A　110V　5W　E27/B22	5000PCS	USD2.50/PC	USD12500.00
HELSINKI	TR - 3U-A　110V　7W　E27/B22	5000PCS	USD3.00/PC	USD15000.00
NO. 1—400	TR - 3U-A　110V　22W　E27/B22	5000PCS	USD3.80/PC	USD19000.00
	TR - 3U-A　110V　26W　E27/B22	5000PCS	USD4.20/PC	USD21000.00
		20000PCS	CIF HELSINKI	USD 67500.00

TOTAL QUANTITY: 20000PCS　PACKING: 50PCS/CTN　400CTNS

TOTAL WIGHT: G. WT: 3600KGS　N. WT.: 3000KGS

TOTAL: SAY US DOLLARS SIXTY-SEVEN THOUSAND FIVE HUNDRED ONLY

GUANGDONG LONGHUA TRADING COMPANY LIMITED

152 ZHENGLONG ROAD, GUANGZHOU, CHINA

4)填制商业发票时的注意事项

填制商业发票时应注意以下问题。

◆在信用证支付方式下,按《UCP600》的规定,除可转让信用证之外,发票必须由信用证指定的受益人出具。

◆签发日期一般不能迟于提单签发日期,更不得迟于信用证规定的交单日或信用证有效期。除信用证另有规定,发票日期可早于信用证开证日期。

◆起运地与目的地应按照合同和信用证的规定填写,如货物需要转运,转运地点也应明确地表示出来,如"Via HongKong/With Transshipment at H. K."。

◆凡是信用证上规定唛头的,必须逐字逐行按规定缮制,并与其他单据的唛头一致。信用证没有规定唛头的,则按合同条款中指明的唛头或买方已提供的唛头缮制。

◆贸易术语应在总值栏中列出,在实际业务中,如果来证总金额是含佣价或含折扣价的总额,在制作发票时,都应在总值中扣除。如果来证中价格为 CIF 价,并要求发票中分别列出运费、保险费,并显示 FOB 价,则制单时应分别列出。

(4)装箱单

1)装箱单的含义

装箱单是发票的补充单据,它列明了信用证(或合同)中买卖双方约定的有关包装事宜的细节,便于国外买方在货物到达目的港时供海关检查和核对货物,通常可以将其有关内容加列在商业发票上,但是在信用证有明确要求时,就必须严格按信用证约定制作。

2)填写装箱单时应注意的问题

填写装箱单时应注意以下问题。

◆包装单据的名称应与信用证内规定名称一致,因为包装单据的内容,既包括包装的商品内容,也包括包装的种类和件数,单件毛、净重和总的毛、净重,单件尺码和总尺码(体积),所以无论信用证要求的包装单据是何名称,都应按其规定名称照打。

◆毛、净重应列明单件的毛重和净重,总毛重和总净重,必须与发票和运输单据、产地证、出口许可证的数字相符,对于计价的重量、数字更需注意。

◆如果信用证规定要列明内包装情况(Inner Packing),必须在单据中充分表示出来。

◆重量单如冠以 Certificate of Weight(重量证明),则加注"We certify that the weight is true and correct"的证明句为好。

◆装箱单一般不应显示货物的单价和总金额。因为进口商把商品转售给第三者时只要交付包装单和货物,不愿泄漏其购买成本。

◆为了符合信用证不接受联合单据的要求,可以利用装箱单分别冠以重量单、尺码单的单据,一次缮制,按照信用证的规定份数分别提供给银行。

3)装箱单的样式

装箱单的样式如示例 1.34.4。

示例 1.34.4　装箱单

广东龙华贸易有限公司

GUANGDONG LONGHUA TRADING COMPANY LIMITED

152 ZHENGLONG ROAD, GUANGZHOU, CHINA

装箱单

PACKING LIST

ORIGINAL

Exporter:　　　　Date: 出单日期

进口商公司名称　　　　Invoice No.: 对应发票编号

进口商公司地址　　　　S/C No.: 对应合同编号

Transport details:

从装运港(地)到目的港(地),并注明装运方式

标记 Marks & numbers	件数 Quantity	货名 Description of goods	净重 N. W.	毛重 G. W.	尺码 Measurement
唛头	装的箱数 需要单位	商品名称 (具体明确)	商品总净重 需要单位	商品总毛重 需要单位	商品总体积 需要单位

当商品种类较多时需分行列明。

TOTAL QUANTITY: 单个商品的总数量(共计多少件)

TOTAL: 总箱数的大写表示,注意结尾要加上英文 ONLY

出口商的公司名称和地址需加盖公章

广东龙华贸易有限公司

GUANGDONG LONGHUA TRADING COMPANY LIMITED

152 ZHENGLONG ROAD, GUANGZHOU, CHINA

装箱单

PACKING LIST

ORIGINAL

Exporter:　　　　Date: DEC. 3 ,2008

ABC COMPANY LIMITED, FINLAND　　　　Invoice No.: LH03 - 29038

AKEDSANTERINK AUTO P. O. BOX 9, FINLAND　　　　S/C No.: 98SGQ468001

Transport details:

FROM GUANGZHOU TO HELSINKI BY VESSEL

标记 Marks & numbers	件数 Quantity	货名 Description of goods	净重 N. W.	毛重 G. W.	尺码 Measurement
		TRIANGLE BRAND 3U-SHAPE ELECTRONIC ENERGY SAVING LAMP			
ABC	100CTNS	TR - 3U-A 110V 5W E27/B22	@7.5KGS	@9KGS	@(50×50×28)CM
HELSINKI	100CTNS	TR - 3U-A 110V 7W E27/B22	@7.5KGS	@9KGS	@(50×50×28)CM
NO. 1—400	100CTNS	TR - 3U-A 110V 22W E27/B22	@7.5KGS	@9KGS	@(50×50×28)CM
	100CTNS	TR - 3U-A 110V 26W E27/B22	@7.5KGS	@9KGS	@(50×50×28)CM
	400CTNS		3000KGS	3600KGS	28CBM

TOTAL QUANTITY: 20000PCS

TOTAL: FOUR HUNDRED CARTONS ONLY

GUANGDONG LONGHUA TRADING COMPANY LIMITED

152 ZHENGLONG ROAD, GUANGZHOU ,CHINA

4)装箱单、重量单和尺码单的区别及各自特点

装箱单、重量单和尺码单(Packing List, Weight List and Measurement List)是商业发票的一种补充单据,是商品的不同包装规格条件、不同花色和不同重量逐一分别详细列表说明的一种单据。它是买方收货时核对货物的品种、花色、尺寸、规格和海关验收的主要依据。

对于不同特性的货物,进口商可能对某一或某几方面(例如包装方式、重量、体积、尺码)比较关注,因此希望对方重点提供某一方面的单据。它包括不同名称的各式单据,例如Packing List、Weight List、Measurement List、Packing Note and Weight Note...它们的制作方法与主要内容基本一致。装箱单着重表示包装情况,重量单着重说明重量情况,尺码单则着重商品体积的描述。

它们均具有以下特点。

➤装箱单、重量单和尺码单为了保持与发票一致,在号码和日期两栏与发票完全相同;

➤装箱单、重量单和尺码单一般不显示收货人、价格、装运情况,对货物描述一般都使用统称概述;

➤装箱单着重表现货物的包装情况,从最小包装到最大包装的包装材料、包装方式一一列明;而对于重量和尺码内容,一般只体现累计总额。重量单在装箱单的基础上,详细表示货物的毛重、净重、皮重等;

➤装箱单、重量单和尺码单的制作要以信用证、合同、备货单、出货单为凭据;

➤如果信用证上要求在装箱单、重量单和尺码单上填写一些特殊条款,应照办。

(5)保险单

1)保险单的含义及其内容

投保单是进出口企业向保险公司对运输货物进行投保的申请书,也是保险公司据以出立保险单的凭证,保险公司在收到投保单后即缮制保险单。

投保单一般是在逐笔投保方式下采用的做法。进出口企业在投保单中要填制的内容包括货物名称、运输标志、包装及数量、保险金额、保险险别、运输工具、开航日期、提单号等。

投保人在投保单上要填写的主要内容一般有:

➤被保险人的名称和地址;

➤保险标的的名称和存放地点;

➤投保的险别;

➤保险责任的起讫;

➤保险价值及保险金额等。

2)保险单的样式

保险单的样式如示例1.34.5。

示例 1.34.5 保险单

中保财产保险有限公司

The People's Insurance Company of China, Ltd.

发票号码：　　　　　　　　　　　　　　　　　　保险单号次：

Invoice No. 商业发票的编号(保持一致性)　　　　Policy No. 由保险公司填写

海洋货物运输保险单

MARINE CARGO TRANSPORTATION INSURANCE POLICY

被保险人：

Insured: 出口商公司名称

中保财产保险有限公司(以下简称"本公司")根据被保险人的要求及其所缴付约定的保险费，按照本保险单承担险别和背面所载条款与下列特别条款承保下列货物运输保险，特签发本保险单。

This policy of Insurance witnesses that the People's Insurance (Property) Company of China, Ltd. (hereinafter called "The Company"), at the request of the Insured and in consideration of the agreed premium paid by the Insured, undertakes to insure the under mentioned goods in transportation subject to the conditions of this Policy as per the Clauses printed overleaf and other special clauses attached hereon.

保险货物项目 Descriptions of goods	包装　单位　数量 Packing　Unit　Quantity	保险金额 Amount insured
货物的名称，要求具体明确	货物的包装、包装单位及数量	商业发票金额乘以110%(投保加成)

承保险别：　　　　　　　　　　　　　　　　　货物标记：

Conditions:　　　　　　　　　　　　　　　　Marks of goods:

海洋运输保险中的主险及附加险，并注明遵守的保险原则　　唛头

总保险金额：

Total amount insured: 保险金额的大写表示，注意货币单位和开头 SAY 及结尾的 ONLY

保费　　　　　　载运输工具　　　　　　　　　开航日期

Premium as arranged　Per conveyance S. S 船只的名称　Slg. on or abt. 船开航日期(英文的写法)

起运港　　　　　　　　目的港

From 装运港　To 目的港(注意港口重名问题)

所保货物，如果发生本保险单项下可能引起索赔的损失或损坏，应立即通知本公司下述代理人查勘。如有索赔，应向本公司提交保险单正本(本保险单共有 2 份正本)及有关文件。如一份正本已用于索赔，其余正本则自动失效。

In the event of loss or damage which may result in a claim under this Policy, immediate notice must be given to the Company's Agent as mentioned here under. Claims, if any, one of the Original Policy which has been issued in 2 Original(s) together with the relevant documents shall be surrendered to surrendered to the Company. If one of the Original Policy has been accomplished, the others to be void.

中保财产保险有限公司

THE PEOPLE'S INSURANCE (PROPERTY) COMPANY OF CHINA, LTD.

赔款偿付地点

Claim payable at 进口商所在地

日期　　　　　　　　在

Date 签订保单的日期 at 签订保单的地点

地址：

Address:

中保财产保险有限公司

The People's Insurance Company of China, Ltd.

发票号码：　　　　　　　　　　　　保险单号次：

Invoice No. LH－29038　　　　　　Policy No. PICC－98－225

海洋货物运输保险单

MARINE CARGO TRANSPORTATION INSURANCE POLICY

被保险人：

Insured: GUANGDONG LONGHUA TRADING CO., LTD.

中保财产保险有限公司(以下简称"本公司")根据被保险人的要求及其所缴付约定的保险费,按照本保险单承担险别和背面所载条款与下列特别条款承保下列货物运输保险,特签发本保险单。

This policy of Insurance witnesses that the People's Insurance (Property) Company of China, Ltd. (hereinafter called "The Company"), at the request of the Insured and in consideration of the agreed premium paid by the Insured, undertakes to insure the under mentioned goods in transportation subject to the conditions of this Policy as per the Clauses printed overleaf and other special clauses attached hereon.

保险货物项目 Descriptions of goods	包装　单位　数量 Packing　Unit　Quantity	保险金额 Amount insured
TRIANGLE BRAND 3U-SHAPE ELECTRONIC ENERGY SAVING LAMP	400 CTNS	USD74250.00

承保险别：

Conditions:

COVERING RISKS F. P. A OF PICC. INCLUDING WAREHOUSE TO WAREHOUSE CLAUSE UP TO FINAL DESTINATION AT HELSINKI, FOR AT LEAST 110 PCT OF CIF-VALUE

货物标记：

Marks of goods:

ABC

HELSINKI

NO. 1－400

总保险金额：

Total amount insured: US DOLLARS SEVENTY-FOUR THOUSAND TWO HUNDRED AND FIFTY ONLY

保费　　　　　　载运输工具　　　　　　开航日期

Premium as arranged　Per conveyance S. S SUISUN V. 103　Slg. on or abt. DEC. 13, 2008

起运港　　　　　　目的港

From GUANGZHOU　To HELSINKI

所保货物,如果发生本保险单项下可能引起索赔的损失或损坏,应立即通知本公司下述代理人查勘。如有索赔,应向本公司提交保险单正本(本保险单共有 2 份正本)及有关文件。如一份正本已用于索赔,其余正本则自动失效。

In the event of loss or damage which may result in a claim under this Policy, immediate notice must be given to the Company's Agent as mentioned here under. Claims, if any, one of the Original Policy which has been issued in 2 Original(s) together with the relevant documents shall be surrendered to surrendered to the Company. If one of the Original Policy has been accomplished, the others to be void.

中保财产保险有限公司

THE PEOPLE'S INSURANCE(PROPERTY)COMPANY OF CHINA, LTD.

赔款偿付地点

Claim payable at HELSINKI

日期　　　　　　在

Date DEC. 12, 2008　at GUANGZHOU

地址：

Address:

第一部分　出口实战

3）填写保险单时应注意的问题

填写保险单时应注意以下问题：

➢除非合同或信用证特别规定，实务中被保险人一般填出口公司名称；

➢保险金额货币单位应与信用证（托收时为合同）一致，且保险金额的大小写要一致；

➢保险金额应包含要求的保险加成率，除非信用证或合同特别规定，一般为10%；

➢开航日期填提单日期；

➢承保险别应按信用证的描述填写，以保证单证相符；

➢保险单中的船名、航次、装运港、目的港应与提单严格一致；

➢赔款偿付地点一般为目的港（地），投保地点一般为装运港（地），应避免混淆；

➢日期填提单日期的前几天；

➢一般情况下，保险单应空白背书，信用证或合同另有规定除外。

（6）一般产地证和普惠制产地证

1）C. O. 产地证的含义

C. O. 产地证（Certificate of Origin）又称一般产地证，是原产地证的一种。C. O. 产地证是用以证明有关出口货物的制造地的一种证明文件，是货物在国际贸易行为中的“原籍”证书。在特定情况下进口国据此对进口货物给予不同的关税待遇。

2）C. O. 产地证的作用

在国际贸易中，世界各国根据各自的对外贸易政策，普遍实行进口贸易管制，对进口商品实施差别关税和数量限制，并由海关执行统计。进口国要求出口国出具货物的原产地证明，已成为国际惯例。因此，C. O. 产地证是进行国际贸易的一项重要证明文件，归纳起来，具有以下几方面的作用。

◆它是确定产品关税待遇，提高市场竞争力的重要工具。C. O. 产地证是各国海关据以征收关税和实施差别待遇的有效凭证。如在进口国与出口国的政府之间订有关税协定，用条约形式规定了协定税率（Agreed Customs Rate），或两国之间条约上规定了最惠国条款（Most Favored Nation Clause），买方往往要求卖方提供有效的产地证明书来证明进口货物的原产地确系缔约的对方国才能获得相应的税率待遇。

◆C. O. 产地证还起到证明商品内在品质、提高商品竞争力的作用。如在国际市场上持有中国原产地证的丝绸比持有其他不产丝绸国家产地证的丝绸更能卖好价。此外，产地证有时还是贸易双方进行交接、结汇的必备单据。如买方在申请开信用证（L/C）时常要求提供C. O. 产地证以确保其自身利益，银行也常以C. O. 产地证作为信用证（L/C）是否解付的重要凭证。

◆它负有对进出口货物进行统计的职责。原产地证则是海关借以对进口货物进行统计的重要依据。

◆它是货物进口国实行有差别的数量控制，进行贸易管理的工具。世界各国根据其贸易政策，为保护本国工业生产和国际贸易竞争需要，往往对某些货物实行限制，制定一些进口货物数量控制措施，例如进口配额、许可证制度，反倾销、反补贴制度。为实行这些控制制度，首先需确定进口的货物是来自哪个国家，然后确定这批货物是否受到进口数量限制，是否需持有进口许可证，是否要冲销配额及征收反倾销、反补贴税……产地证也就成为实施这些制度的重要工具。

3）普惠制产地证的含义

普惠制产地证书是具有法律效力的我国出口产品在给惠国享受在最惠国税率基础上进一步减免进口关税的官方凭证。采用的是格式 A，证书颜色为绿色，在对外贸易中，可简称为 FORM A 或 GSP FORM A。

至今世界上共有 40 个给惠国：欧洲联盟 27 个成员国（法国 France、德国 Germany、意大利 Italy、荷兰 Netherlands、比利时 Belgium、卢森堡 Luxemburg、英国 U. K.、丹麦 Denmark、爱尔兰 Ireland、希腊 Greece、西班牙 Spain、葡萄牙 Portugal、塞浦路斯 Cyprus、匈牙利 Hungary、捷克 Czech、爱沙尼亚 Estonia、拉脱维亚 Latvia、立陶宛 Lithuanian、马耳他 Malta、波兰 Poland、斯洛伐克 Slovak、斯洛文尼亚 Slovenia、奥地利 Austria、瑞典 Sweden、芬兰 Finland、罗马尼亚 Romania、保加利亚 Bulgaria）、挪威 Norway、瑞士 Switzerland、日本 Japan、加拿大 Canada、美国 U. S. A.、澳大利亚 Australia、新西兰 New Zealand、俄罗斯 Russia、白俄罗斯 White Russia、乌克兰 Ukraine、哈萨克斯坦 Kazakhstan、土耳其 Turkey、列支敦士登公国 Principality of Liechtenstein。其中，希腊、西班牙、葡萄牙和保加利亚、波兰、匈牙利既是给惠国又是受惠国。值得一提的是，美国虽然给予我国最惠国待遇，但是在 GSP 上，它始终不肯对中国让步。因此，至今世界上 40 个给惠国中有 39 个给予我国普惠制关税减免优惠待遇。

4）签发普惠制产地证的程序

◆注册登记。由申请签发普惠制产地证书的企业（公司）事先向当地商检机构办理注册登记手续。登记时须提交下列证件：

➤经营出口业务的批准文件；

➤国家工商行政管理部门核发的营业执照；

➤由申请签证单位法人代表签署的、委托该单位人员办理普惠制原产地证书申请及手签事宜的委托书一份，被委托之手签人免冠半身一寸近照两张。

上述证件，经商检机构初步审核后，发给《申请签发普惠制原产地证书注册登记表》和《普惠制 FORM A 原产地证书申报人注册登记卡》各一式二份，由申请单位如实填写，并在规定的时间内将上述表格递交商检机构审核。商检机构确认该单位具有申请签证资格后将准予注册，申请单位应在同时交付规定的注册费。之后，由商检机构在指定时间内，对普惠制申请手签人员进行业务培训，考核合格后，签发申报证件。申报人可在当年度内凭证向各地商检机构办理普惠制申请签证业务。注册地商检机构每二年对已注册单位及申请手签人员进行复查。

◆申请出证。申报手签人在本批货物出运前五日到商检机构办理申请事宜。申请时一般应提交：

➤《普惠制产地证书申请书》一份；

➤出口商业发票（副本）一份；

➤装箱单一份；

➤普惠制产地证书一套；

➤对含有进口成分的出口商品申请签证，申请人应填写《含进口成分受惠商品成本明细单》；

➤商检机构认为有必要提供的其他有关单证（如信用证、合同、报关单等），并如实解答商检机构提出的有关问题。

对首次申请签证的单位，商检机构将派员到生产现场作例行调查。对非首次申请签证的单位，商检机构对申报内容有疑问，或认为有必要时，也可派员对产品的生产企业进行抽查。

作上述调查后，商检机构将填写《出口企业（或生产厂）普惠制签证调查记录》，以此作为是否同意签证的依据。被调查或抽查的单位有义务积极协助商检人员进行查核，提供必要的资料、证件和工作条件。

◆签发证书。商检机构在调查或抽查的基础上，逐一审核申请单位提交的有关单证，无误后签发《普惠制原产地证书》，交申请单位。

注：产品所用的原料或零部件全部或部分是从加拿大、澳大利亚、新西兰、日本进口，并已在上述四国交纳了出口关税，产品销往该四国，并按规定能够享受普惠制优惠待遇时，申请单位还需提供该四国公司或商社签发的有关原料、零部件的出口商业发票。

5）填写一般产地证和普惠制产地证应注意的问题

填写一般产地证和普惠制产地证应注意以下问题。

◆必须按信用证或合同的要求出证，不要把一般原产地证明书和普惠制原产地证明书格式A混为一谈。

◆签证机构必须符合信用证或合同的要求。

◆一般原产地证明书或普惠制原产地证明书格式A的第1项和第2项不能漏填出口国和进口国的名称。

◆一般原产地证明书第7项的包装数量和第9项的计价数量不能混淆。

◆普惠制原产地证明书格式A第12项的出口国和进口国不能错填为装运港和目的港。

◆一般原产地证明书或普惠制原产地证明书格式A的签发日期不得早于申请日期。

◆原产地标准（Origin Criterion）一栏文字最少，但却是国外海关审核的核心项目。对含有进口成分的商品，国外要求严格，一旦出现问题非常容易导致退证，一般应根据原产地标准选择正确代码填报本栏，如表1.34.1所示。

表1.34.1　原产地标准及填报代码

填报代码	出口国家	原产地标准
P	所有给惠国家	完全原产品
W HS	欧盟、挪威、瑞士、日本	产品列入给惠国“加工清单”并符合其加工条件
		产品未列入“加工清单”但产品使用的进口原料或零部件经过充分加工，产品HS号不同于原材料或零部件的HS号
F	加拿大	有进口成分，但进口成分价值未超过产品出厂价的40%
W HS	波兰	有进口成分，但进口成分价值未超过离岸价的50%
Y进口成分	俄罗斯、乌克兰、哈萨克斯坦、捷克、斯洛伐克	有进口成分，但进口成分价值未超过离岸价的50%
（空白）	澳大利亚、新西兰	

6）一般产地证的样式

一般产地证的样式如示例1.34.6。

示例 1.34.6 一般产地证

ORIGINAL

<table>
<tr><td>1. Exporter
出口商的名称和地址(英文)</td><td rowspan="2">Certificate No.
CERTIFICATE OF ORIGIN OF
THE PEOPLE'S REPUBLIC OF CHINA</td></tr>
<tr><td>2. Consignee
进口商的名称和地址(英文)</td></tr>
<tr><td>3. Means of transport and route
最迟装运日期
从装运港到目的港
采用的运输方式</td><td rowspan="2">5. For certifying authority use only</td></tr>
<tr><td>4. Country / region of destination
目的地国家或地区</td></tr>
</table>

6. Marks and numbers	7. Number and kind of packages; description of goods	8. H. S. Code	9. Quantity	10. Number and date of invoices
唛头和集装箱编号	货物的名称、包装种类及数量	海关编码	成交总数量	发票的编号和开票日期
SAYTOTAL：货物总数量，结尾加 ONLY				

<table>
<tr><td>11. Declaration by the exporter
The undersigned hereby declares that the above details and statements are correct, that all the goods were produced in China and that they comply with the Rules of Origin of the People's Republic of China.
申请产地证的地点和日期(出口方所在地)
- -
Place and date, signature and stamp of authorized signatory</td><td>12. Certification
It is hereby certified that the declaration by the exporter is correct.
签发产地证的地点和日期(出口方所在地)
- -
Place and date, signature and stamp of certifying authority</td></tr>
</table>

ORIGINAL

<table>
<tr><td>1. Exporter
GUANGDONG LONGHUA TRADING CO., LTD.
152 ZHENGLONG ROAD, GUANGZHOU, CHINA</td><td rowspan="2">Certificate No.
CERTIFICATE OF ORIGIN OF
THE PEOPLE'S REPUBLIC OF CHINA</td></tr>
<tr><td>2. Consignee
ABC COMPANY LIMITED, FINLAND
AKEDSANTERINK AUTO P. O. BOX 9, FINLAND</td></tr>
<tr><td>3. Means of transport and route
ON/AFTER DEC. 13, 2008
FROM GUANGZHOU TO HELSINKI
BY VESSEL</td><td rowspan="2">5. For certifying authority use only</td></tr>
<tr><td>4. Country / region of destination
FINLAND</td></tr>
</table>

6. Marks and numbers	7. Number and kind of packages; description of goods	8. H. S. Code	9. Quantity	10. Number and date of invoices
ABC HELSINKI NO. 1—400	FOUR HUNDRED CARTONS OF TRIANGLE BRAND 3U-SHAPE ELECTRONIC ENERGY SAVING LAMP	2007.9910	20000PCS	LH-29038 DEC. 3, 2008

续表

SAYTOTAL: TWENTY THOUSAND PIECES ONLY	
11. Declaration by the exporter The undersigned hereby declares that the above details and statements are correct, that all the goods were produced in China and that they comply with the Rules of Origin of the People's Republic of China. GUANGZHOU DEC. 03, 2008 - Place and date, signature and stamp of authorized signatory	12. Certification It is hereby certified that the declaration by the exporter is correct. - Place and date, signature and stamp of certifying authority

7) 普惠制产地证的样式

普惠制产地证的样式如示例1.34.7。

示例1.34.7 普惠制产地证

1. Goods consigned from (Exporter's business name, address, country) 出口商的名称和地址	Reference No. 参考编号 GENERALIZED SYSTEM OF PREFERENCES CERTIFICATE OF ORIGIN (Combined declaration and certificate) FORM A
2. Goods consigned to (Consignee's name, address, country) 进口商的名称和地址	Issued in THE PEOPLE'S REPUBLIC OF CHINA (country) See Notes overleaf
3. Means of transport and route (as far as known) 最迟装运日期 从装运港到目的港 采用的运输方式	4. For official use

5. Item number	6. Marks and numbers of packages	7. Number and kind of packages; description of goods	8. Origin criterion (see Notes overleaf)	9. Gross weight or other quantity	10. Number and date of invoices
编号	唛头和包装数量	货物的描述和包装要求及数量	产地标准	商品总毛重	发票编号及开票日期
		* *			

续表

11. Certification It is hereby certified, on the basis of control carried out, that the declaration by the exporter is correct. 颁发证书的地点和日期 Place and date, signature and stamp of certifying authority	12. Declaration by the exporter The undersigned hereby declares that the above details and statements are correct, that all the goods were produced in 原产国家名称 (country) and that they comply with the origin requirements specified for those goods in the Generalized System of Preferences for goods exported to 目的国的国家名称 申请证书的地点和日期 Place and date, signature and stamp of authorized signatory

1. Goods consigned from (Exporter's business name, address, country) GUANGDONG LONGHUA TRADING CO., LTD. 152 ZHENGLONG ROAD, GUANGZHOU, CHINA			Reference No. GZ8/80266/0113 GENERALIZED SYSTEM OF PREFERENCES CERTIFICATE OF ORIGIN (Combined declaration and certificate) FORM A Issued in THE PEOPLE'S REPUBLIC OF CHINA (country) See Notes overleaf		
2. Goods consigned to (Consignee's name, address, country) ABC COMPANY LIMITED, FINLAND AKEDSANTERINK AUTO P. O. BOX 9, FINLAND					
3. Means of transport and route (as far as known) ON/AFTER DEC. 13, 2008 FROM GUANGZHOU TO HELSINKI BY VESSEL			4. For official use		
5. Item number	6. Marks and numbers of packages	7. Number and kind of packages; description of goods	8. Origin criterion (see Notes overleaf)	9. Gross weight or other quantity	10. Number and date of invoices
01	ABC HELSINKI NO. 1—400	FOUR HUNDRED (400) CARTONS OF TRIANGLE BRAND 3U-SHAPE ELECTRONIC ENERGY SAVING LAMP *	"P"	20000PCS	LH-29038 DEC. 3, 2008

续表

11. Certification It is hereby certified, on the basis of control carried out, that the declaration by the exporter is correct.	12. Declaration by the exporter The undersigned hereby declares that the above details and statements are correct, that all the goods were produced in CHINA (country) and that they comply with the origin requirements specified for those goods in the Generalized System of Preferences for goods exported to FINLAND
GUANGZHOU DEC. 04, 2008 Place and date, signature and stamp of certifying authority	GUANGZHOU DEC. 03, 2008 Place and date, signature and stamp of authorized signatory

(7) 常用出口单据总结

常用的出口单据如表 1.34.2 所示。

表 1.34.2　常用出口单据总结

出单时间	单据名称	出单人
委托订舱时	订舱委托书	出口商
订舱时	托运单	出口商/货代
订舱后集港前	货物运输投保单	出口商
接受投保后	货物运输保险单	保险公司
报检时	出境货物报检单	出口商
	商业发票	
	装箱单/重量单	
完成报检时/报关前	出境货物通关单	检验检疫机构
报关前	出口收汇核销单	出口商
报关前	出口货物报关单	出口商/货代/报关行
货物出运前三天	原产地证明书申请书	出口商
货物出运前三天	普惠制产地证明书申请书	出口商
货物出运前后	一般原产地证书	检验检疫机构/贸促会/出口商/生产厂商
货物出运前后	普惠制原产地证书	检验检疫机构
货物上船后	海运提单	承运人或其代表
一般货物上船后 48 小时内	装运通知	出口商
交单前	汇票	出口商

4. 交单结汇的方式

(1) 交单的含义

交单是指出口商(信用证受益人)在规定时间内向银行提交信用证规定的全套单据,这些单据经银行审核,根据信用证条款不同付汇方式,由银行办理结汇。

(2)交单的方式

交单方式有两种:一种是两次交单或称预审交单,在运输单据签发前,先将其他已备妥的单据交银行预审,发现问题及时更正,待货物装运后收到运输单据,可以当天议付并对外寄单;另一种是一次交单,即在全套单据收齐后一次性送交银行,此时货已发运。银行审单后若发现不符点需要退单修改,耗费时日,容易造成逾期而影响收汇安全。因而出口企业宜与银行密切配合,采用两次交单方式,加速收汇。

(3)交单时的注意事项

交单时应注意三点:其一是单据的种类和份数与信用证的规定相符;其二是单据内容正确,包括所用文字与信用证一致;其三是交单时间必须在信用证规定的交单期和有效期之内。

(4)结汇的方式

信用证项下的出口单据经银行审核无误后,银行按信用证规定的付汇条件,将外汇结付给出口企业。

1)押汇(信用证方式下可称为议付)

银行将收取的单据作为质押,按汇票或发票面值,扣除从议付日起到估计收到开证行或偿付行票款之日的利息,将货款先行垫付给出口商(信用证受益人)。议付是可以追索的,如开证行拒付,议付行可向出口商追还已垫付之货款。

议付信用证中规定,开证行对议付行承担到期承兑和付款的责任。《UCP600》规定,银行如仅审核单据而不支付价款不构成议付。

2)收妥结汇

收妥结汇又称收妥付款,是指国内寄单行(或称交单行,下同)收到出口公司的各种单据后,首先进行审核,审核无误后将单据寄交开证银行(如有偿付银行则将单据寄交偿付银行),开证银行审核无误后,立即付款或授权偿付银行对国内寄单行付款。国内寄单行收到开证银行(或偿付银行)将货款拨入寄单行账户的贷记通知书后,立即将货款结给出口企业。

3)定期结汇

定期结汇是指出口地银行在收到出口企业提交的出口单证,经与信用证有关条款审核无误后,根据不同地区、不同索汇路线以及即期或远期等具体情况,结合银行办理各项手续必需的合理的工作日,规定一定的结汇时间,到期由出口地银行主动将外汇结付给出口企业的一种结汇方式。

过去我国以收妥结汇为主要的结汇方式(外贸公司做定期结汇)。后来由于银行数目的增多,竞争的加剧,我国开始做出口押汇,它利于企业融资,是对企业最为有利的结汇方式。

在实际业务中有这样一种情况:即期付款信用证可以不用汇票,即国外开证行指定出口地的分行或代理行为付款行,受益人径直向付款行交单。付款行付款时不扣除汇程利息。付款是不可追索的。显然在信用证方式中,这是对出口商最为有利的一种。

5. 出现单证不符时出口商的处理方法

(1)不符点的含义

不符点在英文中被称为 Discrepancy。在对外贸易过程中,银行给卖家开出信用证(L/C),卖家没有按照信用证的要求出具单据内容,一旦卖方提交的单据跟 L/C 上有不一致的地方,即使一个字母与信用证不相符合,都记为一处不符点,或者说受益人提交的单据与信用证条款要求不一致的地方就叫做"不符点"。

这种"不一致"主要有两方面:一是单据本身与信用证要求不一致,如货物名称不一致;二是受益人的行为与信用证的要求不一致,如交单时间晚于信用证所规定的期限。判别单证是否一致是以单据的表面所出现的文字或符号的表示形式为依据,如果表示形式不一致,那么"不一致"的地方就是"不符点"。

(2)不符点的类型

Boris Kozolchyk 教授将不符点分为以下 3 种:极其微小的不符点(De Minimis)、微小的不符点(Minor)、重大的不符点(Major)。

1)极其微小的不符点(De Minimis)

极其微小的不符点是指那些单据中只有很小的、可以不用纠正的、可以接受的瑕疵,审单人对该瑕疵可以忽略不计。例如,有些单据中的错误拼写不影响其他单据,一般来说,开证行在这种情形下作出的付款会得到法院的支持。

2)微小的不符点(Minor)

微小的单据瑕疵应该要求在信用证有效期内予以改正。一般情况下,应该由受益人来修正单据。当然,改正该单据的权利在于受益人时可以进行修正。例如发票上受益人的签字没有签,有些复印件需要受益人或议付行补齐等。

3)重大的不符点(Major)

和微小不符点不同,重大不符点无法补正。单据的不可补正性(Incurability)是由于该缺陷会影响到单据的可流通性(Merchantability),或者是由于该补正在时间上已经不允许。

根据信用证不符点的后果,可将不符点分为非实质性不符点和实质性不符点两种。非实质性不符点一般指在制单过程中人为的不符,这类不符点的产生经常是由于开证行疏漏和受益人忽略对修改内容以外条款的审查引起的。如信用证修改将邮寄提单改成要求空运单,而受益人证明未将相关的邮寄提单改换成邮寄空运单;改 CIF 价格条款为 FOB 时,未将提单运费条款由预付运费改成到付运费;改装期未延展效期;改 CIF 价格条款为 CFR 或 FOB 时未删除信用证所要求的保险单等等。这类不符点可以由受益人修改单据或者重新缮制单据。实质性的不符点一般是指在制单前已经形成,例如信用证逾装超过有效期、信用证的超额等。以上所述仅是目前学理上的所作的含义和分类,目前国际上包括国际商会的统一惯例尚未对不符点作出明确的定义和分类。

(3)常见不符点

信用证操作过程内容纷繁复杂,环节颇多,出现的不符点多种多样。英国著名贸易咨询服务机构 SITPRO 通过长期的追踪调查,列出了近年来出现频率最高的 10 类信用证不符点及其原因及责任方,如表 1.34.3 所示。

表 1.34.3 最容易导致信用证遭拒的 10 类原因

不符点(Discrepancy)	原因(Reason)	责任方(Responsibility)
资料不一致 Inconsistent data	各单据之间信息不一致 Different information between the different documents	出口方 Exporter

续表

不符点(Discrepancy)	原因(Reason)	责任方(Responsibility)
单据漏缺 Absence of documents	信用证要求单据缺失 Required by the letter of credit are missing	出口方 Exporter
其他 Other	其他未标明的制单原因 Other documentation reasons not specifically noted	出口方,任何第三方 Exporter; any third party e.g. PSI company, carrier
过期交单 Late presentation	交单时间晚于发货后21天或晚于信用证所规定的最迟交单时间 Documents presented later than 21 days after shipment or after the number of days stipulated in the letter of credit	出口方 Exporter
承运人签署不当 Carrier not named and signing capacity	提单上无承运人名称或未注明代表承运人签字 The name of the carrier on the airway bill is missing or not signed on behalf of the carrier	运输承办方 The transport provider
资料不正确 Incorrect data	单据中信息与信用证要求不符 Information on the set of documents is not in conformity with the letter of credit	出口方 Exporter
信用证过期 Letter of credit expired	在信用证到期日后交单 Documents presented after the letter of credit has expired	出口方 Exporter
货物描述不正确 Incorrect goods description	单据中货物描述与信用证中货物描述不一致 The goods description on the documents differs from that on the letter of credit	出口方 Exporter
背书错误或遗漏 Incorrect or absence of endorsement	提单、保单或汇票未经出口人或其他相关方背书 The bills of lading, insurance certificate or bill of exchange not endorsed by the exporter or other party	出口方或保险公司 Exporter or insurance company
过期交运 Late Shipment	交运时间晚于信用证规定时间 Goods shipped after the last date given for shipment	出口方或承运人 Exporter / carrier

从表中可以看出,信用证不符点主要的责任是在出口方,而不符点的出现主要集中在审单制单环节。结合业务实践,可将上述不符点的划分按照操作习惯总结为以下几个方面。①时限方面:信用证有效期过期;信用证装运期过期;受益人交单过期。②装运方面:不清洁运输单据;无"已装船"批注或注明"货装舱面";运费由受益人承担,但运输单据上无"Freight Prepaid"标注;违反信用证规定进行了分批或转船操作,启运港、目的港或转运港与信用证规定不符。③单据方面:单据货物描述与信用证不符;提交单据类别与信用证要求不符;各种单据中的币别不一致;各种单据上面的货物的数量和重量描述不一致;汇票、发票或保险单据金额的大小写不一致;汇票、运输单据或保险单据遗漏背书或背书错误;发票的抬头人名称、地址等与信用证不符;提交单据份数与信用证要求不一致;单据没有必要签字或有效印章。④保险方面:保险金额或保险费率与信用证不符;投保的险种与信用证不符;保险单据的签发日期迟于运输单据的签发日期。

(4)造成不符点的主要原因

1)未能发现信用证中含有软条款

软条款最基本的特征是赋予了开证申请人制造单证不符的"权利"和开证行免除其付款

责任的主动权，从而使受益人应享有的在信用证项下的权利变得很不确定，受益人很难甚至无法单独以自己的履约行为获得货款，致使信用证业务中的银行信用担保形同虚设。比如：要求3份正本提单中，有1份直接寄给开证申请人。由于凭借一份正本提单就可以提货，此条款一经执行，就意味着客户可以在银行议付单证以前就径直去提货。假如客户蓄意欺诈，或对货物不满意，此时有可能有意挑刺拒绝赎单，受益人面临财货两空的危险。软条款的表现形式五花八门，但其中有个共同的特点，就是让信用证在不同程度上丧失执行的独立性和不可撤销性。

2）未能发现信用证本身不规范或自相矛盾的地方

如信用证要求全套正本提单，而同时规定1/3提单直接邮寄开证申请人。再如在信用证的单价条款中贸易术语是CIF SINGAPORE，而在装运条款中的港口则是其他港口；信用证中的贸易术语为CFR，却要求卖方提交保险单等。

3）未能察觉信用证所含条款与实际操作有冲突，致使无法履约

在实务中往往信用证的一些规定在实际操作中无法执行，如在转让信用证和背对背信用证中经常遇到一个条款，"除发票外其他任何单据均不允许出现发票号码"，当信用证同时要求普惠制产地证时就会遇到问题，因为根据相关惯例，普惠制产地证必须注明发票号码。又如信用证规定提交一份由商检部门出具的检验证书，并同时规定提交一份受益人证明，证明正本商检证已直接寄给开证申请人。我国商检部门往往只出具一份正本商检证，这就使受益人很为难：若信用证条款提示正本商检证，则给申请人只能寄副本；若将正本寄交申请人则无法在信用证项下提交正本；若虽寄副本，而提交正本商检证和符合信用证要求的受益人证明则形成对开证行和开证申请人的欺诈。

（5）出现不符点的后果

1）产生不符点费

所谓"不符点费"，即信用证受益人所提交的单据与信用证不符，为此开证行要扣除不符点费用，有时还要扣除相应的电报费。对于不符点费用的规定常见如下："A discrepancy fee of a minimum of USD50.00 or its equivalent plus cost of cable and other applicable charges, if any, shall be deducted from the proceeds of each presentation of discrepant documents under this credit."

以往信用证中是没有不符点扣费条款的，20世纪80年代中期以后，从西方国家开出的信用证逐渐出现了此类条款。还有些银行在没有规定类似条款的情况下也擅自扣不符点费，一些银行（如意大利的银行）传统上甚至把"不符点费"和相关"处理费"作为重要的收入来源，而且目前的扣款金额已经上涨到每笔60～100美元不等，有的国家甚至涨到150美元/笔。按照国际惯例，每笔不符点单据扣除60～100美元。据有关统计，2006年我国共有约290万笔单据出现不符点，即使按照最低的60美元/笔计算，光不符点费用一项，全国就损失约1.74亿美元，这是多么庞大的数字！而且随着我国对外贸易的发展，不符点交单率仍以每年约24%的比例上涨。可见，不符点费增加了企业的经营成本，影响了企业的经济效益，不利于企业创收结汇。

2）导致银行信用的缺失

开证行的信誉也有好有坏。少数信誉不好的开证行在审单过程中存在许多不良做法。比如有的银行曲解了《UCP600》的规则，对一些非实质性的不符点进行拒付；有的银行为推脱责任或为收取不符点费故意挑剔，造成不应有的单据不符。特别地，开证行的非中立角色和其面临的复杂利益关系常常使不符点问题更加严重：L/C本来设计的目的是使开证行保持中立，开

证行并没有也不能被授予任何就单据是否相符作出裁量的权利。这样,受益人能及时获得付款,开证申请人能获得基础合同项下规定的货物或服务,而开证行也可以顺利地从开证申请人那里获得垫款的偿还。但是现在的制度是,当受益人将有关单据提交给开证行后,开证行却无法保持中立,因为开证行将不可避免地要变成有利害关系的某一方。举例来说,当信用证开立以后,许多因素将产生变化,例如开证申请人可能面临财务困难而无法偿还开证行垫款,或者开证行原先接受的开证担保物可能不足以补偿开证行的垫款,甚至不同国家的政治环境产生了重大变化,如市场价格可能发生暴跌等诸如此类的问题。此时开证行可能不太愿意垫付信用证项下的款项。

正如丹麦 Unibank Copenhagen 负责贸易融资的副行长 Reihard Langerich 先生在一篇文章中说:"我已经有数篇文章称以下行为为'谋杀企图(Murder Attempt)',即单据被提交后,银行家的审单工作不是去确定单据的正确性,而是尽力去找出不符点。……因为他们害怕信用证的开证申请人不接受单据,因而失去他们已经付出的款项,没有人愿意承担损失款项的责任。但这应在开立信用证之前去考虑。如果绝大多数的开证行这么做,那么信用证的可信性将遭到打击。"这就严重影响了信用证作为一种主要付款工具的地位,而事实上成为一种拒付的工具,银行信用也就无从可谈了。

(6)当出现单据不符点时,出口商的处理办法

轻微的不符点比如某个字母或标点符号的错误,不造成歧义,对交易性质无实质影响的,一般开证行也会接受,仅对每一个不符点扣罚几十美金就算了。可是较大的错误,特别是数量、金额、交货期方面的错误,开证行就有权向提交单据的一方提出不符点而解除自己的付款责任。由于受益人因时间条件的限制,无法在规定期限内更正,则有下列处理方法。

1)凭保议付

受益人出具保证书承认单据瑕疵,声明如开证行拒付,由受益人偿还议付行所垫付款项和费用,同时电请开证人授权开证行付款。

2)表提

议付行把不符点开列在寄单函上,征求开征行意见,由开证行接洽申请人是否同意付款。接到肯定答复后议付行即行议付。如申请人不予接受,开证行退单,议付行照样退单给受益人。

3)电提

议付行暂不向开证行寄单。而是用电传和传真通知开证行单据不符点。如开证行同意付款,再行议付并寄单;若不同意,受益人可及早收回单据,设法改正。

4)有证托收

单据有严重不符点,或信用证有效期已过,已无法利用手上的信用证,只能委托银行在向开证行寄单函中注明"信用证项下单据作托收处理",作为区别,称为"有证托收"。而一般的托收则称为"无证托收"。由于申请人已因单证不符而不同意接受,故有证托收往往遭到拒付,实是一种不得已而为之的方式。

第 35 章　如何办理出口收汇核销

出口收汇核销是国家实施出口收汇管理，确保国家外汇收入，防止外汇流失而指定外汇管理部门对出口企业贸易下的外汇收入情况进行监督检查的一种制度。1991 年由中国人民银行、国家外汇管理局、原对外贸易经济合作部、海关总署及中国银行联合制定了《出口收汇核销管理办法》（简称《办法》）。该《办法》采用出口收汇核销单的方式，对出口货物实施直接收汇控制。该控制的具体内容是：国家外汇管理局制发《出口收汇核销单》，由货物的发货人或其代理人填写，海关凭此接受报关，外汇管理部门凭以核销收汇。

1. 出口核销的对象

经在商务部及其商务主管部门登记核准的有对外贸易经营权的企业和外商投资企业，简称为出口单位。

2. 出口收汇核销的原则

(1) 属地管理

由出口单位向其注册所在地的外管部门申领核销单，一般说来，在何地申领的核销单，就由何地办理核销。

(2) 谁“单”谁用

谁申领的核销单就由谁用，不得相互借用，核销单的交回核销或作废遗失、注销手续也由原领用该核销单的出口单位向其所在地的外管部门办理。

(3) 领用衔接

多用多发、不用不发。续发核销单的份数与已用核销单及其已核销情况和预计出口用单的增减量相“呼应”。

(4) 单单对应

原则上一份核销单对应一份报关单；报关单、核销单、发票、汇票副本上的有关栏目的内容应相一致，如有变动，应附有关更改单或凭证。

3. 出口收汇核销的范围

除经批准外，一切出口贸易项下的货物均应办理出口核销手续。它可分为收汇贸易、不收汇贸易和其他贸易三大类，即：收汇贸易包括一般贸易、进料加工、来料加工、来料装配、有价样品；不收汇贸易包括易货贸易、补偿贸易（实物补偿）、实物投资、记账贸易；其他贸易包括寄售、出境展销（览）、承包工程等，收款和不收款或自用、损耗、赠送、出售、退还兼有的贸易。

已经批准，不凭核销单报关，无须办理核销手续的有：援外项目物资、对外实物捐赠、暂时出口、无价样品；广告品及旅游者自携一万美元以下纪念品、工艺品出境。

4. 出口收汇核销的法规

现行国家出口收汇核销的法规主要有：

➢ 1990 年 12 月 19 日国务院批复，由中国人民银行、国家外汇管理局、原对外贸易经济合作部、海关总署、中国银行总行发布实施的《出口收汇核销管理办法》；

➢ 1990 年 12 月 19 日由中国人民银行、国家外汇管理局、原对外贸易经济合作部、国家海

关总署、中国银行总行发布实施的《出口收汇核销管理实施细则》(简称《细则》);

➢ 1991年6月10日由中国人民银行、国家外汇管理局、原对外贸易经济合作部、海关总署、中国银行总行发布实施的《关于出口收汇核销管理有关问题的补充规定》(简称《补充规定》)。

5. 出口收汇核销的特点

(1)以核销单为核心

外汇管理部门的出口收汇核销管理贯穿于发放和收回核销单并办理核销的全过程之中,出口单位凭核销单及其附件办理报关或委托报关和有关核销手续。海关见核销单受理有关出口货物的验讫手续。出口退关时,海关在核销单上签注意见并盖章。

(2)以事后核为基调

出口收汇核销手续是在货物出口后,并且及时收汇或明确“去向”后,方可受理。换言之,出口单位除事先需向外管部门领取一定数量的核销单外,出口货物能否报关、何时报关无须也不应经外管部门认可。但收汇或明确“去向”后,办理核销手续,确能起到促进收汇、便于核销、避免麻烦之作用。

(3)以全方位为范畴

一方面覆盖面广,出口收汇核销在全国各地贯彻执行;另一方面涉及点多,核销业务涉及所有的出口单位、外运、海关、金融机构、外管部门诸方面和渗透在货物出口、货款收妥或实物进口或明确“去向”的全过程。

(4)以增收汇为宗旨

出口收汇核销制度,通过核销单的发放和出口单位不同、报关地点不一、规定了不同的交回核销单的时间以及对不同的出口地区、贸易方式和结算方式,明确了不同的最迟日期和相同的核销工作日等办理核销环节,来全面、准确地掌握出口收汇实绩,并及时、有效地促进安全收汇、催促逾期收汇。

6. 出口收汇核销的程序

(1)出口单位备案登记

出口单位取得出口经营权后,应当到海关办理“中国电子口岸”入网手续,并到有关部门办理“中国电子口岸”企业法人IC卡和“中国电子口岸”企业操作员IC卡电子认证手续。出口单位办理核销备案登记时,应当向外汇局提供下列材料:

➢单位介绍信、申请书;

➢《中华人民共和国进出口企业资格证书》或《中华人民共和国外商投资企业批准证书》或《中华人民共和国台港澳侨投资企业批准证书》正本及复印件;

➢《企业法人营业执照》(副本)或《企业营业执照》(副本)及复印件;

➢《中华人民共和国组织机构代码证》正本及复印件;

➢海关注册登记证明书正本及复印件;

➢外汇局要求提供的其他材料。

外汇局审核上述材料无误后,为出口单位办理登记手续,建立出口单位电子档案信息。出口单位在外汇局备案登记的电子档案信息内容发生变更时,应当在办理工商、海关等部门的变更登记手续后一个月内,持有关部门变更通知,到外汇局办理变更登记手续,外汇局需在“中国电子口岸”变更该出口单位IC卡权限。

出口单位因终止经营或被取消对外贸易经营资格的，应当在一个月内，持相关部门的有关文件到外汇局办理注销登记手续，外汇局需在“中国电子口岸”注销该出口单位 IC 卡权限。

(2)领单

出口单位在到外汇局领取核销单前，应当根据业务实际需要先通过“中国电子口岸出口收汇系统”向外汇局提出领取核销单申请，然后由本单位核销员持本人“中国电子口岸”操作员 IC 卡及其他规定的凭证到外汇局领取核销单。外汇局根据出口单位申请的核销单份数和出口收汇核销考核等级向出口单位发放核销单，并将核销单电子底账数据传送至“中国电子口岸”数据中心。出口单位在核销单正式使用前，应当加盖单位名称及组织机构代码条形章，在骑缝处加盖单位公章(见示例 1.35.1)。

示例 1.35.1　出口收汇核销单

出口收汇核销单

存根

编号：44K782591

出口单位：出口公司名称
单位代码：公司在海关的注册编码
出口币种总价：发票金额总价　包括单位
收汇方式：填写支付方式
预计收款日期：
报关日期：填写实际的报关日期
备注：
此单报关有效期截止到

出口收汇核销单

编号：44K782591

出口单位：出口公司名称				
单位代码：公司在海关的注册编码				
银行签注栏	类别	金额	日期	签章
海关备注栏：				
外汇局签注栏： 年　月　日(签章)				

出口收汇核销单

出口退税专用

编号：44K782591

出口单位：出口公司名称		
单位代码：公司在海关的注册编码		
货物名称	数量	总价
节能灯	20 000 只	67 500 美元
报关单编号：		
外汇局签注栏： 年　月　日(签章)		

出口
公司章

出口
公司章

(3)出口报关

出口单位到海关报关前，应当通过“中国电子口岸出口收汇系统”向报关地海关进行核销单的口岸备案。出口单位填写核销单应当准确、完整，并与出口收汇报关单证明联(以下简称“报关单”)上记载的有关内容一致。出口单位报关时应当如实向海关申报成交方式，按成交方式申报成交价格、数量、运费、保费以及加工贸易合同协议号等内容，保证报关数据的真实性和完整性。

对监管方式为需要使用核销单报关出口的，海关应当审核出口单位提交的核销单和其他报关材料，并核对核销单电子底账无误后，为出口单位办理通关手续。海关为出口单位办理通关手续时，应当在核销单“海关核放情况”栏加盖“验讫章”，并对核销单电子底账数据进行“已用”核注，结关后应出口单位申请向出口单位签发注有核销单编号的报关单，同时将核销单电子底账的核注情况和报关单电子底账等数据通过“中国电子口岸”数据中心传送至国家外汇管理局。

海关签发报关单时,核销单号码和报关单号码应当一一对应。出口单位在报关出口后通过"中国电子口岸出口收汇系统"将已用于出口报关的核销单向外汇局交单。

(4)出口收汇

货物出口后,出口单位应当按照出口合同约定的收汇时间和方式以及报关单注明的成交总价,及时、足额地收回货款。即期出口项下的货物,应在报关之日起180天内收汇;远期出口的货物,应当根据在外汇局备案的出口合同规定的日期收汇。外汇结汇或入账后,银行可以向出口单位出具出口收汇核销专用联。

(5)核销

出口单位出口货物后,应当在预计收汇日期起30天内,凭出口收汇核销单、报关单(出口收汇核销专用)和出口收汇核销专用联的结汇水单或收账通知及其他规定的单据,到国家外汇管理部门办理核销手续。国家外汇管理部门按规定办理核销后,在核销单上加盖"已核销"章,并将其中的出口退税专用联退还给出口单位作为日后退税依据。实行自动核销的出口单位,除特殊情况外,无须向外汇局进行核销报告。

7. 特殊贸易方式出口办理核销手续的方法

对于下列特殊贸易方式出口的,出口单位除提供出口收汇核销单、银行出具的出口收汇核销专用联、出口报关单外,还应当按照以下规定提供证明材料:

➢以出境展销、展览商品方式出口的,应当提供展品复入境报关单;

➢以来料加工、来件装配方式出口的,应当提供海关登记手册、企业合同及经贸主管部门批件,按照工缴费执销;

➢以实物补偿方式出口的,应当提供外经贸部门的批准件、相关合同、进口报关单,对超过合同规定的补偿款视同一般贸易办理核销;

➢以易货方式出口的,应当提供易货合同及易进货物的进口报关单;

➢以实物作为投资的出口,应当提供外经贸部门及外汇局的批准件;

➢以进料加工方式出口的,一般应当全额收汇,外商投资企业不能全额收汇的,应当事先经外汇局批准。以收抵支的,应当提供合同、进口货物报关单、海关登记手册;

➢境外承包工程项下所需机械设备、工具以及工程人员的办公、生活物品出口的,应当提供书面说明及劳务承包合同。

8. 出口收汇系统的概念及作用

(1)出口收汇系统的概念

"出口收汇系统"是"中国电子口岸"中企业专用的一个子系统。该系统利用现代信息技术,借助国家电信公网在公共数据中心建立出口收汇核销单(以下简称"核销单")的电子底账,使海关和税务部门实现出口报关和出口退税环节对核销单的联网数据核查,并使企业凭操作员IC卡通过本系统在网上向外汇局申请需领用核销单份数,向出口报关地海关进行核销单报关前备案,待出口报关后可以进行网上交单,并可随时随地对核销单领取、使用等各项信息进行综合查询,使出口报关、收汇核销及退税业务更加方便快捷。

(2)出口收汇系统的身份验证方法

企业必须凭本企业操作员IC卡才能进入出口收汇系统,完成相关业务操作。系统根据IC卡信息进行操作员身份验证,操作员处理的数据将自动进行电子签名、加密。

未申领IC卡的企业将无法开展相关的出口、收汇核销业务。

9. 申领出口收汇核销单的方法

企业在到外汇局领取新版纸质核销单之前,需上网向外汇局申请所需领用核销单份数。企业在网上申请后,不需等待外汇局的网上审批,即可凭本企业操作员 IC 卡到外汇局领取新版纸质核销单。外汇局根据企业网上申请的新版核销单份数以及本地出口收汇核销系统确认的企业可领单数量,向企业发放纸质新版核销单,同时将所发新版核销单电子底账数据联网存放到公共数据中心。

出口单位在核销单正式使用前,应当加盖单位名称及组织机构代码条形章,在骑缝处加盖单位公章。

空白新版核销单无须填写有效期,视同长期有效。全国海关将对新版纸质核销单进行电子底账数据联网核查。

10. 出口核销过程中的其他问题

(1)报关前是否需进行核销单的备案

企业到海关报关出口前,必须上网向报关地海关进行新版核销单使用的报关前备案。一张核销单只能对应用于一张出口报关单。未进行报关前备案的新版核销单不能用于出口报关。

(2)出口口岸发生变化的情况下如何办理核销备案

已进行口岸备案的出口收汇核销单,在核销单未被用于出口报关的情况下出口口岸发生变化,可上网申请变更并重新设置出口口岸。

(3)出口收汇核销报告的办理手续

出口单位出口货物后,应当在不迟于预计收汇日期起 30 天内,持核销报告表、核销单、报关单、核销专用联及其他规定的核销凭证集中或逐笔向外汇局进行出口收汇核销报告。实行自动核销的出口单位,除特殊情况外,无须向外汇局进行核销报告。

即期收汇项下应当在货物报关出口后 180 天内收汇。对预计收汇日期超过报关日期 180 天以上(含 180 天)的,出口单位应当在货物出口报关后 60 天内凭远期备案书面申请、远期收汇出口合同或协议、核销单、报关单及其他相关材料向外汇局办理远期收汇备案并应在远期备案的收汇期限内收汇。

(4)核销单遗失后的处理方法

企业遗失空白新版核销单,应当立即自行上网挂失或向外汇局申请挂失。如因未及时挂失造成经济损失或导致违规行为的,责任由企业自负。

(5)出口收汇核销退赔事宜

若出口项下发生退赔,出口单位应向外汇局提供有关凭证,外汇局按下列情况审核退赔外汇的真实性。

◆已出口报关且已办理核销的,外汇局凭以下有效单据进行审核:

➤出口合同;

➤退赔协议及有关证明材料;

➤出口收汇核销单(退税专用联);

➤外汇局要求的其他材料。

◆已交单未办理核销的,外汇局凭外汇指定银行结汇水单(或收账通知)及第一款所列单据进行审核。

◆已报关出口未交单的，外汇局凭第一款及以下有效单据进行审核：

➢出口货物报关单；

➢商业发票；

➢汇票副本；

➢外汇指定银行结汇水单（或收账通知）。

◆出口货物未报关但已预收全部或部分货款后因故终止执行合同，出口单位需向进口商支付退赔外汇，外汇局凭出口合同正本、终止执行合同证明、外汇指定银行结汇水单（或收账通知）、进口方付款通知进行审核。外汇局审核出口单位所提供的上述凭证无误后，出具“已冲减出口收汇核销证明”。银行凭此证明为出口单位办理退赔外汇的售付。

（6）异地付汇的含义及核销方法

异地付汇是指进口付汇交易的两个主体，即进口单位和办理付汇手续的外汇指定银行不属同一个外汇管理局管辖的，外汇指定银行对该进口单位的进口付汇需凭备案表办理。

进口单位应当在付汇次月5日前，根据实际进口未到货情况和已到货情况，及时向所在地外汇局报送贸易进口付汇未到货核销表、贸易进口付汇到货核销表及相应核销凭证。

第 36 章　如何办理出口退税

出口退税是国家为增强出口产品竞争力,对出口产品税收实行的一种先征后退政策。按我国出口退税政策规定,对已报送离境的出口货物,由税务机关将其在出口前的生产和流通的各环节已经缴纳的国内增值税或消费税等间接税税款退还给出口企业。出口退税是国际上通用的惯例。我国实行出口退税与出口收汇核销挂钩政策,按我国出口退税管理办法,出口单位申请出口退税,应向国家税务机关提交银行出具的结汇水单、出口收汇核销单(出口退税专用联)、出口货物报关单、出口销售发票、出口购货发票("三单两票"),经国家税务机关审核无误,退还有关税款。

1. 出口退税的含义及免税的范围

准予退(免)税的出口货物,除另有规定者外,必须同时具备以下 4 个条件。

(1) 必须是增值税、消费税征收范围内的货物

增值税、消费税的征收范围,包括除直接向农业生产者收购的免税农产品以外的所有增值税应税货物以及烟、酒、化妆品等 11 类列举征收消费税的消费品。之所以必须具备这一条件,是因为出口货物退(免)税只能对已经征收过增值税、消费税的货物退还或免征其已纳税额和应纳税额。未征收增值税、消费税的货物(包括国家规定免税的货物)不能退税,以充分体现"未征不退"的原则。

(2) 必须是报关离境出口的货物

所谓出口,即输出关口,它包括自营出口和委托代理出口两种形式。区别货物是否报关离境出口,是确定货物是否属于退(免)税范围的主要标准之一。凡在国内销售、不报关离境的货物,除另有规定者外,不论出口企业是以外汇还是以人民币结算,也不论出口企业在财务上如何处理,均不得视为出口货物予以退税。对在境内销售收取外汇的货物,如宾馆、饭店等收取外汇的货物等等,因其不符合离境出口条件,均不能给予退(免)税。

(3) 必须是在财务上作出口销售处理的货物

出口货物只有在财务上作出销售处理后,才能办理退(免)税。也就是说,出口退(免)税的规定只适用于贸易性的出口货物,而对非贸易性的出口货物,如捐赠的礼品、在国内个人购买并自带出境的货物(另有规定者除外)、样品、展品、邮寄品等等,因其一般在财务上不作销售处理,故按照现行规定不能退(免)税。

(4) 必须是已收汇并经核销的货物

按照现行规定,出口企业申请办理退(免)税的出口货物,必须是已收外汇并经外汇管理部门核销的货物。

一般情况下,出口企业向税务机关申请办理退(免)税的货物,必须同时具备以上 4 个条件。但是,生产企业(包括有进出口经营权的生产企业、委托外贸企业代理出口的生产企业、外商投资企业,下同)申请办理出口货物退(免)税时必须增加一个条件,即申请退(免)税的货物必须是生产企业的自产货物(外商投资企业经省级外经贸主管部门批准收购出口的货物除外)。

2. 出口退税的步骤

(1)出口退税登记

1)有关证件的送验及登记表的领取

企业在取得有关部门批准其经营出口产品业务的文件和工商行政管理部门核发的工商登记证明后,应在30天内办理出口企业退税登记。

2)退税登记的申报和受理

企业领到出口企业退税登记表后,即按照登记表及有关要求填写,加盖企业公章和有关人员印章后,连同出口产品经营权批准文件、工商登记证明等证明资料一起报送税务机关,税务机关审核无误后即受理登记。

3)填发出口退税登记证

税务机关接到企业的正式申请,经审核无误并按规定的程序批准后,核发给企业退税登记证。

4)出口退税登记的变更或注销

当企业经营状况发生变化或某些退税政策发生变动时,应根据实际需要变更或注销退税登记。

凡经批准有出口经营权,实行独立经济核算的企业单位,均应持工商营业执照,填具《出口企业退税登记表》,向所在地主管退税业务的税务机关办理出口企业退税登记。新开业、拆并、变更的出口企业,应当自变更之日起30天内办理退税登记,之后方可申请退税。

(2)出口退税申报

◆外贸企业将货物报关出口后,按现行会计制度的有关规定在财务上做销售,尽快收齐有关出口退税凭证。取得出口货物报关单后及时与"口岸电子执法系统"出口退税子系统的出口货物报关单(退税)证明联电子数据进行核对并报送;取得防伪税控增值税专用发票的应自开票之日起30日内办理认证手续。

◆外贸企业收齐出口退税凭证后,将有关数据录入"出口退税电子申报系统",将申报数据生成预申报软盘(或生成在硬盘上自定义的文件夹),到退税办理窗口进行预审(或通过网上预审)。

◆外贸企业在将预审未通过的数据进行修改后产生正式申报数据,打印《进货申报明细表》和《出口申报明细表》,录入、打印《申报汇总表》(各一式两份),上面盖企业公章、企业负责人章、财务负责人章及填表人章,统一用税务机关印制的封皮装订成册,封皮所列内容必须填完整、准确。准备齐全后,外贸企业在规定的申报期限内,携带正式申报软盘、报表、退税资料到退税部门办理申报。

(3)向出口退税部门提供材料

出口企业向税务机关主管出口退税的部门(以下简称退税部门)申报出口货物退(免)税时,在提供有关出口货物退(免)税申报表及相关资料时,应同时附送以下纸质凭证:

➢出口货物的出口销售发票(退税联),外贸企业还应提供购进出口货物的增值税专用发票(抵扣联)或普通发票;

➢出口货物报关单(出口退税专用);

➢出口收汇核销单(出口退税专用);

➢生产企业委托外贸企业出口(代理出口)的货物,在向退税部门申报上述出口货物的退

(免)税时,还须提供代理出口货物证明。

(4)出口退税受理

出口退税部门审核外贸企业提交的单据及其出口退税登记证,对于符合条件的外贸企业发放出口退税额。

3. 出口退税的流程

出口退税的流程如图1.36.1所示。

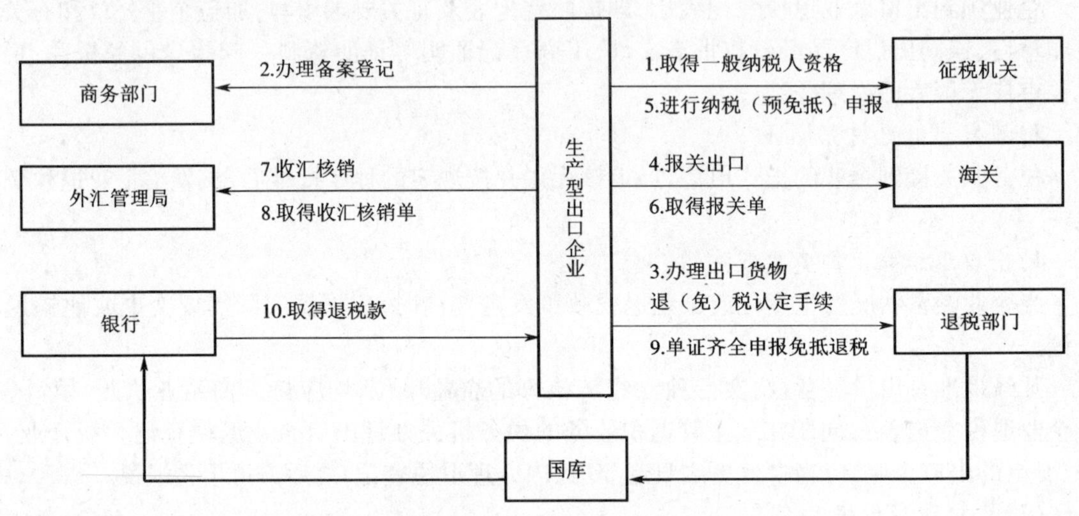

图1.36.1　生产型出口企业办理出口退税业务流程

4. 关于出口退税时限的规定

出口企业在办理出口退税时,应注意4个时限规定。

◆“30天”。外贸企业购进出口货物后,应及时向供货企业索取增值税专用发票或普通发票,属于防伪税控增值税发票,必须在开票之日起30天内办理认证手续。

◆“90天”。外贸企业必须在货物报关出口之日起90天内办理出口退税申报手续,生产企业必须在货物报关出口之日起3个月后免抵退税申报期内办理免抵税申报手续。

◆“180天”。出口企业必须在货物报关出口之日起180天内,向所在地主管退税部门提供出口收汇核销单(远期收汇除外)。

◆“3个月”。出口企业出口货物纸质退税凭证丢失或内容填写有误,按有关规定可以补办或更改的,出口企业可在申报期限内向退税部门提出延期办理出口货物退(免)税申报的申请,经批准后,可延期3个月申报。

5. 出口退税的计算方法

(1)出口货物退增值税的计算

外贸企业出口货物退增值税的计算应依据购进出口货物的增值税专用发票上所注明的计税金额和出口货物退税率计算。

基本计算公式:

应退税额=外贸收购不含增值税购进金额×退税率

或　　应退税额=出口货物数量×加权平均单价×退税率

第一,对于一票出口对应一票进货和多票出口对应一票进货方式,退税计算公式为:

应退税额 = 出口货物数量 × 进货单价 × 退税率

第二,对于一票出口对应多票进货方式,同一关联号下一票出口对应多票进货的计算公式为(按相同商品码计算):

应退税额 = 出口数量 × 加权平均单价 × 按进货计算的平均退税率

加权平均单价 = $\sum$ 每笔进货计税金额/ $\sum$ 每笔进货数量

按进货计算的平均退税率 = $\sum$ 每笔应退税额/ $\sum$ 每笔进货计税金额

第三,对于多票出口对应多票进货方式,同一关联号下多票出口对应多票进货的计算公式为(按相同商品码计算):

应退税额 = 出口有效数量合计数 × 加权平均单价 × 按进货计算的平均退税率

出口有效数量合计数 = $\sum$ 关联号内各笔有效出口数量(≤ $\sum$ 关联号内进货数量)

加权平均单价 = $\sum$ 关联号内各笔进货计税金额/ $\sum$ 各笔进货数量

按进货计算的平均退税率 = $\sum$ 每笔应退税额/ $\sum$ 每笔进货计税金额

第四,在关联号内进行加权平均计算每笔出口的实际退税额,出口及进货均不结余。

(2)从小规模纳税人购进出口货物退增值税的计算

第一,凡从小规模纳税人购进持普通发票特准退税的抽纱、工艺品等 12 类出口货物,同样实行销售出口货物的收入免税并退还出口货物进项税额的办法。由于小规模纳税人使用的是普通发票,其销售额和应纳税额没有单独计价,但小规模纳税人应纳的增值税也是价外计征的。这样,必须将合并定价的销售额先换算成不含税价格,然后据以计算出口货物退税。其计算公式为:

应退税额 = {[普通发票所列(含增值税)销售金额]/(1 + 征收率)} × 从小规模纳税人购进出口货物退税率

第二,凡从小规模纳税人购进由税务机关代开的增值税专用发票的出口货物,按以下公式计算退税:

应退税额 = 增值税专用发票注明的金额 × 从小规模纳税人购进出口货物退税率

第三,委托加工出口货物退增值税的计算。

外贸企业委托生产企业加工收回后报关出口的货物,按购进国内原辅材料的增值税专用发票上注明的进项金额,依原辅材料的退税率计算原辅材料应退税额。支付的加工费,凭受托方开具的增值税专用税票注明的金额,依出口货物退税率计算加工费的应退税额。

第四,外贸企业收购应税消费品出口,除退还其已纳的增值税外,还应退还其已纳的消费税。消费税的退税办法分别依据该消费税的征税办法确定,即退还该消费品在生产环节实际缴纳的消费税。计算公式如下。

实行从价定率征收办法:

应退税款 = 购进出口货物的进货金额 × 消费税税率

实行从量定额征收办法:

应退税款 = 出口数量 × 单位税额

实行复合计税方法:

应退税额 = 出口数量 × 定额税率 + 出口销售额 × 比例税率

注:消费税双重征税是税收政策新变化。以往的消费税征税是按照从价定率或从量定额的方法计征《财政部、国家税务总局的财税[2001]84号文》对于酒类产品消费税规定采用复合计税方法。外贸企业在申报退税资料时,须提供定额和定率消费税税收专用缴款书。

第五,外贸企业采用委托加工收回的应税消费品出口,其应退消费税按上述公式计算确定。

6. 补办出口退税单证的方法

出口企业如出现货物退税单证遗失,应立即到有关部门补办手续;否则,就不能办理出口退税。

(1)补办出口货物报关单

出口企业遗失出口货物报关单(出口退税专用)需向海关申请补办的,出口企业须在出口之日起6个月内向海关提出补办申请,逾期海关不予受理。出口企业申请补办须出具主管其出口退税的地(市)国家税务局签发的《补办出口货物报关单证明》。

出口企业在向主管退税部门申请出具《补办出口货物报关单证明》时,应提交下列凭证资料:

➢《关于申请出具(补办报关单证明)的报告》;

➢出口货物报关单其他未丢失的联次;

➢出口收汇核销单(出口退税专用);

➢出口发票;

➢主管退税部门要求的其他资料。

(2)补办出口收汇核销单

◆根据国家外汇管理局、国家税务总局、海关总署关于《出口收汇核销管理办法补充规定》的规定:

➢出口企业未办理报关就将核销单丢失的,必须在5个工作日内向外汇管理局申报,经核实批准后予以注销,外汇管理局将统一登报申明作废,费用由丢失核销单者负担;

➢出口企业报关后将核销单遗失的,外汇管理局应凭报关单核销专用联或海关出具的有关出口证明上的核销单号及有关单据为出口单位先办理收汇核销及登报声明作废手续,然后再办理《出口收汇核销单退税联补办证明》;

➢出口企业将外汇管理局签发的核销单退税联遗失后申请补办的,外汇管理局必须凭主管出口企业退税的税务机关出具的与该核销单对应的出口未办理退税的证明,方可出具《出口收汇核销单退税联补办证明》。

◆补办程序。出口企业遗失出口收汇核销单(出口退税专用)后,应凭主管出口退税的税务机关出具的《出口收汇核销单退税联补办证明》,向主管外汇管理局提出补办申请。

出口企业在向主管出口退税的税务机关申请出具《出口收汇核销单退税联补办证明》时,应提供下列资料:

➢关于申请出具《出口收汇核销单退税联补办证明》的报告;

➢出口货物报关单(出口退税专用);

➢出口发票;

➢主管出口退税的税务机关要求提供的其他资料。

(3) 出口企业遗失出口货物增值税专用缴款书

根据国家税务总局《关于出口企业遗失出口货物增值税专用缴款书后如何办理退税问题的批复》的规定，出口企业在申报退税时，如果因遗失而不能提供出口货物增值税税收专用缴款书(以下简称"税收专用缴款书")的，则须提供由供货企业所在地县级以上主管征税机关签署意见并盖章的原税收专用缴款书复印件和供货企业所在地银行出具的该批出口货物原税收专用缴款书所列税款已入库证明，经审核无误后可以办理退税。

(4) 出口商品退运的补税

1) 税法规定

出口企业将货物报关实际离境出口后，因故发生退运情况，凡海关已签发出口退税报关单的，出口企业须出具主管其出口退税的地(市)国家税务局签发的《出口商品退运已补税证明》，海关方能办理退运手续。

本年度出口货物发生退运的，可在下期用红字(或负数)冲减出口销售收入进行调整(或在年终清算时调整)；以前年度出口货物发生退运的，应补缴原出口退税款。

应补税额 = 退运货物出口离岸价格 × 外汇人民币牌价 × 出口货物退税率

若退运货物由于单证不齐等原因已视同内销货物征税的，则无须补缴税款。

2) 办理程序

出口企业在向主管出口退税的税务机关办理《出口商品退运已补税证明》时，应提供下列资料：

➤关于申请出具《出口商品退运已补税证明》的报告；

➤出口货物报关单(出口退税专用)；

➤出口货物运单或提单；

➤出口收汇核销单；

➤关于退运情况的说明。

(5) 进料加工内销补税申请手续

因进料加工手册经二次延期亦到期，但进口料件还未使用完毕，只得申请作内销料件补税。内销补税操作有两种手续：若所补交的税款未超过 RMB10000，可直接向海关申请补税，海关开出税单即可补税；若所补交的税款超过 RMB10000，则需向外经贸提出申请，拿到同意补税的批准证后才可向海关申请补税。

向外经贸主管部门提出申请补税手续如下：

第一，打开加工贸易软件，点击内销合同填写相关内容，特别注意的是要说清补税原因；

第二，发送信息，等候审批；

第三，通过后，携带本批次加工贸易批准证(一式四张)、内销申请报告、手册至外经贸主管部门领取同意内销的批准证书；

第四，将批准证及其他核销资料交予海关申请补税核销。

对还未出货的进口料件，也可以再申请一本新手册，把原先的进口料件转入新手册中。

第二次申请手册延期，须向外经贸主管部门申请，并需交纳相应的保证金。

7. 复出口退税的含义

我国的关税退还制度包括复出口退税和溢征退税两类退税。

对已纳进口关税的进境货物，在境内经加工、制造或修理后复出境时，海关退还全部或部分原已纳关税税额，称为复出口退税。

复出口退税应由原纳税人向原征税海关办理有关货物的复出口手续后，由海关根据实际出口货物所消耗的料件数量核定应退还关税税额，并填发收入退还书，交原纳税人凭以向指定银行办理退税手续。

第二部分　进口实战

第一篇　进口准备工作

第 1 章　如何进行市场调查

进口贸易市场调研是指外贸企业或外贸业务员为了特定进口贸易市场问题的决策需求而进行的收集、整理、分析和研究相关信息并得出结论的有系统、有目的的活动与过程。

如果企业进口货物预计在国内市场销售，那么第一步是要进行国内市场调研。

1. 国内市场调研

开展国内市场调研的主要目的是为了发现进口需求市场机会，其基础就是国内市场进口需求预测。国内市场进口需求是在某个特定时期和某个特定区域，经过一定的营销努力，特定的顾客群体可能购买的某种进口产品的总量。

进口商要就某进口产品相关的国内政策和管理规定开展调研。可以在中国贸易促进网(www.tdb.org.cn)就相关产品的政策进行了解，另外《中华人民共和国对外贸易法》、《中华人民共和国海关法》、《中华人民共和国进出口商品检验法》、《专利法》和《商标法》等都有相关的规定。

国内市场调研的重点在于产品偏好、地理区域、时限长短、消费群体、消费环节、购买能力、市场潜力。

经过国内市场调研，可以明确国内对该进口商品的需求情况和用户信息，同时可以了解用户对该进口商品的基本要求(具体质量、规格、技术含量、包装等)。

2. 国际市场调研

进行国际市场调研，主要了解进口产品的市场供求情况，价格动态，生产周期，产品销售周期和产地相关的出口法规、政策和贸易习惯做法，进行深入的分析比较，根据我方的购买意图，在贯彻国别地区政策的前提下，安排向产品对路、货源充足、价格低廉地区市场的供应商采购。

国际市场调研应包括以下几个方面。

(1)产品调研

国际营销理论界将产品整体概念分为5个层次，即核心产品、形式产品、期望产品、附加产品和潜在产品。开展进口产品调研，就是对照产品的上述5个层次，根据国内市场的客观需求、我方经济实力和现有的技术水平，了解国外产品的技术先进程度、工艺水平和使用效能，以便货比三家，为进口到性价比最高的产品做好准备工作。

(2)供应国和供应商调研

对供应国(地区)的调研，主要是考察该国(地区)的政治稳定性、法律环境及与我国的政治与经济贸易关系。

对供应商进行调研是非常重要的一点。这关系到交易是否能够顺利达成和成功履行。对供应商的调研可以从以下几个方面进行：

➢经营范围、生产能力和技术水平；

➢业务状况、经营能力及公司未来的发展前景；

➢经营手段、作风、信誉与商业道德记录；

➢以往与我国企业的业务往来情况；

➢资产额和资产结构及财务状况；

➢公司的发展历史、组织结构、公司负责人背景和能力。

(3)价格调研

国际市场价格经常受到经济周期、垄断与竞争、通货膨胀等多种因素影响而变化，并且由于自然、技术条件等因素，同类产品在不同国家和地区的价格也不尽相同。

在调研中，考虑到目标市场的竞争情况、政策限制、顾客对价格的可能反应等问题之后，分析成本及变动方向，以便进行公平的比较，选定一种既符合产品特色、能够有效地吸引顾客，又能实现进口效益的具有价格优势的产品，从而能够选择在最有利的国家和供应商处采购产品，实现进口利益最大化。

(4)环境调研

环境是指企业面临的影响进口行为实现的可控和不可控因素和力量的总和。任何进口行为总是在一定的环境中实现的，了解和预测环境因素，主动地适应、利用环境，使环境有利于进口业务的开展。

环境调研，主要包括两方面内容。

一方面指对政治法律环境、经济环境、科技环境和社会环境的调研：政治法律环境调研，主要是对政府的方针、政策和各种法令、条例以及外国有关法规与政局变化、政府人事变动、战争、罢工、暴乱等可能影响本企业的诸因素的调研；经济环境调研，主要是对国民生产总值增长、国民收入分配的地区和社会格局、储蓄与投资变化、私人消费构成、政府消费结构等宏观经济指标进行调研；科技环境调研，主要是对国际国内新技术、新工艺、新材料的发展速度、变化趋势、应用和推广等情况进行调研；社会环境调研，主要是了解一个社会的文化、风气、时尚、爱好、习俗、宗教等。

另一方面，环境调研主要是对区域市场进行宏观研究：包括市场潜力研究、行业的市场认知研究、区域发展态势研究、竞争特点研究以及本产品在竞争中所处位置研究等。

市场环境研究有助于掌握企业在特定市场的发展趋势、竞争特点，市场潜力，以更好地把握营销的方向。

第2章 如何制定进口经营方案

进口经营方案是指在对进口商品进行市场调研和成本核算的基础上为进口交易制定的经营方案和为实施这种方案而采取的各种措施。制定进口经营方案是为了能够尽快实现进口战略目标,合理安排进口业务,满足进口市场需求,提高进口经济效益。

进口商品经营方案,是交易洽谈、采购商品和安排进口业务的依据。其主要内容大致包括以下几方面。

1. 数量的掌握

根据国内需要的具体情况,适当安排订货数量和掌握进度,在保证满足国内需求的情况下,选择有利的时机成交,避免盲目订购。

2. 市场的安排

根据我国的国别(地区)政策和国外市场的条件,合理安排进口国别(地区),力求使采购市场布局合理,既要选择有利的市场,又要避免过分集中。

3. 客户的选择

要选择资信好、经营能力强的客户作为贸易对象。为了减少中间环节和节约外汇,尽量争取向厂家直接采购。若有困难,也可通过中间商代理采购。由于各厂家的产品质量和成交条件不尽相同,应该反复比较和权衡利弊,做到"货比三家",从中选择对我们最有利的客户。

4. 价格的掌握

根据国际市场的近期价格,并结合采购意图,拟定出价格掌握的幅度,作为洽商交易的依据。要避免价格偏高造成国家经济损失,或价格偏低找不到合适的客户。

5. 交易条件的掌握

交易条件应根据商品品种、特点、进口地区、成交对象和经营意图,在平等互利的原则下,灵活掌握和确定。

6. 贸易方式的运用

通过何种贸易方式进口,要根据采购的数量、品种、习惯做法灵活掌握。一般采用单边进口方式订购,还可以通过招标、补偿贸易、易货贸易等方式进口。在进口商品经营方案中,要提出原则意见,以便有利于安排进口。

第3章 如何寻找供应商并建立业务关系

1. 寻找国外供应商

在开展市场调研时,通常能够取得潜在供应商或出口商的基本资料,并与之建立商业关系。应通过各种途径从各个方面对国外客户(供应商)进行全面的了解,从而选择最合适、成交可能性最大的客户。

对潜在国外供应商的寻找和调查可以通过以下途径进行。

(1)直接发布采购的信息

在目前的买方市场情况下,进口商直接发布采购信息,效果一般很好。

直接发布采购信息可以通过如下方式。

第一,在自己的网站上发布采购信息。这需要进口商在 Internet 上建立自己公司的网站。可以以这些信息自己建立搜索引擎,也可以向一些著名的公用搜索引擎网站提供自己公司的信息。

第二,在国内外贸易门户网站或平台上发布进口采购信息。

第三,在行业网站上发布进口采购信息。

(2)网上查询

网上信息发布已成为各国客商传递销售信息的一个重要途径。进行网上查询,寻找到合适进货渠道后,就可以发出电子函件,进行洽谈。

网上查询有以下几点要注意。

第一,要通过正规大型网站查询,不要在小型网站上道听途说。

◆大型的搜索引擎。诸如:google,baidu,yahoo,excite 等,用关键词进行搜索。

◆该行业的行业网站。可以用关键词进行搜索查找行业网站。

◆通过大型的搜索引擎找出口国的网页、网站和工商企业目录。

◆大型的公司数据库。如美国的 Thompson 网等。

◆名录网站。

◆寻找客户比较实效的几个企业名录:

➤北美制造企业名录 www. thomasregister. com,提供北美覆盖 7 万多个产品的超过 17 万家工业产品制造的企业名录资料;

➤欧洲制造企业名录 www. tremnet. com,提供欧洲国家超过 18 万家工业产品制造商的企业名录资料;

➤世界网页 www. worldyellowpages. com,提供来自于 92 个国家的 128 个公司名录的链接,同时提供 98 个国家的 4 926 种产品的查询服务;

➤世界贸易指南 www. gtdirectory. com,提供了全球 95 万多家企业的名录,是全球最大的产品和服务名录之一,可以免费检索全球企业和商业机会,也可检索产品的 HS 海关编码;

➤工具网站,如 Alexa. com 是世界最著名的电子商务网站 amazon. com 公司的成员企业,是互联网上最具权威的第三方流量监测网站。

第二，要注意其通信资料是否齐全，包括法人全称、详细地址、电话、传真、电子信箱等，并进行查证。

第三，要留意其信誉等级，注意是否有不良记录。

第四，必要时通过第三者进行咨询调查与实地考察查证。

(3)电函索取(Electronics Mail)

我方可以查询专门介绍国外新技术、新产品的刊物。如《欧美企业大全》，此书收集了欧美国家厂商的各种企业资料，既有企业概况、规模、经营范围、产品介绍，还有通信地址。在查到有关的产品后，即可按照上面的通信地址，以发电子邮件或发传真的方式自我介绍，并建立关系。进而索取厂商与产品的详细资料，国外厂商将会迅速而认真地提供所需资料，满足我方的要求。

(4)参观博览会

博览会(Exposition)是一种定期地在同一地点在规定的期限内举办的有众多国家、厂商参加，展销结合的国际市场形式。举办博览会的目的是使参加者展示科技成就、商品样品，以便进行宣传，发展业务联系，促进科技的交流与贸易的发展。利用网络查找所需要的展会，通过登录展会网站可以了解各个参展商的情况，如名称、联系方式及网址等，为寻找合作伙伴提供了便利。

博览会有样品国际博览会(如莱比锡博览会、广交会)，综合性国际博览会(如米兰国际博览会)、主要工业部门产品国际博览会(如巴黎国际航空展)、世界博览会(五年举办一次)等。

(5)咨询调查

咨询调查(Consult Investigation)是指通过第三者了解对方资信情况。可以咨询的单位有：

➤与自己往来的国外银行；

➤出口国银行中国分行；

➤出口国商会(Chambers of Commerce)，行业协会(Business Houses of the Same Trade)，国内外的贸易促进机构或友好协会(如我国的贸促会也办理介绍客户的业务)；

➤我驻出口国大使馆商务处(Chinese Commercial Counselor's Office in Foreign Trade)；

➤专业调查公司(The Professional Investigating Agency)。

寻找到合适的潜在国外供应商后，可以通过以下程序，逐步建立健全国外业务关系，形成稳定有效的进口业务国外供应链。

➤供应商资格审查。

➤供应商情况登记。

➤供应商实地考察。

➤供应商的开发。在多数大型进口企业中，供应商开发的基本原则是“Q. C. D. S”原则，也就是质量(Quality，Q)、成本(Cost，C)、交付(Delivery，D)与服务(Service，S)并重的原则。

➤供应商的业务合作。

➤供应商周期性审查。

进口企业进口货物可以自用，也可以是贸易公司进口货物在国内销售。对于贸易公司，在进口货物同时，还要寻找国内潜在的分销商或用货单位。

2. 寻找国内潜在销售商并建立业务关系

如果外贸业务员从事的进口业务是为终端客户服务或代理的性质，就不存在寻找国内潜在销售商问题,但如果是其他任何形式的进口业务都会涉及国内销售,即分销的问题。寻找国内潜在的销售商也就成了进口业务必不可少的重要一环。

(1)国内潜在销售商的类型

从国内进口业务实践看,国内潜在销售商的类型主要有:批发商,大型流通市场内商户;零售商,连锁商业所有者;相关产品经营者;直销业从业员;有意从事相关产品经营的创业者;其他业务合作者。

(2)选择国内潜在销售商的考察内容

在选择国内潜在销售商时,必须充分考察销售商的各项情况,如市场覆盖范围、从业经验、合作意愿、产品组合、财务状况、促销能力等。

建立进口业务的国内业务关系实质上就是建立分销渠道体系。

1)设计分销渠道体系考虑的因素

设计分销渠道体系应考虑下列因素:

➢消费特性;

➢产品特性;

➢竞争特性;

➢企业特性;

➢环境特性。

2)分销类型

分销的类型有下面4种。

◆传统分销关系。这是指一般的分销组织模式,外贸企业与潜在销售商之间是一种松散的合作关系,各自追求自身的利润最大化。这种业务关系有很强的灵活性,但不稳定、不持久,比较适合小型企业和小规模进口业务。

◆垂直分销关系。这是指由进口商、批发商和零售商组成的统一的营销联合体,有时甚至制造商、出口商也加入这一利益共同体。这一模式使用面较广,是目前比较流行的进口业务关系组合,其渠道控制力较强,便于把握需求动向,容易安排进口计划,库存管理合理,控制分销成本,商品质量有保障,服务水平高。但系统维持费较高,销售商的创造性比较低。

◆水平分销关系。它也称共生型业务关系,由两个或两个以上的成员相互联合,共同开发新的进口业务机会。这种分销模式可以通过合作来实现优势互补和规模效益,节省成本,快速拓展市场,比较适合实力相当的企业。

◆多渠道分销关系。这是指一家外贸企业或外贸业务员建立两条以上的渠道进行分销活动。在实践中,进口商往往会建立多种渠道业务关系,渠道之间的竞争会促进销售增长,调动销售商的创造力和积极性,但也可能引发内部竞争与冲突。

第4章　如何办理进口委托代理

没有对外贸易经营权的单位需要进口物资(设备、原材料等)时,均需按规定委托有对外贸易经营权的各类外贸企业代理进口。进口委托人和进口代理商之间需签订委托进口代理协议。下面介绍委托进口代理协议的主要内容和签订时应该注意的问题。

1. 委托进口代理协议的主要内容

(1)代理事项(即委托授权范围)的约定

包括进口项目的名称或商品名称和同意委托或同意接受委托的文字表述。

(2)双方责任义务

代理进口合同的责任义务划分,按甲乙双方分别列明的形式作出。内容主要围绕共同完成进口项目从政府批文、对外询价、进口交易磋商、合同签订、对外支付、安排运输保险、检验检疫、进口清关、对外索赔等内容的分工来确定。

总的原则:一是明确代理商应承担的具体工作内容和委托人应提供的配合和协助;二是约定委托人应付代理人的代理费用,即佣金;三是在进口各环节中发生费用的承担。

2. 委托进口代理协议签订时应注意的问题

(1)关于政府批文的办理

对于需要办理政府批文的进口项目的代理,国家政策要求必须是实际进口人即委托人办理。若委托人要求外贸企业(代理人)办理,则只能是协助。

(2)代理费的支付

按照外贸企业不同的投资成本和所承担的商业风险,向委托人收取的代理费是不同的。代理费可一次性支付也可分期支付。

(3)相关税费的承担

进口合同执行过程中发生的费用,是由委托人及时支付还是由代理商垫付,都应在合同中予以明确,以免发生不必要的纠纷。

(4)进口索赔的代理义务及费用承担

委托代理进口条件下,依据合同向卖方或相关责任方提出异议及索赔通常是进口代理方的责任义务。提出索赔要求、提交证明材料、提供相关资料等都是进口代理人应承担的工作。

当索赔需要通过仲裁或是诉讼的方式时,伴随发生一定的前期费用,如仲裁(诉讼)费用、律师费、调查取证工作费用等,由委托人承担,因为代理商在履行索赔时依然是以代理的身份,在替委托人行使索赔权。

第5章 如何办理进口批文

目前,我国政府对部分商品实行进口许可证制度。企业应先向有关部门办理一系列申报审批手续,再与国外客户进行洽谈交易。许多进口商品都需要到主管部门办理申领准许进口的批文,然后才能向对外经济贸易管理部门申领进口许可证。

1. 限制进口管理的内容

我国政府限制进口货物的管理按照限制方式可以划分为许可证管理和关税配额管理。由于我国进口管理的政策有时会进行调整,进口企业应经常关注《中华人民共和国对外贸易法》和《中华人民共和国技术进出口管理条例》等文件。

(1)许可证件管理

许可证管理包括进口许可证、可利用废物进口、濒危物种进口、音像制品进口、药品进口、黄金及其制品进口等管理。

(2)关税配额管理

关税配额管理,指在一定时期内,国家对某种商品的进口规定具体的数量总额,同时制定关税配额税率,在限额内,按照关税配额税率征收进口税,超出限额则按照配额外税率,征收较高的进口关税。关税配额管理是国家对限制进口商品采取的一种相对数量的限制。

2. 办理进口许可证

根据商务部进出口许可证管理有关规定,2007年启用的新版进口许可证证书除第一联(正本)颜色变更为宝石红外,证书格式、内容、联数和另外三联颜色均保持不变。

(1)进口许可证的适用范围和发证机构

商务部规定,2007年实行进口许可证管理商品有消耗臭氧层物品1种,共计57个10位HS编码。外地企业由各地外经贸委(厅、局)、商务厅(局)(以下简称各地方发证机构)签发进口许可证;在京中央企业进口许可证由商务部配额许可证事务局签发。

(2)进口许可证管理

◆进口许可证管理一般实行"一证一关"("一批一证")制度。若进口"非一批一证"的商品,应当同时在进口许可证备注栏内打印"非一批一证"字样。

"一批一证"是指进口许可证只能在一个海关报关且在有效期内一次报关使用;"非一批一证"指进口许可证在有效期内可多次报关使用,但最多不超过12次,由海关在许可证背面"海关验放签注"栏内逐批签注核减进口数量。

◆进口许可证的有效期为一年,当年有效。如有特殊情况需要跨年使用时,进口许可证只能延期一次,延期最长不超过3个月,即有效期最长不得超过次年3月31日。

◆对进口实行许可证管理的大宗、散装货物,溢装数量按照国际贸易惯例,不得超过进口许可证所列进口数量的5%。不实行"一批一证"制的大宗、散装货物,每批货物进口时,按其实际数量进行核扣,最后一批货物进口时,其溢装数量按该许可证实际剩余数量并在规定的溢装上限5%内计算。

(3)申领程序

◆进口企业应及时向发证机关提交申请材料,包括:①进口许可证申请表;②对外贸易经营资格证书、备案登记表或外商投资企业批准证书(年度内初次申领者提交);③进口合同(正本)复印件;④属于委托代理进口的,应提交委托代理进口协议;⑤相关主管部门审批文件,如放射性同位素进口提供国家环保总局核批的《放射性同位素进口审批表》;⑥进口经营者领证人员的有效身份证明;⑦进口经营者公函(介绍信)原件;⑧如因异地申领等特殊情况,需要委托他人申领的,被委托人应提供进口经营者出具的委托公函(其中应注明委托理由和被委托人身份)原件和被委托人的有效身份证明。

◆申领方式。进口许可证的申领方式可以分为书面申领方式和网上申领方式。采用网上申领方式时,可登录商务部配额许可证事务局网站(www.licence.org.cn),进入相关申领系统。

3.办理自动进口许可证

对于自动进口许可证管理的货物,收货人在办理海关报关手续前,应向所在地或相应的发证机构提交自动进口许可证申请,并取得《自动进口许可证》之后,才能进口。

商务部对《自动进口许可证》项下的货物一般实行"一批一证"管理,但对部分货物也可实行"非一批一证"管理。

对"非一批一证"的自动进口许可证管理的大宗散装商品,每批按其实际进口数量核扣自动进口许可证额度数量;最后一批货物进口时,其溢装数量按该自动进口许可证实际剩余数量并在规定的允许溢装上限内计算。

《自动进口许可证》在公历年度内有效,有效期为6个月。

海关对散装货物溢短装数量在货物总量正负5%以内的予以免证验收。对原油、成品油、化肥、钢材4种大宗货物的散装货物溢短装数量在货物总量正负3%以内予以免证验收。

(1)适用范围

2007年起实行的自动进口许可证按一般商品、机电产品(包括旧机电产品)、重要工业品3个目录形式进行管理。

(2)申领程序

1)向发证机关提交有关材料

自动进口许可证申请表;进出口经营资格证书、备案登记表或外商投资企业批准证书(以上证书、文件仅限公历年内初次申领者提交);货物进口合同(正本)复印件;属于委托代理进口的,应提交委托代理进口协议(正本)复印件;对进口货物用途或者最终用户法律法规有特定规定的,应当提交进口货物用途或者最终用户符合国家规定的证明材料;商务部规定的其他应提交的材料;针对不同商品在《目录》中列明的应当提交的材料;进口经营者公函(介绍信)原件;进口经营者领证人员的有效身份证明;如因异地申领等特殊情况,需要委托他人申领的,被委托人应提供进口经营者出具的委托公函(其中应注明委托理由和被委托人身份)原件和被委托人的有效身份证明。

2)申领方式

进口经营者可以通过书面申领方式或网上申领方式向相关商务主管部门提出申请。

◆书面申领方式。进口企业经营者可以从商务部配额许可证事务局网站下载《自动进口许可申请表》等有关材料;按要求如实填写《自动进口许可申请表》,与规定的其他材料一并递交相关商务主管部门。

◆网上申领方式。进口企业经营者应先申领用于企业身份认证的电子钥匙。申请时登录相关网站(如商务部配额许可证事务局网站 www. licence. org. cn,中国国际招标网 import. chinabidding. com),进入相关申领系统。在网上按要求如实填写《自动进口许可证申请表》等资料。在线查看《自动进口许可证申请表》状态,复审通过后打印《自动进口许可申请表》并加盖公章。持《自动进口许可申请表》及相关资料到相关商务主管部门领取自动进口许可证。

第6章　如何办理进口免税证明

1. 关税的减免种类

根据《海关法》规定，关税减免分为3大类，即法定减免税、特定减免税和临时减免税。

(1)法定减免税

法定减免税是指我国《海关法》、《进出口关税条例》和《进出口税则》中所规定的给予进出口货物的减免税。进出口货物属法定减免税的，进出口人或其代理人无须事先向海关提出申请，海关征税人员可凭有关证明文件和报关单证按规定予以减免税，海关对法定减免税货物一般不进行后续管理，也不作减免税统计。

(2)特定减免税

特定减免税是指海关根据国家规定，对特定地区、特定用途和特定企业给予的减免关税的优惠，也称政策性减免税。特定减税或免税的范围和办法由国务院规定，海关根据国务院的规定单独或会同国务院其他主管部门制定具体实施办法并加以贯彻执行。

申请特定减免税的企业，应在货物进口前向主管海关提交申请，海关按照规定的程序进行审批。确定其符合规定后，主管海关发给一定形式的减免税证明，受惠单位或企业凭减免税证明及报关单证向进口地海关办理减免税货物进口报关手续。

特定减免税进口的货物在监管期限内只能用于特定企业、特定地区和特定用途，未经海关核准并办理相关手续，不得移作他用。

目前实施特定减免税的货物主要有以下3类。

1)外商投资企业进口物资

属国家鼓励产业的外商投资项目，在投资额内进口的自用设备，除《外商投资项目不予免税的进口商品目录》所列商品外，可以免征进口关税和进口环节增值税；按合同随设备进口的技术及配套件、备件，免征进口关税和进口环节增值税。

2)国内投资项目进口设备

属国家重点鼓励产业的国内投资项目，在投资总额内进口的自用设备，除《国内投资项目不予免税的进口商品目录》所列商品外，可以免征进口关税和进口环节增值税；按合同随设备进口的技术及配套件、备件，免征进口关税和进口环节增值税。

3)贷款项目进口物资

国际金融组织贷款和外国政府贷款项目进口的自用设备，除《外商投资项目不予免税的进口商品目录》所列商品外，可以免征进口关税和进口环节增值税；按合同随设备进口的技术及配套件、备件，免征进口关税和进口环节增值税。

另外，特定减免货物还有科教用品，特定区域物资，残疾人专用品，扶贫慈善捐赠物资，救灾捐赠物资。

(3)临时减免税

临时减免税是指法定减免税和特定减免税以外的其他减免税，是由国务院根据某个单位、某类商品、某个时期或某批货物的特殊情况，按规定给予特别的临时性的减免税优惠。临时性减免税一般是“一案一批”。

2. 办理国内投资项目进口设备减免税

(1)适用范围和发证机构

海关总署采用排他法来确定进口免税商品范围,即公布《国内投资项目不予免税的进口商品目录》,未列入的商品就属于进口免税范围。

(2)申请时限

企业应在货物进口前15天,持全部有效单证向海关申请办理进口货物减免税审批手续(另有规定除外)。

(3)受理时限

海关受理备案申请和减免税审批申请,在单证齐全有效和电脑数据无疑义的情况下,应分别在受理之日起5个工作日内完成,如果该申请须由所在地主管海关上报直属海关审批,除特殊情况外,直属海关应在接到有效单证及电脑数据之日起5个工作日内作出批复。

(4)申请流程

办理进口免税证明申请流程如图2.6.1所示。

减免税备案、减免税审批和减免税后续管理中的相关审批事项实行三级审批作业制度。

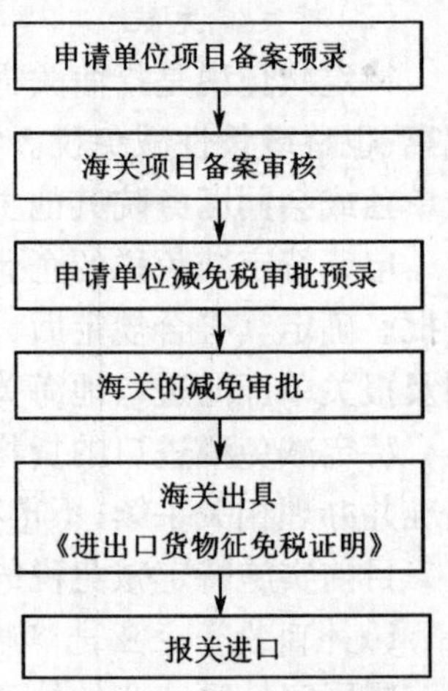

图2.6.1 办理进口免税证明申请流程

(5)减免税备案手续

企业应先向主管海关申请进行减免税备案,再申请办理进口货物减免税审批手续。项目单位申请办理减免税备案手续时,填写《减免税备案申请表》,并根据不同项目向海关提交以下不同的备案单证。

1)外商投资企业项目

➤《国家鼓励发展的内外资项目确认书》(结转项目以前的企业不需要提供);

➤项目可行性报告批复;

➤工商行政管理部门颁发的营业执照(副本)复印件;

➤外经贸部门的批准文件;

➤三资企业批准证书复印件;

➤企业的合同、章程;

➤海关认为需要提供的其他单证。

2)国内投资项目

➤《国家鼓励发展的内外资项目确认书》(结转项目提供《技术改造项目登记证明》);

➤企业的营业执照(副本)复印件;

➤项目可行性研究报告及批复文件;

➤海关认为需要的其他单证。

3. 办理进口货物减免税审批手续

◆企业应当在货物进口前,填写《进出口货物征免税申请表》,持齐全有效的单证向主管海关申请办理进口货物减免税审批手续。

◆海关应先审核所提交单证是否齐全、有效,各项数据填报是否规范,项目资金来源是否影响减免税货物的所有权,再受理进口货物减免税手续。受理申请后,审核申请减免税货物是否符合国家税收优惠政策规定,是否为不予免税商品,是否在减免税额度内,经审核无误后予以签发《征免税证明》。除另有规定外,有效期不得超过半年。

◆企业若因故需要变更已签发的《征免税证明》中的可直接变更栏的,应当及时向主管海关提出书面申请,经海关审核同意后予以变更。

第二篇 进口磋商和合同签订

第7章 如何进行进口磋商

1. 贸易磋商的方式

贸易磋商方式有信函、电话、面谈及国际招标等。进口商会根据合同金额的大小、进口商品技术复杂程度来决定磋商的方式。金额小的项目采用信函、电话的方式进行;进口金额大、商品复杂,则多采取先期信函、电话方式初步磋商,后期面谈的多种结合的方式进行。

对机电产品的进口贸易方式,国家也有相应的规定,根据商品种类及进口金额的不同,有必须采取国际招标方式进行磋商、签约的要求。进口商务必了解清楚,否则将无法取得机电进口证明,进口合同货物就将无法通关进口。

2. 进口磋商的环节

在进口磋商时,进口商一般先向多个出口商进行询价(询盘);收到多个报价之后,进行比较;然后进行进口价格核算,在核算时,一定要充分考虑国内销售价格、预期进口利润、各项进口费用;在磋商时,除了价格之外,磋商内容还包括品质、数量、包装、运输、保险、支付、商检、索赔、不可抗力、仲裁等。

进口磋商不外乎以下几个环节:询盘→发盘→还盘→接受。

3. 询盘的注意事项

询盘(Inquiry)也叫询价,是指交易的一方打算出售或购买某一商品,向另一方发出一项"洽商邀请"(Invitation to Treat)。询盘可由买方发出,也可由卖方发出。

买方发出的询盘习惯上叫"邀请发盘"(Invitation to Make Offer),如:"中国松香 ww 级 100 公吨,8 月份装船,请报 CIF 安特卫普价"(Please offer Chinese rosin ww grade 100 M/T August shipment CIF Antwerp)。

由卖方发出的询盘习惯上叫"邀请递盘"(Invitation to Make a Bid),如:"可供中国松香 ww 级,8、9 月份装船,请递实盘"(We can supply Chinese rosin ww grade shipment Aug./Sept. please firm bid)。

进口商书写询价函应注意以下事项。

➢若对方为新客户,则应写明信息来源。

➢询盘要简洁、切题,使对方清楚我方意图。

➢除了价格之外,询盘内容往往包括交货期、数量;若对方为新客户,不宜过早暴露实际采购数量和目标价格等意图;若对方为老客户,则应报实际采购数量。

➤不宜限于对单个客户询盘，也不宜同一地区多头询盘。

➤不同性质的商品，应采取不同的询盘方法：对大路货，要向不同地区、国家和厂商分别询价，争取最佳价格；对规格复杂、技术要求高的商品，要精心挑选几家生产技术生产能力强和生产经验丰富的客户进行询盘，除了价格，还要询问规格、技术指标等因素。

4. 发盘的注意事项

发盘(Offer)，法律上称为要约，业务上叫发盘、发价或报盘、报价。

发盘的含义，是指发盘人(Offeror)向受盘人(Offeree)就某项商品的买卖及其各项交易条件，提出订立合同的建议。发盘和询盘一样，可以由卖方提出，习惯上叫"卖方发盘"(Selling Offer)；也可以由买方提出，习惯上叫"买方发盘"(Buying Offer)或称递盘(Bid)或称订单(Order)。

(1)构成发盘的必要条件

构成发盘有以下4个必要条件。

1)发盘应向一个或一个以上特定的人提出

发盘必须向指定的受盘人发出，即向有名有姓的公司或个人提出。对广大公众发出的商业广告是否构成发盘的问题，各国法律规定不一。《联合国国际货物销售合同公约》第十四条第二款规定："非向一个或一个以上特定的人提出的建议，应仅视为邀请发盘，除非提出建议的人明确地表示相反的意向。"据此规定，商业广告本身并不是一项发盘，通常只能视为邀请提出发盘。

2)发盘内容必须十分确定

发盘内容的确定性体现在：发盘所列条件是完整的、明确的和终局的。

所谓完整的，按习惯作法是准确阐明各项主要交易条件，一般包括品名规格、数量、包装、价格、装运、付款、保险7大要件。《联合国国际货物销售合同公约》第十四条第一款规定："一个建议如果写明货物并且明示或暗示地规定数量和价格或规定如何确定数量和价格，即为十分确定。"也就是说，构成发盘有3个基本要件：货物名称、数量和价格。其他所缺少的条件应理解为按惯例和"一般交易条件"协议来办，表面上不完整，但实际上是完整的。

所谓明确的，即所指交易条件清楚、具体，不含糊、不模棱两可，不能在发盘中出现"大概"、"预计"、"可能"、"参考"等用词。

所谓终局，即肯定的，不能有保留性、限制性的条款。

3)发盘必须表明发盘人对其发盘一旦被受盘人接受即受约束的意思

发盘的目的在于订立合同，发盘人应明确表示愿意按照发盘的内容订立合同，一经受盘人表示接受，合同即告成立，无须再经发盘人同意。可以在发盘中用文字表达，也可从发盘的整个内容、当事人互相之间的关系以及磋商的先后情况判断出是否有订立合同的意旨。发盘人的发盘在得到接受时，发盘人将按发盘的条件与受盘人订立合同承担法律责任。

4)须送达受盘人

发盘只有送达受盘人才视为有效，这里强调直接送达或信函、电传或口头通知。别人传达如不是发盘人授权，即使到达也无效。发盘只有受盘人收到才有效，受盘人没收到或没正式收到就没有法律效力，发盘人也没有订立合同的义务。

(2)发盘的有效期

发盘的有效期是指可供受盘人对发盘作出接受的时间或期限。发盘人在发盘的有效期内受其约束,超过有效期,发盘人则不再受其约束,因此,发盘的有效期既是对发盘人的限制,也是对发盘人的保障。

发盘的有效期可以作明确的规定,以发盘送到受盘人时开始生效,到规定有效期届满为止。具体分为规定一段有效期(如发盘有效期5天)和规定最迟接受的期限(如发盘限7天复)两种,也可不明确规定有效期,按惯例在合理时间内有效。

(3)发盘的撤回与撤销

撤回是发盘人的撤回通知在发盘到达受盘人之前或同时到达受盘人,收回发盘阻止其生效的行为。

撤销是发盘已到达受盘人并已开始生效,发盘人通知受盘人撤销原发盘,解除其生效的行为。发盘在一定条件下可以撤销,而在有些条件下不得撤销。《联合国国际货物销售合同公约》规定,如果撤销的通知在受盘人发出接受通知前送达受盘人,可予撤销。但下列情况下不得撤销:

第一,发盘已明确规定了有效期或以其他方式表明该发盘是不可撤销的;

第二,受盘人有理由信赖该发盘是不可撤销的,并已本着对该发盘的依赖采取了行动。

(4)发盘的终止

发盘的终止是指发盘法律效力的消失。发盘效力终止的原因一般有以下4个方面。

第一,在有效期内未被接受而过期。在发盘规定时间内未收到受盘人答复,超过了有效期,原发盘即失效。

第二,受盘人拒绝或还盘。

第三,有效的撤销。

第四,不能控制的因素所致。如战争、灾难或发盘人死亡、法人破产等。

5. 还盘的注意事项

还盘(Counter Offer)是指受盘人收到发盘,对其中的某个或某些交易条件,不能完全接受,针对该项发盘而提出不同内容的反建议(即修改意见)。这也可以说是受盘人以发盘人的地位提出的一个新的发盘。因此,还盘还是属于发盘的范畴。一方的发盘经对方还盘以后,即失去效力。即使原发盘有效期未过,也失去效力。原发盘人即解除了对原发盘所承担的义务,而还盘人成了新的发盘人。一笔交易的达成,往往要经过多次还盘和再还盘的过程,发盘人和受盘人的地位多次转换。在还盘时,对对方已经同意的条件一般无须重复列出。还盘不是交易磋商程序中必备的环节。

6. 接受的注意事项

接受(Acceptance)法律上称承诺,业务上叫接受。

接受是指受盘人对一项发盘(或还盘),表示完全的、无保留的和无条件的同意。

发盘(或还盘)被接受后,交易立即达成,双方即构成一项合同关系(Contract Relation)。双方对已达成协议的各项交易条件都必须信守执行。

(1)构成接受的条件

◆接受必须由特定的受盘人作出。其他人通过某种途径获悉发盘内容,而向发盘人表示接受,该接受无效。

◆接受必须表示出来。受盘人必须以声明或其他行为向发盘人表示出来,缄默或不行动本身不等于接受。

◆接受必须是无条件的。接受必须与发盘相符，只接受发盘中的部分内容，或对发盘条件提出实质性的更改，或提出有条件的接受，均不能构成接受，而只能视作还盘。所谓实质性更改，根据《公约》第十九条第三款规定，有关货物价格、付款、货物重量和数量、交货时间、地点、一方当事人对另一方当事人的赔偿责任范围或解决争端等的添加或不同条件，均视为在实质上变更发盘条件。但是，若受盘人表示在接受时，对发盘内容提出某些非实质性（不改变发盘的条件）的添加、限制或更改（如要求增加重量单、装箱单、原产地证明或某些单据的份数，包装的改变等），除发盘人在不过分延迟期间内表示反对其差异外仍构成接受。

◆接受必须在发盘规定的有效期内送达发盘人。

(2)逾期接受

如果接受通知超过发盘规定的有效期或超过合理时间才传到发盘人，这就成为一项逾期接受。逾期接受在一般情况下无效，但在下列两种情况下仍然有效。

◆受盘人毫不迟延地用口头或书面形式将该逾期接受仍然有效的意见通知发盘人。

◆由于出现传递不正常的情况而造成了延误，这种逾期接受可被认为是有效的。除非发盘人毫不迟延地用口头或书面形式通知受盘人认为发盘已经失效，因此，逾期接受是否有效关键要看发盘人如何表态。

(3)接受的撤回

接受是在表示同意的通知到达发盘人时生效，撤回接受的通知应当在接受通知单到达发盘人之前或与接受通知同时到达发盘人时，接受得以撤回。

7. 比价和选择供应商

◆更多地对符合条件的供应商询价。买方根据自身的需求，从符合相应资格条件的供应商名单中确定不少于三家的供应商，利用网上询价、传真报价、电话询价等多种询价方式，对更多的符合条件的供应商询价。

◆不单纯以价格选择供应商。一般来说，买方根据符合采购需求、质量和服务相等且报价最低的原则确定成交供应商，这是询价成交、供应商确定的基本原则。如果单纯以价格高低来选择，会使供应商在恶性的“价格战”中获利无几，忽视产品的质量和售后服务。过低的价格是以牺牲可靠的产品质量和良好的售后服务为条件的，无论是买方还是供应商都应理性地对待价格问题。虽然价格是询价中的关键因素，但绝非唯一因素，在成交供应商确定上要综合评审比较价格、技术性指标和售后服务等，在此基础上依法确定。

第 8 章　如何进行进口价格核算

1. 进口价格核算的相关公式

(1) FOB 术语

国内销售价格＝进口价格＋进口费用＋进口利润

◆进口价格＝FOB 价＝国内销售价格－进口费用－进口利润

◆进口费用＝国外运费＋国外保费＋进口关税＋进口消费税＋进口增值税＋实缴增值税＋银行费用＋垫款利息＋其他进口费用

➤进口关税＝进口关税的完税价格×进口关税率＝CIF×进口关税率

进口关税的完税价格＝CIF＝CFR＋国外保费＝FOB＋国外运费＋国外保费

➤进口消费税＝进口消费税的完税价格×进口消费税率

进口消费税的完税价格＝(进口关税的完税价格＋进口关税)/(1－进口消费税率)

➤进口增值税＝进口增值税的完税价格×进口增值税率

进口增值税的完税价格＝进口关税的完税价格＋进口关税＋进口消费税

➤实缴增值税＝国内销售价格/(1＋增值税率)×增值税率－进口增值税

其他进口费用包括国内运费、国内保费、港口杂费、报检费、报关费、业务定额费等。

◆进口利润＝进口价格×预期利润率

(2) CFR 术语

进口价格＝CFR 价＝国内销售价格－进口费用－进口利润

◆进口费用＝国外保费＋进口关税＋进口消费税＋进口增值税＋实缴增值税＋银行费用＋垫款利息＋其他进口费用

➤进口关税＝进口关税的完税价格×进口关税率＝CIF×进口关税率

进口关税的完税价格＝CIF＝CFR＋国外保费＝FOB＋国外运费＋国外保费

➤进口消费税＝进口消费税的完税价格×进口消费税率

进口消费税的完税价格＝(进口关税的完税价格＋进口关税)/(1－进口消费税率)

➤进口增值税＝进口增值税的完税价格×进口增值税率

进口增值税的完税价格＝进口关税的完税价格＋进口关税＋进口消费税

➤实缴增值税＝国内销售价格/(1＋增值税率)×增值税率－进口增值税

其他进口费用包括国内运费、国内保费、港口杂费、报检费、报关费、业务定额费等。

◆进口利润＝进口价格×预期利润率

(3) CIF 术语

进口价格＝CIF 价＝国内销售价格－进口费用－进口利润

◆进口费用＝进口关税＋进口消费税＋进口增值税＋实缴增值税＋银行费用＋垫款利息＋其他进口费用

➤进口关税＝进口关税的完税价格×进口关税率＝CIF×进口关税率

进口关税的完税价格＝CIF＝CFR＋国外保费＝FOB＋国外运费＋国外保费

➢进口消费税 = 进口消费税的完税价格 × 进口消费税率

进口消费税的完税价格 =（进口关税的完税价格 + 进口关税）/（1 - 进口消费税率）

➢进口增值税 = 进口增值税的完税价格 × 进口增值税率

进口增值税的完税价格 = 进口关税的完税价格 + 进口关税 + 进口消费税

➢实缴增值税 = 国内销售价格/（1 + 增值税率）× 增值税率 - 进口增值税

其他进口费用包括国内运费、国内保费、港口杂费、报检费、报关费、业务定额费等。

◆进口利润 = 进口价格 × 预期利润率

进口商品国内销售价格是由进口价格（进口成本）、进口费用和进口利润（目标进口利润）构成的。

2. 进口报价

在进口时，通常按进口货物国际上同类商品的价格，由双方协商确定。那么，进口商如何确定进口价格条件呢？中国进口商最好选择 FOB 价成交，在这种术语下，进口商与承运人和保险公司联系运输保险，有利于国内运输业和保险业的发展；同时也可以节省外汇。因此，买方应尽可能以 FOB 条件报价。进口商也可以选择 CFR 条件报价，在这种术语下，由国外卖方负责租船运输，买方不用承担运费风险，只负责投保，也能带动中国保险业发展。但是，目前进口使用最多的术语是 CIF。在这种条件下，运输与保险都由卖方负责，买方不用承担运费保险风险，避免麻烦。买方在定价时可以先确定 FOB 价，再根据运费和保费确定 CIF 价。

另外，确定支付货币时，按国际的一般习惯做法，若两种货币的汇率是按付款时的汇率计算，那么不论计价和支付用的是哪种货币，都可以按计价货币的量收回货款。对买方来说，计价货币是软币，支付货币是硬币时，买方支付的硬币就会减少，对买方有利。若计价货币和支付货币的汇率在订约时已经固定，那么，在计价货币是硬币、支付货币是软币的条件下，对买方有利。

3. 进口还价涉及的核算

◆在进口价格、进口费用和国内销售价格确定的情况下，核算进口利润，为进口还价提供依据。其计算公式为：

进口利润 = 国内销售价格 - 进口价格 - 进口费用

◆在进口价格、进口费用和进口利润确定的情况下，核算国内销售价格，为与国内客户谈判提供依据。其计算公式为：

国内销售价格 = 进口价格 + 进口费用 + 进口利润

4. 海关估价协议

海关估价（Customs Valuation）指一国或地区的海关为执行对外贸易政策和关税政策，根据法定的价格程序和标准，对进出口货物确定完税价格的方法和程序。按照世界贸易组织《海关估价协议》的规定，进口货物的完税价格是按该进口货物的“实际成交价格”确定。进口货物的完税价格是海关征收关税的依据，通常完税价格就是发票上标明的 CIF 成交价格，即进口商在进口该货物时实付或应付的价格。但只有当进出口商申报的价格被海关接受后才能成为进出口货物的完税价格。

第 9 章　如何签订进口合同

双方就合同的主要内容,如货物名称和规格、成交数量、单价和总值、交货时间、支付工具和方式等达成一致后就会进行合同的签订工作。对于一般商品进口合同,小金额的合同或是已经做过的项目、只是对部分条件作了调整的合同,合同文本如果是简式的,签订过程也就可能较为简单。文本制订完成后,双方通过传真或 Email 确认,即告签订;或进一步由某一方将合同文本印制出来(通常一式两份),签字后寄交对方签字,再返送一份回来。

对于金额大或商品技术性强的合同签订,尤其是机电产品合同或成套设备合同,在主要条件谈定后,应对合同的每一项内容逐条进行讨论,如运输、保险、检验、违约补偿、不可抗力、仲裁、法律适用及合同生效条件、文本文字等等,然后才进行合同文本的制作、签订。进口合同样式如示例 2.9.1。

示例 2.9.1　进口合同

进 口 合 同

IMPORT CONTRACT

合同编号:　　　　签订日期:　　　　签订地点:

Contract No.:　　　　Date:　　　　Signed at:

1. 买方:

The Buyers:

地址:

Address:

电话(Tel):　　　　传真(Fax):

2. 卖方:

The Sellers:

地址:

Address:

电话(Tel):　　　　传真(Fax):

经买卖双方确认根据下列条款订立本合同:

The undersigned Sellers and Buyers have confirmed this contract is accordance with the terms and conditions stipulated below:

3. 商品名称及规格 Name of commodity & specification	4. 数量 Quantity	5. 单价 Unit price	6. 总金额 Amount

7. 总值(大写)

Total value (in words):

8. 允许溢短________%。

____% more or less in quantity and value allowed.

9. 成交价格术语:

Terms:

□FOB　　□CFR　　□CIF　　□DDU

11. 包装

Packing：

12. 运输唛头

Shipping mark：

13. 运输起讫：由________________(装运港)到________________(目的港)。

Shipment from ______ (Port of Shipment) to ______ (Port of Destination).

14. 转运：□允许　□不允许；　分批：□允许　□不允许

Transhipment：　□allowed　□not allowed

Partial shipment：　□allowed　□not allowed

运输时间：

Shipment time：WITHIN 20 DAYS AFTER RECEIPT OF IRREVOCABLE SIGHT L/C.

15. 保险：由________方按发票金额的________%投保________，加保________从________到________。

Insurance：To be covered by the ____________ for ____________ % of the invoice value covering ____________ additional ____________ from ____________ to ____________.

16. 付款条件：

Terms of payment：

□买方应不迟于______年____月____日前将100%货款用即期汇票/电汇支付给卖方。

The buyers shall pay 100% of the sales proceeds through sight (demand) draft/by T/T remittance to the sellers not later than ______/______.

□买方应于______年____月____日前通过__________银行开立以卖方为受益人的____天不可撤销信用证，有效期至装运后____天在中国议付，并注明合同号。

The buyers shall issue an irrevocable L/C at ______ sight through ______ in favour of the sellers prior to ______ indicating L/C shall be valid in ______ though negotiation within ____ days after the shipment effected, the L/C must mention the Contract Number.

□付款交单：买方应凭卖方开立给买方的____期跟单汇票付款，付款时交单。

Documents against payment (D/P)：The buyers shall dully make the payment against documentary draft made out to the buyers at ____/____ sight by the sellers.

□承兑交单：买方应凭卖方开立给买方的____期跟单汇票付款，承兑时交单。

Documents against acceptance (D/A)：The buyers shall dully accept the documentary draft made out to the buyers at ____/____ days by the sellers.

17. 装运通知：一旦装运完毕，卖方应立即电告买方合同号、品名、已装载数量、发票总金额、毛重、运输工具名称及起运日期等。

Shipping advice：The sellers shall immediately, upon the completion of the loading of the goods advise the buyers of the Contract No. names of commodity, loaded quantity, invoice value, gross weight, names of vessel and shipment date by TLX/FAX.

18. 检验与索赔：

Inspection and claims：

①卖方在发货前由__________检验机构对货物的品质、规格和数量进行检验，并出具检验证明。

The buyer shall have the qualities, specifications, quantities of the goods carefully inspected by the ____________ Inspection Authority, which shall issues Inspection Certificate before shipment.

②货物到达目的口岸后，买方可委托当地的商品检验机构对货物进行复验。如果发现货物有损坏、残缺或规格、数量与合同规定不符，买方须于货物到达目的口岸的______天内凭____________检验机构出具的检验证明书向卖方索赔。

The buyers have right to have the goods inspected by the local commodity inspection authority after the arrival of the goods at the port of destination. If the goods are found damaged/short/their specifications and quantities not in compliance with that specified in the contract, the buyers shall lodge claims against the sellers based on the Inspection Certification issued by the Commodity Inspection Authority within ______________ days after the goods arrival at the destination.

③如买方提出索赔,凡属品质异议须于货物到达目的口岸之日起______天内提出;凡属数量异议须于货物到达目的口岸之日起______天内提出。对船装货物所提任何异议应由保险公司、运输公司或邮递机构负责的,卖方不负任何责任。

The claims, if any regarding to the quality of the goods, shall be lodged within ____ days after arrival of the goods at the destination, if any regarding to the quantities of the goods, shall be lodged within ____ days after arrival of the goods at the destination. The sellers shall not take their responsibility if any claims concerning the shipping goods in up to the responsibility of Insurance Company/Transportation Company/Post office.

19. 不可抗力:如因人力不可抗拒的原因造成本合同全部或部分不能履约,卖方概不负责,但卖方应将上述发生的情况及时通知买方。

Force Majeure: The sellers shall not hold any responsibility for partial or total non-performance of this contract due to Force Majeure. But the sellers shall advise the buyers on time of such occurrence.

20. 争议的解决方式:任何因本合同而发生或与本合同有关的争议,应提交中国国际经济贸易仲裁委员会,按该会的规则进行仲裁。仲裁裁决是终局的,对双方均有约束力。

Disputes settlement: All disputes arising out of the contract or in connection with the contract, shall be submitted to the China International Economic and Trade Arbitration Commission for arbitration in accordance with its Rules of Arbitration. The arbitral award is final and binding upon both parties.

21. 法律适用:本合同的签订地、或发生争议时货物所在地在中华人民共和国境内或被诉人为中国法人的,适用于中华人民共和国法律,除此规定外,适用《联合国国际货物销售合同公约》。

Law applications: It will be governed by the law of the People's Republic of China under the circumstances that the contract is signed or the goods while the disputes arising are in the People's Republic of China or the defendant is Chinese legal person, otherwise it is governed by United Nations Convention on Contract for the International Sale of Goods.

本合同使用的 FOB、CFR、CIF、DDU 术语系根据国际商会《INCOTERMS 1990》。

The terms in the contract based on INCOTERMS 1990 of the International Chamber of Commerce.

22. 文字:本合同中、英文两种文字具有同等法律效力,在文字解释上,若有异议,以中文解释为准。

Versions: This contract is made out in both Chinese and English of which version is equally effective. Conflicts between these two languages arising therefrom, if any, shall be subject to Chinese version.

23. 附加条款:(本合同上述条款与本附加条款有抵触时,以本附加条款为准)

Additional clauses: (conflicts between contract clause hereabove and this additional clause, if any, it is subject to this additional clause)

24. 本合同共____份,自双方代表签字/盖章之日起生效。

This contract is in ____ copies, effective since being signed/sealed by both parties.

买方代表人:	卖方代表人:
Representative of the buyers:	Representative of the sellers:
签字	签字
Authorized signature:	Authorized signature:
(买方公司盖章)	(卖方公司盖章)

第三篇　进口合同履行

第10章　如何履行进口合同

在我国进口业务中，如果商品是以FOB条件成交，支付条件是采用信用证方式，则履行这类进口合同的一般程序是：开立信用证，派船接货，办理保险，审单付款，接货报关，报验，索赔等。现将各个环节的内容和做法顺序介绍于下。图2.10.1是信用证支付方式的FOB进口合同履行程序。

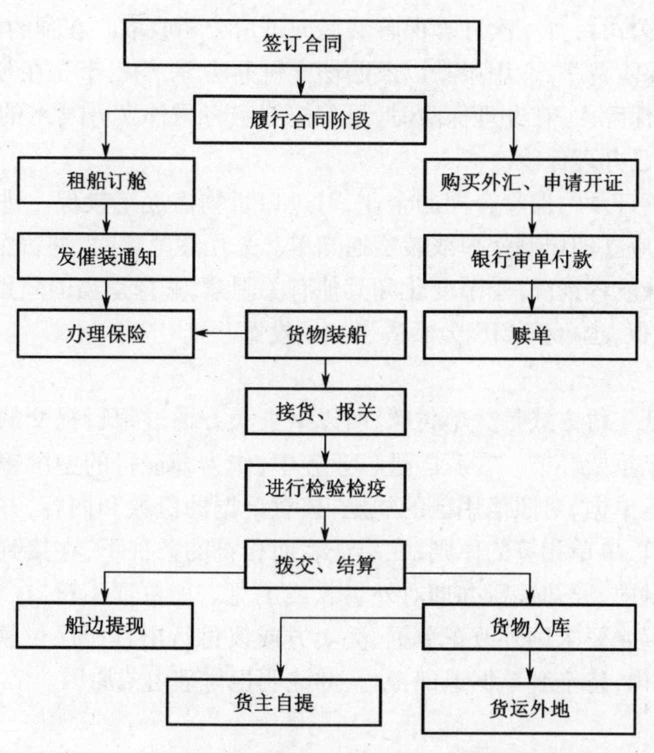

图2.10.1　信用证支付方式的FOB进口合同履行程序

1. 开立信用证

订购合同中规定采用信用证支付方式，买方就要承担按时开出信用证的义务。信用证的内容应与合同条款一致。信用证的开证时间应按合同规定办理。卖方收到信用证后，如有修改信用证的意图,应向买方提出修改信用证的请求,买方同意后,即可向开证行办理改证手续。

2. 派船接货

目前,我国进口货物的租船订舱工作,大多数是由外贸企业委托外运公司代办,少数是自己直接办理的。一般手续是:外贸企业在接到卖方的备货通知后,即填制租船订舱联系单,连同订购合同副本送交外运公司或其他货代公司或船公司,委托其安排船舶或舱位。有的外贸企业也直接向国外船公司租船订舱。实际业务中,在订购合同中多数规定由卖方在交货前一定时期内,将预计装运日期通知买方。买方在接到上述通知后,才办理进口租船订舱手续,可以避免买方早派或迟派船给卖方造成被动的局面。办妥租船订舱手续后,应按规定的期限将船名及船期及时通知对方,以便对方备货装船。同时,为了防止船货脱节和出现船等货的情况,注意催促卖方按时装运。对数量大或者重要物资的进口,如有必要,买方亦可请驻外机构就地督促外商履行,或派人前往出口地点检验监督。

3. 办理保险

我国进口商在向保险公司办理进口运输货物保险时,一般采用两种方式:一是逐笔投保;二是签订预约保险合同。

为了简化投保手续,防止漏保并及时投保,我国外贸公司和经常有货物进口的单位,一般都采用预约保险的方式。预约保险方式是以《进口货物装船通知书》或其他具有保险要求的单证为依据,由保险公司每月一次计算保险费后向进口公司收取。在预约保险方式下,由于投保险别、保险金额、保险费率、适用条款以及赔偿支付办法等,均已事先在预保合同中订明。因此,外贸企业作为被保险人,在办理保险时,只需按约定将国外卖方发来的装船通知抄本送交保险公司,即可作为已办理保险。

未与保险公司签订预约保险合同的企业,对进口货物需逐笔投保。进口企业在收到国外卖方的装船通知后,应立即填制保单或装货通知单。采用逐笔保险,外贸企业在办理进口保险时,应根据商品特性、航程情况、季节变化和其他有关因素,选择适当的险别投保。至于保险金额,可按 CIF 金额投保,也可按 CIF 金额适当加成投保。

4. 审单付款

由于采用信用证支付方式是凭单付款,所以审查卖方通过银行提交的货运单据是进口合同履行过程中的一个重要环节。在我国进口业务中,作为开证行的中国银行对国外议付行转交来的卖方全套货运单据,对照信用证的规定,核对单据的份数和内容,并将其送交外贸企业签收。根据单证相符、单单相符的原则,在单证表面相符的条件下,在接到信用证规定的全套单据日起 3 个工作日内,通知银行办理对外付款或承兑。如单证不符,在实际业务中,可以拒绝付款、相符部分付款、要求国外改正单据、凭卖方或议付行出具担保付款等等。如果拒绝付款,应在 3 个工作日内,将全套单据退回银行,并注明拒付理由或原因。

5. 报关

按照《中华人民共和国海关法》规定,进口货物的收货人或其代理人,必须向海关办理进口货物的报关完税手续。报关手续应当自运输工具申报进境之日起 14 日内向海关申报。完税手续应当自海关填发税款缴纳证的次日起 15 日内缴纳税款。向海关申报时,应提交《进口货物报关单》,交验进口许可证和有关单证,海关依法对单证和货物进行查验,并按规定征、免税放行。

(1)申报单证

报关所需的单证有以下几项。

◆基本单证:基本单证是指进口货物的货运单据和商业单据,主要有进口提货单据、商业发票、装箱单、代理报关委托书等。

◆特殊单证:特殊单证主要是指进口许可证件、国家外经贸主管部门的批准文件、入境货物通关单、减免税证明、进口付汇核销单、担保文书等。

◆预备单证:预备单证主要是指贸易合同、原产地证明书、进出口企业的有关证明文件、知识产权状况补充申报单等。

◆报关单:报关单是由报关员按照海关规定格式填制的申报单。

报关单是主要单证,而基本单证、特殊单证、预备单证(需要时提交)是随附单证。

准备申报单证的基本原则是:基本单证、特殊单证、预备单证必须齐全、有效、合法,报关单填制必须真实、准确、完整。

(2)申报资格

按我国海关法的规定:进出口货物,除另有规定的外,可以由进出口货物的收发货人自行办理报关纳税手续,也可以由进出口货物收发货人委托海关准予注册的报关企业办理报关纳税手续。前者称为自理报关单位,后者称为代理报关单位。自理报关单位通常是有进出口经营权的企业,而代理报关单位,即为报关企业。由于我国海关对进出口货物报关管理的主要制度是报关注册登记制度,因此,凡是在我国进出境口岸办理进出口货物报关手续的企业(不论是自理报关单位还是代理报关单位)都必须事先向海关办理报关注册登记,只有在海关办理了报关注册登记,才能取得报关权。

报关企业包括专业报关企业和代理报关企业。

◆专业报关企业,系指经海关总署批准设立,并在所在地海关办理注册登记手续,专门从事进出口货物代理报关业务,具有境内法人地位独立核算的经济实体。专业报关企业必须在名称中冠以"×××报关行"或"×××报关服务公司"字样。专业报关企业没有进出口经营权,原则上不得异地报关。

◆代理报关企业,系指经营国际货物运输代理、国际运输工具代理等业务,并接受委托代办进出口货物的报关纳税等事宜的境内法人。代理报关企业只能办理本企业承揽、承运货物的报关纳税。代理报关企业也没有进出口经营权。设立代理报关企业须经直属海关批准。代理报关企业原则上也是不得异地报关。

◆自理报关单位,系指各类有进出口经营权的企业,如国有、集体和外商投资企业等。自理报关企业只能办理本企业进出口货物的报关手续,不能代理其他企业报关。自理报关单位在海关注册登记即可取得报关权,它可以办理异地报关备案。

办理自理报关和代理报关登记,在企业所在地海关办理。报关业务应由报关企业指派专人即报关员办理。报关员必须经海关培训、考核合格并获得由海关颁发的报关员证才可以从事报关工作。

(3)滞报金

进口货物的收货人如果在法定的14天内没有向海关办理申报手续,海关将征收滞报金。滞报金的起收日期为运输工具申报进境之日起的第15天;转关运输货物为货物运抵指运地之日起的第15天;邮运进口货物为收到邮局通知之日的第15天,截止日期为向海关申报之日。

滞报金的每日征收率为进口货物到岸价格的0.05%，起征点为人民币10元。计算滞报金的公式为：

滞报金总额＝货物的到岸价格×滞报天数×0.05%

进口货物的收货人自运输工具申报进境之日起超过3个月未向海关申报的，其进口货物由海关提取变卖处理。所得价款在扣除运输、装卸、存储等费用和税款后，尚有余款的，自货物变卖之日起一年内经收货人申请，予以发还；逾期无人申请的，上缴国库。确属误卸或者溢卸的进境货物除外。

(4)滞纳金

滞纳金的征收是以自海关填发税款缴款书之日起第16日为起始日，以进口货物的纳税义务人缴纳税费之日为截止日(其中法定节假日不予扣除)。滞纳金的起征日为法定节假日，不能顺延至其后第一个工作日。起征点为人民币50元，每日征收率为进口货物到岸价格的0.05%。

(5)放行

海关对进出口货物的报关，经过审核报关单据、查验实际货物并依法办理了征收货物税费手续或减免税手续后，在有关单据上签盖放行章，货物的所有人或其代理人才能提取。此时，海关对进出口货物的监管才算结束。进口货物的放行流程为如下。

1)签印放行

对于一般进出口货物，在收发货人或者其代理人如实向海关申报，如数缴纳应缴纳税款和有关费用后，海关在货物的进出口货运单据(如进口提单或运单)或放行条上签盖“海关放行章”，进口货物的收货人凭此到海关监管仓库提取货物。

2)签发《进口货物证明书》

《进口货物证明书》是证明某项货物已经由海关监管、合法进口的文件。在报关员或者货物所有人提出要求，而且进口货物是经海关检验放行的、合法的进口货物时，并且需要证明的情况下，海关才在办完放行手续后签发《进口货物证明书》。

3)签发进口付汇进口货物报关单(进口报关单付汇证明联)

对属于进口付汇进口货物的报关单，海关在办理放行手续后，出具一份盖有海关验讫章的电脑打印报关单，并在报关单的右上角加贴防伪标志，交与进口单位专门用于办理进口付汇核销手续。

6. 提货

进口货物到港后，办清海关手续后，由海关在提货单上盖章，收货人或其代理人凭提货单和其他货运单据提货。

(1)验收货物

在提货时，如发现货物有短缺，应立即会同港务局填制“短缺报告”，交船方签认，如发现货物有残损，应将其存放于海关指定的仓库，并通知保险公司、商品检验局等有关单位进行检验，明确残损、短缺程度和原因，以便向卖方或承运人或保险公司索赔(是谁的责任就向谁索赔)。一旦发生索赔，有关的单证，如国外发票、装箱单、重量明细单、品质证明书、使用说明书、产品图纸等技术资料、理货残损单、溢短单、商务记录等，都可以作为重要的参考依据。

(2)办理拨交手续

在办完上述手续后，如订货或用货单位在卸货港所在地，则就近转交货物；如订货或用货单位不在卸货地区，则委托货运代理将货物转运内地并转交给订货或用货单位。关于进口关税和运往内地的费用，由货运代理向进出口公司结算后，进出口公司再向订货部门结算。

7. 报检

(1)进口报检商品范围

根据我国进口商品检验规定，对进口商品检验分两类：列入《出入境检验检疫机构实施检验检疫的进出境商品目录》和合同规定由我国商检机构检验出证的进口商品，必须由商检机构或其指定的检验机构检验，进口商品未经检验或检验不合格的，不准销售、使用，出口商品未经检验合格的，不准出口；不属于上一类的进口商品，向所在地区商检机构申报后自行检验或报请商检机构检验。

法定检验是指商检机构或者国家商检部门、商检机构指定的检验机构，根据国家的法律、行政法规，对规定的进出口商品和有关的检验事项实施的强制性检验。为了保证进口商品、动植物及其运输设备的安全、卫生符合国家有关法律法规规定和国际上的有关规定，防止次劣商品、有害商品、动植物以及危害人类和环境的病虫害和传染病源输入，保障生产建设安全和人类健康，维护国家的权益，凡属于法定检验的进口商品，未经检验，一律不准安装投产、销售和使用。具体监督由海关执行。

(2)法定检验的范围

我国实施法定检验的范围包括以下方面。

➤对列入《检验检疫商品目录》的进口商品的检验。这类商品或属进出口的大宗商品，或是对国计民生有重大影响的进出口商品，或是品质不稳定、国际市场竞争激烈的进出口商品。《检验检疫商品目录》现由国家商检局负责制定，如有调整，在实施前60天发布。

➤对出口食品和食品原料的卫生检验。

➤对出口危险货物包装容器的性能鉴定和使用鉴定。

➤对装运出口易腐烂变质食品、冷冻品的船舱、集装箱等运载工具的适载检验。

➤对有关国际条约规定须经商检机构检验的进出口商品的检验。

➤对其他法律、行政法规规定必须经商检机构检验的进出口商品的检验。

(3)填写《入境货物报检单》

报检人要认真填写《入境货物报检单》，内容应按合同、国外发票、提单、运单上的内容填写，报检单位应填写完整、无漏项，字迹清楚，不得涂改，且中英文内容一致，并加盖申请单位公章。

进境报检是指法定检验检疫入境货物的货主或其代理人，持有关单证向卸货口岸检验检疫机构申请对货物进行检验检疫，并取得《入境货物通关单》。

境内目的地检验检疫报检是指口岸清关转境内目的地进行检验检疫的报检。法定入境检验检疫货物的收货人或其代理人持有关单证在卸货口岸向口岸检验检疫机构报检，获取《入境货物通关单》。在通关后由进境口岸检验检疫机构进行必要的检疫处理。货物到达目的地后，该批进境货物的货主或其代理人在规定的时间内，向目的地检验检疫机构申请进行检验检疫的报检。因为在口岸只对装运货物的运输工具和外包装进行了必要的检疫处理，并未对整批货物进行检验检疫，所以只有在目的地由检验检疫机构对货物实施了具体的检验检疫，确认其符合有关检验检疫要求及合同、信用证的规定，货主才能获得相应的准许进口货物销售使用的合法凭证。这种方式报检货物的通关地与目的地属于不同辖区。

(4)入境货物报检的地点和时限

1)入境货物报检的地点

◆进口许可证等有关政府批文中规定检验检疫地点的,在规定的地点报检。

◆大宗散装商品、易腐烂变质商品、废旧物品,以及在卸货时发现包装破损、重(数)量短缺的商品,必须在卸货口岸检验检疫机构报检。

◆需结合安装、调试进行检验的成套设备、机电仪产品,以及在口岸开箱后难以恢复包装的商品应在收货人所在地检验检疫机构报检并检验。

◆其他入境货物应在入境前或入境时向报关地检验检疫机构办理报检手续。

2)入境货物报检时限

入境货物需对外索赔出证的,应在索赔有效期前不少于20天内,向进境货物口岸或货物目的地的检验检疫机构报检。

(5)入境货物报检应提供的单据

◆入境货物报检时,应提供《入境货物报检单》,并同时随附外贸合同、发票、提(运)单、装箱单等有关单证。

◆凡实施安全质量许可、卫生注册、强制性产品认证、民用商品验证或其他需经审批、审核的货物,应提供有关审批文件。

◆报检品质检验的还应提供国外品质证书或质量保证书、产品说明书及有关标准和技术资料;凭样成交的,须加附成交样品;以品级或公量计价结算的,应同时申请重量鉴定。

◆申请残损鉴定的还应提供理货残损单、铁路商务记录、空运事故记录或海事报告等证明货损情况的有关证单。

◆申请重(数)量鉴定的还应提供重量明细单、理货清单等。

◆入境的动植物及其产品,在提供贸易合同、发票、产地证书的同时,还应提供输出国家或地区官方的检疫证书;需办理入境审批手续的,还应提供入境动植物检疫许可证。

◆来自美国、日本、欧盟和韩国的入境货物报检时,应按规定提供有关包装情况的证书和声明。

8.进口付汇核销

进口付汇核销是国家为了防止汇出外汇而实际不进口商品的逃汇行为的发生而采取的措施。进口付汇核销的对象是中国境内的进口商,包括商务部或其授权单位批准的经营进出口业务的企业(包括外商投资企业)、事业单位和个人。

进口付汇核销的标的是指从境外进口的商品(包括与所进商品有关的专利、非专利技术和有价样品等)及所支付的相应的外汇(包括进口货款、定金、贸易从属费、专利款和技术款)。

(1)进口付汇核销种类

◆在货到付款的情况下,企业凭报关单付汇,同时正确填写核销单,将报关单、核销单连同其他商业单据一起交给银行,作为办理进口付汇的凭证,银行在为企业办理付汇的同时,视为企业已办妥了核销。

◆在预付货款、托收、信用证等结算方式下,由于付汇时货物还没有进口,付汇企业还不能提供报关单,只凭其他商业单据和没有相应报关单内容的核销单在银行办理付汇手续,等货物真正进口,企业拿到报关单后,凭报关单、核销单向外汇管理局办理核销手续。

如果企业付汇后不能及时办理核销,外汇管理局可能会暂停其直接到银行办理进口付汇的权利，这样的企业每一笔付汇，无论采用何种付汇方式，都要先由外汇局审核，凭外汇局核发的“进口付汇备案表”才能到银行办理付汇手续。

(2)进口付汇核销业务审核单据

根据《进口付汇核销监管暂行办法》规定，进口单位“应当在有关货物进口报关后一个月内向外汇局办理核销报审手续”。进口单位在办理报审手续时，须对应提供下列单据：

➢进口付汇核销单(如核销单上的结算方式为“货到付款”，则报关单号栏不得为空)；

➢进口付汇备案表(如核销单付汇原因为“正常付汇”，企业可不提供该单据)；

➢进口货物报关单正本(如核销单上的结算方式为“货到付汇”，企业可不提供该单据)；

➢进口付汇到货核销表(一式两份，均为打印件并加盖公司章)；

➢外汇局要求提供的其他凭证、文件。

9. 索赔

进口索赔一般是指货物自卖方交到买方的过程中，由于人为、天灾或其他种种原因，使买方收到的货物不符合合同规定或货物有其他损害(包括质量低劣、数量短少等不符合合同规定，或因运输过程造成的损害等)，买方依其责任归属，向有关方面提出赔偿要求，以弥补其所受损失。

进口商品到货后，经检验，如有品质、数量、包装等不符合合同规定的，需要向有关方面提出索赔。对外索赔时，买方应加强与国家出入境检验检疫机构的配合，认真检验，鉴定货损情况，出具检验检疫证书，并根据有关事实，确定责任归属，分别向有关责任方索赔。

(1)进口索赔的对象

进口索赔按照不同的损失责任人，从而不同的责任对象主要有以下3个类型。

1)向卖方索赔

卖方不履行合同规定的义务，不交货或不按期交货，原装数量不足，货物的品质、规格与合同规定不符，包装不良致使货物受损，未按期交货或拒不交货等，构成违约的，卖方应承担违约的法律责任。根据有关法律和国际公约的规定，买方可以根据卖方违约所造成的结果，区别情况，依法提出撤销合同或提出损害赔偿。

2)向承运人索赔

承运人是指在运输合同中，通过铁路、公路、航空、内河运输或这些方式的联合运输，承担履行运输任务或运输业务的任何人。进口的货物，如发生残损或到货数量少于提单所载数量，而运输单据是清洁的，则表明是承运人的过失造成货物残损、缺少。买方即可根据不同运输方式的有关规定，及时向有关承运人提出索赔。

3)向保险公司索赔

如由于自然灾害、意外事故或运输装卸过程中事故等致使货物受损，并属于承保范围以内的，应向保险公司索赔。凡属于承运人的过失造成的货物残损、遗失，而承运人不予赔偿或赔偿金额不足抵补损失的，只要属于保险公司承保范围以内的，也应向保险公司提出索赔。

(2)进口索赔办理

目前，我们的进口索赔工作，属于船方和保险公司责任的由外运公司代办，属于卖方责任的由进出口公司直接办理。为了做好索赔工作，要求进出口公司、外运公司、订货部门、商检局等各有关单位密切协作，要做到检验结果正确、证据属实、理由充实、赔偿责任明确，并要及时向有关方面提出，力争把货物所受到的损失如数取得补偿。

(3)进口索赔应提交的证据

在办理索赔时要注意证据确凿，必须制备索赔清单和证明文件，并且应随附商检部门的检验证明书、发票、装箱单、提单副本等。其次,根据不同的索赔对象,另附不同的证明文件。向卖方索赔时,应在索赔证件中提出确切的根据或理由,如系 FOB 或 CFR 合同,尚须随附保险单一份;向轮船公司索赔时,须另附由船长及港口理货员签证的理货报告及船长签证短卸或残损证明;向保险公司索赔时,须另附保险单和保险公司与买方的联合检验报告。

在问题未解决前,索赔的商品应当保持原状,有的还要拍照存查,以便必要时作举证之用。

(4)索赔金额的内容

根据国际贸易惯例,买方向卖方索赔的金额应与因卖方违约所造成的实际损失相等,除受损商品的价值外,有关的费用也可提出,如商品检验费、装卸费、仓租费、利息、合理的预期利润等也应计入索赔金额。至于包括哪几项,应根据具体情况确定。

(5)索赔期限的规定

对外索赔必须在合同规定的索赔有效期内提出;过期,责任方有权不予受理。如果商检工作可能需要更长的时间,可向对方要求延长索赔期限。《公约》规定,买方行使索赔权的最长期限是自其实际收到货物起不超过 2 年。我国则规定为 4 年。向轮船公司索赔期限为货物到达目的港交货后 1 年之内。但索赔一旦提出,就不再受索赔期限的限制。

10. 检验及索赔条款

检验分在出口国检验(包括产地检验和装运港检验)和在进口国检验(目的港检验和最终用户所在地检验)。通常情况下是出口国检验、进口国复验,即以合同规定的装运港或装运地检验机构出具的检验证书作为卖方向银行收取货款的凭证之一,货物运抵目的港或目的地后,由双方约定的检验机构(通常是中国出入境检验检疫局)在规定的地点和期限内对货物进行复验。复验后如果货物与合同规定不符,而且属于卖方责任所致,此时买方有权凭该检验机构出具的检验证书,在合同规定的期限内向卖方索赔,索赔的时限应在合同中订明。对机电设备在买方工厂的考核验收,我方尽可能在合同条款中对考核验收的标准、地点、程序、要求等有比较详细的规定,当然考核不合格的处理办法、补救措施、费用的负担也要事先在合同中明确,以免将来双方有争议。

采取必要的应对措施,只是我们防范风险的基础和必要条件,更为关键的是我们的操作过程。我们要严格按照条款履行合同,密切关注和跟踪卖方、船舶及货物动向,认真审核合同要求的有关文件、单据,一旦发现问题和苗头,买方就该引起高度重视,采取相应的果断措施,将风险解决在萌芽之中。

◆受益人三番五次要求申请人修改信用证的最迟装期。这时申请人就要注意查看进出口双方的往来函电,进行分析判断,看有无可疑之处。收到议付行寄达的单据后,须从严审核,在单证完全一致的情况下要重点查看海运提单,必要时也可向承运公司或请律师向境外有关部门查询。

◆受益人未在规定的时限内给申请人发出或明显伪造装运通知。前者存在忘发、误发、尚未装船和已无履约能力 4 种可能,要根据具体情况进行分析、研究和判断;而后者无论从哪方面讲都明显存在诈骗的可能,对此务必加以提防。

◆无效或是伪造的海运提单。国际贸易诈骗中利用最多的信用证诈骗,无非就是钻银行只管单证表面相符而不管货物真伪的空子,所用的工具就是各种伪造的单据、印章。因此只要商业单据特别是海运提单表面上有伪造之嫌或者事先已从有关当事人的函电中察觉有欺诈的蛛丝马迹,就应设法找出构成单据不符的理由向议付行提出来。

第 11 章　如何核算缴纳进口关税

我国实行普通和优惠两栏的复式税则制，税则商品分类目录采用国际通用的商品分类目录(《商品名称及编码协调制度》)，在税率适用的原则上采用国际通行的原产地原则。进口货物以海关审定的成交价格为基础的 CIF 价格作为完税价格。

进口环节需缴纳的税费包括进口关税、进口环节海关代征税和其他税费。

1. 进口关税的种类

进口关税是海关以进境货物和物品为课税对象所征收的一种流转税。

根据进口货物的原产地国别，我国的进口关税可分为以下 4 种。

(1)普通关税

我国在《关税条例》第 6 条规定："对原产于与中华人民共和国未订有关税互惠协议的国家或地区的进口货物，按照普通税率征税。"

(2)特别优惠关税

适用于与我国签订有特殊优惠关税协议的国家(地区)的进口货物。中国对最不发达国家给予特别优惠关税待遇。我国目前对 33 个最不发达的国家(包括 28 个非洲国家、3 个亚洲国家和 2 个大洋洲国家)给予特别优惠关税待遇。

(3)协定关税

适用于我国参加的含有关税优惠协定(如《中智贸易协定》等)的国家(地区)的进口货物。

(4)最惠国关税

适用于原产于世界贸易组织成员国(地区)或与我国签订有相互给予最惠国待遇条款的双边贸易协定的国家的进口货物。

2. 进口关税的计算

根据进口关税的计征标准不同，关税的计算公式不同。我国进口关税的计征标准分为从价税、从量税、复合税。其中，以从价税为主要进口税计征标准。

(1)从价税

从价计征的进口关税应征税额 = 进口货物的完税价格 × 进口从价关税税率

应纳增值税税额 = 增值税组成计税价格 × 增值税税率

增值税组成计税价格 = 进口货物完税价格 + 进口关税税额 + 消费税税额

应纳消费税税额 = 消费税组成计税价格 × 消费税税率

消费税组成计税价格 = 进口货物完税价格 + 进口关税税额/(1 - 消费税税率)

需缴纳关税的暂准进出境货物的计算公式：

每月关税税额 = 关税总额 × (1/60)

每月进口环节代征税税额 = 进口环节代征税总额 × (1/60)

(2)从量税

从量计征的进口关税应征税额 = 进口货物数量 × 单位税率

例如,我国对啤酒、石油原油和部分感光胶片试行从量关税。

(3)复合税

进口复合关税应征税额 = 进口货物从价税额 + 进口货物从量税额

例如,我国对录像机、放像机、摄像机、非家用型摄录一体机、部分数码相机等进口商品征收复合关税。

(4)其他税费计算公式

反倾销税税额 = 完税价格 × 适用的反倾销税税率

应纳船舶吨税税额 = 注册净吨位 × 船舶吨税税率

缓税利息 = 补征税款 × 计息期限 ×(活期存款储蓄年利息率/360)

3. 进口环节海关代征税

进口货物在办理海关手续放行后,进入国内流通领域,与国内货物同等对待,所以应缴纳国内税。进口货物、物品缴纳的一些国内税依法由海关在进口环节征收。目前,进口环节海关代征税主要有增值税和消费税。

(1)增值税

增值税是以商品的生产、流通和劳务服务各个环节所创造的新增价值为课税对象的一种流转税。进口环节增值税是在货物、物品进口时,由海关向进口货物的法人或自然人征收的一种增值税。在我国境内销售货物(销售不动产或免征的除外)、进口货物和提供加工、修理、修配劳务的单位或个人,都要依法缴纳增值税。在我国境内销售货物,是指所销售的货物的起运地或所在地都在我国境内(具体详见《中华人民共和国增值税暂行条例》)。

现行增值税的组成价格和应纳税额计算公式为:

增值税组成价格 = 进口关税完税价格 + 进口关税税额 + 消费税税额

应纳税额 = 增值税组成价格 × 增值税税率

例:某公司进口一批货物,该货物进口关税税率 10%。买卖双方成交价格为"FOB NEW YORK USD10000",另有运费为 500 美元,保险费率 0.3%,增值税税率为 17%,海关填开税款缴纳通知书,当日的中国人民银行公布基准汇率为 100 美元 = 790 元人民币。要求计算该批货物的进口关税税额和进口增值税税额。

解:进口货物完税价格 =(FOB 价格 + 运费)/(1 - 保险费率)

=(USD10000 + USD500)/(1 - 0.3%)

= USD10468.5 = CNY82701.15 (人民币完税价格)

进口关税税额 = 完税价格 × 适用的进口关税税率

= CNY82701.15 × 10% = CNY8270.12(人民币进口税额)

进口增值税税额 =(CNY82701.15 + CNY82701.12)× 17%

= CNY15465.12(人民币增值税额)

(2)消费税

消费税是以消费品或消费行为的流转额作为课税对象而征收的一种流转税。它是在对货物普遍征收增值税的基础上,选择少数消费品再予征收的税。进口环节的消费税由海关征收,进口的应税消费品,由纳税义务人(进口人或者其代理人)向办理进口手续的海关申报纳税。

我国消费税采用从价、从量的方法计征。

◆从价征收的消费税按照组成的计税价格计算,其计算公式为:

消费税组成计税价格 =（进口关税完税价格 + 进口关税税额）/（1 - 消费税税率）

应纳税额 = 消费税组成计税价格 × 消费税税率

◆从量征收的消费税的计算公式为：

应纳税额 = 应征消费税消费品数量 × 消费税单位税额

◆同时实行从量、从价的消费税是征收运用上述两种征税方法计算的税额之和，其计算公式为：

应纳税额 = 应征消费税消费品数量 × 消费税单位税额 + 消费税组成计税价格 × 消费税税率

4. 其他税费

海关除征收关税和代征税外，还征收船舶吨税、反倾销税、反补贴税等其他税费。

◆船舶吨税是由海关在设关口岸对进出、停靠我国港口的国际航行船舶征收的一种使用税。船舶吨税分为优惠税率和普通税率两种（详见《船舶吨税暂行办法》）。

◆反倾销税是为抵制外国商品倾销进口，保护国内生产而征收的一种进口附加税，即在倾销商品进口时除征收进口关税外，再征收反倾销税。

计算公式为：

反倾销税税额 = 完税价格 × 适用的反倾销税税率

例：国内某一公司，从韩国购进厚度为 0.7 毫米的冷轧板卷 200 吨，成交价格为 CIF 境内某口岸 560 美元/吨，生产厂商为韩国 × × 制钢株式会社，已知适用中国银行的外汇折算价为 1 美元 = 人民币 7.71 元，计算应征的反倾销税税额。

计算方法：

确定税则归类，厚度为 0.7 毫米的冷轧板卷归入税号 7209.1790；

根据有关规定，进口韩国厂商韩国 × × 制钢株式会社生产的冷轧板卷反倾销税税率为 14%；

审定完税价格为 112 000 美元；

将外币价格折算成人民币为 863 520.00 元；

反倾销税税额 = 完税价格 × 反倾销税税率

= 863 520.00 × 14% = 120 892.80（元）

第12章　如何进行信用证的开立与修改

1.信用证交易的基本流程

(1)订立买卖合同

买卖双方之间订立的买卖合同是开立信用证的基础，若买卖双方约定采用信用证支付方式，买方就有开立信用证的责任。

(2)申请开立信用证

买方以开证申请人的身份填写开证申请书，向所在地银行请求开立信用证。

(3)开立信用证

接到申请人开证请求的银行，在审查申请人的授信额度、申请书上记载的信用证条件等内容后，若决定接受申请，便着手办理开立信用证的相关手续。开证行委托通知行通知信用证，目前通常以SWIFT形式开立信用证。用SWIFT的时候，将信用证的内容按照MT700的格式录入SWIFT发给通知行，并委托其通知受益人。开证行如果委托通知行将其信用证加以保兑，或者是委托第三家银行偿付或付款时，则将相关术语录入MT700某一区域内。

(4)通知信用证

通知行在收到信用证后，确认信用证的表面真实性，编制信用证通知流水号，缮制信用证通知书，并在信用证上加盖通知行信用证通知专用章。在受益人交付信用证通知费后，或以邮购或在柜台将正本信用证及通知书交给受益人。如果有委托保兑的指示，通知行会先核验其与开证行之间的授信额度是否尚有余额，有无应该加以拒绝的事由等。如果决定同意予以保兑，应在信用证上或者自己缮制的通知书中加上保兑意思的指示，然后通知受益人。

(5)装运货物和交单议付

收到信用证的受益人即可依照信用证条款安排装运和投保等事宜。准备信用证条款所要求的全部单据，附上议付申请书、账户详情以及盖有通知行通知专用章的正本信用证和其通知书，向指定银行或者自己往来的银行交单议付。

(6)议付行(或寄单行)审单

议付行(或寄单行)审核单据，若单证相符、单单一致，缮制书面函件，向开证行寄单索汇；若单据出现不符点，在受益人出具保函后，再缮制书面函件，向开证行寄单索汇。若信用证经开证行、议付行以外的另一家银行保兑，议付行则将书面函件、汇票和全套单据寄往保兑行。当信用证规定有偿付行时，议付行将单据寄往开证行，将书面函件和汇票寄往偿付行索偿。

(7)开证行、保兑行审单

开证行收到议付行寄来的单据后，依据信用证审核单据，并向开证申请人提示单据请求付款赎取单据。然后，开证行(或者授权偿付行)向议付行进行终局性付款，议付行付款给受益人。保兑信用证项下，保兑行收到议付行寄来的单据后，审核单据。若单证相符、单单一致，即向议付行付款，并向开证行索偿；若单据存在不符点，则可以拒付，并致电开证行询问是否接受不符点，同时将全套单据寄往开证行。在单据存在不符点时，开证行发拒付通知给议付行，并向开证申请人提示不符点，开证申请人接受不符点，付款赎单，开证行再向议付行付款。

(8)开证人付款赎单、提货

开证申请人付款赎单后，从开证行取得包括运输单据在内的全套单据，向承运人提示提货所必需的单据，提领货物。如果货物先于单据到达买方所在地，开证申请人要提前提货，可向开证行申请签发提货担保(Shipping Guarantee)。开证行为保护自己，会要求开证申请人出具申请，承诺即使单据存在不符点，开证申请人也会照常付款赎单。通常情况下，开证申请人是开证行的授信客户，若不是，开证行会要求客户交纳足额保证金。

2. 开立信用证的方法

开立信用证通常采用3种方法。

(1)信开信用证(L/C Open by Mail)

信开信用证方式，是开证行根据开证申请人的要求，将信用证的全部内容用信函方式开出，邮寄到通知行，再通知受益人。信开信用证的费用较低，但周转时间长。目前信开方式信用证已不多见。在当前的国际贸易中，主要采用电开(L/C Open by Teletransmission)的形式。

(2)简电开证

简电开证方式，是开证行根据开证申请人的要求，将信用证的主要内容发电预先通知受益人。这种简电不是有效的信用证文件，银行不能凭以付款、承兑、议付，它只供受益人备货订舱参考，不能凭以装运货物。

(3)全电开证

全电开证方式，是开证行根据开证申请人的要求，将信用证的全部内容以加注密押的电信方式通知受益人所在地的银行，请其通知受益人的一种开证方式。目前，银行大多用SWIFT电信方式开证。

SWIFT是环球同业银行金融电信协会(Society for Worldwide International Financial Telecommunications)缩写。它通过自动化国际金融电信网办理成员银行间资金调拨、汇款结算和信用证传递等业务。SWIFT系统的特点是电文标准化。采用SWIFT信用证，必须遵守SWIFT使用手册的规定，使用专门的格式和代号，而且信用证必须符合国际商会制定的《跟单信用证统一惯例》的规定。

SWIFT有自动开证格式，在其信用证的开端标有MT700，MT701等符号，只有SWIFT成员银行才能用密码在它的电信网上进行信用证资料传递，因此该类信用证具有可靠的真实性。

3. 申请开立信用证的程序

进口合同签订后，进口商应按照合同规定，到开证行填写信用证申请书，向银行办理开证手续。如果合同没有明确买方开立信用证的时间，通常，买方应在装运前15~20天开出，以便卖方备货和办理其他手续，按时装运。

进口人在合同规定的时间向中国银行或其他经营外汇业务的银行办理申请开立信用证手续。

(1)提交进口合同的副本及附件

进口人在向银行申请开证时，要向银行递交进口合同的副本以及所需附件，如进口许可证。

(2)填写开证申请书

开证申请书是客户对开证行的法律有效文件。其正本一般是由银行印发，其内容由申请人填写。申请人除了填写信用证申请书内容外，还应注意其背面条款。这些条款是开证申请人与开证行之间协议的组成部分,一般是由开证行在印制申请书时就已根据其习惯做法和国际惯例确定下来的。

(3)提供开证担保

银行为保障自身资金的安全必须采取一定的措施,包括对开证申请人的资信调查以及要求申请人于开证时提供一定的担保。现金、动产或不动产以及第三者提供的保证,都可作为进口商提供的开证担保。在实务中,采用最多的是现金保证,即开证押金。开证押金可以高达开证金额的80%~90%,也可能只有很低的比例,甚至不需要押金。主要与开证申请人的资信,货物的畅销性,市场上银根的松紧、利率的高低有关。

(4)支付开证手续费

进口人在申请开证时,必须按规定支付一定金额的开证手续费。还有邮电费、远期信用证项下的承兑费等。

4.开证申请书的内容

开证申请书是银行开具信用证的依据,是开证申请人与开证银行之间的有关开立信用证的权利与义务的契约。进口人根据银行规定的开证申请书格式,一般填写一式三份,一份留业务部门,一份留财务部门,一份交银行。填写开证申请书,必须按合同条款的具体规定,写明对信用证的各项要求,内容要明确、完整,无词意不清的记载。开证申请书包括正反两部分内容。

(1)开证申请书正面的内容

开证申请书的正面包括以下内容:

➤信用证的性质(如可撤销或不可撤销、是否加具保兑、是否可转让);
➤申请日期;
➤申请人名称(全称)及详细地址、联系电话等;
➤申请开证的总金额;
➤买卖合同号码;
➤受益人名称(全称)及详细地址、联系电话等;
➤传递信用证的方式;
➤所需的单据,包括所需单据的种类、份数,出具单据的机构以及其他特殊要求;
➤对汇票的要求,包括汇票的付款期限、付款人、金额等;
➤货物的描述,包括货物名称、规格、数量、单价、唛头、包装条件及其他所必需的描述;
➤对于装货期、交单期及有效期限的要求;
➤对于装运地点、交单地点及到期地点的要求;
➤分批装运或转运;
➤对于国外议付行费用的要求及解释;
➤其他特殊要求。

信用证内容必须注明依据《UCP600》开出,且各项条款与规定要符合该惯例的规定和解释。

(2)开证申请书反面的内容

开证申请书反面是申请人对开证行的声明,用以明确双方责任。主要有以下几项内容:

➤声明申请人同意按照有关国际惯例(《UCP600》)办理该信用证项下一切事宜,并承担由此产生的一切责任;

➤声明委托银行开立信用证,并保证按时支付货款、手续费、利息及一切费用;

➤明确收到单据后,申请人在×个工作日内复审单据,并在规定期限内通知银行接受与否;

➤声明该信用证及其项下业务往来函电及单据如果因为邮、电或其他方式传递过程中发生遗失、延误、错漏等银行概不负责;

➤声明若信用证需要修改,应由申请人及时通知银行,并及时核对信用证副本或修改书副本是否与原申请书相符;

➤声明如申请书字迹不清或词意含混而引起的后果由申请人负责。

5. 填制信用证申请书

信用证申请书(Irrevocable Documentary Credit Application)的格式和内容每个银行印制的都差不多,大同小异,这里介绍中国银行的格式,并简单介绍申请人填制的内容、方法及注意的事项。

◆信用证性质:不可撤销跟单信用证已印制好,不必重新填写。

◆申请开证日期:在申请书右上角。

◆传递方式:有4种,即信开(航空邮寄)、电开(电报)、快递、简电后随寄电报证实书,需要哪一种方式,在前面方框中打"√"。

◆申请人:必须填写全称及详细地址,还要注明联系电话、传真等号码,便于有关当事人之间的联系。

◆受益人:必须填写合同卖方企业的全称、详细地址,注明联系电话、传真等号码。

◆通知行:由开证行填写。

◆分批与转运:应根据合同的规定明确表示"允许"或"不允许",在选择的项目前方框中打"√"。

◆装运条款:应根据合同规定填写装运地(港)及目的地(港)以及最迟装运日期,如有转运地(港)也应写清楚。

◆信用证金额:填写合同规定的总值,包括大写和小写,即必须用数字和文字两种形式表示,并且要表明币种。

◆价格术语:有FOB、CFR、CIF及"其他条件"4个备选项目,根据合同成交的贸易术语在该项前方框打"√",如是其他条件,则在该项目后面写明。

◆付款方式:信用证有效兑付方式有4种选择,即即期支付、承兑支付、议付、延期支付,应根据合同规定,在所选方式前的方框中打"√"。

◆汇票要求:应根据合同的规定,填写信用证项下应支付发票金额的百分之几。如合同规定所有货款都用信用证支付,则应填写信用证项下汇票金额是发票金额的100%;如合同规定该笔货款由信用证和托收两种方式支付,各支付50%,则应填写信用证项下汇票金额的50%;依此类推。另外,还应填写汇票的支付期限,如即期、远期,如是远期汇票,必须填写具体的天数,如30天、60天、90天等。最后是填写付款人,根据《UCP600》的规定,信用证项下汇票的付款人必须是开证行或指定付款行。

◆单据条款:印制好的单据要求共12条,其中第1条到第12条是具体的单据条款,第12条为"其他单据"条款,即以上12种单据以外的单据要求,可填在第13条中,有几条可顺序添加几条,填制单据条款时应注意:在所需单据前的括号里打"√";然后在该单据条款后填上具体的要求，如一式几份，应包括什么内容等等，印制好的要求不完整，可在该单据条款后面填写清楚。

必须注意的是，申请人必须根据合同规定填写单据条款，既不可随意提出超出合同规定的要求，也不能降低或减少合同规定的要求。

◆合同项下的货物包括货物的名称、规格、数量、包装、单价条款、唛头等。所有内容必须与合同规定一样，尤其是单价条款、数量条款不得有误。包装条款如有特殊要求的，如包装规格、包装物的要求等，应具体、明确表示清楚。

◆附加条款：信用证申请书中已有 7 条附加条款。其中第 1 条至第 6 条是具体的条款要求，如需要可在前面括号里打"√"，内容不完整的，可根据合同规定和买方的需要填写清楚，上述内容未包括而又需要列出的条款可以写在第 7 条"其他条款"中。

◆与开证申请人有关的开户银行（填银行名称）、账户号码、执行人、联系电话、申请人（法人代表）签字等内容。

进口信用证开证申请书的样本如示例 2.12.1。

示例 2.12.1 进口信用证开证申请书样本

IRREVOCABLE DOCUMENTARY CREDIT APPLICATION

To:		Date:
□Issue by airmail □With brief advice by teletransmission □Issue by express delivery □Issue by teletransmission (which shall be the operative instrument)		Credit No. Date and place of expiry
Applicant		Beneficiary (Full name and address)
Advising Bank		Amount
		Credit available with
Partial shipments □allowed □not allowed	Transhipment □allowed □not allowed	By
Loading on board/dispatch/taking in charge at/from not later than For transportation to:		□sight payment □acceptance □negotiation □deferred payment at against the documents detailed herein □and beneficiary's draft(s) for ___ % of
□FOB □CFR □CIF □or other terms		invoice value at ______ sight drawn on

Documents required: (marked with ×)

1. (   ) Signed commercial invoice in ______ copies indicating L/C No. and Contract No.

2. (   ) Full set of clean on board Bills of Lading made out to order and blank endorsed, marked "freight [   ] to collect / [   ] prepaid [   ] showing freight amount", notifying ____________________.

(   ) Airway bills/cargo receipt/copy of railway bills issued by ____________________ showing "freight [   ] to collect/[   ] prepaid [   ] indicating freight amount" and consigned to ____________________.

3. (   ) Insurance Policy/Certificate in ______ copies for ______ % of the invoice value showing claims payable in ____________________ in currency of the draft, blank endorsed, covering All Risks, War Risks and ____________________.

4. (   ) Packing List/Weight Memo in ______ copies indicating quantity, gross and weights of each package.

5. (   ) Certificate of Quantity/Weight in ______ copies issued by ____________.

6. (   ) Certificate of Quality in ______ copies issued by [   ] manufacturer/[   ] public recognized surveyor ____________.

7. (   ) Certificate of Origin in ________ copies .

8. (   ) Beneficiary's certified copy of fax / telex dispatched to the applicant within ______ days after shipment advising L/C No., name of vessel, date of shipment, name, quantity, weight and value of goods.

Other documents, if any

Description of goods:

Additional instructions:

1. (   ) All banking charges outside the opening bank are for beneficiary's account.
2. (   ) Documents must be presented within ____ days after date of issuance of the transport documents but within the validity of this credit.
3. (   ) Third party as shipper is not acceptable, Short Form/Blank back B/L is not acceptable.
4. (   ) Both quantity and credit amount ______ % more or less are allowed.
5. (   ) All documents must be sent to issuing bank by courier/speed post in one lot.
6. (   ) Other terms, if any

6. 进口人申请开证时应注意的问题

进口人申请开证时应注意以下问题。

◆开证时间:若买卖合同规定了开证日期,买方应在规定期限内开立信用证;如合同规定最后装运期,那么买方可以在合理的时间内开证,一般在合同规定的交货期前半个月或一个月开证;如合同规定装运期的起止日期,那么最迟必须保证卖方在装运期开始前的最后一天收到信用证。总之,买方开立信用证要确保卖方收到信用证后在合同规定的装运期内装运货物。

◆买方在向银行申请开立信用证前,要落实进口批准手续及外汇来源。

◆开证时要保证信用证与合同一致,必须以买卖合同(包括修改后的买卖合同)为依据,合同中规定的内容要在信用证上以明确的条款列明,一般不能使用"参阅第××号合同"或

"第××号合同项下货物"等条款,也不能将有关合同作为信用证附件附在信用证后,因为信用证是一个独立的文件,不依附于贸易合同。

◆银行是凭单付款,也不受买卖合同和货物质量的约束。因此为使货物质量符合规定,买方可在合同和信用证中列明货物的规格品质,并要求卖方提供商品检验机构开立的装船前检验证明,并指定检验机构,这样,审单时如发现检验结果与证内规定不一致,可拒付。

◆远期付款时,要明确汇票期限,价格条款必须与相应的单据要求以及费用负担、表示方法等相吻合。如CIF价格条件下,开证申请书应表明要求卖方提交"运费已付"的提单,要求卖方提交保险单据,表明保险内容、保险范围及保险金额。

◆信用证内容必须明确无误,应明确规定各类单据的出单人(商业发票、保险单和运输单据除外)、时间等内容。

◆我国要求信用证应明确表示是否可撤销,如无此表示,根据《UCP600》规定,应视作不可撤销的信用证,我国都使用不可撤销信用证。

◆在信用证支付方式下,只要单证相符,开证行就必须按规定付款。所以,进口人对卖方的要求,在申请开证时,转化成有关单据,在信用证中规定出来。若信用证申请书中含有某些条件而未列明应提交的与之相应的单据,银行对此将不予理会。

◆如果合同规定不准分批装运、不准中途转运、不接受第三者装运单据,则均应在信用证中列明,否则,被认为允许分批、允许转运、接受第三者装运单据。

◆国外通知行由开证行指定,进口方一般不能指定,但如果出口商在订立合同时,坚持指定通知行,进口商可在开证申请书上注明,供开证行在选择通知行时参考。

◆对我方开出的信用证,如出口人要求其他银行保兑或由通知行保兑,我方原则上不能同意(在订立买卖合同时,应说服国外出口人免除保兑要求,以免开证时被动)。

◆我国银行一般不开可转让信用证(因为对第二受益人资信难以了解,特别是对于跨地区和国家的转让更难掌握)。但在特殊情况下,如大额合同项下开证要求多家出口商交货,照顾实际需要可与银行协商开出可转让信用证。另外,我国银行一般也不开有电报索偿条款(T/T Reimbursement Clause)的信用证。

7. 修改信用证

信用证开出后,如发现内容与开证申请书不符,或因情况发生变化或其他原因,需对信用证进行修改,应立即向开证银行递交修改申请书,要求开证银行办理修改信用证的手续。如受益人收到信用证后提出要求修改信用证中的某些条款的,则应区别情况同意或不同意。如同意修改,应及时通知开证行办理修改手续;如不同意修改,也应及时通知受益人,敦促其按原证条款履行装货和交单。最常见的修改内容有:修改有关的期限,修改交易金额和单价,修改出口商的名称或者地址,修改起运地或者卸载地,修改转运或者分批次的次数,修改保险的类别,修改货运单据,修改贸易条件等。

特别要注意的是,进口企业对信用证的开立和修改应持慎重态度。在申请开立信用证时,应做到开证申请书与合同相符,以避免不必要的修改,并避免不符条款被受益人利用而遭受损失;在修改信用证时,亦应注意修改内容的正确并应考虑到受益人有可能拒绝修改而仍按原证条款履行。

总之,开立不可撤销信用证后,对其的修改关系到各有关当事人的权利和义务,因此,在信用证有效期内,任何一方对信用证条款的任何修改,都必须经买卖双方协商一致同意后,由申请人向开证行提交信用证修改申请书，开证行受理该笔业务并修改信用证。具体步骤如下。

(1)申请人提交信用证修改申请书

信用证修改申请书必须由原信用证的申请人填写，并提交到原开证行办理修改业务。信用证修改申请书的主要内容有：

➤信用证修改申请书提交的日期；

➤所需修改的原信用证编号；

➤修改的内容，一般先列出原信用证的有关条款，再写出相应的修改条款。

例：

原证：最晚装运期为20××年8月25日。

修改为：最晚装运期为20××年9月25日。

修改信用证的费用由申请人付。

(2)开证行审理并受理

原开证行接到原信用证申请人的信用证修改申请书后，必须按照申请书所列信用证编号，调出原信用证副本对照审核，审核的主要内容有：

➤信用证修改申请书的编号是否正确；

➤所要求修改的条款内容是否符合国际惯例和本国法律的规定；

➤所要求修改的条款对开证行有无不利之处；

➤所要求修改的条款之间有无矛盾，与原信用证其他条款有无矛盾，若矛盾，应提醒申请人相应修改，使修改后的信用证各条款相互吻合、前后协调；

➤如提出增加信用证总金额，则要增收保证金。

审核无误后，根据修改申请书的要求，按原信用证的传递路线向各有关当事人发出信用证修改通知书。

第13章 如何进行进口贸易的支付

贸易中进口商的结算和付汇是依据进口合同履行顺序开展的。审单与对外付款赎单，是履行进口合同的一个重要环节。近几年来，我国进口贸易的结算方式渐渐多样化，但最常用的仍然是信用证以及汇付中的货到付款。

1. 信用证付款

信用证是进口贸易的主要支付方式，银行以符合信用证规定的货运单据为条件支付货款，避免了预付货款的风险，同时在一定程度上能保障进出口双方的利益，因此被广泛采用。

2. 货到付款

近几年来货到付款方式在进口贸易中使用逐渐增多。这种方式通常在国外出口商与国内进口商有密切的关系，或进口商资信可靠的情况下使用。货到付款方式下，出口商根据合同交货后，将全部单据直接寄给进口商，进口商凭单提货后，按照合同规定的期限，将货款汇付给出口商。采用这种支付方式，对进口商比较有利，但出口商则需要承担较大风险。

3. 汇付项下货到付款操作的业务流程

汇付项下货到付款操作的业务流程如下：

➢出口商在装运期内按合同规定装运货物；

➢出口商从承运人或货代处取得提单；

➢出口商把提单直接邮寄给进口商，或要求承运人或货代向进口商电放提单；

➢进口商凭提单或凭电放提单和电放保函换取提货单提货；

➢进口商填写境外汇款申请书，向银行（汇出行）申请电汇；

➢汇出行通过SWIFT方式把货款汇划给汇入行；

➢汇入行解付货款给出口商。

4. 汇付项下货到付款的操作

(1)填写境外汇款申请书并加盖预留在银行的印签章

境外汇款申请书是汇款人和银行（汇出行）之间的一项契约。

(2)提交外汇管理要求的单据

汇付项下货到付款所需资料有：购汇申请书、进口合同、境外汇款申请书、发票、正本进口报关单、运输单据。可能要求的资料有：进口许可证、进口付汇备案表、特定产品进口证明、登记表、各种不同贸易方式及运输方式应提供的单据。

5. 填制境外汇款申请书

凡采用电汇、信汇或票汇向境外付款的机构或个人（统称“汇款人”），须逐笔填写《境外汇款申请书》。

◆日期：汇款人填写申请书的日期。

◆申报号码：根据国家外汇管理局有关申报号码的编制规则，由银行编制，此栏由银行填写。

◆银行业务编号：此栏由银行填写。

◆收电行/付款行:此栏由银行填写。

◆汇款币种及金额:指汇款人申请汇出的实际付款币种及金额。

◆现汇金额:指汇款人申请汇出的实际付款金额中,直接从外汇账户(包括从外汇保证金账户)中支付的金额;汇款人将从银行购买的外汇存入外汇账户(包括外汇保证金账户)后对境外支付的金额应作为现汇金额,汇款人以外币现钞方式对境外支付的金额作为现汇金额。

◆购汇金额:指汇款人申请汇出的实际付款金额中,向银行购买外汇直接对境外支付的金额。

◆其他金额:指汇款人除购汇和现汇以外对境外支付的金额,包括跨境人民币交易以及记账贸易项下交易的金额。

◆账号:指银行对境外付款时扣款的账号,包括现汇账号、现钞账号、人民币账号、保证金账号、银行卡号;如有多个同类账户扣款,填写金额大的扣款账号。

◆组织机构代码:按国家质量监督检验检疫总局颁发的组织机构代码证或国家外汇管理局及其分局(以下简称"外管局")签发的特殊机构代码赋码通知书上的单位组织机构代码或特殊机构代码填写。

◆汇款人名称及地址:对公项下指汇款人预留银行印鉴或国家质量监督检验检疫总局颁发的组织机构代码证或外管局签发的特殊机构代码赋码通知书上的名称及地址。

◆个人身份证件号码:此栏针对因私业务,因公业务不填写。

◆中国居民个人/中国非居民个人:此栏针对因私业务,因公业务不填写。

◆收款人开户银行在其代理行的账号:为收款银行在它的中转行的账号。这项信息一般由收款人提供,如若没有可以不填写。

◆收款银行之代理行名称及地址:中转银行的名称,所在国、城市及其在清算系统中的识别代码;这项信息一般由收款人提供,如若没有,也可以不填写。

◆收款人开户银行名称及地址:收款人开户银行名称,所在国、城市及其在清算系统中的识别代码。

◆收款人名称及地址:收款人全称及其所在国、城市,另外还需填写收款人账号(Bene's A/C No.)。

◆汇款附言:由汇款人填写所汇款项的必要说明,可用英文填写且不超过140字符。

◆交易编码:根据本笔境外付款交易的性质所对应的"国际收支交易编码表(支出)"填写。如果本笔付款为多种交易性质,则在第一行填写最大金额交易的国际收支交易编码,第二行填写次大金额交易的国际收支交易编码;如果本笔付款涉及进口付汇核销项下交易,则核销项下交易视同最大金额交易处理;如果本笔付款为退款,则应填写本笔付款对应原涉外收入的国际收支交易编码。

◆收款人常驻国家(地区)名称及代码:指该笔境外汇款的实际收款人的常驻国家或地区;名称用中文填写,代码根据"国家(地区)名称代码表"填写。

◆外管局批件/备案表号:指外管局签发的,银行凭以对外付款的各种批件或进口付汇备案表号。

◆国内外费用承担:指由汇款人确定办理对境外汇款时发生的国内外费用由何方承担,并在所选项前的"□"中打"√"。SHA指汇款行的费用应由汇款人承担,但除此以外的其他银行费用都由收款人承担;OUR指汇款行的费用和其他银行的费用都由汇款人承担,该项一般在境内汇款中不应该使用;BEN 指汇款行的费用和其他银行的费用都由收款人承担。

◆报关单位经营单位代码:指由海关颁发给企业的《自理报关单位注册登记证明书》上的代码。

◆交易附言:应对本笔境外付款交易性质进行详细描述。如果本笔付款为多种交易性质,则应对相应的对境外付款交易性质分别进行详细描述;如果本笔付款为退款,则应填写本笔付款对应原涉外收入的申报号码。

◆相应币种及金额:根据填报的交易编码填写。如本笔境外付款为多种交易性质,则在第一行填写最大金额交易相应的币种和金额,第二行填写其余币种及金额;两栏合计数应等于汇款币种及金额。如本笔付款涉及进口付汇核销项下交易,则核销项下交易视同最大金额交易处理。

◆报关单号:指海关报关单上的编码,应与海关报关数据库中提示的编码一致;若有多张报关单,表格不够填写,可附页。

◆最迟装运日期:指货物的实际装运日期。境外工程物资和转口贸易项下的支付中,最迟转运日期应为收汇日期,书写格式为 YYMMDD。

第 14 章　如何办理进口货物运输与保险

国际货物买卖合同中规定以 FOB、FCA、CFR 和 CPT 条件交易的，由进口商负责向保险公司办理货物的运输保险；以 FOB、FCA、FAS、EXW 等贸易术语交易的，由进口方负责安排运输、订立运输合同、派船（车）到对方口岸接运货物。

1. 进口货物的托运程序

在进口贸易中运输方式很多，其中包括江海、公路、铁路、航空、邮包和国际多式联运等各种运输方式。在进口贸易中，除了一些贵重物品或急需的物资采用空运与邮包外，大部分货物都是通过海洋运输进口。通常，我国进口交易多采用 CIF 贸易术语，由卖方办理运输和保险，但是如果采用 FOB 术语成交，需要我方办理运输和保险事宜。

FOB 术语下，由进口商负责货运，进口商就买卖合同标的运输事宜向承运人（或货代公司，以下同）咨询运价、船期等，委托其代办运输。

◆进口商向不同承运人询问同类信息，比较各承运人的运价高低及船期安排，根据货物具体情况选择适当承运人承运货物。

◆进口商向选定的承运人提出订舱申请，同时提交国外供货人的详细资料。

◆承运人接受订舱，将注有船名、航次等信息的配舱回单等单据返还进口商。

◆订舱完成后，进口商向出口商发出 FOB 指令电函，通知出口商订舱情况。

◆承运人接受进口商订舱后，通知其在出口国装运港的海外代理出口商的详细资料及货主订舱情况。

◆承运人海外代理在得到有关资料后，与出口商沟通供货计划与配船计划，与出口国联系有关货物出运情况。

◆承运人海外代理及时将备货运货情况反馈给承运人。

◆承运人及时将备货运货情况反馈给进口商，以便进出口双方能在意外情况发生时及时沟通、解决。

◆出口商按照合同和信用证规定，在指定装运期内将符合合同规定的货物在指定装运港装到指定船上，完成交货。

◆货物装船后承运人海外代理向承运人发出货物装船确认电报，同时向出口商签发提单，以便出口商准备结汇等后续工作。

◆出口商将结汇单据通过邮寄或银行交至进口商，进口商审核无误后付款赎单。

◆进口商凭提单结算相关费用，准备提货。

2. 进口货物保险操作程序

第一，进出口双方签订国际货物销售合同。

第二，FOB 术语下，进口商向保险人投保。

第三，进口商在船舶到达装运港完成装货前，填写投保单，向保险公司投保；若投保人与保险公司之间存在预约保险合同，进口商在确定货物起运日期时，将船名、开航日期及航线、货物品名及数量、保险金额等项内容，及时通知保险公司，即视为向保险公司办理了投保手续，保险公司就应对此负自动承保责任。

第四,保险公司审核投保单填写的各要素是否准确、完整。

第五,保险公司根据投保单缮制保险单。

第六,保险公司对该笔业务收取保险费,核保。

第七,保险公司向进口商发放保单,保险合同成立。

第三至七项在 CFR 术语下同样适用,但在 CIF 术语下则为出口商责任。

第八,在货物运输途中,发生保险事故,货物出险时,承运人应及时通知进出口商,以便进口商及时向保险公司报案。

第九,接到报案后,保险公司应立即派人员到事故现场勘察,同时通知进口商获取承运人或相关人的货损货差证明。

第十,进口商应及时向承运人或相关责任人索要货损货差证明,以备货损货差索赔使用。

第十一,同时进口商准备索赔所需的索赔单据和索赔函。索赔单据主要包括:提单或运单、装箱单、商业发票、商业合同、保单;索赔函是进口商向责任人出具的书面索赔要求,责任人应就索赔函的要求给予答复。

第十二,由保险公司理赔中心或聘请的专业公估机构出具检验报告,说明货险情况及原因。

第十三,保险公司根据检验报告及进口商的代位追偿权,向有关责任人追偿。

第十四,保险公司赔付,取得代位追偿权,向有关责任人追索。

3. 进口货物运输保险操作的注意事项

进口货物运输保险操作时注意以下事项。

◆CFR 术语下,出口商负责货物托运,进口商负责货物投保。若不使用预约保单,进口商必须密切关注货物起运时间,以保证保险合同自货物风险转移进口商前生效。在预约保险合同下,则不存在进口人的投保时间压力。

◆通常保险金额按货物买卖的 CIF 价格的 110% 确定。

◆若合同以 CIF 贸易术语成交,出口商负责办理保险,而索赔往往由进口商向保险公司提出。因此,出口商在交货后须对保险单进行背书,将代表物权的提单以及其他商业单据一并提交给进口商。这是进口商进行货险索赔的必备单据,所以,在货物起运后,进口商应关注保险单转让手续的完备。

◆进口商最好选择信誉良好、规模较大、国外网络覆盖面广的保险公司。

第 15 章　如何熟悉和掌握进口单证填制方法

进口商务单证指进口交易所涉及的各种单据和证书，主要包括发票、提单、装箱单或磅码单、检验证书、原产地证等。根据作用不同，商务单证有正副本之分。正本的商务单证一般用来通过双方当地银行办理结汇或支付货款，在进口贸易中起重要的作用。值得注意的是，经进出口贸易公司承付后，正本提单交对外贸易运输代理公司或外轮（船务）代理公司作为处理进口物资接受拨交的依据。副本商务单证一方面是卖方或其运输代理机构凭此通知买方，作履行交货的单证；另一方面因已与正本单证或合同审核无误，可作为办理拨交时的必需单证。因此，熟悉和掌握进口单证缮制方法至关重要。

1. 熟悉汇票的缮制方法

汇票是由出票人签发，要求付款人见票时或在将来的固定时间或可以确定的时间，对某人或其指定人或持票人支付一定金额的无条件的书面支付命令。汇票的当事人主要有出票人、付款人和收款人，相对应的分别为出口方或其指定的银行、进口方或其指定的银行和受领汇票所规定的金额的人。这里主要介绍信用证方式下汇票的内容及缮制说明。

在信用证支付方式下，当出口商收到由通知行转来的信用证以后，与合同对照，经审核无误后，便根据信用证的要求缮制汇票。其方法如下。

◆标明“汇票”字样。

◆信用证方式下汇票在“No.”的后面注明编号。汇票的编号和商业发票的编号是一致的。

◆出票的日期一般在出口商办理议付时，由议付行填写。信用证项下汇票的出票日期受信用证有效期和提单签发日限制：汇票出票日不能迟于信用证的有效期；根据国际惯例的规定，银行不接受超过提单签发日后 21 天提交的单据。

◆信用证项下汇票的出票依据要根据信用证填写信用证号码、开证行名称和开证日期等。

◆一般在信用证项下，汇票金额应与商业发票的金额相同，汇票金额不能超过信用证金额。

◆信用证项下汇票的付款期限有即期付款和远期付款之分。

◆信用证项下的收款人的抬头方式常用的是指示性的抬头方式，即用“Pay to the Order of”来表示。

◆信用证项下汇票的付款人一般写开证行。例如“To Bank of China, HongKong.”这张汇票的付款人是中国银行香港分行。

◆信用证项下汇票的出票人是信用证受益人，即出口商。

2. 熟悉商业发票的缮制方法

商业发票是出口方向进口方开列发货价目清单，是买卖双方记账的依据，也是进出口报关交税的总说明。它的内容除包括收货人的名称、地址、发票开具日期及具名签字外，并将货名、规格、数量、重量、单价、金额、HS 编码、唛头标记、包装件数及装船名，根据合同和信用证的规定，作较为详尽的说明。它主要是作为办理接运和结算上的一种重要单证，是全套出口单据的核心,在单据制作过程中,其余单据均需参照商业发票缮制。

商业发票的样式如示例 2.15.1。

示例 2.15.1　商业发票

<table>
<tr><td colspan="2">出单方
Issuer</td><td colspan="3" rowspan="2">商业发票
COMMERCIAL INVOICE</td></tr>
<tr><td colspan="2" rowspan="2">受单方
To
HENAN YUANDA IMPORT AND EXPORT COMPANY LTD. NO. 54 WENHUA ROAD ZHENGZHOU CHINA</td></tr>
<tr><td colspan="2">发票号
No.
HYL-A590</td><td>发票日期
Date
080912</td></tr>
<tr><td colspan="2" rowspan="2">运输说明
Transport Details</td><td colspan="2">合同号
S/C NO.
2007 AG018</td><td>信用证号
L/C NO.
T－027651</td></tr>
<tr><td colspan="3">支付条款
Terms of payment</td></tr>
<tr><td>运输标志
Marks and numbers</td><td>包装种类和件数、货物描述
Number and kind of package, description of goods</td><td>量值
Quantity</td><td>单价
Unit price</td><td>金额
Amount</td></tr>
<tr><td>ABC
SIBU
NOSI－600</td><td>S261B SHOVEL
S262B SHOVEL
S263B SHOVEL</td><td>300DOZEN
200DOZEN
100DOZEN</td><td>PER DOZEN
USD21.60</td><td>CIF SIBU
USD12960.00</td></tr>
<tr><td colspan="2">TOTAL:</td><td colspan="3">600 DOZEN</td></tr>
<tr><td colspan="5">SAY TOTAL:</td></tr>
</table>

3. 熟悉提单的缮制方法

提单是代表货物所有权的物权凭证或运输契约。它是对外贸易中运输部门承运货物时签发给发货人,双方通过当地银行,用来办理支付货款的主要单证。它是发货人或收货人委托运输代理人将货物交装船后,由船方对承运货物表示接纳并作签收的收据。它主要内容有品名、件数、重量、体积、唛头、船名、航次、起讫港口、装船日期、收货人名称和地址及船方对承运货物的责任条款。提单示样如示例 2.15.2。

示例 2. 15. 2　提单

1. Shipper insert name, address and phone

ORDER OF HOCK HUA BANK BERHAD

B/L No.
CPS5501

中远集装箱运输有限公司
COSCO CONTAINER LINES

TLX: 33057 COSCO CN
FAX: +86(021) 6545 8984

2. Consignee insert name, address and phone

TO HENAN YAHAI IMPORT AND EXPORT
COMPANY LTD.NO.91 WENHUA ROAD
ZHENGZHOU , CHINA

3. Notify party insert name, address and phone
(It is agreed that no responsibility shall attsch to the Carrier or his agents for failure to notify)

CHINA BANK

ORIGINAL

Port–to–Port or Combined Transport
BILL OF LADING

RECEIVED in external apparent good order and condition except as other–Wise noted. The total number of packages or unites stuffed in the container, the description of the goods and the weights shown in this Bill of Lading are furnished by the Merchants, and which the carrier has no reasonable means of checking and is not a part of this Bill of Lading contract. The carrier has Issued the number of Bills of Lading stated below, all of this tenor and date, One of the original Bills of Lading must be surrendered and endorsed or signed against the delivery of the shipment and whereupon any other original Bills of Lading shall be void. The Merchants agree to be bound by the terms and conditions of this Bill of Lading as if each had personally signed this Bill of Lading.

SEE clause 4 on the back of this Bill of Lading (Terms continued on the back hereof, please read carefully).

*Applicable Only When Document Used as a Combined Transport Bill of Lading.

4. Combined transport * Pre – carriage by	5. Combined transport* Place of receipt
6. Ocean vessel voy. No. DONGFENG V.122	7. Port of loading SIBU　PARTICULARS ARE FURNISHED BY THE MERCHANT
8. Port of discharge TIANJIN	9. Combined transport * Place of delivery

Marks & nos. container / Seal No.	No. of containers or packages	Description of goods (If Dangerous Goods, See Clause 20)	Gross weight kgs	Measurement
ABC SIBU NOS.1—500	500 GUNNY BAGS	AGRICULTURAL IMPLEMENT	12 000，00	$35M^2$

Description of contents for shipper's use only (Not part of this B/L contract)

10. Total number of containers and/or packages (in words)　FIVE HUNDRED BAGS ONLY
Subject to clause 7 limitation

11. Freight & charges	Revenue tons	Rate	Per	Prepaid	Collect
FREIGHT PREPAID Declared value charge					

Ex. rate:	Prepaid at	Payable at SIBU	Place and date of issue
	Total prepaid	No. of original B(s)/L	Signed for the carrier, COSCO CONTAINER LINES

Laden on board the vessel
Date　　　　By

4. 熟悉装箱单或重量单的缮制方法

装箱单或重量单是发票的补充单据，它列明了信用证（或合同）中买卖双方约定的有关包装事宜的细节，并详细说明包装内容或货物数量以及标记号，便于进口方在货物到达目的港时供海关检查和核对。它的内容，一般与发票相仿，但不说明金额多少。对于包装内容复杂，或包装件数庞大的货物，在进口接运查验工作中它是必不可少的单证。根据业务的需求情况不同，有的企业将装箱单和重量单合二为一。

装箱单样式如示例2.15.3。

示例2.15.3　装箱单

PACKING LIST

装箱单

To:　　　　　　　　　　Invoice No.: ____________

Invoice date: ____________

S/C No.: ____________

S/C date: ____________

From: ____________　　　　To: ____________

Letter of credit No.: ____________　　　　Date of shipment: ____________

Marks and numbers	Number and kind of package; description of goods	Quantity	Package	G. W	N. W	Meas.

TOTAL:

SAY TOTAL:

5. 熟悉品质或重量证书的缮制方法

品质或重量证书是品质、重量纪要（Quality and Quantity Memo），它是由生产厂商出具的品质鉴定分析单，或由出证机构出立的品质重量证明书。它是按合同规定对货物品质、规格、性能、重量出具的一种证明，是查验进口货物品质的基本资料，是出口商品交货结汇和进口商品结算索赔的有效凭证。

6. 熟悉原产地证的缮制方法

原产地证（Certificate of Origin）是出口国的特定机构出具的证明其出口货物为该国家（或地区）原产的一种证明文件。它又称来源证，主要对货物的产地、厂家作佐证，便于海关掌握国别地区，作纳税时参考。

总之，商务单证是说明进口货物本身的实际数量、品质、生产国别、合同及商品编号、规格及唛头等情况的证件，是收货单位验收货物的唯一依据，也是衡量货物是否符合成交条款的书面证明。若到货后验收不符合合同规定，商务单证还可作为对外索赔的凭证。

7. 熟悉保险单证的缮制方法

进口商与国外出口商签订购货合同时如采用CIF条件，则由出口商办理保险并提供包括保险单在内的全套单据，保险单中的保险险别和保险金额应与信用证或买卖合同的规定相符。

我国进口业务中当以 FOB 或 CFR 价格条件成交，在这种情况下，由我方办理保险。通常专业外贸进出口公司同保险公司签有预约保险协议。按协议规定，所有按 FOB 及 CFR 条件进口货物的保险，都由该保险公司承保。因此，进口商在收到国外装船通知后，应立即缮制保险通知单，将船名、开航日期、估计到达时间、商品名称、数量、金额、装运港、目的港等内容通知保险公司，或将对方发来的装船通知作为投保通知。经保险公司确认盖章后，即认为已办妥保险手续。

8. 掌握进口货物报关单的填制方法

进口货物报关单(the Import Cargo Declaration)是进口货物的收货人或其代理人向海关申报货物进口的凭证，是海关验收进口货物的主要依据。它是进口商向海关申报进口的重要单据，也是海关直接监督进口行为，是否准许货物放行以及对进口货物汇总统计的原始资料，直接决定了进口贸易的合法性。进口报关单由中华人民共和国海关统一印制。

进口货物到达目的港后，由进口商或其委托货运代理公司根据进口单据填写《进口货物报关单》。如委托货代公司办理的，进口商要提供一份报关委托单(统一格式)，将有关合同和发票内容向海关申报。最后由海关布控实物查验，经海关查验物单一致、单证核对无误后，才能放行。

进口货物报关单是进口单位向海关提供审核是否合法进口货物的凭据，也是海关据以征税的主要凭证，同时还作为国家法定统计资料的重要来源。所以，进口单位要如实填写，不得虚报、瞒报、拒报和迟报，更不得伪造、篡改。

一般贸易货物进口时，应填写《进口货物报关单》一式两份，并随附一份报关行预录入打印的报关单一份。

来料加工、进料加工贸易进口货物应按照不同的贸易性质填写绿色或粉红色的进口报关单，并随附一份报关行预录入打印的报关单一份。

合资企业进口货物，一律使用合资企业专用报关单(蓝色)，一式两份。

报关单的填制如下。

(1)预录入编号

预录入编号指预录入单位预录入报关单的编号，用于申报单位与海关之间引用其申报后尚未接受申报的报关单。预录入编号由接受申报的海关决定编号规则。报关单录入凭单的编号规则由申报单位自行决定。

(2)海关编号

海关编号指海关接受申报时给予报关单的编号，应标识在报关单的每一联上。此栏报关单位不用填写。

1)H883/EDI 通关系统

报关单海关编号为 9 位数码，其中第 1、2 位为接受申报海关的编号(《关区代码表》中相应海关代码的后 2 位)，第 3 位为海关接受申报公历年份 4 位数字的最后 1 位，后 6 位为顺序编号。

进口报关单和出口报关单应分别编号，确保在同一公历年度内，能按进口和出口唯一地标识本关区的每一份报关单。

2)H2000 通关系统

报关单海关编号为 18 位数字，其中第 1 ~ 4 位为接受申报海关的编号(《关区代码表》中相应海关代码),第5~8位为海关接受申报的公历年份,第9位为进出口标志("1"为进口,"0"为出口),后9位为顺序编号。

在海关H883/EDI通关系统向H2000通关系统过渡期间,后9位的编号规则同H883/EDI通关系统的要求。

(3)进口口岸

进口口岸指货物实际进入我国关境口岸海关的名称,如南京海关。

本栏目应根据货物实际进出关境的口岸海关填报《关区代码表》中相应的口岸海关名称及代码。

进口转关运输货物应填报货物进境地海关名称及代码,出口转关运输货物应填报货物出境地海关名称及代码。按转关运输方式监管的跨关区深加工结转货物,出口报关单填报转出地海关名称及代码,进口报关单填报转入地海关名称及代码。在不同出口加工区之间转让的货物,填报对方出口加工区海关名称及代码。其他无实际进出境的货物,填报接受申报的海关名称及代码。

(4)备案号

一般贸易的进口报关单无须填备案号。

(5)进口日期

进口日期指运载所申报货物的运输工具申报进境的日期。本栏目填报的日期必须与相应的运输工具进境日期一致。

进口申报时无法确知相应的运输工具的实际进境日期时,本栏目免予填报。

在H883/EDI通关系统中,本栏目为6位数,顺序为年、月、日(各2位);在H2000通关系统中,本栏目为8位数字,顺序为年(4位)、月(2位)、日(2位)。

(6)申报日期

申报日期指海关接受进出口货物的收、发货人或受其委托的报关企业申请的日期。

以电子数据报关单方式申报的,申报日期为海关计算机系统接受申报数据时记录的日期。以纸质报关单方式申报的,申报日期为海关接受纸质报关单并对报关单进行登记处理的日期。

在H883/EDI通关系统中,本栏目为6位数,顺序为年、月、日(各2位);在H2000通关系统中,本栏目为8位数字,顺序为年(4位)、月(2位)、日(2位)。

(7)经营单位

经营单位指对外签订并执行进出口贸易合同的本国境内企业、单位或个体工商户。

本栏目应填报经营单位名称及经营单位编码。经营单位编码是经营单位在海关办理注册登记手续时,海关给予的注册登记10位编码。

特殊情况下确定经营单位原则如下。

第一,援助、赠送、捐赠的货物,填报直接接受货物的单位。

第二,进出口企业之间相互代理进出口的,填报代理方。

第三,外商投资企业委托进出口企业进口投资设备、物品的,填报外商投资企业,并在标记唛码及备注栏注明"委托某进出口企业进口"。

第四,有代理报关权的进出口企业在本企业进出口或代理其他企业进出口时,填报本企业的经营单位编码;代理其他企业办理进出口报关手续时,填报委托方经营单位编码。

(8)运输方式

运输方式指载运货物进出关境所使用的运输工具的分类,包括实际运输方式和海关规定的特殊运输方式。

本栏目应根据实际运输方式按海关规定的《运输方式代码表》选择填报相应的运输方式。

特殊情况下运输方式的填报原则如下。

第一,非邮政方式进出口的快递货物,按实际运输方式填报。

第二,进出境旅客随身携带的货物,按旅客所乘运输工具填报。

第三,进口转关运输货物,按载运货物抵达进境地的运输工具填报;出口转关运输货物,按载运货物驶离出境地的运输工具填报。

第四,出口加工区与区外之间进出的货物,区内企业填报"9",区外企业填报"Z"。

第五,其他无实际进出境的,根据实际情况选择填报《运输方式代码表》中运输方式"0"(非保税区运入保税区和保税区退区)、"1"(境内存入出口监管仓库和出口监管仓库退仓)、"7"(保税区运往非保税区)、"8"(保税仓库转内销)或"9"(其他运输)。

第六,同一出口加工区内或不同出口加工区的企业之间相互结转、调拨的货物,出口加工区与其他海关特殊监管区域之间、不同保税区之间、同一保税区内不同企业之间、保税区与出口加工区等海关特殊监管区域之间转移、调拨的货物,填报"9"(其他运输)。

(9)运输工具名称

运输工具名称指载运货物进出境的运输工具的名称或运输工具编号。本栏目填报内容应与运输部门向海关申报的载货清单所列相应内容一致。一份报关单只允许填报一个运输工具名称。

H883/EDI 通关系统具体填报要求如下。

第一,江海运输填报船名或船舶呼号(来往港澳小型船舶为监管簿编号)+"/"+航次号。

第二,汽车运输填报该跨境运输车辆的国内行驶车牌号+"/"+进出境日期。

9. 掌握入境货物通关单的填制方法

入境货物通关单是国家对实施进境检验检疫的货物许可进境的证明。法定检验的进口货物入境需经过中华人民共和国出入境商品检验检疫局的法定检验,并且填制《入境货物通关单》向各出入境口岸的商品检验检疫局申报并接受检验检疫。如果进口的货物来自世界各重点虫害国家或区域且外包装是原木的,需在我入境口岸做熏蒸灭虫或提供原出境地政府有关机构的熏蒸证明;不是原木包装的则需提供出境地政府有关机构的非木质包装证明,方可入境。

第 16 章　如何审核进口货物单据

1. 审单的一般过程

在信用证支付方式下，卖方将货物装船后，卖方既可以凭借提单等有关单据向当地银行议付货款。开证行（或保兑行）收到国外议付行寄来的单据后，应对单据进行认真细致的审核，以确定单据表面是否符合信用证的要求。《UCP600》第 14 条（b）款规定："开证行、保兑行（如有），或代其行事的指定银行，应有各自的合理的审单时间，但是不得超过从其收到单据的翌日起算起第五个银行工作日，以便决定是接收还是拒绝接收单据，并相应地通知寄单方"。开证行（或保兑行）审核单据并确定无误后，即可以通知买方付款赎单。如开证行（或保兑行）审单发现单证不符或者单单不符，应该在三个工作日内，将全套单据和汇票退回银行，并以书面形式说明拒付的理由。

若进口商审单后，认为单据不合格，应立即向开证行开出拒付函，以便银行能够在五个工作日内向国外议付银行拒付。若货物已经到达国内，而进口商不在规定期限内付款赎单，开证银行为防止久拖不提货物或被海关罚款，可以直接向海关提货并依法拍卖或变卖货物，用所得款项抵偿银行所垫付的款项和有关费用，并向进口商索赔其损失。

（1）开证行审单

传统上，在银行从事国际结算工作的员工以及进出口企业的单证人员对于相符交单的理解是"单证相符、单单一致"。而在《UCP600》的规则之下，相符交单的含义被扩大了：受益人提交的单据不但要做到"单证相符、单单一致"，而且要做到与《UCP600》的相关适用条款相一致，还要做到与国际标准银行实务（简称 ISBP）一致，只有同时符合以上 3 个方面的要求，受益人所提交的单据才是相符单据。

目前，我国进口业务大多采用信用证付款方式，国外出口人将货物装运后，将包括汇票的全套单据交出口地银行转我方进口地开证行或指定付款行收取货款。按照我国现行的做法，开证行收到国外寄来的全套单证以后，应根据信用证条款全面逐项地审核单据与信用证之间、单据与单据之间是否相符。开证行的审核应严格进行，特别注意以下问题。

◆单据的种类、份数是否与信用证的要求相符，与议付行寄单回函中所列的是否相符。

◆汇票与发票上的金额是否一致，是否超出信用证规定的最高金额，与议付行寄单回函所列金额是否一致。

◆单据中对货物情况，即货名、品质规格、数量、包装等描述是否与信用证要求相符。

◆运输单据的出单日期及内容是否与信用证相符。

◆货运单据、保险单据等其他单据的背书是否连续有效。

开证行审单无误后，将单据交进口商进行复审，同时准备履行付款责任。

（2）进口企业审单

进口企业收到开证行交来的包括汇票的全套货物单据后，应根据合同和信用证认真审核单据。首先应审核各种单据的种类和份数是否齐全，单据的内容是否符合信用证要求，即单证（单同）是否一致。同时，以商业发票为中心，将其他单据与之对照，审核单单是否一致。进口商审单后,如没有提出异议,开证行即按即期汇票或远期汇票履行付款或承兑的义务。进口企业凭开证行的付款通知与收货单位进行结算。

2. **海运提单的审核要点**

海运提单是承运人收到货物后出具的货物收据,也是承运人与托运人所签订的运输契约的证明,提单还代表所载货物的所有权,是一种具有物权特性的凭证。提单是物权凭证,持单人可凭以提货,也是出口人凭以要求银行议付货款的最基本单据,进口人审核时应注意以下要点。

◆注明全套可转让正本提单并列明承运人(Carrier)的全名,经承运人或作为承运人的具名代理、船长或作为船长的具名代理签署方有效。

◆提单不能有"不洁净"批注(Unclean Clause),即对所承载的该批货物及其包装情况有缺陷现象的批注。

◆提单的"收货人"栏(Consigned to 或 Consignee)须按信用证要求说明。收货人即抬头人如是"to Order"或"to Order of Shipper",应经出口人(发货人)做成空白背书;若信用证要求记名背书时,应做成记名背书。

◆提单的收货人和被通知人的名称、地址、电信号码应与信用证规定相符。

◆除非信用证另有规定,装船日期可以早于信用证日期。但该提单必须在信用证有效期内和信用证规定的交单期限内提交。

◆提单的签发日期不得迟于信用证上规定的最迟装运日期。

◆提单向指定银行提示的日期原则上不得迟于提单签发日后 21 天,信用证另有规定的除外,但无论如何不得晚于信用证的有效期。

◆商品栏上不许记载信用证上未列明的商品。提单上关于货物的描述应与发票、包装单及重量单上所载完全相符。如提单上货物用统称表示时,该统称须与信用证中货物描述并无不一致。

◆装运港与卸货港名称应正确。

◆提单上的任何文字涂改更改时,应有提单签署人的签字,或有签发提单的公司的签章。

◆除非信用证特准,不得货装舱面(on Deck Shipment),如条款允许货装舱面时,应投保舱面险。

◆提单印有"Intended Port of Loading"、"Intended Port of Discharge"、"Intended Vessel"或其他"Intended..."等不肯定的描述字样时,必须加注"装船批注"。其中须把实际装货的船名、装货港口、卸货港口等项目打明,即使与预期(Intended)的船名和装卸港口并无变动,也需重复打出。

◆提单上的发货人(Shipper)原则上应为信用证的受益人,如以第三者为发货人,应以信用证特许者为限,或在转让信用证项下。

◆价格条件为 CFR 或 CIF 时,应有"Freight Prepaid"字样;FCA 或 FOB 条件时,应有"Freight Collect"字样。

3. **汇票的审核要点**

汇票的种类很多,在国际贸易中信用证或 D/P(托收下付款交单)、D/A(托收下承兑交单)付款的汇票是跟单汇票,属于资金单据。如是信用证项下汇票,必须有出票依据,即列明信用证开证日期、开证行名称及信用证号码等。如是托收项下汇票,除一般内容外,通常也应注明合同号码、商品名称、数量等作为开票依据。进口人审核时应注意以下要点。

◆汇票按信用证规定一般为一式两份。

◆汇票货币要明确,大小写的金额要相符,支取的金额应与信用证规定相符(一般应为发票金额,除非信用证规定汇票按发票金额的百分之几开立)。

◆出票日期和地点应正确。日期应在信用证有效期限内,出票人所在地为出票地点。

◆付款期限是否与信用证规定相符,即期汇票或远期汇票不可弄错,远期汇票须注意其期限。

◆出票条款(Drawn Clause)要正确,且与信用证规定注明的条款相一致。

◆出票人、抬头人(Order Party,即受款人)及付款人(Drawee)的名称、地址要正确无误。出票人通常为出口人,抬头人通常为议付行,付款人(或受票人)为开证银行。

◆出票人应为信用证受益人和受让人,出票人名称应与信用证所载名称相符,并须经其负责人签章。

◆受款人为出票人指示抬头(Pay to the Order of Drawer),则应由出票人背书。

◆在信用证业务项下,汇票付款人应为开证行或开证行指定的付款行,而不应是开证申请人。

4. 商业发票的审核要点

商业发票是交易情况的总说明和单据的中心。所以,发票的记载必须详尽,计算必须正确,特别是货物的描述必须与信用证规定完全相符。进口人在审核商业发票时应注意以下要点。

◆发票的开票人与汇票的出票人应为同一人,是信用证中规定的受益人(可转让信用证外)。

◆发票的抬头人必须符合信用证规定,一般是信用证开证申请人。

◆除非信用证另有规定,发票金额应与汇票金额一致,且不得超过信用证规定的金额。

◆商品的描述,如名称、数量、规格、单价、包装、价格条款、合同号码等必须完全符合信用证的规定,单价乘以数量必须与发票总金额相符。如发票分别记载每档费用金额,则FOB价、运费、保险费3档金额相加必须与发票总金额相符。

◆发票的开票日期一般在所有日期中最早,不应迟于汇票的出票日期,亦不应迟于信用证的议付有效期。

◆信用证所规定的信用证金额、单价及商品的数量单价(如磅、千克、码等),其前面如有"about"、"大约"或类似意义字样者,可按10%的增减幅度掌握。

◆除非信用证另有规定,在所支付款项不得超过信用证金额的条件下,货物数量准许有5%的增减幅度。但如信用证规定的数量以包装单位或个数计数,此项增减幅度则不适合。

◆发票上必须记载出票条款"Drawn Clause"、合同号码及发票日期,份数必须与信用证的规定相符,如是影印件或复写件,其中一份必须注明"正本"字样。

◆唛头、号码(Case Number)、货名、装运日期、起运地等应与提单或其他单据相符。

◆如信用证中未特殊规定,发票上不得列入额外费用,如仓租、佣金、电报等,亦不得列入其他与货物无关的费用。

◆如需有发票人自行证明,应加注"We hereby certify that the contents herein are true and correct"等字样,并将发票上的"E. &. O. E."删除。

◆如经过修改更正,应由出票人签章。

◆信用证规定货物的单价并允许分批装运的,分批装运数量和所支取货款应与信用证完全相符。

5. 保险单的审核要点

如果合同规定由出口人负责对货物代理保险,对出口人提供的货物运输保险单必须进行审核。审核时应注意以下要点。

◆保险单应由保险公司签发,写明保险人全称并由其负责人签名。

◆保险单的种类、正本份数必须与信用证规定相符,全部正本均须提交银行。

◆应就运输合同的全部路程予以投保。

◆除信用证另有规定,保险单应可转让,并由被保险人背书。

◆被保险人应与信用证规定相符,通常为信用证受益人。

◆应列明投保货物名称、数量、唛头等,并应与提单发票及其他单据一致。正副本份数须符合信用证规定。

◆投保金额应符合信用证规定,投保金额大小写应一致,投保货币应与信用证规定相符。保险金额的加成须符合信用证或客户订单的规定。

◆运输工具、起运地和目的地,均须与信用证及提单或其他运输单据等相一致。

◆承保险别符合客户要求或信用证规定。

◆应载明赔款地点、支付赔款代理行及支付币种,信用证如无规定,应以货运抵达目的地为赔偿地。

◆保险单生效日期原则上不得迟于货物单据上的装货、发货、承运日期。保险单的签发日期一般为提单日的前一天,如遇法定休息日,可顺延几天。

◆如信用证允许货物装在舱面,而提单亦已载明"on Deck"的,保险单亦应注明"on Deck"。此时,应加保"Jettison and/or Washing Overboard"(抛弃和浪击落海)附加险,保险公司才负赔偿责任。

◆保险单除另有规定外,一般应做成可转让形式,以受益人为投保人,由投保人背书。

6. 单据风险

单据风险是信用证最主要的风险,也是外贸企业所面临的最为频繁的风险。国际商品贸易实质上是货物流和资金流的对流过程。其中货物流是通过出口商交付货物给承运人,依托承运人的跨境运输来实现;资金流则是由进口商在保障自己能够得到货物所有权的前提下,通过银行交付货款来实现。而这样对流过程中货物流与资金流的时间差成为导致信用证单据风险的直接原因。目前,国际贸易业务大多属于"象征性交货"方式,即卖方凭单交货,买方凭单付款。该特点在信用证业务中表现得尤为明显。

单据是信用证的核心,而由于信用证条款的复杂性,即使在单据缮制时再谨慎,也很难做到100%的准确无误。除非信用证条款十分简单,不然任何细小的纰漏都可能被认定为不符点。常见的单据缮制导致的不符点见表2.16.1。

表 2.16.1　常见的单据缮制导致的不符点

常见单据	不符点原因	常见问题
发票	货物描述与信用证不符	信用证显示：BLAKE STILL STRIP 发票显示：BLAKE STILL STRAP
	价格条款与信用证不符	信用证显示：C&F 发票显示：CFR
	金额与信用证要求不符	信用证为规定溢短装，而实际的溢短装造成了总价与信用证不一致
	计量单位与信用证不符	信用证显示：56M/T 发票显示：56000KGS
汇票	汇票付款人错误	汇票付款人录入开证申请人
	金额大小写不一致	金额录入错误
	大写金额后漏打 ONLY	大写金额后没有加上 ONLY
	汇票收款人错误	收款人不是议付行
	漏打 L/C 号码	没有打上 L/C No.
	付款期限有误	未注明即期或远期付款日期
提单	提单日期有误	提单日晚于 L/C 规定装期
	未录入必要信息	没注明“CLEAN ON BOARD”、“FEIGHT PREPAID”、“FEIGHT COLLECT”……
	份数有误	未按 L/C 要求提供全套正本提单
	背书有误	未背书或背书不清
其他单据	保险单构成的单证不符	未背书，赔付地不是目的港
	唛头不符	没有唛头却未在全套单据打上 N/M
	出单日期矛盾	出单顺序不合逻辑
	单据未盖章	单据遗漏所需印鉴

信用证实际操作中的风险归根结底来自理论依据上的不完善。尽管《UCP600》的颁布从一定程度上缓解了原有惯例在应用中凸显的不足之处，客观上进一步为出口方提供了更加安全的收汇保障。但由于独立抽象性原则和单据表面相符原则作为信用证赖以生存的理论依据无法改变，因此信用证结算中依然存在贸易与结算相脱节的情况，为收汇留下了风险和隐患。

第三部分　加工贸易实战

第1章　加工贸易概述

在我国,加工贸易已经成为对外经济贸易的主体,在国民经济中占有重要地位。我国自1978年发展加工贸易至今,已有30多年的时间。在这期间加工贸易发展迅速、规模不断扩大,在我国对外贸易中的比重不断上升。1981年我国加工贸易进出口总值为26.35亿美元,占当年进出口总值的6%;2008年加工贸易进出口总值达到10 535亿美元,占当年进出口总值的41.1%。加工贸易的迅猛发展为我国经济发展带来了巨大收益,已成为我国外贸出口增长及国内经济发展的推动力。加工贸易是一项比较复杂的涉外经济贸易活动,所以对我国企业来说,弄清楚加工贸易的业务流程就显得尤为重要。

1. 加工贸易有关概念

国际经济形势瞬息万变,为了适应加工贸易的发展形势,我国对加工贸易的监管不断完善,根据2008年1月14日海关总署令第168号《中华人民共和国海关对加工贸易货物监管办法》的规定,有以下定义。

◆加工贸易,是指经营企业进口全部或者部分原辅材料、零部件、元器件、包装物料,经加工或者装配后,将制成品复出口的经营活动,包括对外加工装配(即来料加工、来件装配,以下简称“来料加工”)和进料加工。

◆加工贸易货物,是指加工贸易项下的进口料件、加工成品以及加工过程中产生的边角料、残次品、副产品等。加工贸易货物属于海关监管货物,未经海关许可,企业不得擅自处理。

◆加工贸易企业,包括经海关注册登记的经营企业和加工企业。经营企业是负责对外签订加工贸易进出口合同的各类进出口企业(外贸公司)和外商投资企业,或经批准获得来料加工经营许可的对外加工装配服务公司(工贸公司)。加工企业,是指接受经营企业委托,负责对进口料件进行加工或者装配的具有法人资格的生产企业,或由经营企业设立的虽不具有法人资格,但实行相对独立核算并已经办理工商营业证的工厂。

只有具有进出口经营权的企业才能对外签订合同。如果企业是无进出口经营权的加工企业就需要通过外贸公司对外签订合同,一起开展加工贸易。如果企业是有进出口经营权的生产型的企业,像工贸公司,可独立对外签合同开展加工贸易。

2. 来料加工合同和进料加工合同

(1)来料加工的特点和来料加工合同

来料加工,指进口料件由境外企业提供,经营企业不需要付汇进口,按照境外企业的要求进行加工或者装配,只收取加工费,制成品由境外企业销售的经营活动。来料加工的特点如下:

➤料件和加工后成品的所有权属于外商,而不属于来料加工厂;

➤来料加工厂无须具备购买料件的外汇资金,也不负责料件的采购;

➤来料加工厂不负责成品在境外的销售,出口货物仅收取工缴费(加工费),与外商的经营盈亏无关。

不同的来料加工业务形式,可分为一般的来料加工合同和各作各价合同。一般的来料加工合同是指境外企业免费提供料、件,加工企业进行加工,收取工缴费;各作各价合同,是指将料件和成本分别计价,分别订立合同,对开信用证,不动用外汇,料件和设备的价款在成品出口价格中扣除,来料加工厂净得工缴费。

(2)进料加工的特点和进料加工合同

进料加工,是指料件由经营企业付汇进口,制成品由经营企业外销出口的经营活动。进料加工的特点如下:

➤自进原料,经营单位用外汇从国外自行购买进口料件;

➤自定生产,经营单位进口料件后自己决定产品生产的数量、规格、款式;

➤自定销售,经营单位根据国际市场情况自行选择产品的销售对象和价格;

➤自负盈亏,经营单位完全自行决定进料、生产、销售,其盈亏也由经营单位承担;

➤进口料件与加工成品或半成品的所有权属于进料经营企业。

进料加工合同分为进料加工对口合同和进料加工非对口合同两种。进料加工对口合同是指拥有进出口经营权的企业在向海关备案时既签订了进口料件合同,也签订了相应的出口成品合同,进口料件生产的成品、数量及销售流向都已在出口合同中予以确定。进料加工非对口合同是指拥有进出口经营权的企业在向海关备案时只签订了进口料件合同,尚未签订成品出口合同,进口料件生产的成品、数量及销售流向均未确定。

由于进料加工对口合同和进料加工非对口合同在加工贸易程序上没有太大的区别,所以本书以进料加工对口合同为例进行分析。

3. 加工贸易税收制度

(1)保税货物

保税货物是指海关批准未办理纳税手续进境,在境内储存、加工、装配后复运出境的货物。来料加工进口的料件和加工的成品,进料加工进口的料件和加工的成品都属于保税货物。

1)保税货物的特征

保税货物具有以下3个特征。

◆特定目的。将保税货物限定为进行贸易活动(储存)和加工制造活动(加工、装配)两种特定目的而进口的货物。

◆暂免纳税。保税货物未办理纳税手续进境,属于暂时免纳,而不是免税,待货物最终流向确定后,海关再决定征税或免税。

◆复运出境。复运出境是构成保税货物的重要前提。

2)我国保税货物的分类

我国保税货物分为以下几类:

➤进料加工进口的料件和加工的成品;

➤来料加工进口的料件和加工的成品以及进口的用工缴费偿还的作价设备;

➤中外合资经营企业、中外合作经营企业、外商独资企业为履行产品出口合同而进口的料件和加工的成品;

➤按出口合同客供条款规定而进口的客户免费提供的原材料;

➤保税仓库存储的货物;

➤保税工厂为生产出口产品而进口的料件、(作价)设备和加工的成品等。

(2)加工贸易保税制度

在我国加工贸易税收实践中，来料加工方式下，合同规定由外商提供的原材料、零部件、元器件、辅料及包装材料，海关全额免征关税和进口环节增值税；加工出口的成品免征出口环节增值税、生产环节消费税，包括免征工缴费的增值税。但是，进料加工方式下，海关则区别情况对进口货物实行全额保税、定额保税或不予保税，具体如下。

◆进料加工对口合同予以全额保税。除此之外，在进料加工贸易方式下的进口，无论签订哪种进料加工合同，只要进入出口加工区、保税区、保税物流园区、保港区等特殊监管区域或保税物流中心、保税仓库等特殊监管场所均实行全额保税。

◆进料加工非对口合同予以定额保税。即根据《进料加工进口料、件征免税比例表》的规定：对进口的料、件分别按85%或95%作为复出口部分予以保税，15%或5%作为不能复出口部分照章征税。成品出口后，根据进口料件实际加工复出口数量，少出口的要补税，多出口的可以退税。即若进口料件实际加工复出口数量少于保税部分（已保税85%或95%），应照章补税；若进口料件实际加工复出口数量多于保税部分（已保税85%或95%），则向海关提供确凿单证，经主管海关审核无误，准予向纳税地海关申请已纳税额返还。

◆对有违反海关规定行为的经营单位和加工生产企业，海关认为有必要时可对其进口料件在进口时先予征税，待其加工复出口后再按实际消耗进口料、件数量予以已纳税额返还。

基于历史原因，我国多数加工贸易企业位于出口加工区、保税区等特殊监管区域之外，因此对于这些企业而言，进料加工进口货物仍存在不完全保税甚至不予保税的可能。鉴于这种情况，我国企业在进行进料加工贸易的时候，要尽量签订进料加工对口合同，以减少加工贸易缴税环节，方便企业的资金融通。

(3)加工贸易出口退（免）税制度

1)来料加工贸易

对于来料加工贸易方式，我国实行以免税为主，不予出口退税的政策。

2)进料加工贸易

对于进料加工贸易方式，我国实行出口退（免）税制度，即生产企业从事进料加工复出口业务时，实行免、抵、退税。所谓免、抵、退税，是指对生产企业出口的自产货物免征本企业生产销售环节的增值税；生产企业出口的自产货物所耗用的原材料、零部件、燃料、动力等所含应予退还的进项税额，抵顶内销货物的应纳税额；生产企业出口的自产货物在当月内应抵顶的进项税额大于应纳税额时，对未抵顶完的部分予以退税 。

外贸企业从事进料加工复出口业务时，可采取作价加工方式和委托加工方式。

在作价加工方式下：

应退税额 = 出口货物的应退税额 − 销售进口料件的应抵扣税额

销售进口料件的应抵扣税额 = 销售进口料件金额 × 复出口货物退税率 − 海关已对进口料件实征的增值税款

在委托加工方式下：

应退税额 = 购进原辅材料增值税专用发票上注明的进项金额 × 原辅材料退税率 + 增值税专用发票上注明的加工费金额 × 复出口货物退税率 + 海关已对进口料件实征的增值税税款

4. **海关特殊监管区**

(1)保税仓库

保税仓库是经海关批准设立的专门存放保税货物及其他未办结海关手续货物的仓库。在货物存储期间必须保持货物的原状,除允许在海关监管下进行一些以储存和运输为目的的简单处理外,不得进行任何加工。保税仓库分公用型和自用型两类。公用型保税仓库是指由主管仓储业务的中国境内独立企业法人经营,专门向社会提供保税仓储服务;自用型保税仓库是指由特定的中国境内独立企业法人经营,仅存储本企业自用的保税货物。专门用来存储具有特定用途或特殊种类商品的称为专用型保税仓库。保税仓库所存货物的存储期限为1年,如有特殊需要,经海关批准可以延长,但延长期不得超过1年。保税仓库储存的货物范围如下:

➢供加工贸易(进料加工、来料加工)加工成品复出口的进口料件;

➢转口货物;

➢供应国际航行船舶和航空器的油料、物料和维修零部件;

➢供维修外国产品所进口寄售的零部件;

➢外商暂存货物;

➢未办结海关手续的一般贸易货物;

➢经海关批准的其他未办结海关手续的货物。

(2)保税工厂与保税集团

保税工厂是经海关批准的,并在海关监管之下,用免税进口的原材料、零配件进行加工、制造外销商品,可以对外国货物进行加工、制造、分类以及检修等保税业务活动的场所。保税工厂和保税仓库都可储存货物,但储存在保税工厂的货物可作为原材料进行加工和制造。因此,许多厂商广泛地利用保税工厂,对外国材料进行加工和制造,以适应市场的需要。外国货物储存在保税工厂的期限为2年,如有特殊需要可以延长。

保税集团,全称是"进料加工保税集团",是指经海关批准,由一个具有进出口经营权的企业牵头,同行业若干个加工企业联合对进口料件进行多层次、多工序连续加工,直至最终产品出口的企业联合体。牵头企业代表保税集团向海关负责,且具备向海关缴纳税费的能力,并承担有关法律责任。

(3)保税区

保税区是海关所设置的或经海关批准注册的,受海关监督的特定地区和仓库。外国商品存入保税区内,可以暂时不交纳进口税。如再出口,不缴纳出口税;如果运进所在国的国内市场,则需办理报关手续,缴纳进口税。运入保税区区内的外国商品可以进行储存、改装、分类、混合、展览、加工和制造,但必须处于海关监管范围内。保税区具有进出口加工、国际贸易、保税仓储、商品展示四大功能,享有"免证、免税、保税"政策,实行"境内关外"运作方式,是中国对外开放程度最高、运作机制最便捷、政策最优惠的经济区域之一。

区内加工贸易货物的管理,非常有利于企业开展出口加工工作,具体规定如下。

◆区内加工企业应当向海关办理所需料件进出保税区备案手续。

◆区内加工企业生产属于被动配额管理的出口产品,应当事先经国务院有关主管部门批准。

◆区内加工企业将区内加工的制成品、副次品或者在加工过程中产生的边角余料运往非保税区时,应当按照国家有关规定向海关办理进口报关手续,并照章纳税。

◆海关对区内加工企业进料加工、来料加工业务，不实行加工贸易银行保证金台账制度。

◆区内加工企业委托非保税区企业或者接受非保税区企业委托进行加工业务，应当事先经海关批准，并符合下列条件；

➢在区内拥有生产场所，并已经正式开展加工业务；

➢委托非保税区企业的加工业务，主要工序应当在区内进行；

➢委托非保税区企业加工业务的期限为6个月，有特殊情况需要延长期限的，应当向海关申请展期，展期期限为6个月；在非保税区加工完毕的产品应当运回保税区；需要从非保税区直接出口的，应当向海关办理核销手续；

➢接受非保税区企业委托加工的，由区内加工企业向海关办理委托加工料、件的备案手续。加工完毕的产品应当运回非保税区企业，并由区内加工企业向海关销案。

(4)出口加工区

出口加工区是指一国或地区在港口、机场附近等交通便利的地方划出的一定区域，在区内搞好水、电、道路、通信、厂房等基础设施，用优惠办法吸引外国投资，发展在国际市场上有竞争能力的出口加工工业，以达到利用外资、引进技术、增加就业、赚取外汇等目的。出口加工区兼具贸易与工业生产两种功能。在这两种功能中，一般是以发展出口加工业为主，兼营进出口贸易。出口加工区将实行封闭式的区域管理模式，在管理手段等方面较之传统的监管模式具有较大的优越性。海关在实行24小时监管的同时，将简化现行手续，为规范的出口加工企业提供更宽松的经营环境和更快捷的通关便利，实现出口加工货物在主管海关"一次申报，一次审单，一次查验"的通关要求，逐步满足现代跨国型企业"零库存生产"的需要。

1)出口加工区与保税区的区别

出口加工区与保税区存在两方面区别。

◆设立的目的不同。设立出口加工区主要是为了改革加工贸易的监管模式，遏制屡禁不绝的加工贸易走私现象。保税区设立的目的是为了借鉴国外自由贸易区的先进经验，在我国境内划定特定区域，作为改革开放的"试验区"。

◆政策着重点不同。出口加工区的政策与保税区的政策着重点不同，两者区别在于以下几方面：

➢从区外进入加工区的货物可以向税务部门申请办理出口退税；而保税区必须是货物离境才可办理退税；

➢出口加工区区内加工企业，不得将未经实质性加工的进口原材料、零部件销往境外或区外；保税区则无此限定，而且这正是保税区最能发挥功能优势的独特之处；

➢加工区运往区外的货物，海关一律按照制成品征税，保税区则不同，实际操作中大多按料件征税；

➢原则上出口加工区企业不得委托区外企业进行产品加工，而保税区则可以委托区外企业进行加工；

➢加工区不得经营商业零售、一般贸易、转口贸易及其他与加工区无关的业务，而保税区具有4个基本功能，4个功能互相促进，协调发展。

2)出口加工区与境外进出货物的管理

◆海关对出口加工区与境外之间进、出的货物，由货主或其代理人根据加工区管理委员会的批件，填写进出境货物备案清单，向主管海关备案。

◆海关对出口加工区与境外之间进、出的货物,按照直通式或转关运输的办法进行监管。

◆出口加工区与境外之间进、出的货物,除实行出口被动配额管理以外,不实行进出口配额、许可证管理。

◆从境外进入加工区的货物,其进口关税和进口环节税有3种情况:免税、保税和征税。即区内使用的基建设备材料,区内企业生产所需的机器设备,区内企业和行政管理机构自用合理数量的办公用品,予以免税;区内企业为加工出口产品所需的原料、零部件等,予以保税;区内企业和行政管理机构自用的交通工具、生活消费用品,按进口货物的有关规定办理报关手续,海关予以照章征税。

3)出口加工区运往区外货物的管理

◆出口加工区运往区外货物视同进口,办理进口报关手续。

◆区外货物运往出口加工区视同出口,办理出口报关手续。

◆从区外进入加工区供区内企业使用的国产设备,原材料,零部件以及建造基础设施,加工企业和行政管理部门生产、办公用房所需合理数量的基建物资等,海关按照对出口货物的有关规定办理报关手续,并签发出口退税报关单。

◆从区外进入加工区供区内企业和行政管理机构使用的生活消费用品、交通工具等,海关不予签发出口退税报关单。

◆从区外进入加工区的进口机器、设备、原材料、零部件、基建物资等,区外企业应当向海关提供上述货物或物品清单,并办理出口报关手续。上述货物或物品,已经缴纳的进口环节税,不予退还。

◆从区外进入加工区的货物、物品,应运入加工区内海关指定仓库或地点,区外企业填写出口报关单,并持境内购货发票、装箱单,向加工区的主管海关办理报关手续。

◆从区外进入加工区的货物,须经区内企业进行实质性加工后,方可运出境外。

5.来料加工和进料加工的优惠政策

(1)来料加工的优惠政策

1)关税优惠

◆进口关税:合同规定由外商提供的原材料、零部件、元器件、辅料及包装料件,免征关税和进口环节增值税。

◆出口关税:加工出口的成品应征出口税的,免征出口税。

2)许可证管理

◆来料加工项下的进口料件,属于国家进口许可证管理商品的,免领进口许可证。

◆来料加工项下的出口成品,属于国家出口许可证管理商品的,免领出口许可证;属于国家实行配额管理的,经营单位应按国家下达的配额,在向海关办理合同备案前,向发证机关申领出口许可证。

(2)进料加工的优惠政策

1)关税优惠

◆进口关税。第一,对专为加工出口产品而进口的料件,海关按实际加工复出口数量,予以免缴进口关税和进口环节增值税;第二,直接用于加工出口成品而在生产过程中消耗的数量合理的进口触媒剂、洗涤剂、催化剂等化学物品,按实际加工出口产品的消耗比例免予缴纳进口关税和进口环节增值税、消费税。

◆出口关税。进料加工出口的成品,免征出口关税。

2)许可证管理

◆进料加工项下的进口料件,属于国家进口许可证管理商品的,免领进口许可证。

◆进料加工项下的出口成品,属于国家出口许可证管理商品的,应申领并交验出口许可证;属于国家实行配额管理的,经营单位应按国家下达的配额,在向海关办理合同备案前,向发证机关申领出口许可证。

6. 进料加工企业申领进料加工出口许可证

根据2008年7月1日起施行的新的《货物出口许可证管理办法》的规定:我国对限制出口的货物实行出口许可证管理。凡实行出口配额许可证管理和出口许可证管理的货物,经营者应当在出口前向指定的发证机构申领出口许可证,海关凭出口许可证接受申报和验放。

商务部会同海关总署制定、调整和发布年度《出口许可证管理货物目录》。商务部负责制定、调整和发布年度《出口许可证管理货物分级发证目录》。《出口许可证管理货物目录》和《出口许可证管理分级发证目录》由商务部以公告形式发布。

(1)加工贸易下申领出口许可证应当提交的文件

加工贸易下申领出口许可证应提交以下文件:

➢填写出口许可证申请表(正本一份),并加盖印章,实行网上申领的,应当认真如实地在线填写电子申请表并传送给相应的发证机构;

➢《加工贸易业务批准证》及其他出口批准文件;

➢加工贸易进口报关单;

➢出口合同(正本)复印件。

(2)出口许可证的签发和领取

各发证机构应当严格按照年度《出口许可证管理货物目录》和《出口许可证管理分级发证目录》的要求,自收到符合规定的申请之日起3个工作日内签发相关出口货物的出口许可证。经营者出口《出口许可证管理货物目录》中的货物,应当到《出口许可证管理分级发证目录》指定的发证机构申领出口许可证。

以加工贸易方式出口属于配额许可证管理的货物,其出口许可证有效期按《加工贸易业务批准证》核定的出口期限核发,但不得超过当年12月31日。出口许可证的有限期较短,经营者要特别注意,以免影响出口进度。

7. 加工贸易的流程

无论来料加工还是进料加工,都可以分为以下几个部分:签订合同→合同备案→进出口报关→合同核销→结案。如图3.1.1所示。

(1)签订合同

经营企业与外商签订料件进口和成品出口的合同。

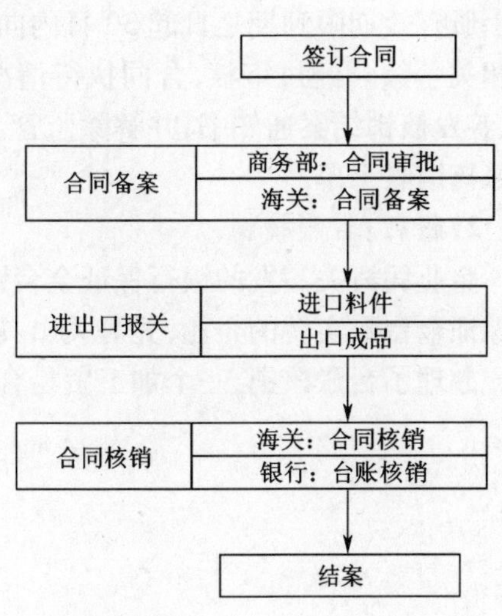

图3.1.1 加工贸易流程图

(2)合同备案

1)商务部:合同审批

经营企业开展加工贸易,必须事先报商务部主管部门审批。商务部主管部门审批合同后,核发《加工贸易业务批准证》,并在《加工贸易企业经营情况及生产能力证明》上签章确认,企业凭此向海关办理合同备案手续。

2)海关:合同备案

合同被批准后1个月内,在料件尚未进口前,到所在地海关申请办理登记备案手续,海关确认后核发加工贸易手册。

海关在审核经营企业申请合同备案的文件后,如认为有必要,可派员到加工企业实地验厂验库,了解加工企业的生产能力、管理状况、是否具备满足海关监管条件的存放进口料件和加工产品的仓库和场所。

(3)进出口报关

1)进口料件

货物实际进境时,向海关申报。凭海关核发的加工贸易手册和其他单证,填写进口报关单,并在加工贸易手册《货物进口/结转转入报关登记表》内填写有关进口料件内容后,办理料件的进口手续。海关审核无误后,按规定收取海关监管手续费,验放有关进口货物。

2)出口成品

根据成品复出口或转内销、结转等最终去向,分别按相关规定向海关办理出口或其他手续。成品返销出口时,向海关申报。凭海关核发的加工贸易手册和其他单证,填写出口报关单,并在加工贸易手册《货物出口/结转转出报关登记表》内填写有关出口成品内容后,办理成品的出口手续。海关审核无误后,验放有关出口货物。

(4)合同核销

1)海关:合同核销

经营企业应当在手册有效期限内将进口料件加工复出口,办理料件或成品的内销、深加工结转、余料结转、放弃、退运等海关手续,并在加工贸易手册项下最后一批成品出口或者加工贸易手册有效期限到期之日起30日内向海关报核。报核前必须办结余料结转、征税、退运、放弃等相关手续。经过审核,合同执行情况正常的,海关对登记备案的进料加工合同予以核销结案,签发核销结案通知书,并解除监管。同时,对开设银行保证金的台账合同,签发银行保证金台账核销联系单。

2)银行:台账核销

企业凭海关签发的银行保证金台账核销联系单,向银行办理保证金台账的销账手续。实行保证金台账实转的企业,凭海关出具的单证,向银行申请退还保证金及其利息。

办理了台账核销,一个加工贸易合同就算真正地结束了。

第2章　如何签订加工贸易合同

1. 签订加工贸易合同前需要的准备工作

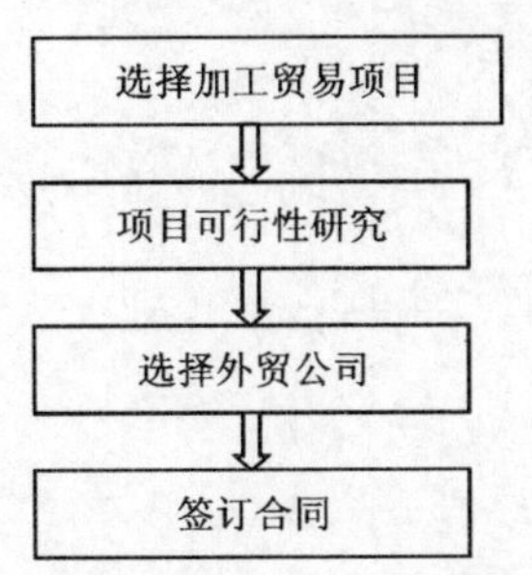

图3.2.1　签订合同流程

加工贸易是一项比较复杂的涉外经济贸易活动,因此,在开展加工贸易业务前需要做一系列的准备工作,主要包括:筛选适当的加工贸易项目,选择资信好的客户和对外谈判签约的单位,核算合理的工缴费等;同时要针对每笔加工贸易业务的特点和容易出现的问题,拟定合同条款,明确双方的义务和权利。签订加工贸易合同的流程如图3.2.1所示。

(1)选择加工贸易项目

加工贸易项目的可行与否直接关系到经济效益的好坏,它是加工贸易业务的基础。要为加工贸易业务奠定一个好的基础,筛选项目时必须周密、细致、全面。

1)注意对加工贸易商品的规定

从事加工贸易,首先要在国家规定允许的范围内选择加工贸易项目,避免在价格、渠道和客户等方面与国家政策发生冲突。特别要注意掌握国家对加工贸易商品的规定及调整。

2)加工贸易货物的配额和许可证

对于中国实行主动配额或许可证管理的出口商品,应当事先按规定申请配额或许可证,经主管部门同意后,方可对外承接加工贸易业务。

(2)项目的可行性研究

由于加工贸易的制成品不同,项目的可行性研究也因此而存在差异,有的较为简单,有的则比较复杂。确定了项目后,应把项目的规划设想具体化,对加工贸易项目进行经济、技术、生产和商务上可行性的全面分析及正确的评估。进行可行性研究,一般应考虑下面一些内容。

1)项目概况说明

➢专案的名称;

➢项目的主要设想和内容;

➢项目的主办单位及负责人;

➢加工贸易的经营范围和生产规模;

➢项目进度安排。

2)项目合作方

➢项目合作中各方的情况,合作方案的内容和依据;

➢合作中各方单位的名称、企业经营情况和资信情况。

3)市场分析

➢对国内外市场的调查分析;

➢对国内外市场的预测以及产品在国内市场销售和出口的可能性;

➢产品与国内外主要竞争对手产品的对比和分析;

➤产品的规格、销售价格；
➤产品销售的运输方法和条件。
4）物料供应规划
➤料件的品种、规格、质量和数量等；
➤料件来源；
➤采购国内燃料件的可能性。
5）员工计划
➤需要的员工人数；
➤员工的主要来源。
6）厂址选择和工程内容
➤选定厂址的适应性，包括自然、经济、交通运输等条件；
➤场地总面积和总平面图；
➤土建工程内容和工作量。
7）引进技术和进口设备
➤引进国外先进技术的情况，包括引进的有效专利、专有技术等；
➤进口国外设备的名称、型号、规格、数量、来源国别和厂商；
➤技术培训计划。
8）财务预测
➤项目总投资估算，包括固定资产投资、流动资金的投入金额；
➤注册资本和股东各方的投资比例；
➤资金筹措方法；
➤公司的经济效益分析；
➤汇率或利率变化、通货膨胀、料件和成品价格变化等对经济效益的影响情况。
9）项目实施计划与进度要求
➤项目报批的计划进度；
➤工程的计划进度；
➤引进技术和设备的计划进度；
➤试产和正式投产的计划进度。

(3)选择外贸公司

在加工贸易业务中，获得进出口经营权的外资企业可以自行对外开展加工贸易业务。没有进出口经营权的加工厂需要通过外贸公司对外签订合同。但是，对于经营进料加工、已有进出口经营权的外资企业和工贸公司，可以不考虑这一问题，直接与外商签订合同。就承接加工贸易方面而言，外贸公司与加工企业的关系呈现多元化，下面介绍几种实际业务中常见的做法。

1）外贸公司与加工企业或加工厂之间为购销关系

外贸公司分别与外商和国内加工企业或加工厂签订两个不同性质的合同，外贸公司把与外商签订的合同及与国内加工企业签订的合同有机地衔接起来，从而使业务得以顺利开展。

外贸公司与加工企业或加工厂之间购销关系的程序是：

➤外贸公司与外商分别签订进口料件合同及成品出口合同；

➢外贸公司与国内加工企业或加工厂签订购销性质的加工合同；

➢外贸公司指定外商按所签订的进口合同规定的时间，将所提供的原材料、零部件运到加工企业；

➢外贸公司按照与加工企业或加工厂签订的购销合同，将外商提供的用于加工贸易产品的原材料、零部件作价卖给加工企业或加工厂；

➢加工企业或加工厂按合同规定进行加工生产并按交货期向外贸公司交货；

➢外贸公司检验合格后，向工厂付款购买此批产品，并按出口合同的交货期将该批产品按时向外商交货；

➢外商按合同规定的付款条款付给外贸公司工缴费。

2）外贸公司与加工企业或加工厂之间为委托加工关系

委托加工的做法与“购销关系”的做法大致相同，唯一本质的区别是，外贸公司与加工企业或加工厂签订的是委托加工性质的合同，外贸公司将外商提供的原材料不作价提供给加工企业或加工厂，委托工厂加工生产，向工厂支付加工费。外贸公司与加工企业或加工厂委托加工关系的程序是：

➢外贸公司与外商洽谈并签订加工贸易合同；

➢外贸公司与国内加工企业或加工厂签订委托加工合同；

➢外贸公司指定外商按加工贸易合同规定时间、地点运交原材料或零部件给加工企业或加工厂；

➢国内加工企业或加工厂按合同规定生产加工，并按合同规定的交货期通知外贸公司验收货物；

➢外贸公司验收产品后向加工企业或加工厂支付加工费，并通知工厂装运发货；

➢加工企业或加工厂直接向外商交货；

➢外贸公司向外商寄送全套货运单据，并通知接货；

➢外商接单后付给外贸公司工缴费。

3）外贸公司与加工企业或加工厂之间为代理关系

国内没有进出口经营权的加工企业或加工厂欲对外承接加工贸易业务，须与有外贸经营权的外贸公司一起同外商洽谈加工贸易业务，并由外贸公司代表加工企业或加工厂在合同上签字，或外贸公司与加工企业或加工厂共同在加工贸易合同上签字。外贸公司在合同中是作为加工企业或加工厂的代理签字，国内加工企业或加工厂负责执行合同。加工企业或加工厂还要向作为自己代理的外贸公司支付代理费。外贸公司与加工企业或工厂代理关系的程序是：

➢外贸公司同国内希望对外承接加工贸易业务的加工企业或加工厂一起对外商谈判；

➢外贸公司作为加工企业或加工厂的代理或者同加工企业或加工厂一起在加工贸易合同上签字；

➢外商按合同规定期限不作价提供原材料或零部件；

➢国内加工企业或加工厂按合同规定通过外贸公司向外商交货或直接向外商交货；

➢外商向外贸公司支付工缴费；

➢外贸公司扣除代理费后，工缴费归国内加工企业或加工厂。

在掌握了加工贸易中外贸公司与生产加工企业的关系后，可针对加工贸易的具体情况，选择外贸公司。一般来说,在加工贸易业务中,签约有以下3种形式。

◆商务部或省级主管部门批准的有对外经营权的外贸公司或生产企业,并已在工商管理部门登记注册,领有营业执照的具有独立法人资格的单位可直接同外商洽谈,签订加工贸易合同。

◆在县级以上工商管理部门登记注册的,领有营业执照,具有经营和生产能力的工厂或企业,可与有进出口经营权的公司一起同外方洽谈加工贸易业务,并共同在合约上签字。

◆没有外贸经营权的企业或公司和外贸公司一起与对方洽谈,由外贸公司代理其承接加工贸易业务,并单独在加工贸易合约上签字。

目前,一些地县还成立了专门从事加工贸易业务的服务公司,这种公司对所承接的加工贸易业务一包到底。

2. 签订加工贸易合同

加工贸易业务是由合同派生出来的。合同是其后所有业务活动的执行基础,因此,订立合同是第一步,也是最关键的一步。合同数据的正确与否将影响到全局业务的顺利开展。

(1)加工贸易合同的重要性

◆作为法律依据。书面合同在各国法律上有其特别效力,如果双方发生纠纷,可以合同为依据取得经济保障。

◆商定双方的权利与责任。明确双方在贸易中的权利和责任,作为避免和解决纠纷的依据。

◆作为商务主管部门的审批依据。加工贸易涉及原材料、零部件的进口和成品的出口,加工贸易的合同审批、异地加工以及转厂加工等业务的办理,均须根据加工贸易合同。

(2)加工贸易合同中的主要条款

1)选择适当的计价货币

一般在选用计价货币时,起码要考虑两个因素:一是所选用货币应是可自由兑换的货币;二是国际上汇率的波动情况。在加工贸易业务谈判时,可以据此选用对自己有利的货币。从进出口业务计价货币看,进口通常选择"软币"支付,出口则多争取收取"硬币"。订立加工贸易工缴费条款时,以收取硬币为宜。

2)价格条款

加工贸易合同中的价格条款,一般包括两项内容:单价和总值。

◆单价:加工贸易合同中的单价一般由4个部分组成,即计量单位、单位价格金额、计价货币和贸易术语。例如,加工冷冻调味鲱鱼片:每公吨150美元FOB上海(USD 150 per M/T FOB Shanghai)。

➢计量单位:合同中的计量单位必须书写清楚正确。如,以"吨"为单位,应写明是公吨还是长吨。

➢计价货币:同一货币名称,在不同的国家或地区面值各不相同。例如,"元"有美元、加元、日元、人民币元等。因此,合同中必须将货币的国别(地区)写清楚。

➢贸易术语:不论是用什么贸易术语,所涉及的交货地点及装卸港名称必须要具体订明,凡是世界上有同名的港口,还要标出国家名称。

◆总值:又称总价,是单价和数量的乘积,即一批货物的全部金额。

3）质量、数量

在加工贸易合同中，如果加工贸易产品的质量、数量有机动幅度，如品质公差、数量溢短装等，则应明确规定机动部分价格或工缴费的作价办法。如果包装费另行计价，必须明确规定计价办法。

4）加工贸易支付方式的选用

在加工贸易中，采用即期信用证支付方式收汇比较迅速安全，如果采用远期信用证，应将利息因素考虑在内。有时为了促进出口，对某些资信较好的客户，可用付款交单（D/P）的托收方式。在付款时间和支付方式的掌握上，要视加工贸易情况、客商情况及国际市场行情等诸多因素而定。例如，信用证与汇付相结合，或信用证与托收相结合等等。

上述支付方式在加工贸易业务中有积极的参考作用。加工贸易业务的支付方式也可采用各作各价、对开信用证的办法：即来料或设备进口由企业通过中国银行开出远期信用证，成品出口由国外客户开即期信用证，进口远期付汇与出口即期收汇的时间要相衔接，用出口收汇抵进口付汇。这种对开信用证的做法是以厂方不使用外汇支付为前提的。

此外，在加工贸易业务中，支付方式还可以采用托收对托收的办法：即外商以远期托收方式将原料或设备运交企业，远期托收的期限相当于中方企业加工生产、储运所需时间。厂方出口成品，采用即期托收方式。

采用上述做法时，应该注意进口原料、零部件的远期信用证或远期托收的支付日期必须与出口成品的收款日期相衔接，使进口原料、零部件的付款期在成品出口收妥货款之后，这样才能保证先收后付，不动用外汇。

3. 签订加工贸易合同的注意事项

（1）来料加工和进料加工贸易合同的不同

来料加工贸易合同和进料加工贸易合同的不同在于以下4方面。

◆原料价格的规定不同：来料加工的料件往往是由外商，即委托方不作价提供；而进料加工需要企业用外汇购买。

◆来料加工由国外委托方确定加工品种、数量要求；而进料加工由我方自定加工品种、数量。

◆来料加工的成品交给国外委托方处置，我方不负责产品销售，只收取加工费；进料加工我方自行销售成品，自负盈亏。

◆来料加工赚取的是生产加工费；而进料加工赚取的是出口成品和进口料件之间的差价。

（2）来料加工合同中存在着特殊条款

1）来料条款

确定来料的时间、地点、数量、质量、规格、供货方式、支付方式等。来料加工一般应规定外商提供有关图纸资料，确定发生来料或来件短缺现象时的补足办法，确定使用中方企业当地原辅材料及零部件的作价方法，确定外商未能按时来料或来件所承担的责任。

2）提供设备、技术条款

对外商提供的先进技术设备或生产线，应具体说明其型号、规格、技术标准、价格及交货条件、时间、验收方法。外商不能按规定交货，必须对由此造成的损失负责。合同还可以规定由外商负责培训有关操作人员。

3)成品率和原辅材料消耗定额条款

成品率和原辅材料消耗定额是来料加工贸易业务的关键问题,应该做3方面的规定:

➢规定加工贸易的成品率;

➢规定原辅材料、零部件的消耗额;

➢不能达到规定时受托方(加工企业)的责任。

4)交货条款

一般来说,除规定加工贸易供料、交货的总时间外,每一批加工贸易业务,还应该分别订立合同,具体规定原材料、零部件供应时间和成品交货时间以及规定违约时的责任。

5)产品商标使用条款

来料加工贸易产品商标的使用,应按照《商标法》及其实施细则的有关规定进行管理。在与外商签订来料加工贸易合同时,应要求外商提供经过公证的商标所有权或被许可使用的证明文件。其商标不得与已注册的商标相同或近似,商品的造型、包装亦不得仿冒。

6)运输和保险条款

来料加工设备和成品的运输费用,应规定由外商负担。料件及所提供设备的进口由外商在国外保险。加工后的成品出口可由加工厂代为保险,但费用由外商负责。在工厂内加工贸易期间的保险费通过双方协调作出规定。

7)工缴费条款

工缴费在参考国际市场,尤其是外商所在国家或地区加工费水平的基础上,全面考虑来料加工的各种费用开支。其他附加的费用,如代办保险、运输等的费用,应另行计算。

8)约束性条款和仲裁条款

约束性条款中通常规定,在协议期内,来料加工厂不承接除合同客商外的第三者加工贸易同类产品。仲裁条款中通常规定,如双方在执行合同中发生争执,首先采用友好协商解决,如果协商不能解决,应提交双方约定的仲裁机构仲裁,仲裁的裁决是最终的,对合同双方有法律约束力。

9)期限条款

合同应确定期限,特别是外商提供设备、用工缴费补偿其价款的业务,更应规定期限。有的合同规定,可以延长合同的有效期,并规定了续约的具体办法。

(3)进料加工的注意事项

进料加工要注意以下事项。

◆进料加工贸易由于其本身的特点,一般包括进口料件合同、出口成品合同等。

◆进料加工贸易方式下原材料进口合同、成品出口合同的基本内容和一般贸易的进口、出口合同大体相同,只是进料加工贸易的原料来自国外,成品销往国外。

◆进料加工贸易合同的条款跟一般贸易的相同,但是由于提供进口料件的外商和出口成品的外商可以是同一个也可以不是同一个,因而进口料件合同和出口成品合同一般要分开谈判、分别签订。

鉴于进料加工贸易合同条款跟一般贸易的进口合同和出口合同条款相同,本章不再分别对合同各部分举例。

加工贸易合同的参考格式见本章附件。

附：加工贸易合同的参考格式

来料加工各作各价对口合同

THE CONTRACT OF PROCESSING TRADE AT INDIVIDUAL PRICES

Contract No：________________

Date：________________

Signed at：________________

The Buyers（甲方）：________________

Add：________________ Fax：____________ Tel：____________

The Sellers（乙方）：________________

Add：________________ Fax：____________ Tel：____________

立合同人____________（以下简称甲方）与____________（以下简称乙方），双方同意就________来料加工，来件装配按照下列条款签订各作各价对口合同。

This contract is made by between ____________（hereinafter called the Party A）and ____________（hereinafter called the Party B），who agree to sign the contract of processing trade for ____________，including processing with supplied materials and assembly with supplied parts at individual prices according to the following terms and conditions.

1. 乙方按下列条件向甲方提供以下原材料、辅料、零部件和元器件、配套件和包装物料（数量或金额允许有5%增减）：

Party B should supply Party A with the following raw materials、auxiliary materials、spare parts and components、matching parts and packing materials according to the following terms and conditions（quantity or amount 5% more or less allowed）：

成品名及规格 Name of commodity & specifications	数量 Quantity	单价及价格条件 Unit price & terms	总价 Total amount
合计：TOTAL：			

装运口岸及运输方式：

Port of shipment & means of transportation：

包装：

Packing：

目的港：

Port of destination：

唛头：

Shipping marks：

保险：

insurance：

装运期限：

Time of shipment：

付款方式：

Payment：

检验：

Inspection：

其他：

Remarks：

2. 甲方用乙方提供的上述料件所加工装配的成品按下列条件返销给乙方（数量或金额允许有5%增减）：

Party A should sell in return to Party B the products produced with the above supplied materials and components according to the following terms and conditions（quantity or amount 5% more or less allowed）：

品名及规格 Name of commodity & specifications	数量 Quantity	成品单价及价格条件 Unit price & terms	成品金额 Amount of products	其中工缴费 Processing fees
合计：TOTAL：				

装运口岸及运输方式：

Port of shipment & means of transportation：

装运期限： 目的港：

Time of shipment： Port of destination：

包装： 检验：

Packing： Inspection：

保险： 唛头：

Insurance： Shipping Marks：

其他：

Remarks：

耗料定额及损耗率：

Fixed quantity of materials supplied and rate of natural loss：

付款条件：

Terms of payment：

信用证即期付款方式：即期信用证为乙方开给甲方的全额信用证（原料价+工缴费价），但在信用证中需注明只付工缴费__________美元。

Sight Paynent L/C：Sight credit of full amount（invoice value plus processing fees）is opened to Party A by Party B, but it must be specified in the L/C USD __________ processing fees paid only.

3. 为保证加工需要，乙方向甲方无偿提供上述加工装配所必要的设备和用具计__________台/套，总价款________美元。

In order to ensure processing, Party B should supply Party A with all the necessary equipment and tools of ________pieces/sets free of charge, totaling USD __________.

4. 仲裁条款：本合同在执行中所发生的争议，双方应友好协商解决，如协商不能解决时，将提请中国国际经济贸易仲裁委员会，该会之裁决为最终裁决，对双方均有约束力，仲裁费用由败诉方负担。

Arbitration：All disputes arising from the execution of this contract shall be settled through friendly negotiation between both parties. In event that no settlement can be reached, the case under disputes may then be submitted to China International Economic and Arbitration Commission for arbitration. The decision made by this Commission shall be regarded as final and is binding on both parties. The fees for arbitration shall be borne by the losing party.

5. 合同有效期：本合同自甲方有关部门批准之日起生效，有效期至________。

Validity of the contract：This contract is to be effective from the day of the approval of the authority concerned on Party A's side, until __________.

6. 其他条款：

Remarks：

甲　方： 乙　方：

Party A： Party B：

进口合同(进料加工)
PURCHASE CONTRACT(PROCESSING WITH IMPORTED)

Contract No.:______________
Date:______________
Signed at:______________

The Buyers(甲方):______________
Add:______________ Fax:______________ Tel:______________
The Sellers(乙方):______________
Add:______________ Fax:______________ Tel:______________

双方同意按下列条款由买方购进卖方售出下列商品:

The Buyers agree to buy and the Sellers agree to sell the following goods on terms and conditions below:

1. 规格、数量及价格:

Specifications、quantity and price:

商品名称 Name of commodity	规格 Specifications	数量 Quantity	单价 Unit Price	总价 Total Amount
合计: TOTAL:				

2. 价格术语:

Price terms:

3. 原产地:

Country of origin and manufacturers:

4. 包装:

Packing:

5. 唛头:

Shipping marks:

6. 装运期限:

Time of shipment:

7. 装运口岸:

Port of shipment:

8. 目的港:

Port of destination:

9. 保险:

Insurance:

10. 付款方式:

Payment:

11. 为保证加工需要,乙方向甲方无偿提供上述加工装配所必要的设备和用具计__________台/套,总价值__________美元。

In order to ensure processing, Party B should supply Party A with all the necessary equipment and tools of ________pieces/sets free of charge, totaling USD __________.

买方:

The Buyers:

卖方:

The Sellers:

出口合同(进料加工)

SALES CONTRACT(PROCESSING WITH IMPORTED)

Contract No:________________
Date:________________
Signed at:________________

The Buyers(甲方):________________
Add:________________ Fax:________________ Tel:________________
The Sellers(乙方):________________
Add:________________ Fax:________________ Tel:________________

双方同意按下列条款由买方购进卖方售出下列商品:

The Buyers agree to buy and the Sellers agree to sell the following goods on terms and conditions below:

1. 规格、数量及价格:

Specifications、quantity and price:

商品名称 Name of commodity	规格 Specifications	数量 Quantity	单价 Unit price	总价 Total amount
合计: TOTAL:				

2. 装运期限:

Time of shipment:

3. 目的口岸:

Port of destination:

4. 装运口岸:

Port of loading:

5. 保险:

Insurance:

6. 价格术语

Price terms:

7. 付款条件:

Terms of payment:

该信用证必须在______前开到卖方,信用证的有效期应为装船期后15天,在上述装运口岸到期,否则卖方有权取消本售货合约并保留因此而发生的一切损失的索赔权。

The covering letter of Credit must reach the Sellers before ________and is to remain valid in above indicated Loading Ports 15 days after the date of shipment, failing which the sellers reserve the right to cancel this Sales Contract and to claim against the Buyers for the compensation losses resulting therefrom.

买方: 卖方:

The Buyers: The Sellers:

第3章　如何办理加工贸易合同的审批

经营企业开展加工贸易,必须事先报商务部主管部门审批。经营企业通过加工贸易电子联网审批管理系统进行合同审批,商务部主管部门审批合同后,核发《加工贸易业务批准证》,并在《加工贸易企业经营情况及生产能力证明》上盖章确认,企业凭此向海关办理合同备案手续。

1. 负责加工贸易合同的审批部门及审批原则

(1) 负责加工贸易合同的审批部门

◆商务部负责管理全国的加工贸易业务审批工作。

◆省级商务部主管部门负责管理、审批本地区的加工贸易业务,可根据实际需要,授予部分地(市)和县(市)级商务部主管部门加工贸易审批权,但须事先报商务部备案。

(2) 合同审批原则

◆企业按有关规定办理各种开工生产手续,加工期在各种开工手续的有效期内。

◆企业投资到位,开展正常生产经营,加工能力与其申报的加工合同相符。

◆所申报的单耗量合理,所需进口料件数量与出口成品相符。

◆经营单位的资信情况较好,按规定签订商务合同。

◆严禁"三无"加工贸易(即无工厂、无加工设备、无工人)。

◆为方便新旧合同的衔接,允许同时存在两个合同。特殊情况下,可在前两个合同没有核销的情况下,申请第三个合同。

2. 加工贸易企业经营情况及生产能力证明审批

出于对从事加工贸易企业的规范管理、有效扶持的目的,商务部于2005年规定加工贸易企业必须认真填写《加工贸易企业经营状况和生产能力证明》,之后才能到商务部主管部门办理加工贸易合同审批,领取《加工贸易业务批准证》。《加工贸易企业经营状况和生产能力证明》有效期为一年。

企业登录中国国际电子商务网的"加工贸易企业经营状况及生产能力证明系统"(http://jmsa.ec.com.cn/)进行生产能力核查申报。该系统提供3种使用方式:直接填写、登录后填写和使用电子钥匙。系统还提供"企业端用户手册",可在系统单击"点这里下载使用帮助"按钮下载。用户手册里面介绍了非常详细的操作步骤,便于企业申报。

系统上有如下所示3个表格,表3.3.1由进出口经营企业填写,表3.3.2由各类有进出口经营权的生产型企业(含外商投资企业)填写,表3.3.3由无进出口经营权、承接委托加工贸易业务的企业填写。进入这个系统在线填写数据,然后发送出去,等网上批准通过后,下载空白表填写打印,再到外经委去盖章。注意,此证明自填报之日起有效期为一年。

表 3.3.1　加工贸易经营状况

<table>
<tr><td colspan="5">企业名称:</td></tr>
<tr><td colspan="2">进出口企业代码:</td><td colspan="2">海关注册编码:</td><td>法人代表:</td></tr>
<tr><td colspan="2">外汇登记号:</td><td colspan="2">联系电话:</td><td>联系传真:</td></tr>
<tr><td colspan="2">税务登记号:</td><td colspan="2">邮政编码:</td><td>工商注册日期:　　年　月　日</td></tr>
<tr><td colspan="5">基本账号及开户银行:</td></tr>
<tr><td colspan="5">地址:</td></tr>
<tr><td colspan="5">企业类型(选中划“√”):☐1. 国有企业　☐2. 外商投资企业　☐3. 其他企业</td></tr>
<tr><td colspan="5">海关分类评定级别(选中划“√”):☐A 类　☐B 类　☐C 类　☐D 类(以填表时为准)</td></tr>
<tr><td colspan="5">是否对外加工装配服务公司或外经发展公司的加工企业　　☐是　　☐否</td></tr>
<tr><td>(外商投资企业填写)(万$)</td><td>注册资本:</td><td>累计实际投资总额(截至填表时):</td><td>实际投资来源地:(按投资额度或控股顺序填写前五位国别/地区及累计金额)
1.
2.
3.
4.
5.</td><td>外商本年度拟投资额:
外商下年度拟投资额:</td></tr>
<tr><td>(非外商投资企业填写)(万$)</td><td>注册资本:</td><td>资产总额(截至填表时):</td><td>净资产额(截至填表时):</td><td>本年度拟投资额:
下年度拟投资额:</td></tr>
<tr><td colspan="3">研发机构:
☐改进型　☐自主型　☐核心　☐外围</td><td colspan="2" rowspan="2">是☐　否☐　世界 500 强公司投资(选择“√”)
(根据美国《财富》杂志年评结果,主要考察投资主体)</td></tr>
<tr><td colspan="3">研发机构投资总额(万$):</td></tr>
<tr><td colspan="5">产品技术水平:☐A. 世界先进水平　☐B. 国内先进水平　☐C. 行业先进水平</td></tr>
<tr><td colspan="5">累计获得专利情况:　1. 国外(　　　个)　2. 国内(　　　个)</td></tr>
<tr><td colspan="2">企业员工总数:</td><td colspan="3">文化程度:1. 本科以上(　　　)2. 高中、大专(　　　)
3. 初中及以下(　　　)(在括号内填入人数)</td></tr>
<tr><td colspan="5">经营范围:(按营业执照)</td></tr>
</table>

续表

<table>
<tr><td rowspan="16">上年度</td><td>营业额(万¥):</td><td colspan="2">利润总额(万¥):</td></tr>
<tr><td>纳税总额(万¥):</td><td colspan="2">企业所得税(万¥):</td></tr>
<tr><td>工资总额(万¥):</td><td colspan="2">个人所得税总计(万¥):</td></tr>
<tr><td>加工贸易进出口额(万$):</td><td>出口额(万$):</td><td>进口额(万$):</td></tr>
<tr><td>进料加工进出口额(万$):</td><td>出口额(万$):</td><td>进口额(万$):</td></tr>
<tr><td>来料加工进出口额(万$):</td><td>出口额(万$):</td><td>进口额(万$):</td></tr>
<tr><td>加工贸易合同份数:</td><td>进料加工合同份数:</td><td>来料加工合同份数:</td></tr>
<tr><td>进出口结售汇差额(万$):</td><td>出口结汇额(万$):</td><td>进口售汇额(万$):</td></tr>
<tr><td>进料加工结售汇差额(万$):</td><td>进料加工结汇(万$):</td><td>进料加工售汇(万$):</td></tr>
<tr><td>加工贸易转内销额(万$):</td><td>内销补税额:(万¥含利息)</td><td>来料加工(工缴费 万$):</td></tr>
<tr><td colspan="3">内销主要原因: □1. 国外市场方面 □2. 国外企业方面 □3. 国外法规调整 □4. 客户
(可多项选择) □5. 国内市场方面 □6. 国内企业方面 □7. 国内法规调整 □8. 产品质量</td></tr>
<tr><td>深加工结转总额(万$):</td><td>转出额(万$):</td><td>转进额(万$):</td></tr>
<tr><td colspan="3">本企业采购国产料件额(万¥):(不含深加工结转料件和出口后复进口的国产料件)</td></tr>
<tr><td colspan="2">国内上游配套企业家数:</td><td>国内下游用户企业家数:</td></tr>
<tr><td colspan="3">直接出口订单来源:□A. 跨国公司统一采购 □B. 进口料件供应商 □C. 自有客户 □D. 其他客户</td></tr>
<tr><td colspan="3"></td></tr>
<tr><td colspan="4">上年度加工贸易主要进口商品(按以下分类序号选择"√",每类可多项选择)
大类:□1. 初级产品 □2. 工业制成品
中类:□A. 机电 □B. 高新技术 □C. 纺织品 □D. 工业品 □E. 农产品 □F. 化工产品
小类:□a. 电子信息 □b. 机械设备 □c. 纺织服装 □d. 鞋类 □e. 旅行品、箱包 □f. 玩具
□g. 家具 □h. 塑料制品 □i. 金属制品 □j. 其他 □k. 化工产品</td></tr>
<tr><td colspan="4">上年度加工贸易主要出口商品(按以下分类序号选择"√",每类可多项选择)
大类:□1. 初级产品 □2. 工业制成品
中类:□A. 机电 □B. 高新技术 □C. 纺织品 □D. 工业品 □E. 农产品 □F. 化工产品
小类:□a. 电子信息 □b. 机械设备 □c. 纺织服装 □d. 鞋类 □e. 旅行品、箱包 □f. 玩具
□g. 家具 □h. 塑料制品 □i. 金属制品 □j. 其他 □k. 化工产品</td></tr>
<tr><td colspan="2">企业承诺:以上情况真实无讹并承担法律责任</td><td>法人代表签字:</td><td>企业盖章
年 月 日</td></tr>
<tr><td colspan="2">商务部门审核意见:</td><td>审核人:</td><td>审核部门签章
年 月 日</td></tr>
<tr><td colspan="4">备注:</td></tr>
</table>

说明:1. 有关数据如无特殊说明均填写上年度数据;

2. 如无特别说明,金额最小单位为"万美元"和"万元";

3. 涉及数值、年月均填写阿拉伯数字;

4. 进出口额、深加工结转额以海关统计或实际发生额为准;

5. 此证明自填报之日起有效期为一年。

表 3.3.2 加工贸易经营状况及生产能力证明

<table>
<tr><td colspan="5">企业名称:</td></tr>
<tr><td colspan="3">进出口企业代码:</td><td>海关注册编码:</td><td>法人代表:</td></tr>
<tr><td colspan="3">外汇登记号:</td><td>联系电话:</td><td>联系传真:</td></tr>
<tr><td colspan="3">税务登记号:</td><td>邮政编码:</td><td>工商注册日期: 年 月 日</td></tr>
<tr><td colspan="5">基本账号及开户银行:</td></tr>
<tr><td colspan="5">经营企业地址:</td></tr>
<tr><td colspan="5">加工企业地址:</td></tr>
<tr><td colspan="5">企业类型(选中划"√"):□1. 国有企业 □2. 外商投资企业 □3. 其他企业</td></tr>
<tr><td colspan="5">海关分类评定级别(选中划"√"):□A 类 □B 类 □C 类 □D 类 (以填表时为准)</td></tr>
<tr><td>(外商投资企业填写)(万 $)</td><td>注册资本:</td><td>累计实际投资总额(截至填表时):</td><td>实际投资来源地:(按投资额度或控股顺序填写前五位国别/地区及累计金额)
1.
2.
3.
4.
5.</td><td>外商本年度拟投资额:
外商下年度拟投资额:</td></tr>
<tr><td>(非外商投资企业填写)(万 $)</td><td>注册资本:</td><td>资产总额(截至填表时):</td><td>净资产额(截至填表时):</td><td>本年度拟投资额:
下年度拟投资额:</td></tr>
<tr><td colspan="3">研发机构:
□改进型 □自主型 □核心 □外围</td><td colspan="2" rowspan="2">是□ 否□ 世界 500 强公司投资(选择"√")
(根据美国《财富》杂志年评结果,主要考察投资主体)</td></tr>
<tr><td colspan="3">研发机构投资总额(万 $):</td></tr>
<tr><td colspan="5">产品技术水平:□A. 世界先进水平 □B. 国内先进水平 □C. 行业先进水平</td></tr>
<tr><td colspan="5">累计获得专利情况: 1. 国外(个) 2. 国内(个)</td></tr>
<tr><td colspan="3">企业员工总数:</td><td colspan="2">文化程度:1. 本科以上( ) 2. 高中、大专( ) 3. 初中及以下( )
(在括号内填入人数)</td></tr>
<tr><td colspan="5">经营范围:(按营业执照)</td></tr>
</table>

续表

上年度	营业额(万¥):	利润总额(万¥):	
	纳税总额(万¥):	企业所得税(万¥):	
	工资总额(万¥):	个人所得税总计(万¥):	
	加工贸易进出口额(万$):	出口额(万$):	进口额(万$):
	进料加工进出口额(万$):	出口额(万$):	进口额(万$):
	来料加工进出口额(万$):	出口额(万$):	进口额(万$):
	加工贸易合同份数:	进料加工合同份数:	来料加工合同份数:
	进出口结售汇差额(万$):	出口结汇额(万$):	进口售汇额(万$):
	进料加工结售汇差额(万$):	进料加工结汇(万$):	进料加工售汇(万$):
	加工贸易转内销额(万$):	内销补税额:(万¥含利息)	来料加工(万$工缴费):
	内销主要原因: □1. 国外市场方面 □2. 国外企业方面 □3. 国外法规调整 □4. 客户 (可多项选择) □5. 国内市场方面 □6. 国内企业方面 □7. 国内法规调整 □8. 产品质量		
	深加工结转总额(万$):	转出额(万$):	转进额(万$):
	本企业采购国产料件额(万¥):(不含深加工结转料件和出口后复进口的国产料件)		
	国内上游配套企业家数:	国内下游用户企业家数:	
	直接出口订单来源:□A. 跨国公司统一采购 □B. 进口料件供应商 □C. 自有客户 □D. 其他客户		

上年度加工贸易主要进口商品(按以下分类序号选择"√",每类可多项选择)

大类:□1. 初级产品 □2. 工业制成品

中类:□A. 机电 □B. 高新技术 □C. 纺织品 □D. 工业品 □E. 农产品 □F. 化工产品

小类:□a. 电子信息 □b. 机械设备 □c. 纺织服装 □d. 鞋类 □e. 旅行品、箱包 □f. 玩具

□g. 家具 □h. 塑料制品 □i. 金属制品 □j. 其他 □k. 化工产品

上年度加工贸易主要出口商品(按以下分类序号选择"√",每类可多项选择)

大类:□1. 初级产品 □2. 工业制成品

中类:□A. 机电 □B. 高新技术 □C. 纺织品 □D. 工业品 □E. 农产品 □F. 化工产品

小类:□a. 电子信息 □b. 机械设备 □c. 纺织服装 □d. 鞋类 □e. 旅行品、箱包 □f. 玩具

□g. 家具 □h. 塑料制品 □i. 金属制品 □j. 其他 □k. 化工产品

生产能力	厂房面积:(平方米)	仓库面积:(平方米)	生产性员工人数:
	生产加工范围:		
	生产规模:(主要产出成品数量及单位)		
	累计生产设备投资额(万$):(截至填表时)		
	上年度生产设备投资额(万$):		
	累计加工贸易进口不作价设备额(万$):(截至填表时)		

企业承诺:以上情况真实无讹并承担法律责任	法人代表签字:	企业盖章 年 月 日
商务部门审核意见:	审核人:	审核部门签章 年 月 日
备注:		

表 3.3.3 加工贸易生产能力证明

<table>
<tr><td colspan="4">企业名称：</td></tr>
<tr><td colspan="2">企业代码：</td><td>海关代码：</td><td>法人代表或企业负责人：</td></tr>
<tr><td colspan="2">税务登记号：</td><td>外汇登记号：</td><td>注册时间：</td></tr>
<tr><td colspan="4">基本账号及开户银行：</td></tr>
<tr><td colspan="4">联系电话/传真：</td></tr>
<tr><td colspan="4">通信地址及邮编：</td></tr>
<tr><td colspan="4">企业类型（选中划“√”）：□1. 国有企业 □2. 外商投资企业 □3. 其他企业</td></tr>
<tr><td colspan="4">海关分类评定级别（选中划“√”）：□A 类 □B 类 □C 类 □D 类 （以填表时为准）</td></tr>
<tr><td colspan="4">是否对外加工装配服务公司或外经发展公司的加工企业 □ 是 □ 否</td></tr>
<tr><td>注册资本（万￥）：</td><td>资产总额（万￥）：
（截止填表时）</td><td>净资产额（万￥）：（截止填表时）</td><td>本年度拟投资额（万￥）：
下年度拟投资额（万￥）：</td></tr>
<tr><td colspan="4">研发机构： □改进型 □自主型 □核心 □外围</td></tr>
<tr><td colspan="4">研发机构投资总额（万＄）：</td></tr>
<tr><td colspan="4">产品技术水平： □A. 世界先进水平 □B. 国内先进水平 □C. 行业先进水平</td></tr>
<tr><td colspan="4">累计获得专利情况： 1. 国外（ 个） 2. 国内（ 个）</td></tr>
<tr><td colspan="2">企业员工总数：</td><td colspan="2">文化程度：1. 本科以上（ ）2. 高中、大专（ ）3. 初中及以下（ ）
（在括号内填入人数）</td></tr>
<tr><td colspan="4">经营范围：（按营业执照）</td></tr>
<tr><td rowspan="12">上年度</td><td colspan="2">总产值（万￥）：（进料加工企业填写）
营业额（万￥）：（进料加工企业填写）</td><td>出口额（万＄）：（来料加工企业填写）
工缴费（万＄）：（来料加工企业填写）</td></tr>
<tr><td colspan="3">利润总额（万￥）：</td></tr>
<tr><td colspan="2">纳税总额（万￥）：
工资总额（万￥）：</td><td>企业所得税（万￥）：
个人所得税总计（万￥）：</td></tr>
<tr><td colspan="2">加工贸易进口料件总值（万＄）：</td><td>加工贸易出口成品总值（万＄）：</td></tr>
<tr><td colspan="2">进料加工合同份数：</td><td>来料加工合同份数：</td></tr>
<tr><td colspan="2">进料加工进口料件总值（万＄）：</td><td>进料加工出口成品总值（万＄）：</td></tr>
<tr><td colspan="2">加工贸易转内销额（万＄）：</td><td>内销补税额：（万￥含利息）</td></tr>
<tr><td colspan="3">内销主要原因：□1. 国外市场方面 □2. 国外企业方面 □3. 国外法规调整
（可多项选择）□4. 国内市场方面 □5. 国内企业方面 □6. 国内法规调整
□7. 客户 □8. 产品质量</td></tr>
<tr><td colspan="2">深加工结转转入料件总值（万＄）：</td><td>深加工结转转出料件总值（万＄）：</td></tr>
<tr><td colspan="2">国内上游配套企业家数：</td><td colspan="2">国内下游用户企业家数：</td></tr>
<tr><td colspan="4">本企业采购国产料件额（万＄）：</td></tr>
<tr><td colspan="4">上年度加工贸易主要投入商品（按以下分类序号选择“√”，每类可多项选择）
大类：□1. 初级产品 □2. 工业制成品
中类：□A. 机电 □B. 高新技术 □C. 纺织品 □D. 工业品 □E. 农产品 □F. 化工产品
小类：□a. 电子信息 □b. 机械设备 □c. 纺织服装 □d. 鞋类 □e. 旅行品、箱包 □f. 玩具
□g. 家具 □h. 塑料制品 □i. 金属制品 □j. 其他 □k. 化工产品</td></tr>
</table>

续表

<table>
<tr><td colspan="4">上年度加工贸易主要产出商品(按以下分类序号选择“√”,每类可多项选择)
大类:□1. 初级产品 □2. 工业制成品
中类:□A. 机电 □B. 高新技术 □C. 纺织品 □D. 工业品 □E. 农产品 □F. 化工产品
小类:□a. 电子信息 □b. 机械设备 □c. 纺织服装 □d. 鞋类 □e. 旅行品、箱包 □f. 玩具
□g. 家具 □h. 塑料制品 □i. 金属制品 □j. 其他 □k. 化工产品</td></tr>
<tr><td rowspan="4">生产能力</td><td colspan="2">厂房面积:</td><td>仓库面积:</td></tr>
<tr><td colspan="3">生产规模:(主要产出成品数量及单位)</td></tr>
<tr><td colspan="3">累计生产设备投资额(万$):(截至填表时)</td></tr>
<tr><td colspan="3">累计加工贸易进口不作价设备额(万$):(截至填表时)</td></tr>
<tr><td colspan="2">企业承诺:以上情况真实无讹并愿承担法律责任</td><td>法人代表签字:</td><td>企业盖章
年 月 日</td></tr>
<tr><td colspan="2">商务部门审核意见:</td><td>审核人:</td><td>审核部门签章
年 月 日</td></tr>
<tr><td>备注:</td><td colspan="3"></td></tr>
<tr><td colspan="2">录入人员姓名</td><td colspan="2">录入日期</td></tr>
</table>

3. 加工贸易合同审批的申请文件

各地商务主管部门对合同审批申请文件的要求基本相同,但在文件格式上略有不同,举例如下。

(1)来料加工

来料加工合同审批的申请文件有:

➢加工贸易合同申报表;

➢企业出具的书面申请报告及加盖公章的《加工贸易业务申请表》;

➢加工贸易经营企业和生产企业注册地商务主管部门出具的《加工贸易企业经营状况及生产能力证明》;

➢进口料件申请备案清单;

➢出口制成品申请备案清单及加工贸易单耗申报单;

➢加工装配合同;

➢对外加工装配协议书(含补充协议)及政府批文;

➢省对外来料加工特准营业证。

(2)进料加工

进料加工合同审批的申请文件有:

➢加工贸易合同申报表;

➢企业出具的书面申请报告及加盖公章的《加工贸易业务申请表》;

➢加工贸易经营企业和生产企业注册地商务主管部门出具的《加工贸易企业经营状况及生产能力证明》;

➢进口料件申请备案清单;

➢出口制成品申请备案清单及加工贸易单耗申报单;

➢进出口合同正本;

➢中华人民共和国企业法人营业执照；

➢中华人民共和国外商投资企业批准书；

➢最近的合同核销表。

思考：对比上述申请文件清单中的区别。

4. 合同备案审批的流程图及具体说明

加工贸易合同的审批流程如图3.3.1所示。

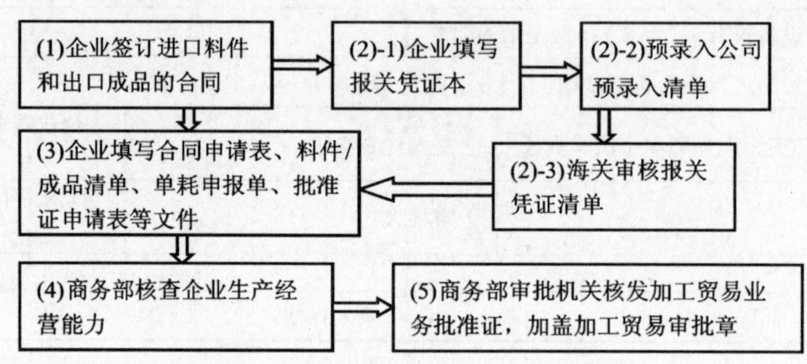

图3.3.1 加工贸易合同审批流程

(1)签订进口料件和出口成品的合同

凡在本合同实施期限内涉及的所有进料、出口合同，都应当归纳、综合为一个加工贸易合同报表报批。

(2)填写报关凭证(海关审核商品编码)

在成品、料件和单耗清单中都有商品名称、规格、编码等内容。报关凭证的作用就是海关在企业填报资料之前，预先审核企业进出口货物的商品名称、规格、编码，以便于企业将有关的内容填入备案清单中，减少申报中的修改，以加快合同审批和备案的速度。

1)报关凭证本

加工企业填写《报关凭证本》，报关凭证本从主管海关领取。

2)报关凭证预录入清单

企业将单证交海关指定的预录入公司，录入《报关凭证预录入清单》。企业应当认真核对预录入清单中所有商品的海关编码、名称、单位、单价。

3)报关凭证清单

海关审核《报关凭证预录入清单》中的各项内容，特别是商品编号、预计单价的内容。审定无误后，海关核发《报关凭证清单》。

加工企业必须先录入进出口商品编码的《报关凭证清单》，经主管海关初审、统计处复审后，才能凭《报关凭证清单》向海关备案合同，以有效地提高合同以及报关单商品编码的准确性。

报关凭证预录入清单及报关凭证清单见示例3.3.1，示例3.3.2。

示例 3.3.1　报关凭证预录入清单

报关凭证预录入清单

企业编号：　　　　　　　　　　企业名称：
生产类型：　　　　　　　　　　商品项数：　　　　　　　　币制：
商品类型：　　　　　　　　　　商品项数：

项目	商品编号	商品名称及规格	法定单位	预计单价	录入日期

商品类型：

项目	商品编号	商品名称及规格	法定单位	预计单价	录入日期

结束：　　　　　　　　打印时间：　　　　　　　　　　　　　　　　　　第　　页

示例 3.3.2　报关凭证清单

报关凭证清单

企业编号：　　　　　　　　　　企业名称：
生产类型：　　　　　　　　　　商品项数：　　　　　　　　币制：
商品类型：　　　　　　　　　　商品项数：

项目	商品编号	商品名称及规格	法定单位	预计单价	录入日期

商品类型：　　　　　　　　　　商品项数：

项目	商品编号	商品名称及规格	法定单位	预计单价	录入日期

结束：　　　　　　　　打印时间：　　　　　　　　　　　　　　　　　　第　　页

(3)填写申请文件

1)加工贸易合同申请表

加工贸易合同申请表见示例 3.3.3。

示例 3.3.3　加工贸易合同申请表

加工贸易合同申请表

收文日期：　　年　　月　　日　　　　　　收文编号：

1. 企业编码		2. 企业法人代码	

续表

3. 企业名称(盖章)				
4. 企业法定地址				
5. 法人(负责人)姓名		6. 负责人联系方式	TEL:	FAX:
7. 企业性质	□独资 □合资 □合作 □内资 □来料加工(请在□内打√)			
8. 来料加工商务单位名称				
9. 企业投产日期	年 月	10. 企业注册资本	万元	
11. 实际投资总额	万元	12. 其中生产设备投资总额	万元	
13. 现有厂房面积	平方米	14. 现有员工人数	人	
15. 上年度加工贸易额	出口额: 万美元; 进口额: 万美元			
16. 主营产品名称及数量				
备注:				
经办人初审意见: 年 月 日				
领导审核意见: 年 月 日				
联系人:	电话:	手机:	填表日期:	

2)加工贸易业务批准证申请表

加工贸易业务批准证申请表见示例 3.3.4。

示例 3.3.4 加工贸易业务批准证申请表

加工贸易业务批准证申请表				
1. 经营企业名称:		4. 加工企业名称:		
2. 经营企业类型: 经营企业编码:		5. 加工企业类型: 加工企业编码:		
3. 加工贸易类型:		6. 出口制成品返销截止日期:		
进料加工	7. 进口合同号:	来料加工	10. 合作外商:	
	8. 出口合同号:		11. 合同号:	
	9. 客供辅料合同号:		12. 加工费(美元):	
13. 进口主要料件(详细目录见清单):		16. 出口主要制成品(详细目录见清单):		
14. 进口料件总值(美元):		17. 出口制成品总值(美元):		
15. 进口口岸:		18. 出口口岸:		
19. 加工企业地址:		20. 加工地主管海关:		
21. 加工企业生产能力审查单位:		22. 经营企业银行基本账户账号:		

续表

23. 选项说明： (　)1. 本合同项下产品不涉及地图内容,不属于音像制品、印制品。 (　)2. 本合同项下产品涉及地图内容,已取得国家测绘局批准文件。 (　)3. 本合同项下产品属于音像制品、印刷品,已取得省级新闻出版行政机关批准文件。	25. 备注：	26. 经办人： 审核： 签发： 日期：
24. 申请人声明：本企业的生产经营和所加工产品符合国家法律、法规的规定。		(此栏由审批机关使用)

注意：①第2、5项中的企业类型为国有、私营、股份制、外商投资企业及来料加工企业等,经营企业编码为进出口企业编码,加工企业编码为法人代码；

②第9项客供辅料合同号,指在出口产品合同中规定由外商免费提供用于加工出口产品的辅助料件的合同号；

③第10项合作外商,指签订来料加工合同的外商；

④第12项加工费,每个加工合同必须签订加工费总值,且一律以美元计算；

⑤第14、17项,进口料件总值及出口成品总值均以美元计算；

⑥第15、18项,填写进出口岸的名称；

⑦第20项加工地主管海关,指加工企业所在地主管海关；

⑧第21项加工企业生产能力审查单位,指由加工企业所在地的县级或县级以上商务部主管部门对该加工企业进行审查,并出具证明；

⑨第22项经营企业银行基本账户账号,指经营单位在银行开设的基本账户,含开户行、账号。

3)加工贸易清单

◆进口料件申请备案清单。填写《进口料件申请备案清单》时,应注意料件的商品编码、名称、规格、单位等项目必须与海关核发《报关凭证清单》中的相关项目一致。但单价可以作一定的调整。进口料件申请备案清单见示例3.3.5。

◆出口成品申请备案清单。对应《报关凭证清单》的相关项目,填写出口成品备案清单。出口成品备案清单见示例3.3.6。

示例3.3.5　进口料件申请备案清单

进口料件申请备案清单

附表一：

预录入号：　　　　　　　　加工单位名称：

序号	商品编码	商品名称	规格型号	数量	单位	单价 USD	总价 USD	原产国

示例 3.3.6　出口成品申请备案清单

出口成品申请备案清单

附表二：

预录入号：　　　　　　　　　　加工单位名称：

序号	商品编码	商品名称	规格型号	数量	单位	单价 USD	总价 USD	消费国	征免

◆加工贸易单耗申报单。单耗是指加工贸易企业在正常加工条件下加工单位成品所耗用的料件量，单耗包括净耗和工艺损耗。单耗是海关和商务部门对加工贸易企业进行单耗备案、核定和核销管理的技术依据。商务部主管部门凭此审批加工贸易合同（包括结转深加工），海关凭此核销合同。加工贸易单耗申报单见示例 3.3.7。

示例 3.3.7　加工贸易单耗申报单

加工贸易单耗申报单

附表三：

<table>
<tr><td colspan="2">企业名称</td><td colspan="2"></td><td>企业编码</td><td></td><td colspan="2">手册（电子底账）编号</td><td></td></tr>
<tr><td colspan="2">申报环节</td><td colspan="7">□备案　□成品出口前　□深加工结转前　□内销前　□报核前</td></tr>
<tr><td colspan="2">成品</td><td>项号
商品名称</td><td></td><td>版本号
计量单位</td><td></td><td>商品编码
规格型号</td><td colspan="2"></td></tr>
<tr><td rowspan="4">料件</td><td>项号</td><td>商品编码</td><td>商品名称</td><td>计量单位</td><td>规格型号</td><td>单耗/净耗</td><td>耗损率</td><td>非保税料件比例</td></tr>
<tr><td></td><td></td><td></td><td></td><td></td><td></td><td></td><td></td></tr>
<tr><td></td><td></td><td></td><td></td><td></td><td></td><td></td><td></td></tr>
<tr><td></td><td></td><td></td><td></td><td></td><td></td><td></td><td></td></tr>
<tr><td colspan="9">注：若“单耗/净耗”栏申报内容为净耗，则需申报相应损耗率数据；
若“单耗/净耗”栏申报内容为单耗，则不必重复申报损耗率数据，损耗率栏应为空。</td></tr>
<tr><td colspan="9">经办人（签字）　　　申报日期　　　联系电话　　　企业印章</td></tr>
</table>

（本申报单一式两联，第一联由海关留存，第二联由加工贸易企业留存）

2007 年 3 月 1 日，正式执行修改后的《中华人民共和国海关加工贸易单耗管理办法》。耗量表中的单耗与料件和成品的换算关系如下：

进口料件数 = 成品数 × 单耗量 /（1 - 耗损率）

成品数 = 进口料件数 ×（1 - 耗损率）/ 单耗量

单耗量 = 进口料件数 ×（1 - 耗损率）/ 成品数

企业计算成品中的料件用量后，填写《加工贸易单耗申报单》。单耗申报单中的成品项号、对应料件项号，必须与《进口料件申请备案清单》和《出口成品申请备案清单》中的序号保持一致。

4)合同(协议)备案清单

商务部主管部门审批合同时,在企业提交的如示例 3.3.8 所示的《合同(协议)备案申请表》上签章确认,并加盖印章,企业凭此向海关办理合同备案手续。

(4)商务部核查企业生产经营能力

商务部主管部门审核加工贸易经营企业经营状况和生产能力,确定其具有加工复出口能力。

(5)领取加工贸易业务批准证

经审核各项单证、单耗数据以及《加工贸易业务批准证申请表》相关数据真实齐全的,且确定具有加工复出口能力的经营企业,由加工贸易商务主管部门审核核发《加工贸易业务批准证》,在《合同(协议)备案申请表》上加盖加工贸易审批章,企业凭此向海关办理合同备案手续。

《加工贸易业务批准证》是海关等部门据以办理加工贸易合同备案、银行保证金台账等相关手续的有效证明文件。对能够按规定提交各项证明文件和材料,且确有加工复出口能力的企业,由加工贸易审批机关审核签发《加工贸易业务批准证》(见示例 3.3.9),并加盖加工贸易业务审批专用章。

示例 3.3.8 合同(协议)备案申请表

合同(协议)备案申请表

预录入号:		主管海关:	
1. 经营单位名称	2. 经营单位编码		
3. 经营单位地址			企业的基本资料
4. 经营单位联系人	5. 电话及 BP 机号		
6. 加工单位名称	7. 加工单位编码		
8. 加工单位地址			
9. 加工单位联系人	10. 电话及 BP 机号		
11. 外商公司	12. 保税方式		
13. 贸易方式	14. 征免性质	15. 贸易国别	申报合同的基本资料
16. 加工种类	17. 内销比例	18. 批准文号	
19. 进口合同号	20. 进口总值	21. 币制	
22. 出口合同号	23. 出口总值	24. 币制	
25. 协议书号	26. 投资总额	27. 币制	
28. 设备总额	29. 累计批准设备总额	30. 币制	
31. 进出期限	32. 进出口岸		
33. 报关员	34. 报关证号	35. 电话及 BP 机号	
36. 申请日期	37. 备注		

5. 单耗的有关问题

(1)单耗的有关概念

单耗是加工贸易项下,加工企业和海关在申报和核定进口料件和加工成品之间定量关系时的一种习惯称谓。单耗是指加工贸易企业在正常加工条件下加工单位成品所耗用的料件量,包括净耗和工艺损耗。净耗是指在加工后,料件通过物理变化或者化学反应存在或者转化到单位成品中的量。工艺损耗是指因加工工艺原因,料件在正常加工过程中除净耗外所必须耗用、但不能存在或者转化到成品中的量,包括有形损耗和无形损耗。工艺损耗率是指工艺损耗占所耗用料件的百分比,即单耗 = 净耗/(1 - 工艺损耗率)。

(2)单耗标准

单耗标准是指供通用或者重复使用的加工贸易单位成品耗料量的准则。单耗标准设定最高上限值,其中出口应税成品单耗标准增设最低下限值。单耗标准是由海关根据有关规定会同相关部门制定的,以海关公告形式对外发布。

1)适用单耗标准的项目

海关特殊监管区域、保税监管场所之外的加工贸易企业申报的单耗在单耗标准内的,海关按照申报的单耗对保税料件进行核销;申报的单耗超出单耗标准的,海关按照单耗标准的最高上限值或者最低下限值对保税料件进行核销。

示例 3.3.9 加工贸易业务批准证

<table>
<tr><td colspan="6">加工贸易业务批准证</td><td></td></tr>
<tr><td colspan="6">批准证号:</td><td></td></tr>
<tr><td colspan="2">1. 经营企业名称:</td><td colspan="4">3. 加工企业名称:</td><td></td></tr>
<tr><td colspan="2">2. 经营企业类型:
经营企业编码:</td><td colspan="4">4. 加工企业类型:
加工企业编码:</td><td></td></tr>
<tr><td colspan="2">5. 加工贸易类型:</td><td colspan="4">6. 出口制成品返销截止日期:</td><td></td></tr>
<tr><td rowspan="3">进料加工</td><td>7. 进口合同号:</td><td rowspan="3">来料加工</td><td colspan="3">10. 合作外商:</td><td rowspan="3">加工贸易类型</td></tr>
<tr><td>8. 出口合同号:</td><td colspan="3">11. 合同号:</td></tr>
<tr><td>9. 客供辅料合同号:</td><td colspan="3">12. 加工费(美元):</td></tr>
<tr><td colspan="2">13. 进口主要料件(详细目录见清单):</td><td colspan="4">16. 出口主要制成品(详细目录见清单):</td><td></td></tr>
<tr><td colspan="2">14. 进口料件总值(美元):</td><td colspan="4">17. 出口制成品总值(美元):</td><td></td></tr>
<tr><td colspan="2">15. 进口口岸:</td><td colspan="4">18. 出口口岸:</td><td></td></tr>
<tr><td colspan="2">19. 加工企业地址、联系人、电话:</td><td colspan="4">20. 加工地主管海关:</td><td></td></tr>
<tr><td colspan="2">21. 加工企业生产能力审查单位:</td><td colspan="4">22. 经营企业银行基本账户账号:</td><td></td></tr>
<tr><td colspan="2" rowspan="2">23. 国家料件总值(美元):</td><td colspan="2" rowspan="2">24. 深加工结转金额</td><td>转入(美元)</td><td></td><td></td></tr>
<tr><td>转出(美元)</td><td></td><td></td></tr>
<tr><td colspan="2" rowspan="2">25. 备注:</td><td colspan="4">26. 发证机关签章:</td><td></td></tr>
<tr><td colspan="4">27. 发证日期:</td><td></td></tr>
</table>

2)不适用单耗标准的项目

尚未公布单耗标准的,加工贸易企业应当如实向海关申报单耗,海关按照加工贸易企业的实际单耗对保税料件进行核销。

(3)不列入工艺损耗范围的项目

下列项目不列入工艺损耗范围:

◆因突发停电、停水、停气或者其他人为原因造成保税料件、半成品、成品的损耗;

◆因丢失、破损等原因造成的保税料件、半成品、成品的损耗；
◆因不可抗力造成保税料件、半成品、成品灭失、损毁或者短少的损耗；
◆因进口保税料件和出口成品的品质、规格不符合合同要求，造成用料量增加的损耗；
◆因工艺性配料所用的非保税料件所产生的损耗；
◆加工过程中消耗性材料的损耗。

第4章 如何进行加工贸易合同备案

加工贸易合同备案是指合同被批准后1个月内在料件尚未进口前，加工贸易企业持合法的加工贸易合同到主管海关备案，申请保税并领取《加工贸易手册》或其他准予备案凭证的行为。经营企业要在加工企业所在地主管海关办理加工贸易货物备案手续。经营企业与加工企业不在同一直属海关管辖的区域范围的，应当按照海关对异地加工贸易的管理规定办理货物备案手续。

1. 经营企业办理合同备案手续应提交的单证

经营企业办理加工贸易货物备案手续时，应当提交下列单证：

➤主管部门签发的同意开展加工贸易业务的有效批准文件；

➤经营企业自身有加工能力的，应当提交主管部门签发的《加工贸易经营状况及生产能力证明》；

➤经营企业委托加工的，应当提交经营企业与加工企业签订的委托加工合同、主管部门签发的加工企业的《加工贸易加工企业生产能力证明》；

➤经营企业对外签订的合同；

➤加工贸易合同备案申请表及企业加工贸易合同备案呈报表；

➤为确定单耗和损耗率所需的有关资料；

➤其他备案所需要的单证。

2. 加工贸易合同备案的流程及具体说明

加工贸易合同备案的流程如图3.4.1所示。

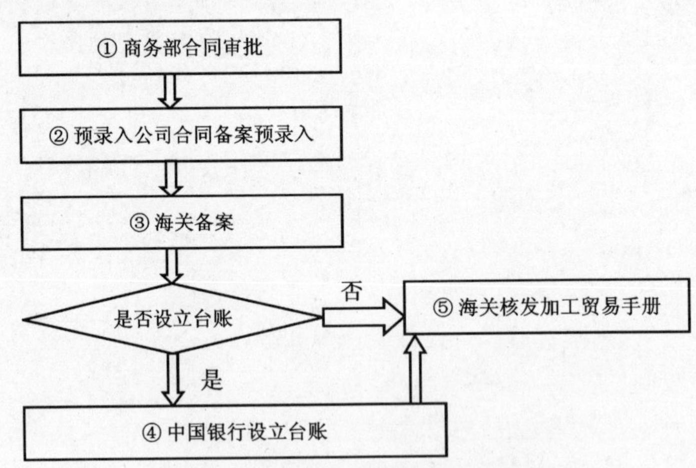

图3.4.1 加工贸易合同备案流程

(1) 审批合同

报商务主管部门审批合同，领取《加工贸易业务批准证》和《加工贸易企业经营状况和生产能力证明》。

(2)将合同相关内容预录入与主管海关联网的计算机

企业在委托预录入公司时,应当提交商务部主管部门审批的文件,如料件和成品备案清单、单耗申报单、合同正本、加工贸易业务批准证等。预录入公司根据这些资料做成《加工合同备案申请表(预录入)》。

◆《加工合同备案申请表(预录入)》的表头部分,主要是企业和合同的基本资料情况,见示例 3.4.1。

示例 3.4.1　企业加工合同备案申请表(预录入)表头部分

企业加工合同备案申请表(预录入)

(表头部分)

※手册号:

※预录入号:　　　　　　　　进出口口岸一:

经营单位		贸易方式		有效期限	
收货单位		贸易国别		延期期限	
收货单位编码		企业地址			
联系人		联系电话			
外商公司		征免方式		批文号	
协议书号		进口合同		出口合同	
进口总值		出口总值		监管费	
进出口岸二		进出口口岸三		进出口口岸四	进出口口岸五
录入员			录入日期		
备注					

◆《加工合同备案申请表(预录入)》的表体部分,主要是合同中料件、成品以及单耗的基本情况。需要注意的是出口成品、进口料件与单耗这 3 部分的格式和对应关系,见示例 3.4.2。

示例 3.4.2　《加工合同备案申请表(预录入)》表体部分

(表体部分)

※出口成品

序号	商品编码	品名、规格、型号	消费国	商品数量	单位	单价	总价	征免

※进口料件

序号	商品编码	品名、规格、型号	原产国	商品数量	单位	单价	总价	征免

※成品单耗

料件序号	料件品名、规格、型号	成品序号		成品序号		成品序号	
		单耗	损耗	单耗	损耗	单耗	损耗

(3)海关备案

海关审核企业提交的备案单证,同意备案后,出具《加工合同备案情况表》,并加盖海关印章。《加工合同备案情况表》也分为表头和表体两个部分,见示例3.4.3。

示例3.4.3　加工合同备案情况表

加工合同备案情况表

(表头部分)

※手册编号:　　　　　　　　　进出口口岸一:

经营单位		贸易方式		有效期限	
收货单位		贸易国别		延期期限	
收货单位编码		企业地址			
联系人		联系电话			
外商公司		征免方式		批文号	
协议书号		进口合同		出口合同	
进口总值		出口总值		监管费	
进出口口岸二		进出口口岸三		进出口口岸四		进出口口岸五	
录入员		录入日期			
备注					

(表体部分)

※出口成品(手册编号:　　　)

序号	商品编码	品名、规格、型号	消费国	商品数量	单位	单价	总价	征免

※进口料件(手册编号:　　　)

序号	商品编码	品名、规格、型号	原产国	商品数量	单位	单价	总价	征免

※成品对应料件单损耗情况(手册编号:　　)

料件序号	料件品名、规格、型号	成品序号		成品序号		成品序号	
		单耗	损耗	单耗	损耗	单耗	损耗

(4)设立台账

海关审核同意备案合同后,对必须设立台账的企业签发《开设银行保证金台账联系单》,企业到中国银行办理银行保证金台账的开设手续,领取《台账登记通知单》,凭《台账登记通知单》到海关领取加工贸易手册。

注意:哪些企业需要设立台账,具体见第5章内容。

(5)领取加工贸易手册

不需要开设台账的,直接向海关领取加工贸易手册。

有一点需要注意:5 000美元以下78种低值辅料可以免领加工贸易手册,但必须凭出口合同和加盖公章的《5 000美元以下78种列名辅料免税申请表》向主管海关备案。备案之后凭《5 000美元以下78种列名辅料免税申请表》办理免税进口。78种辅料目录见本章附件。

3. 避免合同备案的退单

在实际作业中,常因单证漏填或错填而造成退单。为了避免在办理合同备案过程中被海关退单,必须遵守以下规定。

◆企业在办理新合同备案前,必须先到海关档案管理部门编号海关编码,然后到海关统计部门审核商品编号和计量单位,并在手册上编好统计编码。

◆企业报批产品(成品)以重量为单位时,原材料不是以重量为单位的,必须按协调制度(HS编码书)规定的单位填写,此外还要在备注栏内注明重量。

◆企业报批有内销比例的产品时,必须在批准的内销比例范围内注明内销比例。

◆企业报批的产品超出经营范围时,应先向商务部主管部门补充报批,并到工商部门领取扩大经营范围后的营业执照。

◆报批产品属于不得开展来料加工项目的商品或禁止出口的商品时,应先报商务部主管部门审批。同意后立项,凭立项批文向海关备案。

◆三资企业进口的设备超过投资额时,必须追加投资。

◆生产合同或生产计划需经有关部门批准,应凭有关部门批准的文件向海关备案。

4. 加工贸易手册及分册

加工贸易是通过加工贸易手册(见本章附件)来进行管理的。为适应加工贸易新形势的发展需要,进一步规范加工贸易管理,简化企业办理加工贸易手续,从2006年1月1日起,启用《中华人民共和国海关加工贸易手册》(以下简称加工贸易手册),原《加工装配和中小型补偿贸易进出口货物登记手册》、《中华人民共和国海关进料加工登记手册》和《中华人民共和国海关对外商投资企业履行产品出口合同所需进口料件加工复出口登记手册》同时停止使用。

有了加工贸易手册,企业不必缴纳关税和增值税即可进口料件,通过手册上的出口记录,手册到期时可办理手册核销。加工贸易手册是企业向海关办理进出口货物报关、免税手续和核销手续的主要凭证，企业应妥善保管，不得擅自涂改和伪造、撕毁。

(1)加工贸易手册的作用

加工贸易手册有3方面作用：

➤经营单位凭手册向进出境地海关办理报关手续；

➤进料、出口时，进出境地海关在手册上签注货物的进出口情况，并凭手册对进出口货物免征关税和增值税；

➤经营单位凭手册和进出口报关单等办理合同核销手续。

注意：未办理手册的企业进出口的货物，不能享受加工贸易优惠，需按一般贸易办理报关征税手续。

(2)加工贸易手册填写注意事项

填写加工贸易手册时要注意以下事项。

◆加工贸易企业在申请备案时要认真阅读加工贸易手册中"加工贸易企业须知"，并如实填写相应表格和栏目。

◆加工贸易手册分为普通型和加厚型两个版本，主要区别为进出口报关登记页数不同，进出口次数、项目条数较多的企业应选用加厚型。

◆关于加工贸易手册中"经营企业情况表"：经营期限，指营业执照经营期限；注册地址，指营业执照所批准的地址；加工厂厂址，指实际加工地点；年加工能力，指该公司主要产品年生产量；年进出口额，指公司上一年进出口值；企业管理类别是指海关对企业管理的分类类别，新注册企业为B类。

◆关于加工贸易手册中"加工企业情况表"：若加工企业与经营企业相同，可不填此表。

◆关于加工贸易手册中"货物进口/结转转入报关登记表"和"货物出口/结转转出报关登记表"：填写内容应与报关单相应项目一致；深加工结转与余料结转需在"运提单号"栏目填写相应转出、转入手册号。

◆关于加工贸易手册中"货物内销/放弃登记表"，应在备注栏注明货物处理方式"内销"或"放弃"。

◆关于加工贸易手册中"核销申请表"："项号"是指该料件在手册中的项号，如多于4个成品，企业可按照需要复印申请表后顺序填写；"剩余料件和残次品情况"应注明结转、退运、放弃等处理方式；"边角料/副产品/受灾物资"应注明结转、退运、放弃等处理方式。

◆"核销申请表"一式两份，一份企业自行留存备查，一份交海关办理核销手续。

◆加工贸易手册由海关总署负责统一印制。

(3)加工贸易手册遗失后，企业应办理的手续

有关公司和加工单位的加工贸易手册必须妥善保管，如有遗失，应及时向主管海关报告，并提交下列单证：

➤经营企业关于加工贸易手册遗失的书面报告；

➤加工贸易货物进出口报关单(无进出口货物的免于提交)；

➤海关需要收取的其他单证和材料。

经海关核实情况属实的，予以补发加工贸易手册。在海关补发前，有关货物不得进口。

(4)领取加工贸易手册分册所需文件

经海关批准，企业在领取加工贸易手册的基础上，可以根据不同的情况，申请领取加工贸

易手册分册。加工贸易手册分册是指海关在企业多口岸报关周转困难或异地深加工结转需要的情况下，在加工贸易手册（总册）的基础上，由企业申请并经主管海关核准，重新备案的载有总册部分内容的、有独立编号的另一本手册。加工贸易手册分册进出口报关时可以与原手册分开使用，但必须同时报核。领取分册的企业必须是已持有海关核发的加工贸易手册（总册）的加工贸易企业，且在加工贸易手册（总册）的有效期内，尚未执行完毕时申请。企业向海关申请分册时，应提交以下文件：

➤已填写并加盖企业印章的《加工贸易分册申请表》一式两份；

➤已预录入的《加工贸易分册呈报表》；

➤海关核发的加工贸易手册（总册）；

➤申请深加工结转分册的，应提供商务部出具的深加工结转批件；

➤海关需要的其他单证。

(5)使用加工贸易手册分册的注意事项

使用加工贸易手册分册时要注意以下事项。

◆分册只能由经营单位或其委托人（须有经营单位的委托书）持有，并用于办理保税货物的报关手续，不得移作他用。

◆异地报关分册只能在经批准的异地口岸办理保税货物进出口报关手续。企业使用分册在异地口岸办理报关的，报关单的“备案号”栏填报分册号。

◆深加工结转分册只能在经批准的口岸办理转厂手续。深加工结转分册仅限在本地报关。报关单的“备案号”栏填报分册号。

◆分册执行完毕或分册有效期到期后，企业应妥善保管分册，并在规定的期限内，向海关办理加工贸易合同核销手续。向海关报核时，企业应向海关提供加工贸易手册和所有分册以及海关规定的其他单证数据。

5. 企业不能及时申领到加工贸易手册的原因及解决方法

(1)企业不能及时申领到加工贸易手册的原因

从企业的角度讲，不能及时申请到加工贸易手册的原因主要有以下几点。

1)单证不是有效齐全的

企业报关员办理手册时提交的单证不是有效齐全的。比如，有的企业办理时提供的合同存在明显伪造痕迹，有的企业提供的加工贸易单耗标准明显不合理，有的企业合同品名笼统、简单。

2)设备、消耗性材料列入手册

手册中出现不能保税进口的小型设备和一些消耗性的材料。如一些企业将工具、模具、样品等列在手册里，有的将一些消耗性材料如印花纸、黏胶膜等列在手册中，超出保税进口料件的范围。

3)手册的经营范围超过营业执照

企业列入手册中的生产经营活动超出其营业执照中规定的经营范围。例如，有的企业是进行纸张印刷加工的，就不能进口原纸生产笔记本；有的行业只能做单一产品的加工，比如生产涂料，就不能进行油漆的加工。

4)没有能力进行部分生产步骤

合同成品生产中的部分步骤，企业没有生产能力，需要外发到其他厂家进行加工。例如，有的企业只能进行纺纱加工,如果要办理的出口成品是布匹甚至服装的加工手册,就会出问题;有的企业是生产钢铁制品的,但本身就没有对钢卷分条的能力,也只能委托别的企业。

5)物料数量超过加工能力

企业现在持有的手册所包含的物料数量已超过现有生产加工能力。有的企业在国际市场原料价格下跌时,想大量购入原料,而海关一般对企业生产中的安全库存量确定为4个月。因此,如果企业再次申请手册时,物料数量超过此安全库存量,就有可能领不到手册。

6)未按时核销上一本手册

企业有已到核销期的手册未向海关申报核销。企业送核手册的期限一般是手册有效期后1个月,如果企业不及时送核,将影响新手册的办理。

7)上一本手册超期未核销结案

由于手册送核时间不及时、单证不齐全、补税手续不及时等原因,导致手册无法及时结案。

8)其他原因

如企业因管理不善,正在内部整改中;企业有走私违规嫌疑正在调查中;另外,丢失手册也可能引起手册的停办或缓办。

(2)当企业不能及时申领到加工贸易手册时的解决方法

不能及时申请到加工贸易手册,不仅增加了企业的负担,而且影响企业正常的经营生产。为了解决这一问题,企业应当在搞好内部管理的同时,加强对报关员及手册的管理。

◆企业管理人员和报关员在办理手册之前,应当了解国家有关的政策法规,建立加工贸易手册管理的相关档案,以便熟知海关管理的要求,随时向海关提供齐全有效的各类单证。

◆加强管理手册的执行情况,随时了解料件的进出口、生产加工和流向等情况。

◆对需要送核的手册应当经企业主管人员审核,以保证送核手册中的单耗、流程与实际生产情况一致,确保及时核销结案。

◆企业对生产加工中出现的特殊情况,如外发加工、手册丢失等,应及时与海关沟通,以便海关妥善处理。

6. 加工贸易串料申请

经营企业因加工出口产品需要申请本企业内部进行料件串换的,需提交书面申请并符合下列条件:一是保税料件和保税料件之间以及保税料件和进口非保税料件之间的串换,必须符合同品种、同规格、同数量的条件;二是保税料件和国产料件(不含深加工结转料件)之间的串换必须符合同品种、同规格、同数量、关税税率为零,且商品不涉及进出口许可证管理的条件。

经海关批准,经营企业因保税料件与非保税料件之间发生串换之后,串换下来同等数量的保税料件,由企业自行处置。

7. 异地加工贸易合同备案申请

异地加工贸易是指一个直属海关关区内的加工贸易经营企业,将进口料件委托给另一个直属海关关区内的加工生产企业加工,成品回收后,再组织出口的加工贸易。经营单位与加工企业开展异地加工业务,双方须签订符合《中华人民共和国合同法》规定的"委托加工合同"。

海关对开展异地加工贸易的经营单位和加工企业实行分类管理,如果两者的管理类别不相同,按其中较低类别采取监管措施。

经营企业凭下列文件到加工企业主管海关办理合同登记备案:

➤《加工贸易业务批准证》;

➤委托加工合同；
➤《加工贸易加工企业生产能力证明》；
➤《中华人民共和国海关异地加工贸易申请表》（以下简称《申请表》，见示例 3.4.4）；
➤其他有关单证。

示例 3.4.4　中华人民共和国海关异地加工贸易申请表

海关编号＿＿＿＿＿

中华人民共和国海关异地加工贸易申请表

＿＿＿＿＿＿海关：

我＿＿＿＿＿（公司、厂）需将加工贸易合同（合同号：＿＿＿＿＿）委托＿＿＿＿＿（公司、厂）进行加工，委托合同号：＿＿＿＿＿。我们保证遵守《海关法》及有关规定，如有违反，我们愿承担相应的法律责任。

主要进口料件名称	数量	价值	出口成品名称	数量	价值

经营单位：
地址：
电话：
企业法定代表人（签名）：　　　年　　月　　日（盖章）
企业管理类别：
经营单位主管海关意见：　　　年　　月　　日（盖章）
1. 本申请表一式二联：第一联经营单位主管海关留存，第二联加工企业主管海关留存。
2. 企业管理类别由海关填写。

8. 外发加工申请

外发加工，是指经营企业因受自身生产特点和条件限制，经海关批准并办理有关手续，委托承揽企业对加工贸易货物进行加工，在规定期限内将加工后的产品运回本企业并最终复出口的行为。承揽企业，是指与经营企业签订加工合同，承接经营企业委托外发加工业务的生产企业。承揽企业须经海关注册登记，具有相应的加工生产能力。

外发加工的成品、剩余料件以及生产过程中产生的边角料、残次品、副产品等加工贸易货物，经经营企业所在地主管海关批准，可以不运回本企业。

（1）海关外发加工监管方式

在海关总署公告 2009 年第 51 号《关于加工贸易保税货物外发加工业务有关事项》中推广暂行海关总署 H2000 外发加工管理系统，现具体介绍加工贸易外发加工业务管理和 H2000 外发加工管理系统（以下简称外发系统）的操作。

1）外发加工备案申请

企业应向主管海关提出外发加工备案申请，并填写《中华人民共和国海关加工贸易保税货物外发加工申请表》（见示例 3.4.5）。

2）海关备案

主管海关通过计算机系统对企业申报备案的《申请表》电子数据进行审核。《申请表》经主管海关审核通过后，企业即可办理外发加工收发货登记手续。

3）实际收发货物

企业应分别在每批实际收发货后 72 小时内申报《保税货物外发加工收发货单》电子数据。

（2）海关不予批准开展外发加工申请情形

企业有下列情形之一，海关不予批准其开展外发加工业务：

◆涉嫌走私、违规，已被海关立案调查、侦查，案件未审结的；

◆生产经营管理不符合海关监管要求，被海关责令限期整改，在整改期内的；

◆有逾期未报核手册的；

◆申请外发加工的手册被海关暂停进出口的。

示例 3.4.5　保税货物外发加工申请表

保税货物外发加工申请表

申请表编号：

我________公司（厂）自____年____月____日至____年____月____日，需将保税货物加工出口产品过程中________工序（非主要加工工序）外发给__________公司（厂）加工，并在海关规定的时间内将外发的保税货物运回本企业，特向你关申请。

委托方企业手册号：								承揽方企业手册号：							
备案序号	商品编码	品名、规格	数量	计量单位	单耗	总价	币制	备案序号	商品编码	品名、规格	数量	计量单位	单耗	总价	币制

兹声明以上申报无讹并承担法律责任 承揽企业法定代表：　　电话： 报关员（签名）：　　电话： （企业盖章） 年　月　日	兹声明以上申报无讹并承担法律责任 委托企业法定代表：　　电话： 报关员（签名）：　　电话： （企业盖章） 年　月　日

主管海关审核意见：

（海关盖章）

年　月　日

附件一：

加工贸易 5 000 美元以下 78 种辅料目录

1. 拉链	2. 纽扣	3. 鞋扣
4. 扣绊	5. 搭扣	6. 摁扣
7. 垫肩	8. 胶袋	9. 别针
10. 大头针	11. 胶贴	12. 纸贴
13. 棉线	14. 提帮线	15. 缝纫线
16. 绣花线	17. 纸板	18. 纸封
19. 花边	20. 滚条	21. 纸盒
22. 铁圈	23. D 型圈	24. 夹子
25. 胶类	26. 挂钩	27. 风钩
28. 衣架	29. 尼龙绳	30. 开线绳
31. 腈纶绳	32. 铆钉	33. 气眼
34. 纸牌	35. 商标	36. 装饰牌
37. 计算机牌	38. 装饰用标牌	39. 各种标签
40. 计算机纸带	41. 防腐剂	42. 纸样
43. 夹带	44. 窗帘绳	45. 花纸
46. 洗涤带	47. 蝴蝶片	48. 干燥剂
49. 棉带	50. 腰带	51. 吊牌
52. 玩具眼、鼻、头发	53. 鞋眼	54. 尼龙卷
55. 魔术贴	56. 条形码	57. 塑料袋
58. 密封圈	59. 横头卡	60. 嵌线
61. 彩线	62. 汗衫边	63. 裤钩
64. 珠子(结)	65. 拷钮	66. 胶纸衬
67. 腰衬	68. 说明书	69. 橡皮筋
70. 价格牌	71. 品质带	72. 尺码带
73. 珠片	74. 领插角	75. 纸箱
76. 五金配件	77. 方型圈	78. 小型用生产工具(扣模、胶针枪)

附件二:加工贸易手册

手册/分册编号________

中华人民共和国海关

加 工 贸 易 手 册

中华人民共和国　　　　　　　　　　海关核发

经营企业名称________________________

海关注册编码________________________

手册备案有效期______________________

加 工 贸 易 企 业 须 知

1. 本加工贸易手册供经营加工贸易的企业，办理加工贸易合同登记备案（变更）、货物进出口和核销之用。本手册适用进料加工、来料加工等业务。

2. 经营企业应当向加工企业所在地主管海关办理加工贸易货物备案手续。企业办理加工贸易相关业务，按照有关规定需要担保的，企业应按规定办理担保手续。

3. 经营企业办理加工贸易货物备案手续，应当提交下列单证：商务（外经贸）主管部门签发的同意开展加工贸易业务的有效批准文件；商务（外经贸）主管部门签发的《加工贸易企业经营状况及生产能力证明》；经营企业对外签订的合同；经营企业委托加工的，还应当提交经营企业与加工企业签订的委托加工合同；海关认为需要提交的其他证明文件和材料。

4. 已经办理加工贸易货物备案的经营企业可以向海关申领加工贸易手册分册、续册。

5. 经营企业经海关批准可以开展外发加工业务。外发加工应当在加工贸易手册有效期内进行。

6. 经营企业办理货物进出口手续时，应当持加工贸易手册、加工贸易进出口货物专用报关单等有关单证办理加工贸易货物进出口报关手续。

7. 加工贸易货物备案内容发生变更的，经营企业应当在加工贸易手册有效期内按有关规定办理变更手续。需要报原审批机关批准的，还应当报原审批机关批准。

8. 加工贸易出口制成品属于国家对出口有限制性规定的，经营企业应当向海关提交出口许可证件。加工贸易项下的出口产品属于应当征收出口关税的，海关按照有关规定征收出口关税。

9. 加工贸易货物未经海关许可，不得抵押、质押、留置。

10. 未经海关许可并且未缴纳应纳税款、交验有关许可证件，不得擅自将加工贸易货物在境内销售。加工贸易货物因故转为内销的，海关凭商务（外经贸）主管部门准予内销的有效批准文件，对保税进口料件依法征收税款并加征缓税利息；进口料件属于国家对进口有限制性规定的，经营企业还应当向海关提交进口许可证件。

11. 加工贸易企业应当根据《中华人民共和国会计法》及国家有关法律、行政法规、规章的规定，设置符合海关监管要求的账簿、报表及其他有关单证，记录与本企业加工贸易货物有关的进口、存储、销售、加工、使用、损耗和出口等情况。

12. 海关根据监管需要对加工贸易企业进行核查的，企业应当予以配合。

13. 经营企业应当在手册有效期限内将进口料件加工复出口以及办理料件或成品的内销、深加工结转、余料结转、放弃、退运等海关手续，并自加工贸易手册项下最后一批成品出口或者加工贸易手册有效期限到期之日起30日内向海关报核。经营企业对外签订的合同因故提前终止的，应当自合同终止之日起30日内向海关报核。报核前必须办结余料结转、征税、退运、放弃等相关手续。

14. 经营企业报核时应当向海关如实申报进口料件、出口成品、边角料、剩余料件、残次品、副产品以及单耗等情况，并向海关提交加工贸易手册、加工贸易进出口货物专用报关单以及海关要求提交的其他单证。

15. 经营企业应妥善保管手册，遗失加工贸易手册的，应当及时向海关报告，并承担相应责任。海关在按照有关规定处理后对遗失的加工贸易手册予以核销。

16. 加工贸易企业出现分立、合并、破产的，应当及时向海关报告，并办结海关手续。加工贸易货物被人民法院或者有关行政执法部门封存的，加工贸易企业应当自加工贸易货物被封存之日起5个工作日内向海关报告。

17. 加工贸易企业从事加工贸易，违反海关法律法规的规定，构成走私或者违反海关监管规定行为的，由海关按照《中华人民共和国海关法》和《中华人民共和国海关行政处罚实施条例》的有关规定予以处理；构成犯罪的，依法追究刑事责任。

18. 本须知未尽事项以及与现行法律法规有抵触的，以现行法律、行政法规、规章为准。

19. 本手册由海关统一印制。

(一)经营企业情况表

经营企业名称(海关注册编码)＿＿＿＿＿＿＿＿经营期限＿＿＿＿＿＿＿＿
注册地址＿＿＿＿＿＿＿＿加工厂厂址＿＿＿＿＿＿＿＿
注册资本＿＿＿＿＿＿年加工能力＿＿＿＿＿＿年进出口额(美元)＿＿＿＿＿＿
企业管理类别＿＿＿＿＿＿厂房所有权:租赁(　)自建(　)其他(　)厂房租赁期＿＿＿＿＿＿
企业负责人＿＿＿＿＿＿办公电话＿＿＿＿＿＿手机＿＿＿＿＿＿邮箱＿＿＿＿＿＿
经办人＿＿＿＿＿＿办公电话＿＿＿＿＿＿手机＿＿＿＿＿＿邮箱＿＿＿＿＿＿
传真＿＿＿＿＿＿邮编＿＿＿＿＿＿网址＿＿＿＿＿＿

本企业保证手册填报内容真实有效;愿意遵守《中华人民共和国海关法》及相关法律、行政法规、规章,保证合法经营,按期加工复出口,及时办理变更、核销等海关手续;因故转为内销的,及时按规定办理补税等手续。如有违法违规之情节,愿承担一切法律责任。

企业法人或其授权人签字:

企业盖章:

年　月　日

(二)加工企业情况表

企业名称(海关注册编码)＿＿＿＿＿＿＿＿注册地址＿＿＿＿＿＿＿＿
注册资本＿＿＿＿＿＿＿＿加工设备价值＿＿＿＿＿＿＿＿
厂房面积＿＿＿＿＿＿＿＿年加工能力＿＿＿＿＿＿＿＿
企业负责人＿＿＿＿＿＿办公电话＿＿＿＿＿＿手机＿＿＿＿＿＿
经办人＿＿＿＿＿＿办公电话＿＿＿＿＿＿手机＿＿＿＿＿＿
传真＿＿＿＿＿＿邮编＿＿＿＿＿＿网址＿＿＿＿＿＿

本企业愿与经营企业共同承担相应的法律责任。

企业法人或其授权人签字:

企业盖章:

年　月　日

注:如经营企业与加工企业相同,可不填此表。

(三)加工贸易合同备案审批表粘贴栏

加工贸易备案(变更)手册情况表粘贴栏

海关批注意见:

海关备案业务联系电话:

海关盖章:

年　月　日

(四)货物进口/结转转入报关登记表

报关日期	报关单编号	运提单号/手册编号	货物名称、规格	单位	数量	价值	海关签章	备注

注:深加工结转和余料结转需在运提单号栏注明转出手册编号。

(五)货物出口/结转转出报关登记表

报关日期	报关单编号	运提单号/手册编号	货物名称、规格	单位	数量	价值	海关签章	备注

注:深加工结转和余料结转需在运提单号栏注明转入手册编号。

(六)货物内销/放弃登记表

报关日期	报关单号/凭证号	货名及规格	单位	数量	价值	海关签章	备注

续表

报关日期	报关单号/凭证号	货名及规格	单位	数量	价值	海关签章	备注

注:备注栏注明货物处理方式“内销”或“放弃”。

(七)核销申请表粘贴栏

核销申请表粘贴栏

(八)《海关合同结案表》和《结案通知书》粘贴栏

《海关合同结案表》和《结案通知书》粘贴栏

第5章　加工贸易银行保证金台账制度是如何规定的

加工贸易银行保证金台账制度，是指经营加工贸易的单位或企业凭海关核准的手续，按合同备案金额向指定的中国银行申请设立加工贸易保证金台账，加工成品在规定的加工期限内全部出口，经海关核销合同后，再由银行核销保证金台账。这一制度贯穿于加工贸易的全过程，将商务部审批、海关的备案和核销管理与银行的台账管理紧密地结合在一起，充分发挥商务部、海关、银行等部门的监管作用，是堵塞加工贸易管理漏洞的重要措施。

1. 商品分类管理和企业分类管理

1995年国务院对加工贸易进口料件试行了银行保证金台账制度，这对规范加工贸易管理、促进加工贸易健康发展起到了积极作用。为了进一步完善加工贸易银行保证金台账制度，1999年6月1日国务院办公厅在《〈关于进一步完善加工贸易银行保证金台账制度意见〉的通知》中提出对商品和企业进行分类管理，以维护正常的加工贸易秩序。

为了适应经济的发展，商品分类管理和企业分类管理也在不断地调整，具体分析如下。

(1)对加工贸易实行商品分类管理

将商品分为禁止类、限制类和允许类3类。为了适应经济发展、保持外贸稳定增长，国家经贸委会同商务部、海关总署对加工贸易分类管理商品目录确定并进行适当调整，由商务部对外公布。从事加工贸易的企业要经常登录商务部网站查看经营的商品目录是否变动，以免违反国家政策。

(2)对加工贸易企业实行分类管理

《中华人民共和国海关企业分类管理办法》最初出台于1999年，对于企业的管理主要集中在加工贸易领域，大部分措施都与加工贸易台账紧密相关。为了更好地鼓励企业守法自律，提高海关管理效能，保障进出口贸易的安全与便利，海关总署在2008年1月4日公布了新的《中华人民共和国海关企业分类管理办法》，此办法自2008年4月1日起施行，同时废止了1999年6月1日起实施的《中华人民共和国海关企业分类管理办法》。这是海关总署自1999年6月实施企业分类管理制度以来的第一次完善修订。与原制度相比，新《办法》增加了企业类别：即在原有4个管理类别的基础上新增了AA类管理类别。

海关根据企业遵守法律、行政法规、海关规章、相关廉政规定和经营管理状况以及海关监管、统计记录等，设置AA、A、B、C、D 5个管理类别，对有关企业进行评估、分类，并对企业的管理类别予以公开。AA类和A企业适用相应的通关便利措施，B类企业适用常规管理措施，C类和D类企业适用严密监管措施。企业可以根据自身的经营状况申请管理类别。

2. 加工贸易银行保证金台账分类管理

在了解台账制度之前首先应该明确什么是台账“空转”、“实转”。“空转”是指加工贸易企业在办理银行保证金台账时，只设台账，不需付保证金；“实转”是指加工贸易企业在办理银行保证金台账时，保证金存入海关在中国银行设立的指定账户。

(1)禁止类商品和允许类商品的台账管理

禁止类商品和允许类商品的台账管理如下。

◆适用D类管理的企业不得开展加工贸易。

◆禁止类商品:任何企业都不得开展禁止类商品的加工贸易。

◆允许类商品和5 000美元以下78种辅料:除C类企业外,其他企业实行银行保证金台账"空转"制度;对C类企业,实行银行保证金台账"实转",海关对其加工贸易进口料件收取应征进口关税和进口环节增值税税款等值的保证金。

(2)限制类商品的台账管理

限制类商品的台账管理(见表3.5.1)比前两者复杂,自1995年建立以来,海关总署根据我国加工贸易的实际状况进行了两次大的调整。第一次调整是自2007年8月23日起执行的商务部、海关总署公告2007年第44号《关于公布加工贸易限制类商品目录》,它就A、B企业缴纳的保证金额进行了修改。

表3.5.1 限制类商品银行保证金台账管理分析表

企业类别 / 商品种类	A类(AA类)	B类	C类
出口类和进口轻纺类	空转	空转	100%实转
其他进口类	空转	50%实转	100%实转

注:B类企业缴纳50%的保证金,应缴纳的台账保证金计征方法是,"限制进口类商品应缴纳台账保证金=(全部限制类进口商品应缴进口关税+进口环节增值税)×50%"的计算公式中,以深加工结转方式转入的限制类料件不计入"全部限制类进口商品"。

C类企业缴纳按全部保税进口料件应缴进口关税和进口环节增值税之和100%计征保证金。

2008年金融海啸的爆发,严重影响我国对外贸易,特别是加工贸易。为积极应对金融危机的影响,缓解加工贸易企业资金压力,保持外贸稳定增长,海关总署作了第二次调整。这次调整是自2008年12月1日起执行海关总署2008年第97号公告《关于明确加工贸易政策调整相关事项》,具体规定如下。

◆暂停商务部、海关总署2007年第44号公告中限制出口类目录1 853个海关编码商品以及限制进口类目录轻纺类272个海关编码商品保证金台账"实转"政策。A类和B类企业暂停银行保证金台账"实转",实行"空转"管理;C类企业仍实行100%"实转"管理。

◆公告还规定对于限制进口类目录其余122个海关编码商品,A类企业暂停银行保证金台账"实转",实行"空转";B类企业实行50%"实转";C类企业实行100%"实转"。

3.银行保证金台账的流程

银行保证金台账的流程如图3.5.1所示。

(1)合同审批

企业对外签订加工贸易合同后,根据加工产品的类别(限制类、允许类),报相应级别的商务部主管部门批准。

(2)合同登记备案

加工贸易合同经商务部主管部门审批后,到所在地主管海关办理合同的登记备案手续。主管海关根据加工贸易合同及商务部主管部门的批件进行审批,按合同备案进口料件金额签

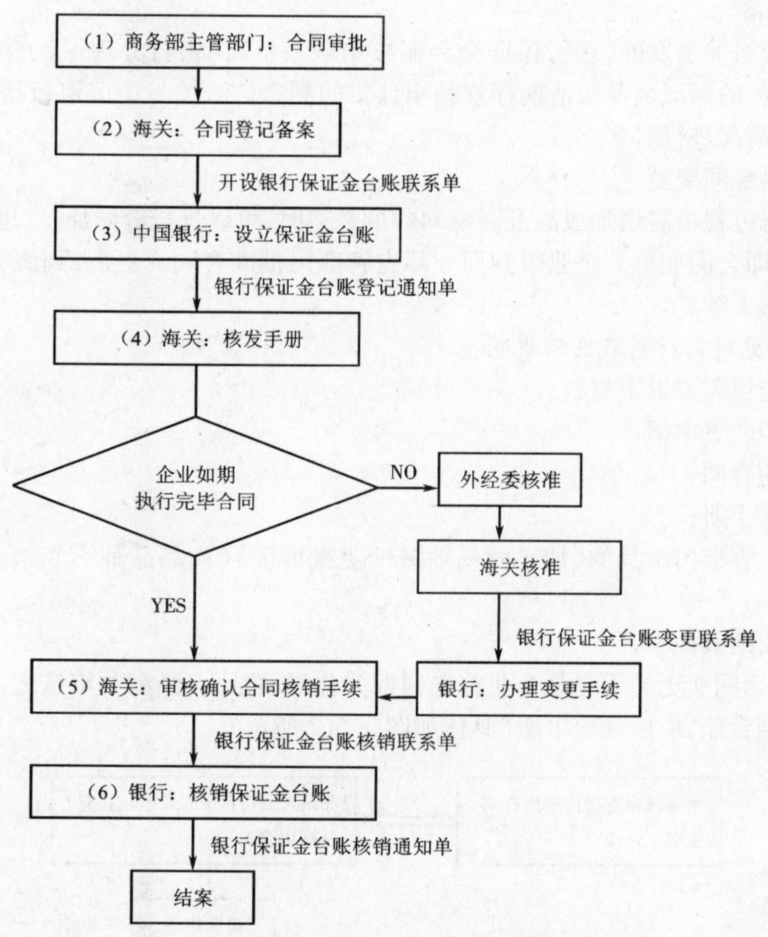

图 3.5.1　银行保证金台账的流程

发《开设银行保证金台账联系单》,交企业到指定的中国银行办理开设保证金台账的手续。

(3)开设台账

企业持主管海关签发的《开设银行保证金台账联系单》向所在地主管海关指定的中国银行办理保证金台账的设立手续。中国银行根据海关签发的联系单及经营单位的申请,审核后按合同备案料件金额设立保证金台账或按海关规定收取保证金,并签发《银行保证金台账登记通知单》和保证金收存凭证,交企业向海关申领加工贸易手册。申请设立保证金台账时,经营加工贸易单位或企业应向中国银行每次交纳手续费 100 元。

(4)核发手册

主管海关根据《银行保证金台账登记通知单》和其他有关单证,向企业核发加工贸易手册。

(5)合同核销

企业在海关规定的期限内执行完加工贸易合同或最后一批加工产品出口后,向主管海关办理合同的核销手续。海关审核确认后,签发《银行保证金台账核销联系单》,交企业到银行办理台账核销手续。

(6)台账核销

企业持主管海关签发的《银行保证金台账核销联系单》向银行办理保证金台账的销账手续，领取应该退还的保证金及按活期存款利率计付的利息。海关与中国银行按月对保证金台账的设立、核销情况进行对账。

4. 加工贸易合同变更

合同在执行过程中需增加成品及对应料件的数量时，可以进行合同加签，也可以办理合同的延期和修改，即合同变更。企业得到商务部主管部门批准合同变更后，到海关办理补充、修改或延期的备案手续。

(1)合同变更所需材料及图例说明

办理合同变更需要以下材料：

➤企业合同变更申请；

➤变更后的合同；

➤加工贸易手册；

➤外经贸主管部门出具的《加工贸易业务变更批准证》(商品品种不变，合同变更金额低于1万美元免办)；

➤海关需要的其他单证。

简单地说，合同变更的程序是企业首先到报关公司预录入，经海关审核之后，企业至银行变更登记保证金台账，最后领取手册(具体如图3.5.2所示)。

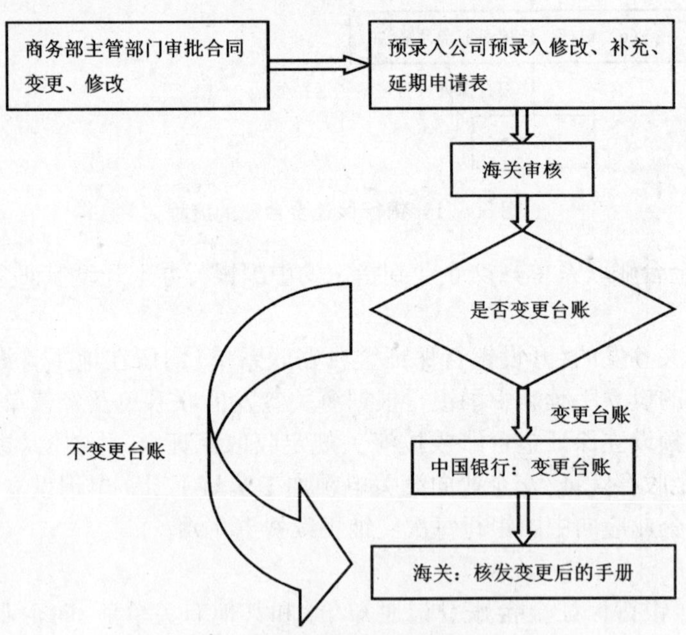

图3.5.2 加工贸易合同变更程序指示图

(2)加工贸易合同变更时保证金台账应作相应调整

1)企业管理类别调整

对因企业管理类别调整，备案合同进口料件从保证金"空转"转为"实转"的，应对原备案合同按规定收取台账保证金；经主管海关关长批准，可只对原合同未履行出口部分按规定收取台账保证金。对转为D类企业的已经备案的合同，经主管海关关长批准，允许收取全额台账保证金后继续执行完毕，但不得变更和延期，备案合同进出口货物在通关环节由计算机控制转为人工审单处理。

2)商品类别调整

对允许类商品转为限制类商品的，已备案的合同不再征收台账保证金。对原限制类或允许类商品转为禁止类的，已备案的合同按有关部门的规定办理。

3)增加进口料件或金额

对增加进口料件或金额涉及保证金台账“实转”的，海关按台账实转的规定，对增加部分征收台账保证金或重新核发手册。对合同项下其他变更，不再收取台账保证金。保证金台账合同执行过程中发生变更，如涉及增加台账保证金的，应按规定补交增加部分台账保证金。

4)保证金减少的情况

对因企业类别调整、限制类商品转为允许类商品或变更后台账保证金减少的，备案合同已收取的台账保证金暂不退还，待合同核销结案后才退还。

第 6 章　如何办理进出口货物的通关

加工贸易企业在海关进行合同备案、申领到加工贸易手册后，便可以凭手册在海关办理料件、成品等的进出口通关手续。加工贸易企业可以采取逐单报关、集中报关等方式进出口货物。只有在海关办理登记注册手续的企业才能报关，并且，负责报关的人员需经海关培训、考核，发给报关员证后，才能办理报关事宜。

1. 通关作业新模式

2001 年 1 月 1 日，新的通关作业模式在中国所有海关全面实施，通关作业改革重新划分海关总署、直属海关和隶属海关三级业务管理权。改革后的通关作业模式利用现代信息技术，将分散审单变为专业化集中审单，即将原来隶属海关的权利提升到直属海关，直属海关的审单中心进行集中审单后，隶属海关现场接单，并按指令查验、放行，使得电子流、信息流替代了过去的人员流、单证流，降低了企业通关成本，提高了通关速度。

按照海关的监管程序，进出境货物要经过审单、查验、征税、放行 4 个环节才能通关。从企业的角度讲，货物进出境应办理进出口申报、陪同查验、缴纳税费、提取或装运货物等手续。进出口货物通关示意如图 3.6.1 所示，具体分析如下。

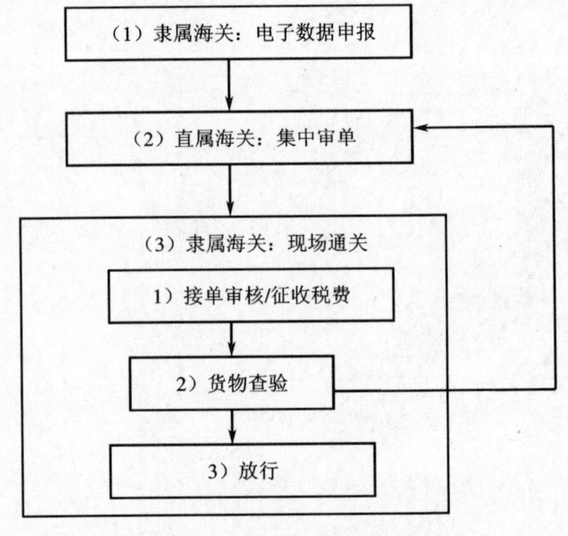

图 3.6.1　进出口货物通关示意图

(1) 报关单电子数据申报

报关人按海关规定填制纸质《进出口货物报关单》、《进口货物价格申报单》草稿，备齐随附单证，进行报关单电子数据录入，并对所报告内容的真实准确性承担法律责任。

报关单电子数据可以通过 3 种方式录入。

◆终端录入：报关人前往报关大厅委托预录入企业使用连接海关计算机系统的终端录入。

◆自行 EDI 方式录入：报关人在本企业办公地点使用 EDI 方式自行录入。

◆委托 EDI 方式录入：报关人委托预录入企业使用 EDI 方式录入。

报关员插入报关员 IC 卡和企业法人身份证 IC 卡确认报关单电子数据内容。

(2) 集中审单

直属海关审单中心收到报关单电子数据，通过计算机系统对报关企业和报关员进行资格认证后，开始进入计算机自动审核。

海关计算机系统根据预先设定的各项参数对电子数据的规范性、有效性和合法性进行电子审核，主要审核报关单所附各种单证（如合同、运单、载货清单、发票等）的真实性和有效性。

1）规范性审核

报关单电子数据不能通过规范性审核的，海关不接受申报，电子数据退回，允许报关人按海关要求修改报关单电子数据后，重新进行电子申报。报关单电子数据通过规范性审核的，计算机自动接收申报，并记录申报时间，此时构成报关人向海关申报及海关接受申报的法律行为。

2）专业化审核

报关单电子数据判别为审单中心专业化审核的，计算机按商品分类分派至审单中心各专业化审单岗位，实施人工专业审单。经专业化审单确定有申报错误的，要求报关人修改报关数据，海关发出修改通知，说明应修改的内容，并可将原报关单电子数据退回（有走私违法嫌疑的不得退回修改），计算机自动作报关员差错记录，报关人按规定办理报关单电子数据修改、删除手续。

3）审结通过

报关单电子数据经判别为交由隶属海关进行接单审核/征收税费处理的以及经专业化审核通过的，系统自动完成计征税费程序处理，核销《进口减免税证明》，核注《预归类决定书》，核扣加工贸易手册进口料件和《进（出）口许可证》等备案数据，同时核注舱单。

4）审单结果公布

审单作业过程中，海关通过设置在报关或预录入大厅的显示屏幕、自动终端和EDI通关系统等，及时向报关人通报审单等作业环节的处理过程及结果，以保证报关人能及时办理通关手续。

（3）现场通关

1）接单审核/征收税费

报关人收到海关发布的"现场交单"信息后，打印纸质《进（出）口货物报关单》、《进口货物价格申报单》，按规定备齐随附单证并签章后，到隶属海关接单审核/征收税费环节办理交单手续。关员接受报关人递交的纸质单证，各项要求审核无误后，打印、签发各类税费专用缴款书，纳税义务人缴纳各项税费。

◆接单审核。海关验核申报人的报关资格，验核通过的，现场接单关员进行接单。现场接单关员验核书面单证，审核书面单证的各项内容是否单单（报关单与随附单证）、单机（报关单与电子数据）相符；对申报价格、商品归类等项目进行复核；按作业要求对有关单证进行批注。

◆征收税费。一般贸易进口的货物需要征收进口关税、进口环节增值税，某些货物还需要征收进口环节消费税。对应税货物征收税款（关税、增值税、消费税），对列为反倾销货物的征收反倾销税，并打印税款缴款书；对暂时进出口货物或根据有关规定需征收保证金的，打印保证金收据；对减免税货物、保税货物按规定征收监管手续费；对超出规定期限未向海关办理报关手续的进口货物征收滞报金，打印海关行政事业性专业票据，到指定银行缴款。

在加工贸易管理制度下，境内企业进口的料件，无论是用外汇购买还是由外商提供，海关均准暂缓征收关税和进口环节税，并根据出口成品实际耗用的进口料件数量，免收关税和进口环节税；对经批准不出口或因故需转为内销的成品所耗用的进口料件数量，补征关税和进口环节税；加工成品出口，一律免征出口关税。

2）货物查验

进出口货物，除海关总署特准免验外，都应接受海关查验。海关接受报关单位的申报后，为确定进出境货物的性质、原产地、货物状况、数量和价格等是否与货物申报单上填报的详细内容相符，有时会对货物进行实际检查。若为海关确定的查验货物，由隶属海关签发《查验通知书》，通知报关人准备查验。查验科（组）长操作查验子系统随机指定查验关员，打印《查验作业单》派单查验。对查验结果正常且税费已核销的，转入放行环节办理放行手续。

3）放行

通关货物被海关放行，意味着允许收发货人可以提取或发运货物。在放行环节，关员在提运单上加盖放行章、签名并批注日期，系统核销《进（出）口许可证》、舱单等各项备案电子数据，给予该票货物一个放行编号，并将此编号通过网络传输至海关监管场所及卡口，报关人即可提取或发运货物。

一般情况下，放行是通关的最后环节，如一般贸易货物的放行表示海关监管的结束，货物可以由当事人自行处理。但是，对于海关监管货物，如保税货物和减免税货物，海关放行后，转入后续管理，海关的手续并未结清，还有结关手续待办。

2. 进出口申报的期限

海关规定了进出口货物报关的期限，超过期限未报关的，由海关征收滞报金。

(1)进口货物的申报期限

进口货物的收货人或代理人，应当自运输工具申报进境之日起 14 日内，向海关申报。第 14 日是法定节假日或休息日的，顺延至其后第 1 个工作日。

进口货物超过规定期限未向海关申报的，海关自第 15 日起至申报之日，向货主或代理人按日以进口货物完税价格的 0.5‰征收滞报金，起征点为人民币 50 元。海关征收滞报金后，向收货人签发滞报金交款凭证——财政部印制的“海关行政性收费专用票据”。

滞报金的计算公式为：

滞报金额 = 进口货物完税价格 ×0.5‰ × 滞报天数

(2)出口货物的申报期限

出口货物的发货人或代理人，应当在货物运抵海关监管区后装货的 24 小时以前向海关申报。企业出口报关时，出口货物必须实际运抵海关监管区或海关指定的监管地点，否则，海关不接受出口报关。

3. 申报单证的具体要求

(1)进出口货物报关单

一切货物进出口时，其收发货人或代理人都必须填写进出口报关单（见本章附件），并向海关申报。电子数据报关单与纸质报关单具有同等法律效力。

1）报关单的份数

海关已实行计算机报关。报关员只需手工填写一份报关单，交给指定的预录入中心将数据输入计算机，即可按贸易方式打印出不同份数的报关单。

◆进口货物报关单一式三份。海关留存两份，报关人留存一份。进料加工增加一份，交报关人办理海关核销手续。

◆出口货物报关单一式三份。海关留存两份，报关人留存一份。转关货物增加一份，做关封转交出境地海关；进料加工增加一份，交报关人办理海关核销手续；进料加工收汇的，打印五份，第五联为出口收汇核销联；需退税的，增加一份，用于办理出口退税。

2)报关单的颜色

各类报关单的颜色各不相同,填报时一定要看清楚,切勿混淆:

➢进料加工进出口货物报关时,填写粉红色的报关单;

➢来料加工装配和补偿贸易进出口货物报关时,填写浅绿色的报关单;

➢外商投资企业进出口货物报关时,填写浅蓝色的报关单;

➢需国内退税的出口货物,另增填浅黄色专用报关单一份;

➢一般贸易和其余贸易方式进出口货物报关时,进出口收付汇专用报关单联均填写白色的报关单。

3)报关单填写

报关单内各项内容要填写准确、齐全,字迹清楚。报关员报关出现差错,经办关员有权暂扣报关员证并登记差错一次,连续出现三次差错,收回报关员证;凡属预录入差错,在一周内连续发生三次,给予警告,必要时暂停预录入资格。

对于来料加工和进料加工,每票货物报关后,企业要保留一份海关签章的报关单,以备核销。

(2)其他单据

◆进口报关,向海关递交进口报关单时,须随附如下单据:

➢海运提单或海运单;

➢商业发票;

➢装箱单;

➢代理报关委托书;

➢加工贸易手册;

➢进口许可证;

➢海关认为必要时,还应交验贸易合同、货物产地证书和其他有关单证等。

◆出口报关,向海关递交出口报关单时,须随附如下单据:

➢装货单;

➢商业发票;

➢装箱单;

➢代理报关委托书;

➢出口收汇核销单;

➢加工贸易手册;

➢出口许可证;

➢海关认为必要时,还应交验贸易合同、货物产地证书和其他有关单证等。

4.填制进出口货物报关单

进出口货物报关单具有重要的法律地位,是向海关报告进出口货物情况,申请海关审查、放行货物的法律文书;是海关监管、征税、统计以及开展稽查和调查的重要依据;是加工贸易进出口货物核销以及出口退税和外汇管理的重要凭证;是海关处理走私、违规案件及税务、外汇管理部门查处骗税和套汇犯罪活动的重要凭证。所以报关企业必须认真负责地填写报关单。报关单各栏目的填制规范如下。

(1)预录入编号

预录入编号规则由接受申报的海关决定。

(2)海关编号

填报海关接受申报时给予报关单的编号,一份报关单对应一个海关编号。

报关单海关编号为18位,其中第1~4位为接受申报海关的编号(海关规定的《关区代码表》中相应海关代码),第5~8位为海关接受申报的公历年份,第9位为进出口标志("1"为进口,"0"为出口;集中申报清单"I"为进口,"E"为出口),后9位为顺序编号。在海关H883/EDI通关系统向H2000通关系统过渡期间,后9位的编号规则同H883/EDI通关系统的要求,即1~2位为接受申报海关的编号(海关规定的《关区代码表》中相应海关代码的后2位),第3位为海关接受申报公历年份4位数字的最后1位,后6位为顺序编号。

(3)进口口岸/出口口岸

应根据货物实际进出境的口岸海关,填报海关规定的《关区代码表》中相应口岸海关的名称及代码。

(4)备案号

填报进出口货物收发货人在海关办理加工贸易合同备案时,海关核发的《中华人民共和国海关加工贸易手册》、电子账册及其分册编号。一份报关单只允许填报一个备案号。"加工贸易"项下货物如下。

◆除少量低值辅料按规定不使用加工贸易手册及以后续补税监管方式办理内销征税的外,填报加工贸易手册编号。

◆使用异地直接报关分册和异地深加工结转出口分册在异地口岸报关的,本栏目应填报分册号;本地直接报关分册和本地深加工结转分册限制在本地报关,本栏目应填报总册号。

◆加工贸易成品凭《征免税证明》转为减免税进口货物的,进口报关单填报《征免税证明》编号,出口报关单填报加工贸易手册编号。

◆对加工贸易设备之间的结转,转入和转出企业分别填制进出口报关单,在报关单"备案号"栏目填报加工贸易手册编号。

(5)进口日期/出口日期

◆进口日期填报运载进口货物的运输工具申报进境的日期。

◆出口日期指运载出口货物的运输工具办结出境手续的日期,此栏供海关签发打印报关单证明联用,在申报时免予填报。

◆无实际进出境的报关单填报海关接受申报的日期。

(6)申报日期

申报日期指海关接受进出口货物收发货人、受委托的报关企业申报数据的日期。以电子数据报关单方式申报的,申报日期为海关计算机系统接受申报数据时记录的日期。以纸质报关单方式申报的,申报日期为海关接受纸质报关单并对报关单进行登记处理的日期。在申报时免予填报。

(7)经营单位

填报在海关注册登记的对外签订并执行进出口贸易合同的中国境内法人、其他组织或个人的名称及海关注册编码。

1)特殊情况下填制要求

特殊情况下填制的要求如下。

◆进出口货物合同的签订者和执行者非同一企业的，填报执行合同的企业。

◆外商投资企业委托进出口企业进口投资设备、物品的，填报外商投资企业，并在标记唛码及备注栏注明“委托某进出口企业进口”。

◆有代理报关资格的报关企业代理其他进出口企业办理进出口报关手续时，填报委托的进出口企业的名称及海关注册编码。

2)经营单位编码

经营单位编码，指经营单位向所在地主管海关办理注册登记手续时，海关为之设置的注册登记编码，为10位数字。第1~4位数为进出口单位属地的行政区划代码，其中第1、2位数表示省、自治区、直辖市，第3、4位数表示省辖市(地区、省直辖行政单位)，如果此位用“90”的，则表示未列名的省直辖行政单位。第7~10位数为顺序编号；第5位数为市经济区划代码，具体如下：

“1”——经济特区

“2”——经济技术开发区和上海浦东新区、海南洋浦经济开发区

“3”——高新技术产业开发区

“4”——保税区

“5”——出口加工区

“6”——保税港区

“7”——物流园区

“9”——其他

第6位数为进出口企业经济类型代码，具体如下：

“1”——有进出口经营权的国有企业

“2”——中外合作企业

“3”——中外合资企业

“4”——外商独资企业

“5”——有进出口经营权的集体企业

“6”——有进出口经营权的私营企业

“7”——有进出口经营权的个体工商户

“8”——有报关权而没有进出口经营权的企业

“9”——其他，包括外国驻华企事业机构、外国驻华使领馆和临时有进出口经营权的单位

(8)收货单位/发货单位

使用加工贸易手册管理的货物，报关单的收发货单位应与加工贸易手册的“经营企业”或“加工企业”一致。

(9)运输方式

运输方式包括实际运输方式和海关规定的特殊运输方式，前者指货物实际进出境的运输方式，按进出境所使用的运输工具分类；后者指货物无实际进出境的运输方式，按货物在境内的流向分类。根据货物实际进出境的运输方式或货物在境内流向的类别，按照海关规定的《运输方式代码表》选择填报相应的运输方式。

(10)运输工具名称

填报载运货物进出境的运输工具名称或编号。

(11)航次号

填报载运货物进出境的运输工具的航次编号。

(12)提运单号

填报进出口货物提单或运单的编号。一份报关单只允许填报一个提单或运单号。

(13)贸易方式(监管方式)

根据实际对外贸易情况按海关规定的《监管方式代码表》选择填报相应的监管方式简称及代码。一份报关单只允许填报一种监管方式。特殊情况下加工贸易货物监管方式填报要求如下。

◆进口少量低值辅料(即5 000美元以下,78种以内的低值辅料)按规定不使用加工贸易手册的,填报“低值辅料”。使用加工贸易手册的,按加工贸易手册上的监管方式填报。

◆外商投资企业为加工内销产品而进口的料件,属非保税加工的,填报“一般贸易”。外商投资企业全部使用国内料件加工的出口成品,填报“一般贸易”。

◆加工贸易料件结转或深加工结转货物,按批准的监管方式填报。

◆加工贸易料件转内销货物以及按料件办理进口手续的转内销制成品、残次品、半成品,应填制进口报关单,填报“来料料件内销”或“进料料件内销”;加工贸易成品凭《征免税证明》转为减免税进口货物的,应分别填制进、出口报关单,出口报关单本栏目填报“来料成品减免”或“进料成品减免”,报关单本栏目按照实际监管方式填报。

◆加工贸易出口成品因故退运进口及复运出口的,填报“来料成品退换”或“进料成品退换”;加工贸易进口料件因换料退运出口及复运进口的,填报“来料料件退换”或“进料料件退换”;加工贸易过程中产生的剩余料件、边角料退运出口以及进口料件因品质、规格等原因退运出口且不再更换同类货物进口的,分别填报“来料料件复出”、“来料边角料复出”、“进料料件复出”、“进料边角料复出”。

◆备料加工贸易手册中的料件结转转入加工出口加工贸易手册的,填报“来料加工”或“进料加工”。

◆保税工厂加工贸易进出口货物,根据加工贸易手册填报“来料加工”或“进料加工”。

◆加工贸易边角料内销和副产品内销,应填制进口报关单,填报“来料边角料内销”或“进料边角料内销”。

◆加工贸易进口料件不再用于加工成品出口,或生产的半成品(折料)、成品因故不再出口,主动放弃交由海关处理时,应填制进口报关单,填报“料件放弃”或“成品放弃”。

(14)征免性质

加工贸易货物报关单应按照海关核发的加工贸易手册中批注的征免性质简称及代码填报。特殊情况填报要求如下。

◆保税工厂经营的加工贸易,根据加工贸易手册填报“进料加工”或“来料加工”。

◆外商投资企业为加工内销产品而进口的料件,属非保税加工的,填报“一般征税”或其他相应征免性质。

◆加工贸易转内销货物,按实际情况填报(如一般征税、科教用品、其他法定等)。

◆料件退运出口、成品退运进口货物填报“其他法定”(代码0299)。

◆加工贸易结转货物,本栏目免予填报。

(15)征税比例/结汇方式

进口报关单本栏目免予填报。

出口报关单填报结汇方式,按海关规定的《结汇方式代码表》选择填报相应的结汇方式名称或代码。

(16)起运国(地区)/运抵国(地区)

应按海关规定的《国别(地区)代码表》选择填报相应的起运国(地区)或运抵国(地区)中文名称及代码。无实际进出境的,填报"中国"(代码142)。

(17)装货港/指运港

根据实际情况按海关规定的《港口航线代码表》选择填报相应的港口中文名称及代码。装货港/指运港在《港口航线代码表》中无港口中文名称及代码的,可选择填报相应的国家中文名称或代码。

无实际进出境的,本栏目填报"中国境内"(代码142)。

(18)境内目的地/境内货源地

按海关规定的《国内地区代码表》选择填报相应的国内地区名称及代码。

(19)成交方式

根据进出口货物实际成交价格条款,按海关规定的《成交方式代码表》选择填报相应的成交方式代码。无实际进出境的报关单,进口填报CIF,出口填报FOB。

(20)件数

填报有外包装的进出口货物的实际件数。特殊情况填报要求如下:

◆舱单件数为集装箱的,填报集装箱个数;

◆舱单件数为托盘的,填报托盘数。

此项不得填报为"0",裸装货物填报为"1"。

(21)包装种类

应根据进出口货物的实际外包装种类,按海关规定的《包装种类代码表》选择填报相应的包装种类代码。

(22)毛重(千克)

填报进出口货物及其包装材料的重量之和,计量单位为千克,不足一千克填报为"1"。

(23)净重(千克)

填报进出口货物的毛重减去外包装材料后的重量,即货物本身的实际重量,计量单位为千克,不足一千克的填报为"1"。

(24)集装箱号

填报装载进出口货物(包括拼箱货物)集装箱的箱体信息。一个集装箱填一条记录,分别填报集装箱号(在集装箱箱体上标示的全球唯一编号)、集装箱的规格和集装箱的自重。非集装箱货物填报为"0"。

(25)项号

分两行填报及打印。加工贸易项下进出口货物的报关单,第一行填报报关单中的商品顺序编号,第二行填报该项商品在加工贸易手册中的商品项号,用于核销对应项号下的料件或成品数量。其中第二行"特殊情况"填报要求如下。

◆深加工结转货物,分别按照加工贸易手册中的进口料件项号和出口成品项号填报。

◆料件结转货物(包括料件、制成品和半成品折料),出口报关单按照转出加工贸易手册中进口料件的项号填报;进口报关单按照转进加工贸易手册中进口料件的项号填报。

◆料件复出口货物(包括料件、边角料、来料加工半成品折料),出口报关单按照加工贸易手册中进口料件的项号填报;如边角料对应一个以上料件项号时,填报主要料件项号。料件退换货物(包括料件、不包括半成品),进出口报关单按照加工贸易手册中进口料件的项号填报。

◆成品退换货物,退运进境报关单和复运出境报关单按照加工贸易手册原出口成品的项号填报。

◆加工贸易料件转内销货物(以及按料件办理进口手续的转内销制成品、半成品、残次品)应填制进口报关单,填报加工贸易手册进口料件的项号;加工贸易边角料、副产品内销,填报加工贸易手册中对应的进口料件项号。如边角料或副产品对应一个以上料件项号时,填报主要料件项号。

◆加工贸易成品凭《征免税证明》转为减免税货物进口的,应先办理进口报关手续。进口报关单填报《征免税证明》中的项号,出口报关单填报加工贸易手册原出口成品项号,进出口报关单货物数量应一致。

◆加工贸易料件放弃或成品放弃,本栏目应填报加工贸易手册中的进口料件或出口成品项号。半成品放弃的应按单耗折回料件,以料件放弃申报,本栏目填报加工贸易手册中对应的进口料件项号。

◆加工贸易副产品退运出口、结转出口或放弃,本栏目应填报加工贸易手册中新增的变更副产品的出口项号。

(26)征免

加工贸易货物报关单应根据加工贸易手册中备案的征免规定填报;加工贸易手册中备案的征免规定为"保金"或"保函"的,应填报"全免"。

5. 修改申报内容或撤销申报

海关接受申报后,报关单证及其内容不得修改或者撤销。但有下述正当理由的,经海关同意,可以修改或撤销申报:

➢由于计算机技术等方面的原因导致电子数据错误的;

➢海关在办理出口货物的放行手续后,由于装运、配载等原因造成原申报货物部分或全部退关需要修改或撤销申报单证内容的;

➢发送单位或报关单位有关人员在操作或书写上的失误,造成非涉及国家贸易管制政策、税收及海关统计指标等内容的差错;

➢因海关审价、归类认定后需对申报数据进行修改的;

➢根据贸易惯例先行采用暂时价格成交、实际结算时按商检品质认定或国际市场实际价格付款方式而修改的。

有正当理由要求修改申报资料或撤销申报的,应当向海关提交书面申请,经海关批准后,方可修改或撤销。由于进出口货物的收发货人或代理人的申报错误构成违约的,应当接受海关相应的处罚,在接受处罚后,方可修改资料或撤销申报、重新申报。

对海关已经通知要查验的进出口货物,不允许修改数据或撤销申报。对构成走私被海关做没收处罚的货物,不允许重新申报。

6. **陪同查验**

(1)陪同查验的流程

接单关员对由通关管理处审单中心下达查验指令的报关单,打印《查验通知单》,打印后交给申报人。同时可根据情况确定是否对未下达查验指令的货物进行查验。

申报人在收到《查验通知单》后,到现场海关查验受理部门办理查验计划(一般当天安排第二天的查验计划),申报人员应做好查验准备。查验结束后,申报人应在《查验记录单》上签名、确认,签名应真实有效;对海关查验过程与结果是否认同应如实填写。

(2)陪同查验的要求

◆海关查验货物时,进出口货物的收发货人或其代理人必须在场,应出示有效证件并按照海关的要求负责搬移货物、开拆和重封货物的包装。当海关对相关单证或货物有疑问时应负责解答。

◆海关认为必要时,可以进行开验、复验或者提取货样,货物保管人员应当到场作为见证人。

◆海关查验货物,应在海关规定的时间和监管场所进行。如有理由要求海关在非监管场所进行查验,应事先报经海关同意,海关可以派员在非规定的时间和场所查验。申请人应提供往返交通工具和住宿,并支付其费用。

7. **提取货物和装运货物时应注意的问题**

(1)提取货物时应注意的问题

进口货物的报关人,在办理了进口货物的申报、陪同查验和缴纳税费(或办理担保)等手续,获得海关放行后,便可以向海关领取盖有海关"放行章"的提货单或放行条,到海关监管仓提取进口货物。

提取货物后,为了证明进口货物的合法性和有关手续的完备性,可以要求海关核发《进口货物证明书》。对属于付汇的进口货物,进口货物的报关人可以要求海关出具一份盖有海关"验讫章"的计算机打印报关单,专门用于办理进口付汇核销手续。

(2)装运货物时应注意的问题

出口货物的报关人,在办理了出口货物的申报、陪同查验和缴纳税费等手续,获得海关放行后,便可以向海关领取盖有海关"放行章"的装货单或放行条,到海关监管仓提取货物出运。装运货物后,为了证明出口货物的合法性和有关手续的完备性,可以要求海关出具《出口货物证明书》。

对需要出口退税的货物,报关人在向海关申报时,增附一份浅黄色的出口退税专用报关单。办结海关手续或装运货物后,向海关领取这份盖有海关"验讫章"和海关审核出口退税负责人印章的计算机打印报关单,凭以向税务机关申请退税。

对属于出口收汇的货物,向海关领取一份盖有海关"验讫章"的计算机打印报关单,专门用于办理出口收汇核销手续。

8. **直接退运**

直接退运是指进口货物的报关人在有关货物进境后海关放行前,由于各种原因,依法向海关请求不提取货物而直接将货物全部退运境外的行为。办理直接退运的程序如下:

第一,进口货物的报关人在规定的时限内,向货物进境地海关书面提出直接退运申请;

第二,经海关审批同意直接退运的货物,如果尚未向海关申报进口,且退运在同一口岸办

理的,凭海关的一式两份审批单,同时向现场海关申报出口和申报进口,贸易方式都填"直接退运";

第三,经海关审批同意直接退运的货物,如果尚未向海关申报进口,且退运不在同一口岸办理的,凭海关的一式两份审批单,先向出境地海关申报出口,再凭出境地海关的关封到进境地海关申报进口,贸易方式都填"直接退运";

第四,直接退运的货物,如果已申报未放行的,在办理"直接退运"的出口申报后,向进境地海关申请撤销进口申报的电子数据,再重新办理"直接退运"的进口申报;

第五,经海关审批同意直接退运的货物,在办理直接退运的出口和进口申报时,不需交验进出口许可证件,也无须缴纳税费及滞报金。

9. 出口退关

出口退关货物是指经海关查验放行后,因故未能装入运输工具而不再出口的出口货物。退关货物发货人应在3日内向海关办理退关手续,具体步骤如下:

◆发货人到外汇管理局办理出口收汇核销单注销手续;

◆发货人向海关办理退关手续,持外汇管理局证明和原海关出具的专为出口收汇核销用的报关单,填写《出口货物报关单更改申请》;

◆对出口退税货物,还应交验退税机关出具的《出口商品退运已补税证明》和原《出口退税专用报关单》,凭以办理退关手续。

10. 集中报关

除了逐单报关方式之外,全国一些重点口岸尤其是陆运口岸,对辖区内的三来一补、三资企业等进出口货物比较频繁的企业还实行集中报关的方法,称为"月报"。即企业的集中报关业务经过海关批准后,在货物进出口时,海关凭《载货清单》(集中报关专用)验放。企业每月按海关规定的日期,集中一次填写报关单向海关申报。

(1)集中报关的程序

第一,实行集中报关业务,必须经过海关批准。

第二,在主管海关指定地点购买《载货清单》(简称"清单")。

第三,货物进出口时,由载货司机填写清单一式五联。一联企业留存,一联存根,三联交司机带交海关查验。海关签章后,一份退交司机带交企业,两份海关留存。

第四,企业每月按海关规定的日期,汇总全月的进出口货物,一次填写报关单向海关申请报关。

(2)购买载货清单的程序

第一,企业经办人提供手册及旧清单存根交海关审核。

第二,企业购买并填写"企业档案表",海关签章后,到指定地点购买《进出境汽车载货清单》。

第三,持经海关收款清单的发票,办理清单号码登记。

第四,持手册,到报关公司进行计算机输入。

第五,海关复核录入后,取回清单。

(3)集中申报时需要的单证

企业报关员在海关规定的报关日期内,持以下单证办理集中报关手续:

➢进出口货物报关单(计算机预录入报关单);

➢进出口集中报关申报单(经海关签章的企业存查联);

➢上月所有进出口货物的第三联《载货清单》(按编号顺序装订)及《作废清单》;

➢加工贸易手册;

➢涉及国家限制进出口的商品,还需交验许可证或审批证及其复印件;

➢出口货物还有交验外汇管理局核发的外汇核销单(在出口报关单右上角注明该核销单编号);

➢内销产品的,需提供进口许可证或有关批文;

➢海关需要的其他单证。

11. 保税货物深加工结转

除了从口岸海关进出口货物外,加工贸易企业还较多地使用转厂业务,在海关的文件中,称为“保税货物深加工结转”。加工贸易保税货物跨关区深加工结转是指加工贸易企业将保税进口料件加工的产品转至另一直属海关关区内的加工贸易企业进一步加工后复出口的经营活动。加工贸易企业开展结转的,转入、转出企业应当向各自主管海关申报结转计划,经双方主管海关备案后,才能办理实际收发货及报关手续。海关对加工贸易深加工结转货物实施单项统计。

(1)不能进行转关运输办理的情况

转厂货物属于下列情况之一的,不能进行转关运输办理:

➢不符合海关监管要求,被海关责令限期整改,在整改期内的;

➢有逾期未报核加工贸易手册的;

➢未按照有关规定填制结转货物收发货单的;

➢涉嫌走私已被海关立案调查,尚未结案的。

(2)转厂需要提交的文件

➢商务部主管部门的深加工结转批准文件;

➢转厂专用的《中华人民共和国海关加工贸易保税货物深加工结转申请表》(以下简称《申请表》,一式四联,见示例3.6.1);

➢加工贸易手册;

➢双方的购销合同或转让协议;

➢按照海关规定填制的《结转货物收发货单》;

➢进出口货物报关单;

➢海关要求提供的其他单证。

(3)办理转厂的业务流程

办理转厂的业务流程如图3.6.2所示。

1)签订购销合同

转入企业与转出企业签订购销合同或转让协定。

2)转出企业申报结转

转出企业凭商务部主管部门的深加工结转批准文件、《申请表》、加工贸易手册、购销合同或协议等有关单证向转出地海关提出申请。

3)合同传输

转出地海关审核同意后,在《申请表》上批注意见,通过计算机把结转内容传输至转入地海关。留存《申请表》第一联,另三联交还转出企业。

示例 3.6.1　中华人民共和国海关加工贸易保税货物深加工结转申请表

中华人民共和国海关加工贸易保税货物深加工结转申请表

申请表编号：　　　　　　　　　　　购销合同(或协议)号：

________海关，

我________公司(企业)________号加工贸易手册项下需与________公司(企业)________号加工贸易手册项下结转保税货物，特向你关申请，并保证遵守海关的有关监管规定。

申请结转货物情况：

序号	HS 编码	品名	规格	单价	总价	币制	数量	单位

转出企业地址： 法定代表：　　　　电话： 报关员：　　　　电话： （企业盖章） 年　月　日	转入企业地址： 法定代表：　　　　电话： 报关员：　　　　电话： （企业盖章） 年　月　日
企业管理类别： 转出地海关审批意见： [ ]不按转关运输办理，理由________ [ ]按转关运输办理。 （海关盖章） （有效期至：　年　月　日）　年　月　日	企业管理类别： 转入地海关审批意见： [ ]不按转关运输办理，理由________ [ ]按转关运输办理。 [ ]分批送货；[ ]不分批送货。 （海关盖章） （有效期至：　年　月　日）　年　月　日

注：1. 本表一式四联，第一、二联海关审批部门留存，第三、四联交企业办理报关手续；2. 序号栏目应按加工贸易手册中商品对应的序号填写；3. 有效期不得超过手册有效期。

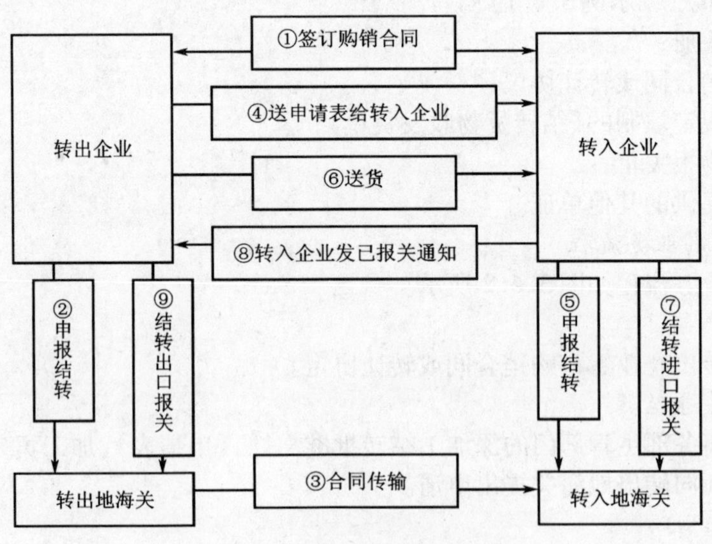

图 3.6.2　办理转厂的业务流程

4）送申请表给转入企业

转出企业将《申请表》的另外三联交给转入企业。

5）转入企业申报结转

转入企业自转出地海关备案之日起20日内，持《申请表》其余三联，填写本企业的相关内容后，向转入地海关办理报备手续。转入企业在20日内未递交《申请表》，或者虽向海关递交但因《申请表》的内容不符合海关规定而未获准的，该份《申请表》作废，转出、转入企业应当重新填报和办理备案手续。转入地海关审核通过后，将《申请表》第二联留存，第三、第四联交转入、转出企业凭以办理结转收发货登记及报关手续。

6）送货

转出企业按照海关的批注，分批送货或一次性送货。经海关同意实行分批送货统一报关的，转出企业应按海关批准的货物数量进行实际送货，转入企业收货后应在《保税货物实际结转情况登记表》（见示例3.6.2）上登记、签章。

7）结转进口报关

转入企业凭《申请表》、《登记表》等单证向转入地海关办理结转进口报关手续。

8）转入企业发已报关通知

转入企业在结转进口报关后的第二个工作日内将报关情况通知转出企业。

示例3.6.2　保税货物实际结转情况登记表

保税货物实际结转情况登记表

日期	结转产品内容						企业情况		
	序号	HS编码	品名	规格	数量	金额	转出企业印章	转入企业手册	转入企业印章

注：1. 表中序号栏中的“序号”指转出企业加工贸易手册所附合同中成品对应的序号；2. 企业自行填写并加盖企业收发货专用章；3. 此表与对应的《中华人民共和国海关加工贸易保税货物深加工结转申请表》一起使用才有效。

9）结转出口报关

转出企业自接到转入企业通知之日起10日内，凭《申请表》、《登记表》等单证向转出地海关办理结转出口报关手续。

（4）企业办理加工贸易深加工结转报关手续时的注意事项

企业办理贸易深加工结转报关手续时应注意以下问题。

◆送货完毕后，结转双方应于结转计划及本企业对应手册有效期内向各自主管海关办理结转报关手续，一份结转计划可分批办理结转报关。

◆结转进口报关单运输方式栏填写“其他”，运输工具名称栏为空，出口报关单运输方式栏填写“其他”，运输工具名称栏填写“转入+对方两位关区号+对应的结转进口报关单号码”；进口报关单备注栏填写“转自+对应的出口手册号码”，出口报关单备注栏填写“转至+对应的进口手册号码”。

◆结转进、出口报关单的申报商品序号必须一一对应。

◆结转进、出口报关单同一商品的申报数量单位以及对应数量可以不同，但法定单位必须一致。

◆结转进、出口报关单申报价格必须一致。

12. 加工贸易企业的退单问题

由于通关系统中加强了对加工贸易合同有效期、货物数量等要项的控制，随着通关系统在海关各关区的推广应用，在报关单申报过程中，因为加工贸易合同检查通不过而退单的情况较为突出。为了方便通关，加工贸易企业应注意以下事项。

(1)合同备案与报关单内容不符而退单

加工贸易合同中，料件或成品实际进出口时，报关单中商品进出口口岸、项号、品名、规格型号、计量单位、经营或收货单位等数据必须与手册备案内容一致，否则予以退单，所以企业在备案或进出口申报时，应仔细检查，以确保上述数据正确。

(2)实际进出口商品编码与加工贸易手册不同而退单

如果实际进出口商品编码与加工贸易手册不同，企业应根据商品归类原则按照实际商品编码填报。对许可证商品，企业应向主管海关申请修改加工贸易备案数据。

(3)没有备案环节的有关资料或备案不符合规定而退单

加工贸易合同中料件或成品实际进出口时，计算机中没有相关的数据显示，如：电子账册/手册暂停执行或台账通知单未登记，无加工贸易备案电子数据。

备案数据不符合海关的相关规定也会产生退单，如：报关单中含加工贸易禁止类进口商品；对于应征收保证金的，在加工贸易备案环节没有征收保证金。

对于计算机中没有合同数据或数据不符合规定的，企业应查明原因，到海关备案部门办理有关手续。

(4)因合同超量而退单

◆通关系统以合同超量为由退单的情况。通关系统经过检查，发现报关单申报货物中至少有一项的数量超过了合同允许量，即以合同超量为由进行退单。

◆通关系统中的合同允许量的计算方法。对于货物退货的贸易方式，合同允许量为该合同中此项货物已经进口或出口的数量，比如原料退运，允许量为此项原料在本合同已进口量，退运量大于已进口量显然应该退单。类似的，成品退运的数量也不能大于本合同已出口的数量。对于其他贸易方式，合同批准数量减去合同实际进出口数量得到的合同剩余数量，就是合同允许量。

需注意的是，通关系统检查的上述实际进出口数量为报关单进出口数量(集报、逐单报数量)，并不包括清单进出口数量。

◆报关单申报通过计算机审单后未向主管海关递单对合同允许量的影响。进口报关单或出口集中报关单向海关申报，通过计算机审单后未向主管海关递单，这些报关单的进出口数量，已经存入海关系统，因此会改变合同允许量。通过系统要在计算机审单通过5天之后才予以作废，比如7日计算机通过的单，12日晚计算机才会作废并恢复合同允许量。

◆发生合同超量退单问题时企业检查办法。发生合同超量退单问题后，企业首先应对被退报关单上申报的每一项货物进行自查，检查货物实际进出口数量以及本次申报数量，确认是否申报错误或者录入错误。另外还需注意，是否有报关单申报通过计算机审单后未向主管海关递单的情况。

如果企业确认不是自身问题，应向主管海关保税科调查，检查海关计算机中记录的合同批准数量、实际进出口数量数据是否与手册上登记的相符。如果计算机中记录的合同批准数量与手册登记数量不符,主管海关可以显示或打印出合同中这几项货物的进出口情况清表。清表列出了合同中货物报关(集报或逐单报关)情况,通过比较清表与手册登记数据,可以发现问题。

如果检查确认合同清表资料有误的,可以联系相关部门解决。其中属于审单通过而实际应该作废的报关单,请联系主管海关或口岸海关作废该单。特别是新版本的系统中,取消了报关单电子数据企业申报后5天不递单自动作废的功能。原申报数据涉证或核扣数量的,企业必须向海关申请作废,否则就容易产生重复核扣合同超量的情况,同时使报关单预录入库中存在大量没有价值的数据。

(5)因合同超期而退单

1)通关系统以合同超期为由退单的情况

通关系统经过检查,发现报关单申报日期超过合同有效期,即以合同超期为由进行退单。对于本关区的合同,通过系统经过检查,发现报关单申报日期超过合同有效期两个月,即以合同超期为由进行退单。延长的两个月主要用于企业核销手册进行余料结转等工作。对于异地企业的报关,一旦申报日期超过合同有效期即应退单。

2)发生合同超期退单问题的处理办法

如果企业确认不是自身问题,应向主管海关保税部门反映。主管海关保税部门可通过计算机查询,检查海关计算机中记录的合同有效期是否与手册上登记的相符。如果计算机中记录的合同有效期与手册登记的不符,应联系合同备案部门处理。

另外,企业报核加工贸易手册后,主管海关核销核算合同前,企业办理内销补税、余料结转或料件复出手续,超期的手册在申报时,预录入系统提示"手册超期,不能预录入"。对于这种情况,企业应先向海关核销部门进行手册申请预录入,并通过核销申请审核后,即不再提示手册超期,方可正常操作。

(6)因清单问题而退单

1)主管海关因清单问题退单的情况

在海关放行审核过程中,如果是集中报关单,计算机提供按报关员填写的时间段和清单号区间段累计实际进出数量并同报关单申报数量进行核对的功能。如果发现两者数量不符等情况,主管海关可以作退单处理。

2)企业处理因清单问题退单的办法

企业经检查不能找出原因的,可向主管海关申请查询。如果经检查确认海关录入的清单数据有误,主管海关或企业(须持主管海关证明)可以向保税处的清单录入部门联系解决。

(7)异地企业合同因为合同问题退单的处理办法

异地存储的企业合同计算机数据,如有效期、批准数量、登记手册的有效期、数量与企业实际申报进出口料件与成品不一致的,其原因可能是口岸海关与异地企业的主管海关之间的手册数据没有交换。在口岸海关存储的异地企业合同计算机数据,根据其主管海关传输到口岸海关的资料,其有效期、批准数量小于手册登记的有效期、数量均属正常现象,通关系统检查以计算机数据为准。如果异地企业对此存有异议,应回主管海关查询。主管海关向口岸海关传送更正后的数据并收到计算机回执后,企业方可报关。

(8)通关系统因许可证问题退单

涉及许可证的报关单向海关申报后,如果其经贸部许可证电子数据尚未传到海关,通关系统即以“无许可证电子数据”为由退单。如果通关系统可以查到有关电子数据，只要报关单申报货物的商品编号、计量单位、进出口岸、贸易国别任何一项与许可证电子数据有出入，通关系统即以“无法自动核扣许可证数据”为由退单。

附件：

中华人民共和国海关进口货物报关单

预录入编号：　　　　　　　　海关编号：

进口口岸	备案号	进口日期	申报日期
经营单位	运输方式	运输工具名称	提运单号
收货单位	贸易方式	征免性质	征税比例

许可证号	起运国(地区)	装货港	境内目的地

批准文号	成交方式	运费	保费	杂费
合同协议号	件数	包装种类	毛重(公斤)	净重(公斤)

集装箱号	随附单据	用途

标记唛码及备注

项号	商品编号	商品名称、规格型号	数量及单位	原产国(地区)	单价	总价	币制	征免

税费征收情况

录入员　录入单位	兹声明以上申报无讹并承担法律责任	海关审单批注及放行日期(签章)
报关员 单位地址 邮编　电话	申报单位(签章) 填制日期	审单　审价 征税　统计 查验　放行

中华人民共和国海关出口货物报关单

预录入编号：　　　　　　海关编号：

出口口岸		备案号	出口日期	申报日期
经营单位		运输方式	运输工具名称	提运单号
发货单位		贸易方式	征免性质	结汇方式
许可证号	运抵国(地区)	指运港		境内货源地
批准文号	成交方式	运费	保费	杂费
合同协议号	件数	包装种类	毛重(公斤)	净重(公斤)
集装箱号	随附单据			生产厂家
标记唛码及备注				

项号	商品编号	商品名称、规格型号	数量及单位	最终目的国(地区)	单价	总价	币制	征免

税费征收情况		
录入员　录入单位	兹声明以上申报无讹并承担法律责任	海关审单批注及放行日期(签章)
报关员　　　申报单位(签章) 单位地址 邮编　　电话　　填制日期		审单　审价 征税　统计 查验　放行

第 7 章　如何办理加工贸易合同的核销

加工贸易企业按合同在海关办理进口料件和出口成品的报关。当合同中的制成品全部出口后,企业应当整理有关单证,向海关办理合同核销手续。合同核销是开展加工贸易的企业所独有的手续,也是海关考核企业是否有资格继续开展加工贸易业务的凭据。

1. 加工贸易合同核销的概念

加工贸易合同核销,是指加工贸易经营企业加工复出口或者办理内销等海关手续后,凭规定单证向海关申请解除监管,海关经审查、核查属实且符合有关法律、行政法规、规章的规定的,予以办理解除监管手续的行为。

根据2008 年1 月 14 日海关总署令第168 号公布的《海关总署关于修改〈中华人民共和国海关对加工贸易货物监管办法〉的决定》的规定:经营企业应当在规定的期限内将进口料件加工复出口,并自加工贸易手册项下最后一批成品出口或者加工贸易手册到期之日起 30 日内向海关报核。

经营企业对外签订的合同因故提前终止的,应当自合同终止之日起 30 日内向海关报核。

2. 合同核销需要提交的申请文件

经营企业报核时应当向海关如实申报进口料件、出口成品、边角料、剩余料件、残次品、副产品以及单耗等情况,并向海关提交加工贸易手册、加工贸易进出口货物专用报关单以及海关要求提交的其他单证。合同核销需要提交的申请文件有:

➤合同核销申请表;

➤加工贸易手册,包括分册;

➤齐全、有效的进出口报关单(按手册的进出口记录顺序编列);进出口报关单票数和相关内容应当与手册报关登记栏的进出口记录一致;

➤合同履约后的余料、边角料、成品、残次品、副产品等已办理过内销征税、放弃、销毁等手续的,应提供税单复印件等资料和证明文件;

➤备案后因故中止执行、未发生进出口而申请撤销的合同的,应提供商务主管部门的批件;

➤海关需要的其他资料。

3. 合同核销流程解析

(1) 企业报核

加工贸易手册项下最后一批成品出口或者加工贸易手册到期后,企业要收集、整理进出口报关单证、余料处理单证和其他有关单证,与手册一一核对,确保单证齐全、准确,填写《企业合同核销申请表》(见本章后面附件)向海关报核。具体分析如下。

◆加工贸易保税进口料件或者成品因故转为内销的,海关凭主管部门准予内销的有效批准文件,对保税进口料件依法征收税款并加征缓税利息;进口料件属于国家对进口有限制性规定的,经营企业还应当向海关提交进口许可证。

◆经营企业因故将加工贸易进口料件退运出境的,海关凭有关退运单证核销。

◆经营企业经海关批准放弃加工贸易货物的，海关凭接受放弃的有关单证核销。

◆经营企业在生产过程中产生的边角料、剩余料件、残次品、副产品和受灾保税货物，按照海关对加工贸易边角料、剩余料件、残次品、副产品和受灾保税货物的管理规定办理，海关凭有关单证核销。

(2)海关受理核销

海关经审核单证齐全有效的，海关受理报核；海关不予受理的，应当书面告知企业原因，企业应当按照规定重新报核。

海关应当自受理报核之日起30日内予以核销。特殊情况需要延长的，经直属海关关长或者其授权的隶属海关关长批准可延长30日。

(3)海关结案

不需要开设银行保证金台账的，直接由海关办理销案手续。对经核销准予结案的加工贸易手册，海关向经营企业签发《核销结案通知书》。

(4)台账核销

对于开设银行保证金台账，海关审单通过的，由海关打出《银行保证金台账核销联系单》(一式三份)，交企业到中国银行办理台账销账手续，领取应退还的保证金和利息，并收取银行开出的《银行保证金台账核销通知单》，到海关办理核销结案手续。因故不能结案的合同，海关将开出《挂账银行保证金台账核销联系通知单》。来料加工合同，海关在核销环节征收监管手续费，并开出缴款书交企业到中国银行交款后，海关才办理合同结案手续。

4.保税进口料件及成品内销

加工贸易进口保税料件应当用于加工出口产品，加工贸易制成品应当在规定期限内复出口。如确有特殊原因保税料件及成品需内销的，须报省级商务部主管部门批准，由海关根据商务部主管部门的批件，对进口料件征收税款并补征税款利息。

进口料件属于国家实行进口配额许可证或登记管理的商品，企业需向海关提交用于内销或用于生产内销产品的进口许可证或登记证明；在规定的核销期内不能提交的，海关除补征税款及税款利息外，处进口料件案值等值以下、30%以上的罚款。

(1)申请条件

申请保税进口料件及成品内销需要具备以下条件之一。

第一，外商因故与经营单位协商，要求中止执行原已签订的出口合同，外商投资企业能够提供有关证明，并且从价格等方面考虑，很难再签订新的出口合同。

第二，因国际市场价格下跌，外商投资企业继续执行原已签订的开价出口合同将遭受严重的经济损失，并且能够提供已与外商达成的中止执行合同的协议。

第三，进口料件已投入加工使用，但加工的制成品质量不符合已签订的出口合同规定标准，并且外商投资企业能够提供出口商品质量检验部门或国内质量监督部门出具的相关证明。

第四，因不可抗力致使已签订的出口合同无法继续执行。

第五，具备其他要求内销的正当理由。

(2)申请内销的程序

第一，外商投资企业申请加工贸易料件内销，必须在规定的成品返销截止日期以前，向商务部主管部门提出申请，并提供以下材料：

➤详细陈述已核销情况和转内销原因的内销申请报告(原件)；

➤《加工贸易业务批准证》正本；

➤《加工贸易进出口合同》复印件；

➤加工贸易手册正本；

➤进口料件申请备案清单、出口制成品备案清单及加工贸易单耗申报单正本；

➤申请内销的加工贸易保税进口料件清单。

第二，商务部主管部门颁发《加工贸易保税进口料件内销批准证》（见示例 3.7.2），并在批准证上注明批准内销的进口料件的商品名称、商品代码、规格、数量和金额，同时加盖“加工贸易业务审批专用章”。

第三，经审核准予内销的，经营企业应当如实填写《加工贸易货物内销征税联系单》，海关核对其纸质或电子数据内容和内销报关单数据内容并确认无误后，签发《加工贸易货物内销征税联系单》并批注相关意见，按现行有关规定办理内销货物审单、征税、放行等通关手续。

第四，通关之后凭相关单据办理核销手续。

示例 3.7.1 加工贸易保税进口料件内销申请表

<table>
<tr><td colspan="7">加工贸易保税进口料件内销申请表
申请日期： 年 月 日</td></tr>
<tr><td colspan="3">1. 加工贸易经营企业名称：</td><td colspan="4">2. 经营企业代码：</td></tr>
<tr><td colspan="3">3. 加工贸易业务批准证号：</td><td colspan="4">4. 海关加工贸易登记手册号：</td></tr>
<tr><td colspan="3">5. 主管海关：</td><td colspan="4">6. 贸易方式：</td></tr>
<tr><td colspan="7">7. 申请内销的进口料件清单：</td></tr>
<tr><td>序号</td><td>商品编码</td><td>商品名称</td><td>规格</td><td>单位</td><td>数量</td><td>金额</td></tr>
<tr><td></td><td></td><td></td><td></td><td></td><td></td><td></td></tr>
<tr><td></td><td></td><td></td><td></td><td></td><td></td><td></td></tr>
<tr><td></td><td></td><td></td><td></td><td></td><td></td><td></td></tr>
<tr><td colspan="7">主管部门意见：
（盖章）
年 月 日</td></tr>
<tr><td colspan="7">审批部门意见：</td></tr>
<tr><td colspan="7">8. 备注：</td></tr>
</table>

示例 3.7.2 加工贸易保税进口料件内销批准证

<table>
<tr><td colspan="2">加工贸易保税进口料件内销批准证
内销批准证号：</td></tr>
<tr><td>1. 加工贸易经营企业名称：</td><td>2. 经营企业代码：</td></tr>
<tr><td>3. 加工贸易业务批准证号：</td><td>4. 海关加工贸易登记手册号：</td></tr>
<tr><td>5. 主管海关：</td><td>6. 贸易方式：</td></tr>
<tr><td colspan="2">7. 申请内销的进口料件清单：</td></tr>
</table>

续表

序号	商品编码	商品名称	规格	单位	数量	金额
8. 备注：			9. 审批机关签章： 10. 批准日期： 年　月　日			

(3)关于加工贸易保税货物内销缓税利息征收及退还

加工贸易进口料件，如果需要转内销或转用于生产内销产品，海关将征收税款并补征税款缓税利息。为了支持加工贸易企业更好地利用国际国内两个市场，进一步简化内销审批业务，缓解加工贸易企业的资金压力，海关总署2009年3月9日发布的14号公告称：加工贸易保税货物内销征收缓税利息适用的利息率暂由参照一年期贷款基准利率调整为参照中国人民银行公布的活期存款利率执行。下调了加工贸易内销缓税利率。加工贸易缓税利息应根据填发海关税款缴款书时海关总署调整的最新缓税利息率按日征收。缓税利息计算公式如下：

应征缓税利息 = 应征税额 × 计息期限 × 缓税利息率/360

注：计息期限的确定如下。

起始日期：缓税利息计息期限的起始日期为内销料件或制成品所对应的加工贸易合同项下首批料件进口之日；加工贸易E类电子账册项下的料件或制成品内销时，起始日期为内销料件或制成品所对应电子账册的最近一次核销之日（若没有核销日期的，则为电子账册的首批料件进口之日）。终止日期：缓税利息的终止日期为海关填发税款缴款书之日。

5. 剩余料件和边角料的处理

剩余料件和边角料的处理方式如图3.7.1所示。

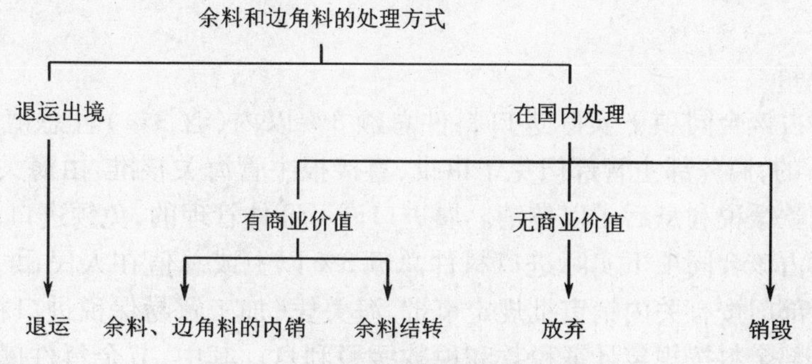

图3.7.1　余料和边角料的处理方式

合同执行完毕进行核销时，不一定能够用完所有备案的进口料件，这时就需要计算剩余料件的数量。同时，在执行合同的生产过程中也会出现边角料。

剩余料件，是指加工贸易企业在从事加工复出口业务过程中剩余的、可以继续用于加工制成品的加工贸易进口料件。

边角料，是指加工贸易企业从事加工复出口业务，在海关核定的单位耗料量内、加工过程中产生的、无法再用于加工该合同项下出口制成品的数量合理的废、碎料及下脚料。

加工贸易保税进口料件加工后产生的剩余料件、边角料属于海关监管货物，未经海关许可，不得擅自销售或移作他用。企业必须向海关提交申请处理报告，原则上要求退运出境。如果申请国内处理的，有商业价值的，必须向海关办理内销征税手续；没有商业价值的，由海关监管销毁。

(1)退运

企业申请将剩余料件、边角料退运出境的，海关按退运的有关规定办理，凭有关退运证明材料办理核销手续。

企业办理剩余料件、边角料的进出口通关手续时，应按其加工贸易的原进口料件品名进行申报并在报关单“备注”栏加注“剩余料件”、“边角料”。退料申请表见示例 3. 7. 3。

示例 3. 7. 3　退料申请表

企业名称:				
合同号码:		手册编号:		
品名、规格	数量	单位	单价	总价
退料原因: 企业(盖章) 年　月　日			经营单位盖章 年　月　日	
海关批注栏	经办人:	复核人:	科长:	
关　长			备注	

(2)内销

1)余料的内销

◆余料金额占该合同项下实际进口料件总额 3% 以内(含 3%)且总值在人民币 1 万元(含 1 万元)以下的，商务部主管部门免予审批，直接报主管海关核准，由海关对剩余料件按规定计征税款和税款缓税利息后予以核销。属进口许可证件管理的，免领进口许可证件。

◆余料金额占该合同项下实际进口料件总额 3% 以上或总值在人民币 1 万元以上的，由省级商务部主管部门按有关内销审批规定审批，海关凭《加工贸易保税进口料件内销批准证》对合同内销的全部余料按规定计征税款和税款缓税利息。其中，节余料件属于进口许可证件管理的，企业还要按规定向海关补交有关进口许可证件。

注意：使用剩余料件生产的制成品需内销的，根据其对应的进口料件价值，按上述规定办理。

2)边角料的内销

企业申请内销边角料的，商务部主管部门免予审批，直接报主管海关核准。主管海关按审定的边角料价格、对应进口料件适用的税率计征税款，免征缓税利息。边角料对应的原进口料件属于进口许可证件管理的，免领进口许可证件。

(3)余料结转

企业生产合同有余料的，可申请转入下一合同。企业申请将余料结转另一个加工贸易合同使用，前提条件是：同一经营单位、同一加工厂、同一进口料件和同一加工贸易方式。凡具备以上条件的，企业可向主管海关申请。转料申请报告见示例 3.7.4。海关重新核定单耗后，准予办理合同核销及其余料结转手续。企业应将海关重新核定的单耗向原商务部审批机关报备。

同一经营单位申请将剩余料件结转到另一加工厂的，应当经主管海关同意并缴纳相当于结转保税料件应缴税款金额的风险担保金；对已实行台账实转的合同，台账实转金额不低于结转保税料件应缴税款金额的，经主管海关同意，可以免予缴纳风险担保金。

示例 3.7.4 转料申请报告

企业名称					
转出	手册号			合同号	
转入	手册号			合同号	
品名、规格		数量	单位	单价	总价
转料原因： 企业(盖章)　年　月　日 经营单位(盖章)　年　月　日					
海关批注栏	经办人：	复核人：		科长：	
关　　长				备注	整个合同进口总值： 转料总值： 转料值与进口总值百分比：

(4)放弃

企业申请放弃加工贸易货物，除按现行规定提交有关单证、材料外，还需提供经政府价格主管部门认定资质的价格评估机构出具的关于拟放弃的加工贸易货物的价值证明。加工贸易放弃货物按下列情况办理。

第一，海关按规定作变卖处理的加工贸易放弃货物。企业凭放弃该批货物的申请和海关提供的变卖处理的有关单证办理核销手续。企业应当在海关作出准予放弃之日起 15 日内将加工贸易放弃货物全部运至海关指定的仓库，并与该指定仓库的经营者办理放弃货物的交接入库手续。

第二，按照规定需要进行销毁处理的加工贸易放弃货物。企业应当在实施销毁 3 个工作日前向主管海关报送销毁方案,并自海关作出准予放弃之日起 15 日内完成全部放弃货物的销毁工作。

第三,按规定由企业自行处理,海关可直接办理核销手续。

示例 3.7.5　放弃物品情况表

<table>
<tr><td rowspan="5">企业申请</td><td colspan="2">企业名称</td><td colspan="2"></td><td>详细地址</td><td colspan="3"></td></tr>
<tr><td>联系人</td><td></td><td>电话号码</td><td></td><td>合同编号</td><td></td><td>手册编号</td><td></td></tr>
<tr><td colspan="2">品名</td><td>耗料数量</td><td>损耗率</td><td>放弃物品名称</td><td>数量</td><td>单位</td><td>备注</td></tr>
<tr><td colspan="2"></td><td></td><td></td><td></td><td></td><td></td><td></td></tr>
<tr><td colspan="2">企业申请意见</td><td colspan="6">我单位因:
现要求将余料/边角料/副次品:　A. 放弃　　B. 销毁
法人代表盖章　　申请单位盖章　　年　月　日</td></tr>
<tr><td>保税科意见</td><td colspan="2">经办人意见</td><td colspan="2"></td><td>科长意见</td><td colspan="3"></td></tr>
<tr><td colspan="3">主管关长意见</td><td colspan="6"></td></tr>
<tr><td rowspan="3">移交及处理情况</td><td colspan="2">移交经办人</td><td colspan="2"></td><td>接收经办人</td><td colspan="3"></td></tr>
<tr><td colspan="2">经办人意见</td><td colspan="6"></td></tr>
<tr><td colspan="2">调查科科长意见</td><td colspan="6"></td></tr>
<tr><td>备注</td><td colspan="8"></td></tr>
</table>

企业完成加工贸易放弃货物交接入库、销毁或者经海关批准自行处理后 5 个工作日内凭相关证明材料办理加工贸易放弃货物的进口报关手续,注意事项如下。

◆加工贸易放弃货物报关适用监管方式代码:"0200"简称"料件放弃","0400"简称"成品放弃"。

◆企业放弃半成品、残次品、副产品的,应按单耗关系折成料件,按"料件放弃"报关。

◆企业放弃成品的,按照合同备案价格申报。

◆企业放弃半成品、残次品、副产品的,应在报关单备注栏注明"半成品"、"残次品"、"副产品"相关字样。

◆加工贸易放弃货物通过销毁处理的,企业应在报关单备注栏注明"销毁"字样;经海关批准由企业自行处理的,应在报关单备注栏注明"自行处理"字样,如:放弃半成品并销毁处理,应注明"半成品/销毁"。

企业凭加工贸易放弃货物的报关单及其他有关单证向海关办理放弃货物的报核手续。

(5)销毁

被海关作出不予结转决定或不予放弃决定的加工贸易货物,或涉及知识产权等原因企业要求销毁的加工贸易货物,企业可以向海关提出销毁申请,海关经核实后统一销毁。货物销毁后,企业应当收取有关部门出具的销毁证明材料,准备报核。

6. **成品返工的处理**

企业出口成品后出现质量问题或有其他原因需要从境外退回国内返工维修时,称为"成品返工"。

(1)办理合同有效期内的成品返工手续

加工贸易企业申请进口的返工产品如在合同有效期内,应使用合同和手册在口岸海关办理进口报关手续,并在合同有效期内复运出境;如在合同有效期外因故无法复运出境的,应向主管海关申请办理合同延期手续,否则按规定转一般贸易照章征税。

(2)处理超出合同有效期或合同已核销的成品返工

◆加工贸易企业申报进口的返工产品,如超出合同有效期或合同已核销的,应首先填写《加工贸易企业产品返工审批表》一式两份,并随附书面报告及返工产品原出口货物报关单向主管海关提出申请,主管海关核实后签注意见。

◆企业凭主管海关审批的《加工贸易企业产品返工审批表》,向口岸海关办理进口报关手续。

◆企业在合同有效期外的返工产品申报进口用于更换的料件,由主管海关收取相当于税款的保证金,返修产品出口后予以退还。

◆返工产品自进境之日起,6 个月内必须全部复运出境。企业返工产品如在审批表有效期内因故无法复运出境的,可由主管海关申请延期,否则按规定转一般贸易照章征税。

7. **企业避免出现逾期核销合同注意事项**

根据海关有关统计显示,企业因合同逾期核销而受海关处罚的现象较为突出,这不但直接加重了企业的经济负担,而且间接影响了企业的信誉。其实,在多数情况下企业是可以避免出现逾期核销合同的。

(1)要看清楚并牢记手册的有效期

海关加工贸易手册的封面上都加盖有手册有效期,有效期满 30 天内为合同核销期限。企业只要在有效期届满后的 30 天内,带齐有效单证向海关核销部门申请办理核销手续,就不会出现逾期核销合同。

(2)要注意新旧合同的衔接

企业在合同有效期内出口本合同的最后一批货物后,应马上对照《核销表》检查本合同是否存在余料、边角料或应税料件。针对不同情况,采取以下方法处理。

◆合同有余料的,企业应先检查有无新合同以及新合同是否有转入指标。如果新合同没有指标,企业则可选择:一是到合同备案部门办理合同变更手续,或者在条件许可的情况下办理新合同或办理合同延期;二是及时办理余料的退港或余料的补税手续。余料补税须凭省级商务部门签发的《加工贸易保税进口料件内销批准证》办理,涉及进口许可证、机电证等证件的,仍须提供有关证件。

◆合同有边角料的,企业可在办理本合同的最后一次集中报关手续后,立即申办边角料处理,以缩短合同的周转时间。

(3)递交的单证必须齐全、有效

如合同在执行过程中出现须向海关说明的情况,应递交书面解释报告。如必须解释合同短少的原因,购买国内料件必须提供国内有效发票等。

(4)企业负责人必须掌握合同的执行情况

报关员应将合同的有效期告诉和提醒企业有关负责人,加强企业内部的协调,避免合同有效期末大量进口料件,造成产品不能在合同有效期内出口。

实际工作中,报关员最好自己做好料件进口、产品出口的统计工作,避免造成超合同进口或超合同出口等情况的发生,进而影响合同的正常核销工作。

(5)尽量降低合同核销期满时的使用频率

一些业务,如料件退港等,尽量安排在合同有效期内完成。

(6)尽量保持人员稳定

从事报关业务的岗位人员要熟悉国家进出口的政策规定,并保持相对的稳定性。如有关人员发生变动,应做好业务的衔接,避免因业务脱节而影响合同核销工作。

8.特殊情况的报核

(1)遗失手册的合同报核

企业遗失手册应及时向主管海关报告。主管海关及时移交缉私部门按规定进行处理。缉私部门处理后,企业应当持以下单证向主管海关报核:

➢经营企业关于加工贸易手册遗失的书面报告;

➢经营企业申请核销的书面材料;

➢加工贸易货物进出口报关单;

➢缉私部门出具的“行政处罚决定书”;

➢海关按规定需要收取的其他单证和材料。

(2)遗失进出口报关单的合同报核

按规定企业应当用报关单留存联报核,在遗失报关单的情况下,可以凭报关单复印件向原报关地海关申请加盖海关印章后报核。

(3)无须申领手册的5 000美元以下78种列名客供辅料合同的报核

企业直接持进出口报关单、合同、核销核算表报核。报核的出口报关单应当是注明备案编号的一般贸易出口报关单。

(4)撤销合同报核

加工贸易合同备案后因故提前终止执行,未发生进出口而申请撤销的,应报商务部主管部门审批,企业凭审批件和手册报核。

(5)有违规走私行为的加工贸易合同报核

加工贸易企业因走私行为被海关缉私部门或者法院没收保税加工货物的,海关凭相关证明材料,如“行政处罚决定书”、“行政复议决定书”、“判决书”、“裁决书”等办理核销手续。

加工贸易企业因违规等行为被海关缉私部门或法院处以警告、罚款等处罚但不没收保税加工货物的,不予免除加工贸易企业办理相关海关手续的义务。

附件：

核 销 申 请 表

<table>
<tr><td colspan="2">手册编号</td><td colspan="3"></td><td colspan="2">进口合同号</td><td colspan="4"></td><td colspan="3">实际进口额</td><td colspan="2"></td><td colspan="2">出口合同号</td><td></td><td>实际出口额</td><td colspan="2"></td></tr>
<tr><td colspan="7">实际进口/转入料件情况</td><td colspan="9">实际出口/转出成品耗料情况</td><td colspan="2">征税内销情况</td><td colspan="2">剩余料件/残次品情况</td><td rowspan="4">备注</td></tr>
<tr><td rowspan="3">项号</td><td rowspan="3">品名规格</td><td rowspan="3">单位</td><td colspan="4">实际进口数量</td><td colspan="2">成品1：</td><td colspan="2">成品2：</td><td colspan="2">成品3：</td><td colspan="2">成品4：</td><td rowspan="3">总耗</td><td rowspan="3">数量</td><td rowspan="3">总价</td><td rowspan="3">数量</td><td rowspan="3">处理方式：
结转/退运/放弃</td></tr>
<tr><td rowspan="2">进口</td><td rowspan="2">深加工结转</td><td rowspan="2">余料结转</td><td rowspan="2">总计</td><td colspan="2">出口数量：</td><td colspan="2">出口数量：</td><td colspan="2">出口数量：</td><td colspan="2">出口数量：</td></tr>
<tr><td>单耗</td><td>总耗</td><td>单耗</td><td>总耗</td><td>单耗</td><td>总耗</td><td>单耗</td><td>总耗</td></tr>
<tr><td></td><td></td><td></td><td></td><td></td><td></td><td></td><td></td><td></td><td></td><td></td><td></td><td></td><td></td><td></td><td></td><td></td><td></td><td></td><td></td><td></td></tr>
<tr><td></td><td></td><td></td><td></td><td></td><td></td><td></td><td></td><td></td><td></td><td></td><td></td><td></td><td></td><td></td><td></td><td></td><td></td><td></td><td></td><td></td></tr>
<tr><td></td><td></td><td></td><td></td><td></td><td></td><td></td><td></td><td></td><td></td><td></td><td></td><td></td><td></td><td></td><td></td><td></td><td></td><td></td><td></td><td></td></tr>
<tr><td></td><td></td><td></td><td></td><td></td><td></td><td></td><td></td><td></td><td></td><td></td><td></td><td></td><td></td><td></td><td></td><td></td><td></td><td></td><td></td><td></td></tr>
<tr><td></td><td></td><td></td><td></td><td></td><td></td><td></td><td></td><td></td><td></td><td></td><td></td><td></td><td></td><td></td><td></td><td></td><td></td><td></td><td></td><td></td></tr>
<tr><td></td><td></td><td></td><td></td><td></td><td></td><td></td><td></td><td></td><td></td><td></td><td></td><td></td><td></td><td></td><td></td><td></td><td></td><td></td><td></td><td></td></tr>
</table>

<table>
<tr><td colspan="5">边角料/副产品/受灾货物情况</td><td colspan="2">申报核销单据</td><td colspan="2">缴税情况</td><td colspan="4">本表内容申报无讹，如有不实，本企业愿承担相应的法律责任。</td></tr>
<tr><td>品名规格</td><td>单位</td><td>数量</td><td>价值</td><td>处理方式</td><td>手册数量</td><td>主册 续册 分册</td><td>关税税额</td><td></td><td rowspan="4">经营企业盖章

经办人签字</td><td rowspan="4">年 月 日</td><td rowspan="4">加工企业盖章

经办人签字</td><td rowspan="4">年 月 日</td></tr>
<tr><td></td><td></td><td></td><td></td><td></td><td>报关单份数</td><td>进口 出口</td><td>增值税额</td><td></td></tr>
<tr><td></td><td></td><td></td><td></td><td></td><td>核销申请表</td><td>页</td><td rowspan="2">消费税额</td><td rowspan="2"></td></tr>
<tr><td></td><td></td><td></td><td></td><td></td><td rowspan="2">其他单据</td><td rowspan="2"></td></tr>
<tr><td></td><td></td><td></td><td></td><td></td><td colspan="2"></td><td>经营企业电话</td><td></td><td>加工企业电话</td><td></td></tr>
</table>

第 8 章　加工贸易电子联网监管

当前国际竞争日益激烈,呈现出"全球营销,快速交货,产品个性化,零库存管理"的新形势,国内加工贸易业务的采购周期和交货周期不断缩短,顾客和市场对企业的经营速度提出了更高的要求,使原有的合同手册管理模式已经明显不适应企业的实际生产和发展需要了。为了适应当前加工贸易的发展形势,改善投资环境,提高监管质量,政府有关管理部门从方便加工贸易企业的自身管理和简化通关手续的角度出发,积极推广加工贸易联网监管系统。

1. 加工贸易电子联网监管系统发展过程

(1)第一代联网监管系统的运营模式:电子账册

加工贸易联网监管一开始只在一些大型企业中推行,申请联网企业的条件比较高,对企业实行"电子账册+联网核查"的加工贸易监管模式,中小企业根本没有机会参加联网监管。这种监管模式已经实施多年,形成了完整的监管制度。

(2)第二代联网监管系统的运营模式:电子手册

为了进一步深化加工贸易监管模式改革,联网监管模式由以大企业为对象、以通关便利为主要目的,向以大多数中小企业为对象、以提高海关监管质量为主要目标的常态监管转变。2006 年 8 月 1 日实施的《中华人民共和国海关加工贸易企业联网监管办法》降低了联网监管的门槛,该《办法》指出:在海关注册的属于生产型的加工贸易企业,具有加工贸易经营资格的,可以向主管海关提出申请,实施联网监管。海关根据联网企业报送备案的资料建立电子底账,对联网企业实施电子底账管理。电子底账包括电子账册和电子手册。

电子手册就是第二代联网监管系统的运营模式,有分段及非分段两种备案模式,它是面向广大中小型加工贸易企业的,与大中型企业的"电子账册"模式互为补充。

(3)第三代联网监管系统的运营模式:电子化手册

为了促进加工贸易转型升级,进一步简化海关手续、提高办事效率,海关在推行了电子手册系统的基础上,开发应用了第三代联网监管系统,即电子化手册系统。海关总署在 2008 年第 40 号公告中规定:"电子化手册包括原'电子手册'和'纸质手册电子化'。原第二代联网监管电子手册的分段式手册模式仍然保留,形成分段式管理的电子化手册;原第二代联网监管电子手册的非分段式手册模式将不再使用。"电子化手册管理将在全国范围面向广大中小型企业推广应用,伴随的就是传统的纸质加工贸易手册在不久的将来要退出历史舞台。

统一后的保税加工企业电子底账管理,包括电子账册、电子化手册(含分段式管理和以合同为单元常规管理)两种模式。

2. 加工贸易联网监管的设计思路及联网监管模式的系统组成

联网监管是基于 ERP 计算机管理系统,在大型高科技企业较普遍使用,在中小企业正在逐步普及的条件下而设计的具有一定超前性的管理模式。

(1)设计思路

◆适应政府职能转变的需要,实现加工贸易由行政审批向自动备案的转变。

◆适应现代企业物流转运需要,实现监管单元由合同向企业的转变。

◆适应电子政府发展的需要,实现由纸质手册向电子账册、电子化手册的转变。

◆适应科技进步的需要,实现传统办公方式向信息时代 e 方式的转变。

(2)加工贸易联网监管的系统组成

加工贸易联网监管主要由 3 个系统组成。

◆企业资源管理系统(简称 ERP 系统)。

◆海关 H2000 通关系统。H2000 通关系统在集中式数据库的基础上建立了全国统一的海关信息作业平台,不但提高了海关管理的整体效能,而且使进出口企业真正享受到简化报关手续的便利。进出口企业可以在其办公场所办理加工贸易登记备案、特定减免税证明申领、进出境报关等各种海关手续。

◆口岸电子执法系统(中国电子口岸)。口岸电子执法系统又称中国电子口岸,简称电子口岸,是利用现代计算机信息技术,将与进出口贸易管理有关的、政府机关分别管理的进出口业务信息电子底账数据集中存放在公共数据中心,为管理部门提供跨部门、跨行业联网数据核查,为企业提供网上办理各种进出口业务的国家信息系统。

电子口岸系统和 H2000 通关系统连接起来,构成了覆盖全国的进出口贸易服务和管理的信息网络系统。进出口企业在其办公室就可以上网向海关及其他有关国家管理机关办理与进出口贸易有关的各种手续。与进出口贸易有关的海关及其他有关国家管理机关也能在网上对进出口贸易进行有效管理。

3. 加工贸易经营企业的联网监管申请和审批

企业在向海关申请联网监管前应当先向企业所在地商务主管部门办理前置审批手续,由商务主管部门对申请联网监管企业的加工贸易经营范围依法进行审批。经审批同意的,企业填写《加工贸易联网监管申请表》(见示例 3.8.1)向主管直属海关提出申请。主管海关对申请企业是否具备联网监管条件进行审核。

实施联网监管的加工贸易企业应当具备以下条件:

➤具有加工贸易经营资格;

➤在海关注册;

➤属于生产型企业。

经审核符合联网监管条件的,主管海关向企业制发《海关实施加工贸易联网监管通知书》。

示例 3.8.1　加工贸易联网监管申请表

加工贸易联网监管申请表			
海关编码:			
企业名称		管理类别	
海关注册编码(10 位数)			
投资总额		注册资本	
企业地址		企业性质	
工厂面积		法人代表	
职工人数		联系电话	

续表

进口料件范围	（商品名称及商品编码前四位）		
出口产品范围	（商品名称及商品编码前四位）		
上年度加工贸易进口总值（万美元）			
上年度加工贸易出口总值（万美元）			
上年度加工贸易进出口报关单量（份）			
上年度加工贸易手册量（份）			
年生产加工能力（出口产品量及金额）			
加工贸易产品内外销比例及金额			
企业内部计算机管理系统	系统名称：	开发商：	启用时间：
	功能描述		
其他需要说明的问题（可随附说明）			
＿＿＿＿海关： 我＿＿公司申请实施海关加工贸易联网监管，保证遵守《中华人民共和国海关法》和海关对加工贸易企业联网监管的各项管理规定，并承担联网监管企业应履行的各项义务，请予审查。 特此申请。 申请单位（盖章）　　法人代表：　　年　月　日			
科员意见		签名：	日期：
科长意见		签名：	日期：
关（处）长意见		签名：	日期：

4. 联网企业加工贸易业务的申请和审批

联网企业的加工贸易业务由商务主管部门审批。商务主管部门总体审定联网企业的加工贸易资格，业务范围和加工生产能力。主管海关凭商务主管部门核发的批准文件办理联网企业电子底账的备案、变更手续。

联网企业申请开展加工贸易业务，应向商务主管部门提交下列单证：

➤工商营业执照复印件；

➤海关对企业实施联网监管的验收合格证书；

➤企业进出口经营权批准文件；

➤加工企业注册地县级以上商务主管部门出具的《加工贸易企业经营情况及生产能力证明》正本；

➤联网企业上年度加工贸易出口情况的证明材料；

➤经营范围清单，含进口料件和出口制成品的品名及4位数的HS编码；

➤其他审批机关认为需要出具的证明文件或材料。

商务主管部门收到联网企业申请后，对非国家禁止开展的加工贸易业务，予以批准并签发《联网监管企业加工贸易业务批准证》。

5. 电子账册管理的特点

电子账册模式的适用对象是加工贸易进出口较为频繁、规模较大、原料和产品较为复杂、管理信息化程度较高较完善的大型加工贸易企业。电子账册是海关以企业为单元，为联网企业建立的电子底账;实施电子账册管理的联网企业只设立一个电子账册。海关根据联网企业的生产情况和海关的监管需要确定核销周期,按照核销周期对实行电子账册管理的联网企业进行核销管理。电子账册管理具体有以下特点:

➢对企业经营资格、经营范围(商品编码前4位数)和加工生产能力一次性审批,不对加工贸易合同进行逐票审批;

➢采取分段备案,先备案进口料件,在生产成品出口前(包括深加工结转)再备案成品及申报准确实际的单损耗情况,改变纸质手册施行的进口料件、出口成品以及单损耗关系同时一次备案的规程;

➢建立以企业为单元的电子账册,实行与企业物流、生产实际接轨的滚动核销制度,取代以合同为单元的纸质手册;

➢对进出口保税货物的总价值(或数量)按照企业生产能力进行周转量控制,取消对进出口保税货物备案数量的控制,满足企业在国际化大生产条件下的零库存生产需要,提高通关速度;

➢企业通过计算机网络向商务部门和海关申请办理审批、备案以及变更等手续,大大简化纸质手册模式下审批、备案以及变更等各种复杂手续,满足现代企业快速生产和进出口的需求;

➢实施电子账册模式联网监管企业不实行银行保证金台账制度;

➢纳入电子账册的加工贸易货物全额保税;

➢凭电子身份认证卡实现在全国口岸的通关。

电子账册包括加工贸易《经营范围电子账册》和《便捷通关电子账册》。《经营范围电子账册》用于检查控制《便捷通关电子账册》进出口商品的范围,不能直接报关。《便捷通关电子账册》用于加工贸易货物的备案、通关和核销。电子账册编码为12位。《经营范围电子账册》第一、二位为标记代码"IT",因此《经营范围电子账册》也叫"IT"账册;《便捷通关电子账册》第一位为标记代码"E",因此,《便捷通关电子账册》也叫"E"账册。

6. 电子账册的建立

电子账册的建立要经过加工贸易经营单位的联网监管申请和审批,加工贸易业务的申请和审批,建立商品归并关系和电子账册等3个步骤。前两个步骤已经在前面说过了,这里不再重复,下面主要介绍建立商品归并关系和电子账册。

联网企业凭商务主管部门签发的《联网监管企业加工贸易业务批准证》向所在地主管海关申请建立电子账册。海关以商务主管部门批准的加工贸易经营范围、年生产能力等为依据,建立电子账册。

电子账册是在商品归并关系确立的基础上建立起来的,没有商品归并关系就不能建立电子账册,所以联网监管的实现依靠的是商品归并关系的确立。

商品归并关系,是指海关与联网企业根据监管的需要,按照中文品名、HS编码、价格、贸易管制等条件,将联网企业内部管理的"料号级"商品与电子账册备案的"项号级"商品归并或拆分,建立一对多或多对一的对应关系。

应同时满足以下条件,才可归入同一个联网监管商品项号:

➢ 10位HS编码相同;

➢商品名称相同;

➢申报计量单位相同；

➢规格型号虽不同但单价相差不大。

海关审批通过后，联网监管企业的加工贸易商品归并关系就建立起来了。联网监管商品关系的建立，主要表现在经海关审批通过的在归并原则基础上产生的“企业物料表”及归并关系数据。每个联网监管企业只有一份“企业物料表”及归并关系数据，并据此生成电子账册。

7. 电子账册的报关程序

(1)备案环节

1)《经营范围电子账册》备案

企业进行经营范围的备案申请后，商务部主管部门登录数据中心的联网监管平台审核经营范围的备案申请信息，审核通过后，数据中心再将企业经营范围的备案申请信息转发给海关，海关确认后建立经营范围电子账册。备案内容为：

➢经营单位名称及代码；

➢加工单位名称及代码；

➢批准证编号；

➢加工生产能力；

➢加工贸易进口料件和成品范围(商品编码前4位)。

企业的经营范围、加工能力等发生变更时，经商务主管部门批准后，企业可通过网络向海关申请变更。海关审核通过后，企业应将纸质批准证交海关存档。最大周转金额、核销期限等需要变更时，企业应向海关提交书面申请，海关批准后由海关直接变更。

2)《便捷通关电子账册》备案

企业可通过网络向海关办理《便捷通关电子账册》备案手续。《便捷通关电子账册》的备案包括以下内容：

➢企业基本情况表，包括经营单位及代码、加工企业及代码、批准证编号、经营范围账册号、加工生产能力等；

➢料件、成品部分，包括归并后的料件、成品名称、规格、商品编码、备案计量单位、币制等；

➢单耗关系，包括成品对应料件的净耗、损耗率等。

其他部分可同时申请备案，也可分阶段申请备案，但料件必须在相关料件进口前备案，成品和单耗关系最迟在相关成品出口前备案。

海关将根据企业的加工能力设定电子账册最大周转金额，并对部分高风险或需要重点监管的料件设定最大周转数量。电子账册进口料件的金额、数量加上电子账册剩余料件的金额、数量不得超过最大周转金额和最大周转数量。

每一个企业一般只能申请建立一份《便捷通关电子账册》，但是如果企业设有无法人资格独立核算的分厂，料件、成品单独管理的，经海关批准，可另建立电子账册。

《便捷通关电子账册》的最大周转金额、核销期限等需要变更时，企业应向海关提交申请，海关批准后直接变更。《便捷通关电子账册》的企业基本情况表内容、料件成品发生变化的，包括料件、成品品种、单损耗关系的增加等，只要未超出经营范围和加工能力，企业不必报经商务部门审批，可通过网络直接向海关申请变更，海关予以审核通过。

(2)通关环节

电子账册的进出口通关是使用《便捷通关电子账册》办理通关手续的，企业申报清单数据至数据中心,数据中心依据归并关系合并和拆分报关单,企业确认该报关单数据后进行报关单申报。报关清单只申报电子数据,报关单按现行管理规定办理。

1)报关清单的生成

企业应先根据实际进出口情况,从企业系统导出料号级数据生成归并前的报关清单,出口报关还应选择每项成品所对应的单耗版本号,通过网络发送到电子口岸。报关清单应按照加工贸易合同填报监管方式,进口报关清单填制的总金额不得超过电子账册最大周转金额的剩余值,其余项目填制参照报关单的填制规范。

2)报关单的生成

电子口岸将企业报送的报关清单根据归并原则进行归并,并分拆成报关单后发送回企业,由企业填报完整的报关单内容后,通过网络向海关正式申报。报关单可以在一定的情况下进行修改或撤销。

◆不涉及报关清单的报关单内容可直接进行修改,涉及报关清单的报关单内容修改必须先修改报关清单,再重新进行归并。

◆报关单经海关审核通过后,一律不得修改,必须撤销重报。带报关清单的报关单撤销后,报关清单一并撤销,不得重复使用。

◆进口报关单放行或出口报关单结关前修改,内容不涉及报关单"表体"内容的,企业经海关同意可直接修改报关单。涉及报关单"表体"内容的,企业必须撤销报关单重新申报。

进口报关单放行、出口报关单结关后,海关的通关系统自动将报关清单、报关单数据核注、核扣到加工贸易电子账册管理系统。

(3)核销环节

电子账册采用的是以企业为单元的管理模式,一个企业只有一个电子账册,因此,对电子账册模式的核销实行滚动核销的方式,即对电子账册按照时间段进行核销,在某个确定的时间段内对企业加工贸易进出口情况进行平衡核算。联网企业应当在海关确定的核销期结束之日起30日内完成报核。确有正当理由不能按期报核的,经主管海关批准可以延期,但延长期限不得超过60天。

企业报核分为预报核与正式报核两部分,经海关审核通过预报核后,才能进行正式报核。

1)预报核

预报核是指企业在正式报核前,将本核销期内申报的所有进出口报关单以电子报文方式向海关申请报核比对。企业必须将本次核销期内电子账册的所有进出口报关单按海关要求的内容(包括报关单号、进出口岸、核扣方式、进出口标志等)向海关预报核,海关通关系统检查本核销期内企业报核的报关单与海关底账报关单是否一致,对结果完全相同的反馈"同意报核"的回执,企业即可正式报核。

企业应在电子账册本次核销周期到期之日起30天内向海关预报核。预报核电子报文审核通过后,企业应向海关递交有关核销单证,如企业核销期内的财务报表、纸质报关单、企业电子账册报核总体情况表、本核销期内企业保税料件的盘点资料等。

2)正式报核

正式报核是指预报核通过海关审核后,以预报核海关核准的报关单为基础,企业按海关确认的报核范围(进出口报关单)进行核算,并将核算结果向主管海关申报的报核方式。企业正式报核的数据包括料件应存数量、耗用数量、实存数量等。电子账册实行滚动核销,该核销期内的余料以海关核定的库存数量为准，经海关核准后自动转至下一核销期，作为下一核销期初数，不必办理“余料结转”手续。

8. 电子手册管理的特点

电子手册管理仍然以企业的单个加工贸易合同为单元实施对保税加工货物的监管。一个加工贸易合同建立一个电子手册。电子手册管理有以下特点。

◆以合同为单元进行管理。商务部门审批每份加工贸易合同，海关根据合同建立电子底账，企业根据合同的数量建立多本电子手册。

◆可分段备案也可非分段备案。电子手册的备案模式分为分段式备案和非分段式备案两种模式。分段式备案模式指将电子手册的相关内容分为合同备案和通关备案两部分，通关备案的数据建立在合同备案数据的基础上。而在非分段式备案模式下，无须进行合同备案，直接进行通关备案即可。但是自海关总署2008年40号公告出台后，非分段备案模式不再使用了。

◆网络审批和备案。企业通过计算机网络向商务主管部门和海关申请办理合同审批和合同备案、变更等手续。

◆实行银行保证金台账制度。

◆全额保税。纳入电子手册的加工贸易货物全额保税。

◆全国口岸报关。无须调度手册，凭身份认证卡实现全国口岸的报关。

自海关总署2008年40号公告规定：“原第二代标准版联网监管H2000电子手册的分段式手册模式仍然保留，形成分段式管理的电子化手册；原第二代标准版联网监管H2000电子手册的非分段式手册模式将不再使用，各海关对已核发的非分段式电子手册核销完毕后，切换到电子化手册模式进行管理。”电子手册可以理解为是一个过渡性的电子化手册，所以这里不作重点介绍，而是详细介绍电子化手册。

9. 电子化手册概述

纸质加工贸易手册是海关对加工贸易货物监管的凭证之一，是近30年以来海关对加工贸易监管的主要方式。随着我国加工贸易发展中新问题、新情况的不断出现，传统的纸质加工贸易手册已显现其缺陷，不适应现代加工贸易企业以市场经济为导向的生产经营管理模式和对提高物流效率、降低贸易成本的要求，也不利于促进加工贸易转型升级。因此，为贴近当前加工贸易企业的生产运营实际，为企业提供全天候、全方位以及方便快捷的网上“大通关”服务，从根本上提高行政审批效率，降低企业通关成本，提高企业竞争力，实施电子化手册管理。

电子化手册是海关联网监管的方式之一，它是以加工贸易合同为管理对象，在加工贸易合同备案、通关、核销等环节采用“电子化手册＋自动核算”的模式，实现“电子申报、网上备案、无纸通关、无纸报核”的新监管模式。

电子化手册模式与现有纸质手册模式的差异见表3.8.1。

表3.8.1　电子化手册模式与现有纸质手册模式的差别比较

环节类别	电子化手册模式	现有纸质手册模式
身份认证	通过企业操作员IC卡进行身份认证，安全性强	无身份认证，安全性差

续表

环节类别	电子化手册模式	现有纸质手册模式
备案(变更)	若采用企业端录入方式,实行联网作业,企业到海关的次数减少	企业到海关的次数较多
	备案资料库管理,一次预归类审核	逐本合同进行审核
	不核发纸质手册	需核发纸质手册,企业负有保管责任
货物进出口	企业在各地口岸报关时无须提供纸质手册,通过授权,可同时履行报关手续,海关不再进行手册核注	企业报关需要提供纸质手册,不可在多个口岸同时履行报关手续,异地邮递纸质手册易发生遗失,企业办事效率低
报核、核销	若采用企业端录入方式,实行联网作业,企业到海关的次数减少	企业到海关的次数较多
	自动核对核算,准确快速	人工核对核算,费时费力,容易出错
	计算机24小时电子审核	人工审批,8小时工作

10. 电子化手册业务流程

电子化手册的业务流程基本遵循以往纸质手册业务流程。具体来讲,在电子化手册模式下,海关根据商务主管部门的批件审核企业申报的合同备案、变更等业务的电子数据,通过后即可生成电子化手册,不再签发纸质手册。在电子化手册备案、变更、通关、核查、核销环节,海关凭电子化手册和其他有关单证办理有关手续,不再凭借纸质手册,也不再进行手册核注。电子化手册具体业务流程如下。

(1)资料库备案

加工贸易企业通过代理或自理录入模式录入企业料件、成品等数据信息,建立备案资料库,用于今后企业备案电子化手册时调用有关数据资料。料件、成品等数据信息包括货号、商品编码、商品名称、计量单位等数据。海关审批通过后,向企业返回备案资料库编号。企业凭备案资料库可办理数据变更手续。

为确保备案资料库料件及成品商品编码的准确性,企业对商品编码不确定的,可向海关归类部门咨询之后办理预归类手续。

企业向海关申请备案资料库无须提供任何部门的批准文件,一家企业只需备案一个资料库,可以依据合同申请备案多个电子化手册;备案资料库可备案商品项数没有限制,即可以无限大;电子化手册中申请备案的料件、成品项数均不能超过9 999项。

(2)电子化手册备案

企业建立备案资料库后,可依据签订的加工贸易合同和有关部门的批准文件向海关申请备案电子化手册。企业通过代理或自理录入模式,录入电子化手册表头、表体信息。料件和成品的货号、商品编码、商品名称、计量单位等信息调用备案资料库数据,进出口数量、价格、单损耗等信息依据合同录入。海关审核通过后,出具银行台账开设联系单;企业持主管海关签发的《开设银行保证金台账联系单》向相关银行办理保证金台账的设立手续。银行根据海关签发的联系单及经营单位的申请,审核后按合同备案料件金额设立保证金台账或按海关规定收取保证金,并签发《银行保证金台账登记通知单》和保证金收存凭证,交企业向海关办理银行台账开设联系单回执登记手续,海关登记回执后,系统生成电子化通关手册。

(3)通关数据申报

企业通过代理录入报关单通关数据,办理电子化手册货物的通关手续。

(4)核销

企业加工贸易合同执行完成后,通过代理或自理录入模式录入电子化手册报核数据,向海关办理核销手续。海关审批通过后,向企业返回审核通过信息,审核不通过的,返回退单信息。企业根据提示至海关业务现场提交相关单证。海关审核相关单证通过后,对电子化手册进行结案并出具《银行台账核销联系单》,企业凭《银行台账核销联系单》到银行办理台账核销手续。企业至海关办理《台账核销联系单》回执登记手续,完成电子化手册核销全过程。

11. 加工贸易银行保证金台账联网管理

在电子化手册监管模式下,企业需要办理加工贸易银行保证金台账手续。台账办理流程与在纸质手册模式下基本是一样的,这里不具体细说,可以参见第5章。

为进一步简化和完善现行加工贸易银行保证金台账管理,在不改变台账管理流程基础上,实现加工贸易银行保证金台账联网管理,增加办理台账手续银行,方便加工贸易企业办理台账业务,提高台账管理质量和效率。海关总署2009年第43号公告(关于加工贸易银行保证金台账联网管理有关事项)规定,自2009年8月1日起,对北京、青岛、合肥、汕头海关关区内部分采用电子化手册管理的加工贸易企业开展加工贸易银行保证金台账联网管理试点。自2010年2月1日起执行海关总署公告2010年第5号,海关总署2009年第43号公告同时废止。2010年第5号公告规定:在前期成功试点的基础上,在全国范围内对采用电子化手册管理的加工贸易企业开展台账电子化联网管理。

(1)台账保证金专用账户的设立

企业在首次办理台账开设手续时,应向银行办理台账保证金专用账户的设立手续。企业在申请电子化手册备案时,应在海关手册录入环节选择拟开设台账账户的银行,并在录入端收到海关已开出《银行保证金台账开设联系单》的回执后,持《企业法人营业执照》、《海关注册登记证明》及其他相关材料至所选择的银行办理台账账户设立手续。

对此前已在中国银行网点设立过台账保证金专用账户的企业,试点期间亦应凭《海关注册登记证明》向中国银行进行一次性备案登记。

(2)实转台账保证金的缴纳与补缴

实转台账开设或变更需缴纳保证金的,企业应按照主管海关签发的《银行保证金开设联系单》向台账开户银行办理保证金缴纳或补缴手续。企业直接凭银行签发的电子《银行保证金台账登记通知单》向海关办理加工贸易备案。

(3)台账的变更与正常核销

企业在预录入端收到《银行保证金台账变更联系单》、《银行保证金台账核销联系单》回执后,直接凭银行签发的电子《银行保证金台账变更通知单》、《银行保证金台账核销通知单》向海关办理台账变更、核销手续。

银行与海关间采用台账联网管理模式后,有关业务流程不变,只是企业无须再往返于海关与银行之间传递单证,有关单证的电子数据均实现网上传输。单证的传送及时限要求为:《开设联系单》、《变更联系单》、《核销联系单》、《登记通知单》、《变更通知单》、《核销通知单》均以电子报文的形式由海关、银行通过电子口岸平台直接发送对方;企业应在电子报文发出后3日内办理有关台账业务;《开设联系单》的有效期为自出具之日起80天(含80天),超过80天自动失效;海关对失效的《开设联系单》及对应手册进行删除处理。

第四部分　进出口贸易中企业关注的问题

第1章　企业如何办理贸易融资

1. 贸易融资概述

(1)贸易融资的含义

国际贸易融资,广义上是指在国际商品流通中所进行的资金融通活动。根据提供信用的不同对象,国际贸易融资有时以商业信用存在,有时以银行信用存在。在进口商或出口商之间相互提供的融资属于国际贸易商业信用。如果进口商与出口商中的一方信贷资金的获得是由银行或其他金融机构提供的,就构成银行信用下的贸易融资。

(2)贸易融资对企业的必要性

不论是生产商、出口商还是进口商都会遇到融资困难的问题。在国际贸易的实际操作中,当合同达成后出口商总是想迅速地得到货款,进口商也总是想尽快地拿到货物。可是现实中却是出口商经常遇到缺乏资金、很难按时交付订单的货物或是发货后很难及时地取得货款,进而影响正常的生产经营和业务规模的扩大。从另外的角度讲,进口商也经常遇到由于资金和贸易流程(如货物先于物权凭证到达)等原因,甚至在已经预付货款的前提下都很难及时提货,导致贻误了商机或是延长了接收重要机械设备的时间,造成不必要的损失。而且多数情况下,这些他们所面临的难题是传统银行信贷的盲区。正是在这样的背景下,贸易融资的出现一定程度上缓解了这些问题和矛盾,从而推动国际贸易的进一步发展。

(3)贸易融资的分类

贸易融资可以分为出口融资和进口融资两类。其中出口融资可以进一步分为信用证下的打包放款、出口押汇/贴现,背对背信用证,假远期信用证,托收项下的出口押汇,福费廷,出口保理,信保押汇,仓单质押,出口退税融资,出口发票贴现等(2~14介绍出口融资)。进口融资可以分为进口押汇、授信开证、提单背书、进口代付等形式(15~25介绍进口融资)。

2. 信用证下的打包放款

(1)打包放款的含义

一些亚洲发展中国家的银行对本国出口商的资金融通,有一种所谓的打包放款方式。打包放款是指出口商以收到的信用证正本作为还款凭据和抵押物向银行申请的一种装船前融资,用于信用证项下货物采购、生产和装运及其他费用的专项贷款。实际上,其抵押对象是尚在打包中、且没有达到可以装运出口程度的货物。

(2)出口商办理打包放款应注意的事项

出口商向银行申请打包放款,须填写打包放款书,规定贷款用途。银行提供的打包放款,不是一次支付,一般由银行给出口商在往来户外另开户头,由出口商陆续支用。打包贷款的还款来源为信用证项下的出口收汇。如出口商交单时为其办理了出口押汇(或贴现、福费廷),银行将及时收回打包贷款。

(3)打包放款的特点

打包放款的期限一般很短,出口商取得银行融资后将立即安排装船发货,以便及时取得各种单据并向进口商开出汇票,之后出口商通常会前往放款银行,申请出口押汇。当该银行收下汇票和单据后，便会将以前的打包放款改为出口押汇，此时打包放款流程即告结束。在打包放款中，如果出口商不按规定履行职责，贷款银行有权处理抵押品，以收回贷款款项。打包放款的数额一般为出口货物总价值的50%～70%，最多不能超过80%。

(4)出口商办理打包放款时银行的审查要点

出口商办理打包放款，银行审查的要点为：

➤贸易背景的真实性；

➤出口商证明自己有履约能力(生产能力、原料储备)；

➤开证行资信良好；

➤进口商所在地国家或地区风险小；

➤叙做成数的合理性；

➤出口商承诺到融资银行交单，回款首先还贷；

➤信用证无软条款。

(5)出口商办理打包放款应具备的条件

出口商办理打包贷款应具备如下条件：

➤在本地区登记注册、具有独立法人资格、实行独立核算、有进出口经营权、在银行开有人民币账户或外汇账户的企业；

➤出口商应是独立核算、自负盈亏、财务状况良好、领取贷款证、信用等级评定A级以上的企业；

➤申请打包放款的出口商，应是信用证的受益人，并已从有关部门取得信用证项下货物出口所必需的全部批准文件；

➤信用证应是不可撤销的跟单信用证，并且信用证的结算不能改为电汇或托收等其他的结算方式，开证行应该是具有实力的大银行；

➤信用证条款应该与所签订的合同基本相符；

➤最好能找到另外企业提供担保，或提供抵押物；

➤出口的货物应该属于出口商所经营的范围；

➤信用证开出的国家政局稳定；

➤如果信用证指定了议付行，该笔打包放款应该在议付行办理；

➤信用证类型不能为可撤销信用证、可转让信用证、备用信用证、付款信用证等；

➤远期信用证不能超过90天。

(6)申请打包放款需要向银行提供的资料

信用证正本、流动资金借款申请书、外销合同、境内采购合同、营业执照副本、贷款证、近三年度的年度报表、最近一个月的财务报表、法人代表证明书。

(7)打包放款的金额和期限

打包放款的金额和期限规定如下：

➤最高金额为信用证金额的80%；

➤期限不超过信用证有效期后的15天，一般为3个月，最长不超过半年；

➤当信用证出现修改最后装船期、信用证有效期时，出口商不能按照原有的时间将单据交到银行那里，出口商应在贷款到期前10个工作日向银行申请展期；

➤展期所需要提供的资料有贷款展期申请书、信用证修改的正本。

(8)可以办理打包放款的机构

在国内,国有控股银行如中国银行、交通银行、农业银行都可以办理打包放款,股份制银行如招商银行、兴业银行也可以办理相关业务。

3.信用证下的出口押汇/贴现

(1)信用证下出口押汇/贴现的含义

出口押汇是指出口地银行有追索权地对提交信用证(不包括备用信用证)项下出口单据(包括即期单据和远期未承兑/承诺付款单据)的出口商提供的融资。出口押汇是银行所办理的贸易融资里规模最大的一种。

出口贴现业务是指出口地银行有追索权地对信用证(不包括备用信用证)项下已经开证(保兑)银行承兑/承诺付款单据进行的融资。

(2)出口押汇/贴现的作用

出口押汇/贴现的作用是使出口商在向银行提交了信用证项下的相符单据后即可在国外开证行付款前先行从议付银行得到款项,加速资金周转。

(3)出口押汇/贴现的特点

出口押汇/贴现具有以下特点:申请人应为跟单信用证的受益人;出口押汇/贴现时出口地银行对出口商保留追索权地融资;融资期限通常比较短;办理行在收到信用证项下货款时,该款项将首先被用于偿还押汇本息,余额入押汇申请人账户;如押汇到期仍未收到开证行的付款,押汇申请人应以自有资金偿还银行押汇本息。

(4)信用证项下单证相符押汇

信用证项下单证相符押汇是指出口商发货后,银行以出口商提供的信用证项下完备正确的货运单据作为抵押,在收到开证行支付的货款之前,向出口商提供的短期资金融通。单证相符押汇还款来源为信用证项下出口收汇款项,银行对出口商有追索权。理论上第一还款来源为信用证的开证行,属于银行信用风险。

(5)出口商办理信用证下单证相符押汇时银行的审查要点

出口商办理信用证项单证相符押汇,银行(以中国银行为例)的审查要点如下:

➢开证行资信;
➢进口商所在地国家或地区风险;
➢出口商履约能力;
➢信用证是否有软条款;
➢出口商是否提交全套物权单据;
➢单证是否严格一致。

(6)信用证下单证不符的押汇的含义

信用证项下单证不符押汇指出口商提交与信用证存在不符点的单据,银行凭出口商出具担保的前提下进行买单。但如开证行/承兑行到期不履行付款,银行可向出口商追索。

(7)出口商获得信用证下单证不符的押汇的条件

若进出口商合作关系良好、产品市场稳定或供不应求,且出口商履约能力良好,则不符点造成拒付的可能性较小,取得银行融资的可能性较大。此时出口商应及时与进口商联系,并敦促开证行接受不符点。

(8)出口商办理信用证下单证不符押汇时银行的审查要点

出口商办理信用证下单证不符押汇时银行的审查要点如下：

➢进出口商合作关系；

➢出口商资信及履约能力；

➢产品市场情况；

➢进口商所在地国家或地区风险。

(9)办理信用证下的出口押汇时出口商应注意的事项(以中国银行规定为例)

出口商需与银行签订正式的出口押汇总协议；出口商向银行(通常为通知行或议付行)提出正式的出口押汇申请书；信用证项下的押汇申请人应为信用证的受益人；限制其他银行议付的信用证无法办理出口押汇；申请信用证下出口押汇，应尽量提交单证相符的出口单据，避免提交非物权单据、非全套物权单据或是存在实质不符点的单据；避免带有软条款的信用证，以及转让信用证。

(10)出口商办理出口押汇/贴现的基本条件

以中国银行为例，出口商办理出口押汇/贴现的基本条件如下：

➢依法核准登记，具有经年检的法人营业执照或其他足以证明其经营合法性和经营范围的有效证明文件；

➢拥有贷款卡；

➢拥有开户许可证，并在中行开立结算账户；

➢具有进出口经营资格。

(11)办理信用证下的出口押汇/贴现的机构

在国内，国有控股银行如中国银行、交通银行、农业银行都可以办理信用证下的出口押汇/贴现，股份制银行如招商银行、兴业银行也可以办理相关业务。

4. 托收项下出口押汇

(1)托收项下出口押汇的含义

出口商根据贸易合同规定装运货物后，开立汇票，并连同货运单据交托收行代收货款时，托收行买入跟单汇票，按照汇票金额扣除从买入汇票日至预计收到票款日的利息及手续费后，将余款预先付给出口商。由于银行会承担一定的风险，即使办理出口押汇业务，托收行往往只是根据付款交单条件酌情垫支一部分汇票金额的货款，如按照汇票金额的50% ~70%进行融资，很少办理全额融资。这种业务一般也被称为托收项下的出口押汇。

(2)托收项下出口押汇对于出口商的意义

为了加速资金周转和扩大贸易规模，出口商在采用托收方式时通常要向银行进行资金融通，使用银行的垫款。托收出口融资方式使得出口商在装运货物取得货运单据后，就可以得到银行的资金融通。

(3)D/P买单

1)D/P买单的含义

D/P买单指银行在D/P付款交单托收项下，出口商向银行提交含有货权(如海运提单)的出口单据后，银行向其提供的短期资金融通。D/P买单时，如进口商不能履行付款责任，银行则可向出口商追索。与信用证项下单证相符押汇相比，D/P买单纯属商业信用，但通常情况下，银行可以控制货权。

2)出口商办理 D/P 买单的条件

如果进出口商合作关系良好，产品市场稳定或供不应求，且出口商履约能力良好，进口商拒付的可能性较小，那么银行为出口商办理 D/P 买单的可能性就越高。

3)D/P 买单下出口商应注意的银行审查要点

银行的审查要点包括进出口商往来关系、进口商资信及付款记录、出口商品市场情况、出口商履约能力、进口商所在国家或地区风险。

(4)D/A 买单

1)D/A 买单的含义

D/A 买单指 D/A 托收项下，银行凭出口商提交的出口单据向其提供的短期资金融通。与 D/P 买单一样，D/A 买单纯属商业信用，但因不能控制货权，所以银行风险较 D/P 大。

2)D/A 买单下出口商应注意的银行审查要点

银行的审查要点包括出口商资信和履约能力、进口商付款记录、出口商品市场情况、进口商所在国家或地区风险。

(5)可以办理托收项下的出口押汇/贴现的机构

在国内，国有控股银行如中国银行、交通银行、农业银行都可以办理托收项下的出口押汇/贴现，股份制银行如招商银行、兴业银行也可以办理相关业务。

5. 福费廷

(1)福费廷的含义

福费廷(Forfaiting)一词源于法语的"a Forfait"，原意是"放弃权利"，又称包买票据，指在远期信用证项下，银行应出口商要求，无追索权地买断经开证行或其指定银行承兑、承付的未到期债权，以及在承兑交单(D/A)项下，银行应出口商要求无追索权地买断经银行保付的已承兑商业汇票；出口商也放弃对所出售债权凭证的一切权益，将收取债款的权利、风险和责任转嫁给包买商(银行)。在一些外资银行如渣打银行，福费廷也被称为无追索权票据贴现(Credit Bills Negotiation on without Recourse, CBW)。

值得注意的是福费廷方式在不断发展中，也突破了传统意义上的分期付款的长期融资模式，融资期限可长可短，操作灵活。比如中国银行现在就提供 1 年以下和 3～5 年的福费廷融资服务。

(2)福费廷业务中值得注意的事项

福费廷业务中要注意以下事项。

◆出口商与进口商在洽谈贸易时，如欲使用福费廷，应事先和其所在地银行或金融机构现行约定，以便做好各项事前安排。

◆进出口商签订的贸易合同应该言明使用福费廷。出口商向进口商索取货款而签发的远期汇票，要取得进口商往来银行的担保，保证在进口商不能履行支付义务时由其银行最后付款。进口商往来银行对远期汇票的担保形式有两种：在票据上签章，保证到期付款，这叫保付或背书担保，即担保行通过在票据上加具"PER AVAL"字样并签字来承担对商业票据的担保责任；出具保函，保证对汇票付款，保函是以单独的文件形式出具的。

◆进口商延期支付货款的偿付票据可以从下列两种形式中选一种：由出口商向其签发远期汇票，经承兑后，退还给出口商以便其贴现；由进口商开具本票寄交出口商，以便其贴现。注意，无论使用何种票据，均需取得进口商往来银行的担保。银行出具背书担保或保函的费用一般由进口商承担。但是如果遇到进口商不愿提供保函,出口商为了自己的利益可将该担保费用承担下来,从而降低融资成本。

◆担保银行要经出口商所在地银行同意。如该银行认为担保行资信不高,进口商要另行更换担保银行。担保行确定后,进出口商才能签订贸易合同。

◆出口商发运设备后,将全套货运单据通过银行的正常途径寄送给进口商以换取经过承兑的且附有银行担保的承兑汇票。

◆出口商取得经进口商承兑的,并经有关银行担保的远期汇票后,按照与买进这项票据的银行或金融机构的事先约定,依照放弃追索权的原则,办理该项票据的贴现手续取得现款。

(3)出口商办理福费廷的业务流程

出口商办理福费廷的业务流程如图4.1.1所示。

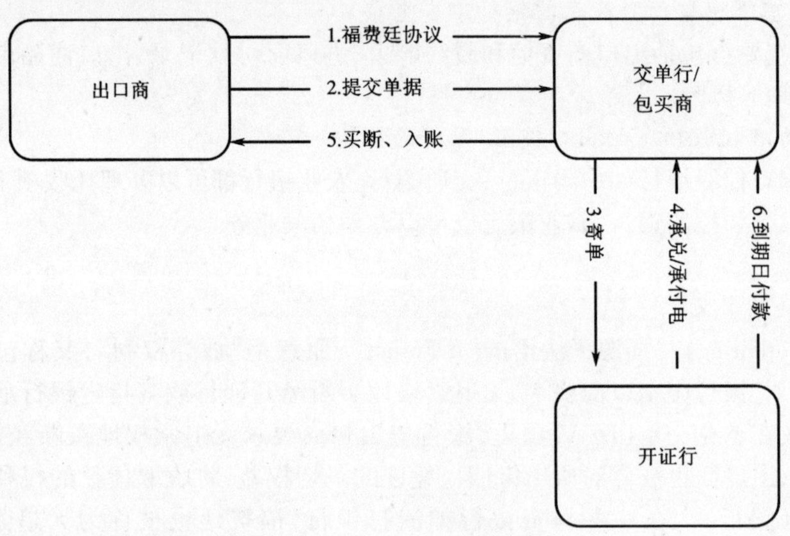

图4.1.1　福费廷的业务流程

以中国银行福费廷业务为例流程如下。

◆出口商与中行签订《福费廷业务合同》。

◆出口商向中行提交《福费廷业务申请书》。

◆中行取得对债务人的授信额度或确定转卖后,与出口商签署《福费廷业务确认书》。

◆在客户持有票据情况下,将票据背书给中行;在无法取得票据的情况下,出口商签署《债权转让书》。

◆中行取得信用证项下开证行/指定银行的承兑/承付通知,或其他符合中行要求的债权凭证后(在D/A托收项下,须由有关银行在汇票上加签保付或提供担保),扣除贴现息和有关费用后将款项净额支付给客户。

◆出口贸易项下,中行为客户出具出口收汇核销专用联,供其办理出口收汇核销和退税。

(4)福费廷业务对出口商的意义

◆改善现金流量。将远期收款变为当期现金流入,有利于出口商改善财务状况和清偿能力,从而避免资金占压,进一步提高筹资能力。同时福费廷业务不占用企业授信额度,不受企业信用等级限制。

◆出口商可提前办理出口核销和退税手续。根据我国国家外汇管理局的规定,允许外汇指定银行对境内出口单位通过福费廷业务方式取得的外汇资金,在按规定办理结汇或入账手续时,为出口单位出具出口收汇核销专用联,供出口单位办理出口收汇核销和退税手续,进一步改善了出口商的资金流动状况。

◆终局性融资便利。出口商获得无追索权贴现,既剔除了融资期间的种种风险,也免除了为避险而产生的保险、对冲等交易以及复杂的索赔程序。

◆出口商可将融资成本纳入销售价格,便于成本核算;并可给予进口商更有吸引力的远期付款条件,也可开拓原先认为是高风险地区的市场,增加了贸易机会。

◆节约管理费用。出口商不再承担资产管理和应收账款回收的工作及费用,从而大大降低管理费用。

◆规避各类风险。达成福费廷协议后,出口商不再承担远期收款可能产生的利率、汇率、信用以及国家等方面的风险。

◆增加贸易机会。出口商能以延期付款的条件促成与进口商的交易,避免了因进口商资金紧缺无法开展贸易的局面。

◆实现价格转移。可以提前了解包买商的报价并将相应的成本转移到价格中去,从而使出口商规避融资成本。

(5)出口商宜选择福费廷融资的情况

以下情况下,出口商宜选择福费廷融资:

➢出口商急需改善财务报表,将出口应收账款从资产负债表中彻底剔除;

➢出口商在应收账款收回前,遇到其他投资机会,而且新投资机会的预期收益高于福费廷全部收费;

➢出口商应收账款收回前,遇到资金周转困难,并且不愿接受带追索权的融资形式或占用银行授信额度;

➢出口商希望获得提前出口退税和核销。

(6)福费廷的费用

一般福费廷费用 = LIBOR + 幅度。以中国银行为例,福费廷业务的费用主要包括融资利息及手续费。融资利率采用基础利率加利率浮点的形式,利率浮点水平取决于国家风险、买方信用风险、融资期限等多种因素。手续费每笔最低 100 美元。

(7)福费廷业务需提交的单据

以中国银行规定的远期信用证项下为例,办理福费廷业务需提交的单据有信用证及其修改,开证行/指定银行承兑/承付电,汇票、发票,提单或其他运输单据,其他信用证要求的单据。

(8)可以办理福费廷的机构

在国内,国有控股银行如中国银行、交通银行、农业银行都可以办理福费廷业务,股份制银行如招商银行等,外资银行如渣打银行等也可以办理。

6. 出口发票贴现

(1)出口发票贴现的含义

出口发票贴现业务指在货到付款(T/T)结算方式下,出口商在完成出口合同规定的交货任务后,向银行提交出口发票及其他相关单据,提出融资申请,并以出口收汇款项作为主要还款来源的短期贸易融资业务。

(2)出口发票贴现业务下银行的审查要点

出口发票贴现业务下,银行审查要点包括:

➤贸易背景的真实性;

➤进出口商的资信。

(3)办理出口发票贴现时出口商应注意的要点

办理出口发票贴现时出口商应注意以下要点:

➤建立银行综合授信额度;

➤发票须注明回款入融资银行账户;

➤企业除提交发票外,还需提交提单、保单、报关单等副本单据;

➤向银行提供进口商的资信状况。

银行在办理相关业务时会要求出口商在办理出口发票融资的发票上注明让渡条款,如"The Receivables of above mentioned goods have been assigned to..",或向银行提供其已将款项让渡事实告知进口商的书面证明,并将银行指定的汇款路径提供给进口商,确保进口商按照汇款面函要求将货款汇入融资银行指定账户。出口商收到融资单据项下货款时,该款项首先被用于偿还融资本息,余额入出口商账户;如融资到期仍未收到进口商付款,出口商应以自有资金偿还银行融资本息。

(4)可以办理出口发票贴现的机构

在国内,中国农业银行、交通银行等机构可以办理出口发票贴现。

7.保付代理

(1)保付代理的含义

保付代理(Factoring)简称保理,在某些外资银行又称为应收账款买断(Receivable Services),主要是指在以托收项下的承兑交单(D/A)、赊销(Open Account,O/A)等非信用证结算的情况下,给予卖方的一种收款风险担保,由保理商向卖方提供买方信用担保、货款融资、收取账款和销售账务管理服务。一般出口保理商拿到单据并经审核无误后,将给予出口商发票金额的60% ~80%的预付款,于收到单据的1~2个工作日内将款项划到出口商的账户上。通常保付代理的融资期限不超过一年。

(2)保理商或银行向出口商提供的服务

1)贸易融资

出口保理商为销售商品或提供劳务提供资金融通,可以是根据有关应收账款所做的贷款或预付款,也可以是用立即付款的方式购买应收账款,出口商可以及时获得营运资金。

2)销售分户管理

保理商会根据卖方的要求定期或不定期向其提供关于应收账款的回收情况、逾期账款情况、信用额度变化情况、对账单等各种财务和统计报表,协助卖方进行销售管理。

3)应收账款的催收

保理商一般有专业人员和专职律师进行账款催收。

4)信用风险控制和坏账担保

卖方与保理商达成保理协议后,保理商会为债务人核定一个信用额度,并且在协议执行过程中,根据债务人资信情况的变化对信用额度进行调整,对于卖方在核准信用额度内的发货所产生的应收账款,保理商提供100%的坏账担保。

(3)出口商需满足的条件、提供的资料

1)保理融资的申请条件

以渣打银行中国分行为例,保理融资的申请条件如下:

➢出口商采用的结算方式为赊销(O/A)或承兑交单(D/A)方式;

➢应收账款的账期为90天或90天以内;属于常规销售,产品不易引起纠纷;

➢企业营业2年以上,从事该行业3年以上;企业年销售收入超过300万美元;

➢财务及经营状况良好,能提供上年经审计过的财务报表,上年度有赢利纪录,贸易记录良好,合同履约能力强;

➢在人民银行贷款卡管理系统内无不良记录,对该笔应收账款无其他抵押。

2)保理申请所需提供资料

以渣打银行中国分行为例,保理申请时需提供以下资料:营业执照,组织机构代码,法人、股东及授权签字人(如有)身份证,税务登记证正本(国税及地税),公司章程,贷款卡,全套开户资料,最近两年审计过的财务报表,应收账款申明函(格式由渣打银行提供),主要个人大股东的个人担保,企业简介,每次贴现所需的至海外买家出口通知函(格式由渣打银行提供)、发票复印件、运输单据、销售合同或订单的复印件。

值得注意的是在获得应收账款额度以后,出口商每次发货后都只需提交上述后4种贴现所需的资料即可立即获得货款金额的90%,余款在账款到期收妥并扣除相应费用后划给企业。

(4)办理保理业务的流程

以兴业银行双保理业务为例,办理的流程如下:

➢出口商寻找有合作前途的进口商;

➢出口商向出口保理商提出叙做保理的需求,并要求为进口商核准信用额度;

➢出口保理商要求进口保理商对进口商进行信用评估;

➢如进口商信用良好,进口保理商将为其核准信用额度;

➢如果进口商同意购买出口商的商品或服务,出口商开始供货,并将附有转让条款的发票寄送进口商;

➢出口商将发票副本交出口保理商;

➢出口保理商通知进口保理商有关发票详情;

➢如出口商有融资需求,出口保理商付给出口商不超过发票金额的80%的融资款;

➢进口保理商于发票到期日前若干天开始向进口商催收;

➢进口商于发票到期日向进口保理商付款;

➢进口保理商将款项付出口保理商;

➢如果进口商在发票到期日90天后仍未付款,进口保理商做担保付款;

➢出口保理商扣除融资本息(如有)及费用,将余额付出口商。

(5)出口商办理保理业务时银行的审查要点

出口商办理保理业务时,银行的审查要点为:

➢出口商品市场情况;

➢进口商资信;

➢进口保理商资信;

➤出口商资信。

(6)保理的主要作用

对出口商而言,国际保理业务为出口商货款的收取提供了强有力的保证,可为新的或现有客户提供更有竞争力的O/A、D/A付款条件,能够帮助出口商获得更大的市场份额。一般保理商还会提供更加专业的资信调查服务,并以此为基础给予授信额度。因此出口商采用保理服务可以消除其对市场、国外贸易规章、客户资信的后顾之忧,可以不失时机地促成交易,避免贻误商机。同时保理商还能为出口商提供资金融通的便利或处理售后管理工作,减小非生产性支出,节约相应的管理成本。出口商将单据卖断给银行保理商后,只要其商品品质和交货条件符合合同规定,就可得到100%的收汇保证,在无追索权保理业务下,银行保理商对其没有追索权,进口商的全部信用风险都转嫁给银行来承担。

(7)可以办理保理业务的机构

在国内,国有控股银行如中国银行、农业银行都可以办理保理业务,股份制银行如招商银行、兴业银行以及外资银行如渣打银行等也可以办理相关业务。

8.信保押汇

(1)信保押汇的含义

信保押汇是指在中国出口信用保险公司(以下简称"中信保")投保了短期出口信用险,并按规定已缴纳保费的出口商发运货物之后,将全套单据提交银行,以该单据项下应收账款的权益作为质押,并将出口信用险项下的保险权益转让给银行后,银行应其要求予以办理的出口短期融资业务。

(2)出口信用保险的含义

出口信用保险指国家为支持本国出口贸易,保障出口企业收汇安全而制定的一项由国家财政提供保险准备金的非营利的政策性保险业务,中信保承保商业风险和政治风险。短期出口信用保险指贸易合同中规定的付款期限不超过180天的出口信用保险。在发生保险责任范围内的损失时,中国出口信用保险公司根据赔款转让协议的规定,将按照保险单规定理赔后应付给出口商的赔款直接全额支付给融资银行。

(3)信保押汇业务的押汇金额

信保押汇业务的押汇金额原则上不得超过发票金额乘以保单规定的赔偿比例。就同一进口商而言,累计押汇总额不得超过中信保核定的、买方信用限额乘以保单规定的赔偿比例。

(4)企业办理额度内融资放款,需向银行提供的资料

企业办理额度内融资放款,需向银行提供的资料有《信保押汇申请书》、贸易合同、商业发票、全套货运单据、保险单据、出口报关单、由买方或权威机构出具的质量检验证明。

(5)出口信用保险与保理业务的区别

◆两者的性质不同。国际保理属于商业性金融业务,具有竞争性;而出口信用保险属于政府政策性金融的一部分,是政府为了鼓励企业出口而采取的金融扶持政策,通常不具有竞争性。

◆两者的保障程度不同。典型的保理业务都是无索权的,出口商在批准的信用额度内可以获得100%收汇保障;而出口商投保出口信用保险通常获得70%~90%的风险保障。

◆保障范围不同。保理业务承担的是进口商不能履约的一切风险,开展的主要地区都是一些政局比较稳定、经济较发达的国家和地区;而出口信用保险提供的保障既有商业信用风险

又有国家风险,进口国很多情况下是经济不发达且政局动荡的国家。

◆出口商品范围方面的不同。一般而言适合做保理业务的商品,是金额小、批量多的消费品,如服装、鞋类、小家电等;而适合做出口信用保险的商品范围很广,除了消费品外,还包括大型机电产品和资本及半资本品。

◆两者在出口商融资方面的不同。保理业务主要为出口商提供短期融资,出口商可在票据到期日以前先从保理处获取80%的出口货款,其余20%俟票据到期后收取;而出口信用保险本身不带有融资性质,但出口商可以利用其开立的出口信用险保单顺利地从银行融通资金,若进口商采用汇票结算,还可以向银行进行票据贴现。

(6)可以办理信保押汇的机构

在国内,中国农业银行和建设银行可以办理相关业务。

9. 仓单质押担保融资

(1)仓单质押的含义

仓单是指仓储公司签发给存储人或货物所有权人的、记载仓储货物所有权的、唯一合法的物权凭证,仓单持有人随时可以凭仓单直接向仓储方提取仓储货物。

(2)仓单质押担保融资的含义

仓单质押担保融资指出口商以其自有或第三方持有的仓单作为质押物向银行申请融资业务。

(3)质押仓单必须具备的条件

质押仓单必须具备以下条件:

➢必须是出质人拥有完全所有权货物的仓单,且记载内容完整;

➢出具仓单的仓储方原则上必须是银行认可的、具有一定资质的专业仓储公司。

(4)质押仓单项下的货物必须具备的条件

质押仓单项下的货物必须具备以下条件:

➢所有权明确;

➢无形损耗小,不易变质,易于长期保管;

➢市场价格稳定,波动小,不易过时;

➢适应用途广,易变现;

➢规格明确,便于计量;

➢产品合格并符合国家有关标准。

10. 背对背信用证

(1)背对背信用证的含义

背对背信用证又称从属信用证(Subsidiary Credit, Ancillary Credit),是指中间商收到进口商开来的信用证后,要求原通知行或其他银行在正本信用证(简称母证,Master L/C)的基础上,另外开立一张内容近似的新证给另一受益人(简称子证)。这种新开立的信用证就是对背信用证,原来的信用证也称为主证。

(2)子证与母证的关系

背对背信用证的主证和子证的付款责任是相互独立的,如果中间商履约失败或主证开证行无理拒付等情况发生,子证开证行仍需承担第一还款责任,然后向中间商追索。

(3)开立背对背信用证时银行的审查要点

开立背对背信用证时银行的审查要点如下：

➢主证开证行资信；

➢中间商的资信；

➢出口商履约能力；

➢原进口商所在地的国家或地区风险。

11. 假远期信用证

(1)假远期信用证的含义

买方远期信用证，又称为假远期信用证(Usance Letter of Credit)，即以远期信用证达成交易，在开证申请人愿意承担利息和贴现费用的前提下，由付款银行负责贴现，能够实现即期支付的结算方式。

(2)进口商需满足的条件

一般来说，资信较好并且与银行有密切关系的进口商，特别是一些符合标准的中小企业出于筹集资金的需要往往可凭借自身的信用与银行的关系开出买方远期信用证，以达到融通资金的目的。

(3)进口商适宜办理假远期信用证的情况

下列情况进口商适宜办理假远期信用证：

➢中小企业利用开假远期信用证，可以满足筹集资金的需要；

➢进口商开立即期信用证的授信额度不足；

➢出口商要求信用证结算，进口商利润空间较大；

➢进口商所在国及(地区)票据贴现市场发达，远期汇票变现能力强。

(4)假远期信用证常见的表示方法

➢"USANCE DRAFT SHALL BE NEGOTIATED AT SIGHT BASIS, REGARDLESS OF THE TENOR OF DRAFT."(无论汇票的期限是什么，远期汇票将即期议付)；

➢"USANCE DRAFT SHALL BE NEGOTIATED AT SIGHT BASIS, AND DISCOUNTING CHARGE SHALL BE FOR ACCOUNT OF APPLICANT."(远期汇票可即期议付，贴现息由开证申请人承担)。

12. 出口全益达

(1)产品说明

"出口全益达"是中国银行针对出口企业在贸易活动中可能遇到的各种困扰和难题而专门打造的一个功能强大、方便实用的贸易融资综合解决方案。

(2)产品功能

该产品的功能是将多项传统和新兴的贸易融资产品、特色服务以及外汇交易金融衍生产品融会贯通，并根据出口企业的具体需求"量体裁衣"，对相关产品和服务进行改造和组合运用，通过一套完整方案帮助出口企业获得最佳效益。

(3)产品特点

1)打造全面解决方案

面对各具特点、种类繁多的贸易结算和融资产品，出口商也许感到难以选择，不知道怎么搭配才能取得最佳效益。为了有效解决这一难题，"出口全益达"在原有单一产品的操作服务基础上,进一步扩展了贸易融资服务的内涵,致力于打造全面解决方案。

2)产品改造和组合灵活多样

“出口全益达”根据贸易背景、市场情况以及客户需求等具体因素的变化,既可以针对不同的结算方式、付款期限和贸易环节分别设计多种产品改造和组合方案供客户灵活选择,又可以按照客户在加快资金周转、降低融资成本、防范各类风险及优化财务报表等方面的个性化需求,量身定制解决方案。

3)贸易融资专家服务

“出口全益达”作为结构性的贸易综合服务方案(Structure Solutions),有一支强大的专家团队提供技术和服务支持。中国银行多年培养起来的贸易融资专家队伍既具备深厚的专业知识,又积累了丰富的从业经验。通过各分支机构间的联动和“会诊”,可以充分发挥专家服务的整体优势,打造出高水准的服务品质。

(4)适用客户

可以满足出口商在缓解资金周转困难、规避各类风险、减少应收账款、美化财务报表及信用提升等方面的全方位需求。

(5)价格标准

根据产品组合和客户情况的不同实行差异化定价。

13. 出口汇利达

(1)产品说明

出口汇利达指在出口结算业务项下,中国银行应客户的申请,凭其出口收汇款项作为外币保证金质押,为其办理人民币出口融资,同时要求客户在中国银行办理一笔同期限的远期结汇交易,并约定到期由中国银行释放质押的外币保证金交割后归还出口融资款项。该项产品组合由外币保证金、出口融资和远期结汇3部分组成。

(2)产品功能

帮助出口商利用人民币贬值趋势对其出口收汇款项保值增值,业务叙做前可预先确定收益水平。

(3)产品特色

出口汇利达是中国银行为帮助出口商利用人民币汇率变化,有效锁定成本并获得额外收益而研发的贸易融资产品。它通过贸易融资和外汇交易相关业务的组合和运用,帮助出口商在不占用授信、不增加操作环节、不产生任何风险的情况下,巧妙利用外币升水趋势转换结“汇”时点,在避免汇率风险的前提下有效为出口企业增加存款收益与汇差收益,提高企业“利”润贡献,实现生意发“达”。

(4)适用客户

适用于人民币有贬值趋势时,对具有真实贸易背景的收汇资金有保值增值需求的出口企业。

(5)业务流程

办理出口汇利达的业务流程如下:

➢中国银行审核客户资格以及业务背景后受理客户业务申请;

➢办理出口汇利达业务前,客户与中国银行事先签署《远期结售汇、人民币与外币掉期总协议》以及《保证金质押总协议》;

➢中国银行审核客户提交的《远期结汇申请书》及贸易收、结汇所需材料后，与客户签署《出口汇利达融资合同》，并要求客户向中国银行提交足额外币保证金进行质押；

➢落实保证金质押后，中国银行为客户办理出口融资，并根据客户指示对外支付款项；

➢远期结汇业务交割日当天，中国银行释放外币保证金项下已质押的资金进行头寸的交割，除用于交割归还出口融资本息之外的人民币余额部分(如有)退还客户。

上述几种出口融资方式的对比见表4.1.1。

表4.1.1　主要出口融资方式对比

融资方式	支付方式	融资期限	追索权
打包放款	信用证	一般为3～6个月	有
押汇	信用证或托收	一般小于6个月	通常有
贴现	任何支付方式下的票据	一般小于1年	通常有
保理融资	赊销和D/A	一般小于1年	通常无
福费廷	远期信用证、D/A或信保	1年以下、3～5年或更长	无
信保押汇	任何支付方式	一般小于1年	有

14. 进口押汇

(1)信托收据的含义

所谓的信托收据，就是进口商借取单据时提供的一种书面担保文件，用以表示出具人愿意以代收行的受托人身份代为提货、报关、存仓、保险和出售，同时承认货物的所有权仍属于银行，货物出售后所得到的货款偿还银行，进口商赎回信托收据。

(2)信用证下信托提货垫款

当银行开出信用证后，必须对按期提交符合信用证条款的单据的受益人履行付款责任，同时要求进口商(开证申请人)付款赎单，在赎单时，一些进口商会因为资金不足，要求银行提供短期融资，进口商向银行出具信托收据，以银行受托人的身份取得单据并办理提货。

(3)托收下的信托提货垫款

在远期付款交单的托收业务中，如果货物先到达，付款期限在后，进口商为了赶上有利的行市，不失时机地转售货物，在承兑汇票后向进口地代收行借取货运单据先行提货，待汇票到期日才支付货款。不论进口商能否在汇票到期日付清货款，代收行将对出口商承担付款责任。

(4)进口商办理信托提货垫款时银行风险审查的重点

进口商资信以及营运周期、与信用证授信额度的比例控制、进口商品市场情况。

(5)进口押汇的意义

进口押汇指开证申请人在开证行给予减免保证金的情况下，委托银行开出信用证后，在单证相符(或虽有不符但开证申请人及开证行均接受)必须对外承担付款责任时，由于开证申请人资金短缺，经向银行申请并获得批准后，由银行保留追索权和货权质押的前提下，代为偿付款项给议付行，并在规定期限内由申请人偿还银行货款及利息的融资业务。

(6)进口押汇的流程

办理进口押汇的流程如下：

➢进口商向开证行提出押汇申请；

➤进口商与开证行双方签订押汇协议；

➤出口方银行向开证行提示单据；

➤经开证行审证后单证相符，或虽有不符点开证行同意接受，并立即偿付交单银行（出口方银行）；

➤开证行按押汇协议放单；

➤进口商还款。

(7)进口商办理进口押汇业务时银行审查的重点

银行审查的重点如下：

➤单据的质量；

➤进口商资信和往来记录；

➤进口商品市场情况。

15. 提货担保

(1)提货担保的含义

提货担保业务（Shipping Guarantee，S/G）是指银行应开证申请人的要求，在货物先于物权凭证到达目的地时，为其向承运人或是承运人的代理人出具承担先行放货责任的保证性文件的行为。

(2)提货担保的特点

从提货担保的实践来看：首先它是银行对船公司所做出的一种保证行为，即如果进口方最终不能提供正本提单，银行应承担相应的担保责任；其次提货担保项下银行的担保责任具有无限责任的特点，当提货担保项目下发生索赔时，由于赔偿责任包括但不仅限于货物本身，开证行赔付的金额可能比单据金额还要多；再次担保期限具有不确定性，担保责任在以正本提单换回提货担保时解除。

16. 授信开证

(1)授信开证的含义

一般进口商在向银行申请开立信用证时，银行出于风险规避的考虑，会要求企业缴纳开证保证金。所谓的授信开证（Credit Line For Issuing Documentary Credit）则是银行会向资质较好、有一定偿债能力的进口商授信，在符合开证银行规定的前提下允许进口商免交或缴存相应比例的保证金开立信用证。

(2)授信开证的特点和对进口商的好处

授信开证的特点在于客户可以充分利用银行信誉，不需现款，减少资金占用，更合理有效地运用资金。同时由于授信额度一般都具有可循环使用的特点，申请人在办理开证业务时还可以免去银行内部为控制风险而设定的繁杂流程。特别适用于进口商流动资金不充裕或有其他投资机会，希望部分或全部免交开证保证金的情况。

(3)授信开证申请的条件

申请授信开证要满足以下条件：

➤依法核准登记，具有经年检的法人营业执照或其他足以证明其经营合法性和经营范围的有效证明文件；

➤拥有贷款卡；

➤拥有开户许可证，并在中国银行开立结算账户；

➢具有进出口经营资格；

➢在办理业务的银行有授信额度。

(4) 办理流程

以中国银行为例，办理授信开证的流程如下。

➢中行应进口商申请，根据其偿债能力、履约记录和担保条件等情况为其核定授信额度，该项额度实行余额控制，可以循环使用，进口商在该项额度之内可全部或部分免交开证保证金；若进口商未能事先获得授信额度，可采取单笔授信审核的办法。

➢中行受理进口商开证申请，占用授信额度(或单笔授信)对外开证。

➢中行收到出口商提交的信用证单据，经审核无误后扣划进口商款项对外付款，同时归还额度。

17. 提单背书

(1)提单背书的含义

提单背书(Endorsement on Bill of Lading)是指信用证开立行应开证申请人的要求，在收到以开证行为抬头的提单等正本物权凭证时背书给开证申请人凭以办理提货手续的行为。

(2)提单背书的相关注意事项

由于风险较大，在实际操作中银行除了会对进口商进行相应的审查外，一般还会要求进口商必须落实资产抵押、信用担保或全额保证金，并要求进口商必须出具相应格式的信托收据，具体说明在赎单前货物所有权归银行所有，并负责赔偿银行可能遭受的一切损失。在背书后，开证行通常还会进行必要的监督和制约工作。

18. 进口信用证代付

(1)进口信用证代付的含义

进口信用证代付业务(Re-financing against Letter of Credit)是指即期信用证项下单到后或远期信用证付款前，开证申请人如有融资要求，应立即提出申请，在开证申请人承担贴现利息的前提下，开证行指定或授权其代理行(偿付行)向受益人(或议付行)代为偿付。待融资到期日，再由开证申请人偿付信用证项下的款项、利息及相关银行费用。

(2)信用证代付的特点

同进口押汇一样，进口信用证代付与买方远期信用证也都是开证行给申请开证的进口商的一种融资，都具有专款专用的特点。所不同的是进口信用证代付是开证行以自己的信用向代付行要求的一种融资，以解决自身的资金问题，即代付行通过开证行向开证申请人提供的间接融资，这种融资的最终借款人是开证申请人。

19. 进口托收代付

(1)进口托收代付的含义

进口托收项下的代付(Inward Documentary Collection, I/C)是指进口地代收行应托收付款人的申请，与其达成进口托收项下单据以及货物所有权归代收行所有的协议后，代收行以信托收据的方式向其释放单据，并委托其他银行代为支付进口货款，到期后由客户偿还融资本息以及相关费用的行为。

(2)进口托收代付的特点

同进口信用证代付一样，进口托收代付是代收行向付款人提供的融资。代付行承担的是代收行的信用风险，而代收行承担的是付款人的风险。

20. **进口代收融资(以中国银行为例)**

(1)进口代收融资的含义

进口代收融资是指在进口代收付款交单方式下,代收行向申请人提示对外付款赎单通知时,根据申请人提出的书面申请,向申请人提供的短期资金融通,并按约定利率和期限由申请人还本付息的业务。

(2)币种、期限、利率和融资比例

➢进口代收融资的币种限于美元、欧元、日元、英镑、港元、人民币;

➢进口代收融资的期限应根据进口货物生产或销售周期确定,最长不得超过3个月;

➢进口代收融资的利率参照中国银行短期流动资金贷款利率执行;

➢进口代收融资金额不超过进口合同项下的发票金额。

(3)进口代收融资面向的客户

进口代收融资面向下列客户:

➢申请人必须具有法人资格和进出口经营权,必须在中国银行开立本币或外币结算账户。申请人财务经营状况正常,资信情况良好,并与中国银行保持长期稳定的国际结算业务往来,有按期还本付息的能力;

➢申请融资的进口商品必须是申请人主营范围内的商品,市场销售前景良好;

➢进口代收融资必须具有真实的贸易背景,符合中国国家外汇管理的有关规定,有关托收指示中明确中国银行为代收行;

➢申请人必须获得中国银行授予的相关授信额度,在授信额度内提出进口代收融资申请。

(4)办理要点

办理要点如下:

➢申请人以书面向中国银行提出进口代收融资申请,中国银行审查同意后与申请人签订进口代收融资合同;

➢申请人向中国银行提交包括发票、提单、进口合同等全套单据;

➢中国银行审查同意后,于付款日对外付款。

21. **进口双保理(以中国银行为例)**

(1)进口双保理的含义

进口双保理是指中国银行应国外出口保理商(不包括非FCI成员的中国银行海外机构)的申请,为某一特定的进口商核定信用额度,从而向出口商提供应收账款催收、资信调查、坏账担保等服务。

按是否将应收账款转让通知债权人分为公开型进口双保理与隐蔽型进口双保理。

(2)进口双保理的特点

◆充分利用优惠付款条件,扩大营业额。由中国银行承担进口商的信用风险,促成进出口双方以信用销售方式签订合同,从而使进口商能充分享受信用销售的实惠,以有限的资本购进更多的货物,加快资金流动,扩大营业额。

◆节约成本,简化手续。保理费用一般由出口商承担,进口商省却了开立信用证和处理烦琐文件的费用,购买手续简化,进货快捷;同时,保理商提供账户管理和应收账款催收服务,减轻进口商的业务负担,节约管理成本。

◆规避卖方履约风险。进口商在货到之后验收付款,有效避免信用证项下卖方欺诈、履约风险。

◆进口双保理业务一般不需要中国银行提供融资。

(3)进口双保理适用的客户

我方进口商占强势地位,不愿以信用证等方式向出口商提供信用支持,而希望以赊销等信用销售方式进行交易。

(4)进口双保理的申请条件

申请进口双保理要满足以下条件:

➤依法核准登记,具有经年检的法人营业执照或其他足以证明其经营合法性和经营范围的有效证明文件;

➤拥有贷款卡;

➤拥有开户许可证,并在中国银行开立结算账户;

➤具有进出口经营资格;

➤在中国银行有授信额度。

(5)进口双保理的办理流程

办理进口双保理的流程如下:

➤应出口保理商/出口商申请,中国银行对进口商进行初步信用评估,核定信用额度并报价;

➤中国银行与进口商签订《进口保理协议》,并向出口保理商正式批复信用额度;

➤出口商按中国银行规定向进口商签发《Introductory Letter》,并在发货出单后将应收账款通过出口保理商转让给中国银行;

➤中国银行向进口商就应收账款进行定期催收;

➤进口商到期付款,中国银行将相应款项付给出口保理商;

➤如在发票到期日后90天进口商仍未付款,也没有提出争议,中国银行对出口保理商做担保付款;如果进口商提出争议,中国银行将暂时解除担保付款义务直至争议解决,中国银行将协助进出口商解决争议,并根据争议的处理结果采取相应的措施。

22. 汇出汇款融资(以中国银行为例)

(1)汇出汇款融资的含义

在货到付款结算方式下,中国银行凭汇出汇款项下的有效凭证和商业单据代进口商对外垫付进口款项的短期资金融通。

(2)汇出汇款融资的功能

用于满足进口商在汇出汇款项下的短期资金融通需求。

(3)汇出汇款融资的特点

◆减少资金占压。利用银行资金进行商品进口和国内销售,不占压任何资金即可完成贸易、赚取利润。

◆把握市场先机。帮助进口商在无法立即支付货款的情况下及时取得物权单据、提货、转卖,从而利用有利行情抢占市场先机。

◆提高议价能力。通过将付款期限由远期改为即期,或相应缩短远期付款的期限,可以帮助进口商提高对国外出口商的议价能力。

◆节约财务费用。可根据不同货币的利率水平选择融资币种,从而节约财务费用。

(4)汇出汇款融资的利率

融资利率按中国银行对贸易融资业务的利率授权执行。

(5)汇出汇款融资的适用客户

汇出汇款融资适用以下客户：

➢进口商遇到临时资金周转困难，无法按时付款；

➢进口商在付款前遇到新的投资机会，且预期收益率高于融资利率。

(6)汇出汇款融资的申请条件

申请汇出汇款融资要满足下列条件：

➢依法核准登记，具有经年检的法人营业执照或其他足以证明其经营合法性和经营范围的有效证明文件；

➢拥有贷款卡；

➢拥有开户许可证，在中国银行开立结算账户；

➢有进出口经营权；

➢客户在中国银行有授信额度。

(7)汇出汇款融资的业务流程

办理此业务的流程如下：

➢中国银行应进口商申请为其核定授信额度；

➢进口商向中国银行提交汇出汇款融资申请书；

➢中国银行代进口商对外垫付融资款项；

➢进口商到期向中国银行付款，用以归还融资款项。

23. 杂币进口汇利达

(1)杂币进口汇利达的含义

在进口结算业务项下，中国银行应进口商的申请，凭其提交的人民币保证金或人民币定期存款存单作为质押，为其以支付币种以外的其他币种(以下简称“杂币”)办理进口押汇或汇出汇款项下融资(以下统称“进口融资”)，以融资币种套换支付币种对外付款，同时要求客户在中国银行办理一笔同期限的融资币种远期售汇交易，并约定到期由中国银行释放质押的人民币保证金或人民币定期存款存单交割后归还进口融资款项。该项产品组合由人民币保证金或人民币定期存款、杂币进口融资、融资币种与支付币种套汇和融资币种远期售汇4部分组成。

(2)杂币进口汇利达的特点

与常规“进口汇利达”业务相比，“杂币进口汇利达”业务选择远期贴水较多、融资利率较低的币种，一方面减少远期购汇的人民币支出，另一方面降低融资成本，扩大了业务叙做空间，从而更为有效、灵活地满足客户降低经营成本，提前锁定汇率风险与业务收益的需求。

24. 进口汇利达

(1)产品说明

进口汇利达是指在进口结算业务项下，应客户的申请，中国银行凭其提交的保证金或人民币定期存款存单作为质押，为其办理进口押汇或汇出汇款项下融资(以下统称“进口融资”)并对外支付，同时要求客户在中国银行办理一笔远期售汇交易，并约定到期由中国银行释放质押的保证金或人民币定期存款存单交割后归还进口融资款项。该项业务由保证金或人民币定期存款、进口融资和远期售汇3部分组成。

(2)产品功能

帮助进口商利用人民币升值趋势节约购汇成本，在叙做时即可预先确定收益水平。

(3)产品特点

进口汇利达是中国银行为帮助进口商在贸易活动中抓住外汇市场有利时机，有效控制财务成本而专门打造的一个灵活适用、独具特色的贸易融资新产品。它通过贸易融资和外汇交易相关业务的组合和运用，能帮助进口商在不需要额外授信、不增加操作环节、不产生任何风险的情况下，巧妙转换付"汇"时点，有效利用外汇市场的变化趋势节约购汇成本，为企业增加"利"润贡献，进而实现生意发"达"。

(4)利率

贸易融资利率按中国银行制定的利率授权执行。

(5)适用客户

在人民币升值趋势下，希望规避汇率风险，节约购汇成本的进口商。

(6)申请条件

申请该业务要满足以下条件：

➢依法核准登记，具有经年检的法人营业执照或其他足以证明其经营合法性和经营范围的有效证明文件；

➢拥有贷款卡；

➢拥有开户许可证，并在中国银行开立结算账户；

➢具有进出口经营资格；

➢在中国银行有授信额度；

➢在中国银行或其他金融机构无不良信用记录。

(7)办理流程

办理此业务的流程如下。

◆办理进口汇利达业务前，进口商与中国银行事先签署《远期结售汇、人民币与外币掉期总协议》并向中国银行提交足额人民币保证金或人民币定期存款存单进行质押。如办理保证金质押项下进口汇利达业务，进口商与中国银行事先签署《保证金质押总协议》。

◆进口商逐笔提交《远期售汇申请书(进口汇利达业务专用)》及贸易售、付汇所需材料，中国银行审核相关材料后与进口商逐笔签署《进口融资合同》。

◆办理进口融资后，中国银行根据客户的指示对外支付款项。

◆在远期售汇业务交割日当天，中国银行释放人民币保证金或人民币定期存款存单项下已质押的资金进行头寸的交割，除用于交割归还进口融资本息之外的人民币余额部分(如有)退还客户。

第 2 章　企业如何防范风险和应对贸易壁垒

1. 汇率风险

由于人民币不是国际结算货币,企业在进出口业务中,订立合同时通常需要选择外币作为计价和结算货币。进出口合同的履行需要一定的时间,从签订合同到最终结汇完成交易少则几十天,多则几个月,在这段时间里汇率是不断变化的,由此带来的汇率风险可能会造成损失。为此,有必要关注汇率和汇率风险防范问题。

(1)汇率

汇率(Exchange Rate,Rate of Exchange)也称为汇价或外汇牌价,是指一国货币兑换另一国货币的比率,是以一种货币表示另一种货币的价格。如某日欧元/美元汇率是 1.472 7,它的意思就是 1 欧元可以兑换 1.472 7 美元;又如美元/人民币汇率是 6.826 5,它的意思就是 1 美元可以兑换 6.826 5 元人民币。按国际惯例,通常用 3 个英文字母来表示货币的名称,因此上述汇率可以表示为 EUR/USD1.4727,USD/RMB6.8265。

汇率的最小变化单位为点,即最后 1 位数的数字变化。按市场惯例,外汇汇率的标价通常由 5 位有效数字组成,从右边向左边数,第一位称为"×个点",第二位称为"×十个点",依此类推。如:1 欧元 = 1.457 0 美元,1 美元 = 110.42 日元,欧元对美元从 1.457 0 变为 1.457 5,称欧元对美元上升了 5 点,美元对日元从 110.42 变为 110.00,称美元对日元下跌了 42 点。

(2)外汇牌价

外汇牌价见表 4.2.1。

表 4.2.1　某日中国银行公布的外汇牌价

交易币种	交易单位	卖出价	现汇买入价	现钞买入价	中间价	基准价
美元(USD)	100	683.99	681.25	675.79	682.62	682.90
港元(HKD)	100	88.24	87.90	87.20	88.07	88.11
日元(JPY)	100	7.659 3	7.598 2	7.363 6	7.628 8	7.574 7
欧元(EUR)	100	1 002.87	994.88	964.17	998.875	996.59

在我国,外汇牌价采取以人民币直接标价方法,即以一定数量的外币折合多少人民币挂牌公布。每一种外币都公布 3 种牌价,即外汇买入价、外汇卖出价、现钞买入价。

卖出价是银行将外币卖给客户的牌价,也就是客户到银行购汇时的牌价,如以上外汇牌价中,100 美元的卖出价为 683.99 元人民币。因为银行持有外汇同样承担汇率风险,所以外汇卖出价一般高于买入价,即企业购汇牌价要高于结售汇牌价,两者的差价为银行的风险补偿。

买入价则是银行向客户买入外汇或外币时的牌价,它分为现钞买入价和现汇买入价两种。现汇买入价是银行买入现汇时的牌价,以上外汇牌价中,100 日元的现汇买入价为 7.598 2 元人民币;而现钞买入价则是银行买入外币现钞时的牌价,以上外汇牌价中,100 欧元的现钞买入价为 964.17 元人民币。现钞指的是存放于个人手中的外币现金,现汇指存放于银行账户当中的外币存款，与现钞相比，银行可以节省一定的现金保管和海外调运费用，故其价格可以更高些。

中间价，指银行通过外管局的基准价制定本行牌价的标准，一般是本行现汇买入价与卖出价的平均数。基准价是中国人民银行公布的中间价，其他商业银行可在基准价基础上，按照人民银行规定的浮动范围制定自己的买入、卖出价。只有主要货币如美元、英镑、欧元、日元、港元等才有基准价。

进出口企业在核算成本、对外报价、结汇等过程中都要了解汇率。汇率每天都在变化，可以通过访问开户银行的网站查询汇率，通过电视、报纸等媒体的财经专栏以及一些专门分析汇率的网站了解汇率变化情况，以便及时防范汇率风险。

(3)汇率风险

在国际贸易中，汇率风险是指进出口企业从合同签订并确定以外币计价之日起到货款交割日止的一段时间内，因外汇汇率变动引起的应收资产或应付债务价值不确定性而蒙受经济损失的可能性，这也称为贸易性汇率风险，它是最主要、最常见的汇率风险。

贸易性汇率风险是以外币计价进行贸易、非贸易业务结算和支付的一般企业所面临的风险。其主要表现是以即期或延期付款为支付条件的商品或劳务的进出口，在装运货物或提供劳务后货款或劳务费用尚未收支这一期间，外汇汇率变化所发生的风险；以外币计价的国际信贷活动，在债权债务尚未清偿前所存在的风险；待交割的远期外汇合同的一方，在该合同到期时，由于外汇汇率变化，交易的一方可能要拿出更多或较少货币去换取另一种货币。

例：我国某公司向国外出口一批设备，以美元计价，货价 1 000 万美元，签订合同时，1 美元 =6.83 元人民币，但 3 个月后结算时，1 美元 =6.82 元人民币，则该公司在结算时就损失了人民币 10 万元。再比如，一家进口企业计划以 6.8 元人民币购 1 美元的汇率购进 100 万美元用于进口商品，此商品进口之后在国内市场可销得 800 万元人民币，获利 120 万元。但如果在购汇交割时汇率涨到了 8:1，则企业的利润减少到零。如果汇率超过了 8:1，则原来计划有赢利的生意变成了亏损。这就是进出口的汇率风险。

贸易性汇率风险主要来自于从合同签订到未来结算日外汇汇率的变动，因此和所选择的付款方式有很大关系。即期付款方式下，由于从签订合同到结汇的时间间隔很短，一般情况下结算日汇率与交易发生日汇率相差无几，故汇兑损失为零。远期付款方式下，由于从签订合同到结汇的时间间隔较长，汇率变动的可能性较大，汇率风险较大。分期付款方式下，风险持续时间较长，随着外汇汇率的变化，各部分货款的汇兑损益会有所不同，汇率风险也较大。

(4)汇率风险的规避方法

1)调整业务结构来规避汇率风险

◆根据汇率的变化调整进口数量。在进口业务中，如果有较多的原材料和设备需要进口，当出口国货币升值的时候，可以减少进口，转为使用国内产品。如果必须进口可以通过选择与人民币汇率相对稳定的币种结算来减少汇率变动带来的风险。如果预计人民币升值，可以增加进口，以减少人民币支出，降低成本。

◆选择适当的计价货币。在进出口实务中，用来计价的货币，可以是出口国货币，也可以是进口国货币或双方同意的第三国货币，由买卖双方协商确定。但需注意的是，选择交易计价货币时应遵循如下原则：选择可自由兑换的货币，如欧元、英镑、美元、港币、日元等主要货币；为转移汇率风险，坚持付汇用软币（即贬值货币）、收汇用硬币（即升值货币）。对卖方来说，如果计价货币是硬币,支付货币是软币,基本上不会受损失,可起到保值的作用;如果计价货币是软币,支付货币是硬币,他所收入的硬币就会减少,这对卖方不利,而对买方有利。但在实际业务中,以什么货币作为计价货币,还应视双方的交易习惯、经营意图以及价格而定。如果为达成交易而不得不采用对我方不利的货币,则可设法用下述两种办法补救:一是在订合同时,即明确规定计价货币与另一种货币的汇率,到付款时,该汇率如有变动,则按比例调整合同价格;二是在可能条件下,争取订立保值条款,以避免计价货币汇率变动的风险。

◆调整结算期限。如果经营能力、市场控制能力和融资能力很强,在外汇市场剧烈变动的时候,可以提前或推迟结汇,从而避免损失。比如在出口业务中,近期美元对人民币汇率贬值,如果我方有足够的运营资金或者能够取得供货商的商业信用,可以推迟结汇,在汇率升值的时候再进行结汇。

◆收支冲销。也可以通过出口业务和进口业务来寻求一定的平衡,并且币种要匹配。例如企业通过出口赚取的外汇用于进口付汇,收、付汇均不需要进行外汇买卖,以此来寻找平衡,既规避汇率风险,同时又避免了买卖外汇差价给企业造成的利润流失。同样道理,与出口相关的费用,如国外运费、保险费、佣金等均以出口收取的外汇支付,而不要将出口货款结成人民币再购汇支付,便可以避免产生汇率风险及买卖汇差的损失。

◆提高报价。在企业收购出口货物价格或自行生产的产品成本不变的情况下,根据预计收汇时的汇率水平与外商洽谈来提高报价,以此降低换汇成本来回避汇率风险。比如,某出口企业最初给外商报价为100万元,当时汇率为1美元=6.8元人民币,但预计要等3个月才能收汇,预计收汇时汇率下降,企业可以根据汇率变动趋势,相应调整对外报价。

◆在合同中加列保值条款。当由于种种原因使在投标报价或出口结算中必须以客户所在国具有下跌趋势的货币结算支付或部分结算支付时,为减免汇率风险,在签订合同时应争取签订有关保值条款。该条款是指合同双方经协商同意,在签订合同中写明采用某种方式分摊未来汇率风险所造成的经济损失的条款。在合同中常可加列的保值条款主要有外汇保值条款、综合货币单位保值条款、物价指数保值条款及滑动价格保值条款等。

2)运用金融工具来规避汇率风险

◆远期结售汇业务套期保值。远期结售汇业务,是企业与银行协商签订远期结售汇合同,约定将来办理结汇或售汇的外汇币种、金额、汇率和期限,到期外汇收入或支出发生时,即按照该远期结售汇合同规定的币种、金额、汇率办理结汇和售汇。

远期结售汇业务主要功能是保值与避险,而绝非投机营利。为获得将来可能的赢利机会而放弃保值的做法才是一种投机,因此企业做远期结售汇业务的出发点应是避免可能的损失而不是追求可能的赢利。在实际业务中,进出口企业广泛使用的是这种方式。

远期结售汇业务的操作流程如下。

第一,银行报价。银行每日根据市场变动情况,制定远期结售汇汇率。

第二,企业申请。企业根据具体业务需要,在合理考虑市场行情后,与银行签订总协议并逐笔提交办理远期结售汇业务的书面申请。申请书为一式两份,同时企业要将业务的有效凭证、有效商业单据一并提供给受理银行。

第三,缴纳保证金。银行的远期结售汇业务需向客户收取保证金,保证金可以人民币或外币形式缴纳,保证金原则上不得少于远期交易金额的3%。

第四,延迟交割展期。若企业因履行贸易合同遇到困难,可在交割日之前的3个工作日向银行提出推迟交割的申请，推迟期限不得超过12个月。企业在按要求向银行提交新的远期结售汇申请书后，一笔新的交易合同正式形成。

第五，违约处理。如企业无法在交割日之前提交与远期结汇或售汇申请书中所列的外汇收支来源或用途相符的有效凭证，就构成违约，应承担由此给银行造成的损失。

例：某出口企业，预计在3个月之后有一笔100万美元的货款到账，目前3个月后的远期结汇汇率是6.30，该客户预期3个月后的即期汇率会低于6.30，比如可能会达到6.20。于是该客户可以做3个月的远期结汇业务，就锁定了6.30的结汇收入。账面上的收益为(6.30－6.20)×100万＝10万元人民币，相比用6.20结汇要好，这就避免了由于人民币升值过快造成的少收入的损失，达到了保值增值的目的。当然，也可能3个月后的即期汇率是6.40，这就需要企业及办理相关业务的银行工作人员，对汇率变动能够作出一个相对准确的判断。但不管怎样，公司均可以通过远期结汇价格锁定未来收入的人民币金额。

例：某进口企业，预计在1年之后陆续支付美元，于是在2009年10月14当天先后做2笔1年期的远期购汇业务，美元兑人民币远期购汇汇率为6.488 2，金额分别是720万美元和47万美元，交割日为2010年10月14日。由于在以后的时间里人民币远期贴水点的变窄，虽然即期汇率变化不大，但远期汇率产生了向人民币一定幅度贬值方向变化。2009年10月30日当天，交割日在2010年10月14日的远期购汇汇率到了6.659 1，该企业的账面赢利为(6.659 1－6.488 2)×(7 200 000＋470 000)＝1 310 803元人民币，即按照目前的远期汇率企业在购汇时少付约130万元人民币。看到了该项业务的利处后，该企业又在10月30日做了1笔430万美元的1年期的远期购汇业务，充分运用远期购汇来锁定成本套期保值。

远期结售汇可以有效地规避汇率风险，使收付汇时间在将来的某个时间，而汇率在当前确定，以便加强对未来经营的确定性；规避因汇市波动剧烈且方向难以确定而带来的外汇敞口头寸风险；同时，远期结售汇于当前锁定未来汇率，即锁定未来成本或收益，使进出口企业可以放心地进行远期贸易。

◆远期外汇买卖套期保值。远期外汇买卖是指银行与客户约定在将来某一特定日期按约定的汇率和金额进行外汇买卖交割的业务。远期外汇买卖也可分为固定期限的远期交易和择期交易。固定期限的远期交易，即交割日为确定日期。择期交易即客户可在规定的期限内选择任意一个工作日办理交割。通过远期外汇买卖，能够事先将外汇的成本或收益固定下来，但这也意味着交易双方在锁定了将来汇率变动不利于自己的风险的同时，也失去了将来汇率变动有利于自己而获利的机会。

例：某企业在2009年2月20日时确定3个月后，即2009年5月20日将收汇1亿日元，当日即期日元兑欧元汇率为158.97。考虑到日元有持续贬值的风险，该企业可与银行签订远期外汇买卖合同，约定在2009年5月20日将1亿日元按照3个月远期价格157.61(当日即期价158.97减远期扣点1.36)卖给银行，同时买入634 477.51欧元(1亿日元/157.61＝634 477.51欧元)。如果该企业不运用远期外汇买卖进行避险，等到收到货款的日期才进行即期外汇买卖，则在2009年5月20日欧元兑日元的即期市场汇率是161.98。该企业必须按照161.98的汇率水平卖出1亿日元，同时买入617 360.17欧元(1亿日元/161.98＝617 360.17欧元)。两种情形相比，由于企业做了远期外汇买卖，避免了17 117.34欧元的损失。

◆外汇期权套期保值。外汇期权买卖是一种权利的买卖。期权的买方有权在未来的一定时间内按约定的汇率向期权的卖方买进或卖出约定数额的外币,同时期权的买方也有权不执行上述买卖合约。为取得上述权利,期权的买方必须向期权的卖方支付一定的期权费。通过期权费的支付,期权的买方获得了今后是否执行买卖的决定权,而期权的卖方则承担了今后汇率波动可能带来的风险。这种方法适合那些使用欧元、日元等非美元外汇结算的进出口企业。

例:出口企业将要收一笔欧元,可以向银行支付一笔期权费,并与银行约定将来有权以约定价格1.33欧元兑1美元卖出欧元。如果到期市场欧元价格低于1.33,企业可以行使权利,用比市场高的价格卖出欧元;但如果到期欧元价格高于1.33,企业可以不行使期权,转而到即期市场上去卖欧元,只需要支付少量期权费用。这虽然增加了成本,但也给企业创造了选择的灵活性。

◆外汇期货套期保值。外汇期货是交易双方约定在未来某一时间,依据现在约定的比例,以一种货币交换另一种货币的标准化合约的交易,以汇率为标的,可以用来规避汇率风险,是一种有效的套期保值工具。但这种方法在国外使用较多,目前,我国进出口企业还很少使用。

例:我国某进口商从美国进口一套机械设备,预计3个月后必须买入100万美元现汇用于支付货款。签约时美元对人民币的卖出价是1美元=6.820 0元人民币。买入100万美元需花费682万元人民币。进口商认为这个价格可以接受,再多则无利可图。但是,有迹象表明,美元要升值,为避免美元升值增加人民币支出,锁定成本,该进口商选择利用外汇期货交易进行套期保值。他于7月1日买入10月份交割的美元期货合约8份,每份金额为125 000美元,8份正好100万美元,成交汇率是1美元=6.810 0元人民币,8份合约总价值为681万元人民币。3个月后美元卖出价上升为1美元=6.830 0元人民币,该进口商按此汇价购买100万美元,花费683万元人民币,比预期多支出了1万元人民币。在外汇期货市场上,3个月美元期货合约的汇价也上升至1美元=6.820 0元人民币,该进口商按此汇价卖出手中的8份美元期货合约,获利1万元人民币,弥补了在现汇市场的损失。

2. 信用风险

2008年9月,金融危机悄然袭来,众多企业、集团、金融机构陷入困境,甚至破产倒闭,越来越多的国家和地区受到影响。在这样的环境下,我国出口企业因订单锐减,交易受挫,越来越多的客户经营困难,无力偿债而面临更大的信用风险,有些企业"有订单不敢接"、"有订单无力接"。出口企业如何在危机中防范信用风险,继续开展外贸业务,成为企业面临的主要问题之一。出口信用保险可以帮助出口企业解决所面临的难题。通过投保信用保险,出口企业可以规避、转嫁风险,若客户拒付,由保险公司买单,从而促进了出口业务的发展。

出口信用保险以出口贸易过程中的信用风险为标的,是国家为了鼓励并推动本国的出口贸易,为出口企业承担由于进口国政治风险和进口商商业风险而引起的收汇损失的政策性险种。

(1)出口信用保险承保的风险

在我国,出口信用保险业务由中国出口信用保险公司(简称"中国信保",SINOSURE)承办。作为我国唯一的政策性出口信用保险公司,目前中国信保能够承保的风险分为商业信用风险和国家风险。其中商业风险包括买方破产、倒闭、违约风险以及买方拖欠货款、拒收货物、拒付货款、毁约导致合同无法执行等风险;国家风险包括买方国家外汇管制、贸易管制、撤销已颁发的进口许可证、颁布新的法律法令和规定,没收财产或延期付款以及战争、内乱、革命、暴动以及巨大自然灾害等。不能承保的风险包括货物运输保险、由商业保险负责的风险、汇率风险、被保险人(出口商)的过失或故意行为、被保险人(出口商)没有履行其义务、超过出口信用保险责任限额的损失、短期保险中的货物出运前风险等。

(2)中国出口信用保险公司开展的出口信用保险业务品种

1)短期出口信用保险

短期出口信用保险保障一年以内,出口商以信用证(L/C)、付款交单(D/P)、承兑交单(D/A)、赊销(O/A)方式从中国出口或转口的收汇风险。目前共有6个短期险品种。

◆综合保险。综合保险承保出口企业所有以信用证和非信用证为支付方式出口的收汇风险。它补偿出口企业按合同规定出口货物后,或作为信用证受益人按照信用证条款规定提交单据后,因政治风险或商业风险发生而直接导致的出口收汇损失。综合保险适保于从中国出口或转口的货物、技术或服务。

◆统保保险。统保保险承保出口企业所有以非信用证为支付方式出口的收汇风险。它补偿出口企业按合同规定出口货物后,因政治风险或商业风险发生而导致的出口收汇应收账款经济损失。统保保险适保于从中国出口或转口的货物、技术或服务。

◆特定买方保险。特定买方风险承保企业对某个或某几个特定买方以各种非信用证支付方式出口时面临的收汇风险。非信用证支付方式的付款期限为180天以内(可扩展至360天)。

◆信用证保险。信用证保险承保出口企业以信用证支付方式出口的收汇风险。它保障出口企业作为信用证受益人,按照信用证要求提交了单证相符、单单相符的单据后,由于政治风险或商业风险的发生,不能如期收到应收账款的损失。信用证保险适保于从中国出口或转口,支付方式为不可撤销的跟单信用证的货物、技术或服务。

◆特定合同保险。特定合同保险承保出口企业在某一特定出口合同项下的应收账款收汇风险,适用于较大金额的机电产品和成套设备等产品出口并以信用证方式结算的业务。特定合同保险适保于合同金额在200万美元以上,从中国出口或转口的机电产品或成套设备及配套技术或服务。

◆买方违约保险。买方违约保险承保出口企业以分期付款方式签订的商务合同项下因买方违约而遭受的出运前和出运后的收汇损失风险。它不仅适用于机电产品、成套设备出口,而且适用于对外工程承包和劳务合作。其特点是商务合同中以分期付款为支付方式,且付款间隔期不超过360天。

2)中长期出口信用保险

本保险保障一年期以上十年期以内的100万美元以上的出口(预付款或现金支付比例不低于合同金额的15%,船舶出口的比例不低于20%)。目前,中国信保提供3个中长险品种。

◆出口买方信贷保险。出口买方信贷保险是指在买方信贷融资方式下,中国信保向贷款银行提供还款风险保障的一种政策性保险产品。在本保险中,贷款银行是被保险人,投保人可以是出口商、贷款银行或借款人,但一般要求贷款银行直接投保。

◆出口卖方信贷保险。出口卖方信贷保险是中国信保提供的一类政策性保险产品,它以扩大我国出口、保障企业收汇为目的,对因政治风险或商业风险引起的出口方在商务合同项下应收的延期付款损失承担赔偿责任,旨在促进我国市场多元化战略的实施,支持并推动我国高技术含量、高附加值的大型成套设备和机电产品出口的政策性险种。

◆再融资保险。再融资保险主要适用于银行或其他金融机构无追索权地买断出口商务合同项下的中长期应收款。从实际操作来说,无论出口商是否已投保过卖方信贷保险,原则上只要出口商在商务合同项下的履约义务已经履行完毕,并且其债权体现于一套可转让的中长期应收款凭证,就可以投保再融资保险。被保险人包括提供融资便利的本国金融机构和符合条件的外国金融机构。

(3)办理出口信用保险的流程

下面以短期出口信用保险综合险为例,简要介绍出口企业投保的基本流程(见图4.2.1)。

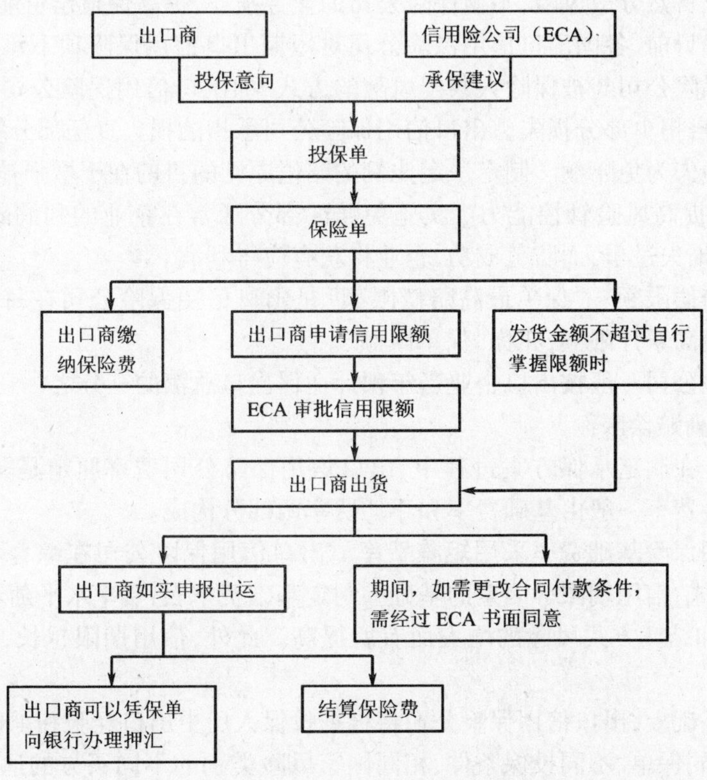

图4.2.1 企业投保的基本流程

1)填写投保单

◆出口业务分析。当出口企业有意向投保时,出口信用保险公司将会向出口企业积极推介业务,同时调查了解出口企业的出口历史、出口规模、出口产品结构和国别地区分布、与主要海外买方的交易历史以及出口信用保险需求等信息,帮助出口企业分析其出口业务所面临的风险,有针对性地提出风险管理建议。

◆产品选择。出口信用保险公司根据出口企业的出口结构和所面临的风险状况,向出口企业提出风险规避建议,并帮助出口企业选择最合适的出口信用保险产品和承保方案。

◆填写《投保单》。出口企业同出口信用保险公司初步达成投保意向后,出口信用保险公司的客户经理会指导出口企业填写《投保单》。

2)制定保险方案

出口信用保险公司在收到出口企业提交的《投保单》后,根据《投保单》所载投保条件,为投保企业制定承保方案,承保方案的具体条件体现在《保险单明细表》中。

《保险单明细表》主要内容包括适保范围、赔偿比例、最高赔偿限额、保险费率、申报方式、保单批注和争议解决方式等等。具体分析如下。

◆适保范围。短期出口信用保险通常强调统保原则,即拟投保的出口企业出口信用保险公司须将其适保范围内的所有出口全部投保。投保企业不得选择某一部门业务投保或某一买方投保,也不得仅挑选风险高的业务投保。参加统保可以帮助投保企业用可控的保险成本规避全部不确定的收汇风险,确保企业整体经营得到有效保障;而对出口信用保险公司来说,统保的保险责任可以自然分散风险,平衡保险公司的业务损益,提高保险偿付能力。

◆赔偿比例。目前,各国出口信用保险公司对短期出口信用保险项下承保风险所致损失均采用出口信用保险公司与被保险人共担风险的方式,即出口信用保险公司承担绝大部分损失责任,被保险人自担少部分损失。出口信用保险公司承担的损失责任部分统称为赔偿比例,被保险人自担的损失为免赔额。制定一定比例的赔偿原则的目的在于增强被保险人的风险意识,促进被保险人提高风险管控能力。实施免赔的部分通常在企业的利润限度之内,即便发生,企业也不至于损失过重,而防范成功,企业将获有应得利润。

◆保单最高赔偿限额。"保单最高赔偿限额"是出口信用保险公司在每一保险单期限内承担赔偿责任的最高累计限额,亦称"保单限额"。

出口信用保险公司一般按出口企业当年预计适保出口总额的三分之一到二分之一与出口企业约定"保单最高赔偿限额"。

◆费率厘定。在制定承保方案过程中,出口信用保险公司费率厘定是非常重要的一环。短期出口信用保险费率一般由基础费率和浮动费率两部分构成。

短期出口信用保险基础费率采用矩阵费率。出口信用保险公司在综合考虑国家(地区)风险类别、支付方式、信用期限等因素的基础上制定基础费率表,费率水平随着买方/银行所在国家(地区)风险和结算方式风险的增大而有所提高。此外,信用期限越长,费率水平也会越高。

在基础费率基础上,出口信用保险公司将根据投保人历史出口经验和承保记录,结合买方资信等因素,对不同保单、不同投保条件、相同国家风险类别的不同买方的适用费率进行浮动调整,对不同保单实施差别费率。

◆出口申报。"出口申报"是被保险人的具体出口业务从出口信用保险公司获得保险保障的重要环节。被保险人需逐笔将适保范围内的出口业务向出口信用保险公司申报,保险公司则依据被保险人的申报承担保险责任。出口申报方式有月申报、周申报和即时申报等。

◆保单批注等其他内容。保单批注是出口信用保险公司对保险方案所作的特殊规定,如扩大或缩小保险适用范围等,也可以是保险人要求对保单条款的修正和补充,被保险人需格外注意。

3)出具保险单

出口信用保险公司对出口企业所投保风险进行全面评估、为每一投保企业厘定费率并制定保险方案之后,即可签发保险单。

保险单是保险双方的法律契约,由封面、《被保险人声明》、《投保单》、《保险单明细表》、《条款》、《国家(地区)分类表》、《费率表》、《信用限额申请表》、《信用限额审批单》、《出口申报单》、《批单》及其他相关单证组成。保险单中各项内容都是经过保险双方约定的。自保险单生效之日起,保险双方均应按保险单的有关规定履行各自的责任和义务。

出口信用保险公司签发保险单后,会将《保单明细表》、《费率表》、《国家(地区)分类表》、《买方信用限额申请表》、《信用限额审批单》和《出口申报单》等单证提供给投保的出口企业。

4)申请信用限额

◆信用限额。“信用限额”是出口信用保险公司对被保险人向某一买方/银行以特定付款方式出口项下的信用风险承担赔偿责任的最高限额。信用限额包含支付条件、金额和生效时间3个基本要素,有时还需规定特别限制条件,如赔偿比例、有效期等。

与其他商业保险不同,短期出口信用保险所承担的最高保险责任并不是实际出口金额,而是以信用限额为最高赔偿责任额。当实际损失金额小于有效信用限额时,保险赔偿责任=损失金额×保险单规定的赔偿比例;当实际损失金额大于或等于有效信用限额时,保险赔偿责任=有效信用限额×保险单规定的赔偿比例。

信用限额需要逐笔审批。审批信用限额是出口信用保险公司承保工作的核心环节,出口信用保险公司依据被保险人的限额申请,对与此相关的风险因素作专业风险评估,最终将可接受的风险程度折换成可赋予具体买家或银行的信用上限,即信用限额,并以批准该信用限额为标志,承担相应风险责任。出口信用保险公司通过对信用限额的科学审批,确立承保责任、控制和平衡风险。

出口信用保险公司所批准的信用限额一般为可循环使用限额。

◆信用限额的循环应用。对某一买方/银行的信用限额一经批准,被保险人对该信用限额生效日后的出口便获得持续的保险保障。所批准的信用限额将在保险单有效期限内持续有效并可循环使用,直至保险人书面变更此限额时为止。

信用限额是个额度受限、可调配、周期性使用、动态的余额概念。它可以理解为被保险人在任何时间可以对某一买方保持应收账款的最高额度。

◆申请限额。信用限额是被保险人获得保险保障的依据,也是出口信用保险公司承诺保险责任的证明。因此,出口企业在接到出口信用保险公司签发的《短期出口信用保险综合保险单》后,应在执行出口合同前,就保险单适保范围内出口的每一买方及其银行向保险公司书面申请信用限额,并填写《买方信用限额申请表》。在填写《买方信用限额申请表》时,出口企业应按表上要求,将买方的情况、双方贸易条件以及所需的限额填写清楚。

5)限额审批

出口信用保险公司收到被保险人提交的信用限额申请后,将对买方/银行所在国家(地区)政治风险进行分析,然后在资信调查的基础上分别对买方/银行商业风险作出评估,如符合条件,将在总限额余额范围内审批买方信用限额。

◆国别风险分析。出口信用保险公司分析买方/银行所在国家(地区)政治风险时,会对该国(地区)政治、经济、法制环境、特殊贸易限制等因素进行综合评判,并着重注意买方/银行所在国家(地区)财政实力和外汇储备、政府的外汇管制措施以及与他国的关系等宏观因素,以便对该国(地区)国别风险作出综合评判。

◆买方资信调查。对买方进行资信采集主要有以下3个渠道。

第一,通过官方注册机构、商业登记机构了解买方基本注册信息,并通过资信调查渠道获取买方的资信资料。

资信调查渠道可以根据出口商或出口信用保险公司的委托,对进口商的历史背景、经营情况、财务状况等方面进行调查了解,并出具书面资信报告。常见的资信报告包括有买方注册信息、经营地址、公司性质和经营范围、隶属关系、业务规模、财务信息、主营业务、管理层信息、股权结构、历史沿革、关联公司、银行融资、法律诉讼、抵押及追账记录等信息，这些信息有助于出口商或出口信用保险公司全面、及时了解进口商的资信情况，快速、准确地作出商业决策，有效规避和转移风险。

第二，出口信用保险公司还可通过融资银行、行业协会、信用评级机构、商业公司数据库、驻外领事馆、新闻媒体和互联网、再保险人、商会等多个渠道获取买方所处行业以及买方相关公共信息。必要时，出口信用保险公司还会与买方直接联系，指派专业机构对买方进行现场拜访，直接从买方处获得第一手信息。

第三，通过被保险人获取买方最新财务报表、银行授信额度证明以及同买方的交易历史和收汇记录等。

◆买方/银行商业风险分析与评估。出口信用保险公司在对买方进行商业风险评估时，除了关注其所在国家风险外，还要对收集来的买方信息进行分析，了解其最新财务状况和经营情况，分析其短期偿债能力和长期发展趋势，预测潜在的信用风险。

◆买方总限额评定。买方或银行总限额是指出口信用保险公司对特定的买方或银行，根据其总体资信状况，通过风险评估核定累计最高授信额度。

出口信用保险公司对多方收集来的基础信息和数据进行甄别、更正和补充，对买方、银行进行信用等级评估。

买方总限额评定主要参考因素有买方所在国家（地区）的风险等级、买方企业性质、买方经营规模、买方所处行业和买方经营风险综合评估结果等。

出口信用保险公司通常都会通过设定买方风险评估模型，对买方风险给予评级并据此给予总限额。出口信用保险公司在评定买方总限额时，对正面或有利信息较多的企业可提高授信，对负面或不利信息较多的企业降低授信甚至不予授信。

在信用证支付方式下，由于开证行或保兑行承担第一付款义务，出口信用保险公司承保的也是信用证贸易项下开证行或保兑行的付款风险，因此，出口信用保险公司在核定银行总限额时，主要分析的是开证行或保兑行的信用状况，而不是买方的履约能力。

在审核开证行（或保兑行）的信用时，出口信用保险公司主要考虑如下几点：

➤银行的排名情况；

➤开证行或保兑行的资产规模；

➤开证行或保兑行的自有资本充足率；

➤开证行或保兑行在出口信用保险公司的历史记录等。

◆批复有效信用限额。信用限额是有限资源，出口信用保险公司对被保险人填写的《信用限额申请表》、《信用限额申请附表》以及提供的其他信息进行认真研究，根据买方风险评估结果和保险数据库中的承保记录，结合被保险人合同金额、出运时间和频率、最高单批金额、放账期、运输方式以及在途时间等，审慎判断被保险人在一个信用周期内所需要的放账额度，依据有效控制风险的原则，在总限额可授信余额范围内合理审批有效信用限额，以最小的金额和最好的支付条件恰如其分地满足被保险人的信用限额需求。

◆信用限额跟踪管理。出口信用保险公司审批信用限额后，买方/银行所在国家（地区）政治风险可能随时都会发生变化，而买方的偿付能力和付款意愿也会随着买方所处商业环境的变化而发生改变。为此，出口信用保险公司有必要建立一整套日常风险监控体系，对已批复信用限额的国家风险、买方所处行业风险以及买方自身经营风险进行跟踪管理。如果风险发生变化,出口信用保险公司出于风险控制和管理的需要,会对信用限额进行及时调整。当有不利事件发生时,出口信用保险公司会与相关被保险人联系,及时调整特定买方、特定国家或地区的信用限额,并协助被保险人采取有力措施,积极应对,避免损失扩大。

出口信用保险公司降低或撤销信用限额不影响信用限额被降低或撤销前已承担的保险责任。当信用限额被调整或撤销时,出口信用保险公司会在第一时间将信用限额调整或撤销结果通知被保险人,并要取得被保险人的确认回执。

目前,中国出口信用保险公司已建立大限额买方风险跟踪和防范机制,对单笔非证有效信用限额金额较大买方或某一买方项下累计有效信用限额较大金额进行专门跟踪和管理。对于大限额买方,在信用限额申请阶段,要调取更多的资信报告和财务信息,由专门的风险评议机构进行审议。在信用限额审批后,还会从多个渠道搜集买方资料,随时关注买方风险信息并及时进行分析。如果发现买方出现风险异动信号,公司会与被保险人及时进行沟通,并采取有效措施防范风险。

由于信用限额是稀缺有限资源,在审批限额的同时,出口信用保险公司也会密切关注被保险人已获批准信用限额的使用情况,对于经核实确为空置或使用不足的信用限额,出口信用保险公司有权书面撤销或降低该信用限额,以便最大限度地减少信用限额的空置和浪费。

6)出运申报与保费缴纳

◆出运申报。出口申报是保险公司在保单适保范围内对被保险人的每一笔出口承担保险责任并计收保险费的依据,也是被保险人应尽的义务之一。被保险人在出口申报时应尽量做到完整(单据要素填写完整)、真实(有实际出运,与各相关出运单据相符)和及时。

◆申报方式。一般可分为以下几种:月申报,周申报,即时申报。申报方式定明于《保险单明细表》中。被保险人应注意各申报方式的时间限制,根据《保险单明细表》的约定进行申报,以免没有按时申报而影响索赔权益。

◆出口申报单。被保险人应按照《保险单明细表》规定的时限要求填写《出口申报单》,向保险公司进行出运申报。《出口申报单》一般包括被保险人名称、保险单号、买方代码、合同付款条件、运输方式、出运日期、应付款日、商品名称(中文)、商品类别代码(海关)、发票号码、货币名称和发票总值等内容。

◆保费计算与缴纳。按照保单的规定,按时、足额缴纳保费,是被保险人的应尽义务之一,也是其获得相应风险保障的基本前提。保险公司按发票金额剔除预付款(申报时需说明)和《保险单明细表》列明的费率,计算保险费。

◆时限要求。保险公司一般每月集中寄送被保险人上月出口申报的缴费通知书。收到《保险费通知》后,被保险人应按照保单规定的时限足额缴纳保险费。如未在规定期限内缴纳保险费,将影响到被保险人申报的相关出口项下的索赔权益;如拖欠保费超过规定期限,保险公司将停止接受申报,更甚者,保险公司有权解除保单。

7)收汇确认及信用限额跟踪管理

为了及时了解出口项下应收货款的风险状况,一些保险公司定时与被保险人核对收汇状况,进行收汇确认。定期的收汇确认可帮助被保险人及时发现可能风险,尽早进行货款催收,以降低损失。及时的收汇确认可帮助被保险人摸清实际的限额占用量,避免盲目出运,造成超限额,丧失风险保障。及时的收汇确认可帮助被保险人及时发现逾期货款,以保证按照保单规定的时限向保险公司提交《可能损失通知书》，保障索赔权益。

◆收汇跟踪单。保险公司一般以《收汇跟踪单》形式向被保险人征询收汇。被保险人应及时填写并反馈收汇确认所需信息。在开通电子商务平台的情况下，被保险人也可通过网络进行收汇确认工作。

◆限额追加。收汇确认完成后，如发现剩余限额已不足安排继续出运，被保险人应及时向保险公司提出信用限额追加申请。

追加信用限额的申请视同申请新限额，被保险人需要重新填写买方信用限额申请表，并提供该买家的收汇记录和其他有利于提升买家资信的相关材料。

在提交追加申请时，应注意申请金额应是"希望增加到的金额"，而非"希望增加的金额"。追加申请获批后，原限额即失效。

(4)保单续转和保单终止

短期出口信用保险单有效期一般为一年，保险单有效期届满时可自动续转。

在保险单有效期到期前1个月，出口信用保险公司会对保险单有效期内的保单执行情况进行总结评估，从被保险人的履约率、投保率、风险集中度、限额批复率、限额使用率、可能损失率、未了责任金额、赔付率等多个角度对保单承保情况进行回顾，并按照续转保险单的费率测算模型，重新测算续转保险单的适用费率，调整承保条件。

如果被保险人对调整结果无异议，保险单在本期届满时将依新的承保条件续转，有效期为一年。

在保险单有效期到期时，出口信用保险公司或被保险人任一方有意终止保险单，均应提前通知对方解除保险合同。保险单终止并不影响终止日前出口信用保险公司按照保险单条款规定已承担的保险责任。

被保险人在保险单有效期内有权单方面解除保险单。

被保险人严重拖欠保费或在履行其规定义务方面有严重过错甚至有欺诈行为时，出口信用保险公司有权解除或撤销保险单。

如果保险单由于被保险人的原因解除，并不影响出口信用保险公司按保险单条款规定承担保险责任，出口信用保险公司已收保险费不予退还；但保险单因被保险人欺诈被撤销或解除，出口信用保险公司在该保险单项下的所有保险责任亦全部终止，已收保险费也不予退还。

(5)办理出口信用保险时需要注意的问题

1)申请限额时应注意的问题

合同一旦签订，应立即向保险公司申请限额。因为调查资信需要一段时间，包括内部周转时间、委托外国资信机构进行调查时间，有时长达1个月之久。

在限额未审批之前，如果合同有变更，应及时与保险公司联系。

如果合同方式是L/C或D/P或D/A支付方式，但出运选用空运方式或提单自寄，这样的风险已等同O/A风险，应申请O/A方式的限额。

由于保险公司只承担批复的买方信用限额条件内的出口的收汇风险，如果出口与保险公司批复的买方信用限额条件不一致，如出运日期早于限额生效日期、合同支付条件与限额支付条件不一致，保险公司将不承担赔偿责任。

2)办理出口申报应注意的问题

出口货物在装运时应及时填制《出口信用保险申报单》，向保险公司申报，并交纳保险费。

3)办理索赔应注意的问题

发现买方有信誉问题,在应付日后15日内未付,应及时向保险公司上报《可能损失通知书》,并采取一切可能措施减少损失。

对于买方无力偿还债务造成的损失,不得晚于买方被宣告破产或丧失偿付能力后的1个月告知保险公司。

对于其他原因引起的损失,不得晚于保单规定的赔款等待期满后2个月内提出索赔,否则保险公司视同出口商放弃权益,有权拒赔。总之,向保险公司索赔一定要做到单证齐全,否则影响出口商的经济利益,也使国家利益蒙受损失。

(6)出口信用保险投保实例

1)短期出口信用险投保实例

A公司与中国出口信用保险公司经过协商,签订了800万美元的统保保单,中国信保负责承保出口企业所有以非信用证为支付方式出口的收汇风险,补偿出口企业按合同规定出口货物后,因政治风险或商业风险发生而导致的出口收汇应收账款经济损失。2005年11月,与A公司合作多年的一个香港客户突然要求推迟一笔美元货款的还款期,企业多次催付,客户均答复以后慢慢还。A公司认为其无意还款,遂向保险公司报损,保险公司在查清情况后,最终进行了赔付。

2)中长期信用险投保实例

B企业出口巴基斯坦铁路客车项目,与业主签订了金额为9 189万美元的出口合同。其中预付款为12.5%,合同金额的87.5%,即8 040万美元以及宽限期利息985万美元,总计9 025万美元,业主采用延期支付的方式,延期支付的利息为2 961万美元。上述延付部分由业主开具24张银行本票,在12年之内每半年支付一次。

为规避收汇风险,经多次谈判后,B企业向中国信保投保了出口信用保险。保险公司的批单显示该项目的保险情况如下。①保险金额:11 986万美元(包括业主延期支付的本金8 040万美元、宽限期利息985万美元以及延期支付的利息2 961万美元)。②赔偿比例:90%。③保单最高赔偿金额:10 788万美元。④保单有效期:自保单签发日至最后一张本票到期日后的半年。⑤保险责任范围:买方或担保人破产;买方或担保人逾期6个月未支付商务合同下的应付款项;买方或担保人未按规定时间支付判决金;买方国家实施法律使买方有权不清偿债务;在中国境外发生政治事件、经济困境等,使买方不能或延迟支付资金;中国境外的任何政府作出决定或采取措施致使商务合同无法履行;中国境外发生的敌对行动、国内动乱和自然灾害致使商务合同无法履行。

通过投保出口信用险,此项目的收汇在很大程度上得到了保障,如果发生保单规定范围内的收汇损失,B企业将得到保险公司的赔偿。

3. 关税壁垒

关税壁垒是指用征收高额进口税和各种进口附加税的办法,限制和阻止外国商品进口的一种手段。随着贸易自由化的发展,尤其是在WTO框架下,关税水平逐渐降低,高额进口附加税成为发达国家限制进口的手段,其中反倾销税和反补贴税是两种主要的进口附加税。目前全球35%的反倾销调查和71%的反补贴调查针对中国出口产品。截至2008年,中国已连续14年成为遭受反倾销调查最多的经济体,连续3年成为遭受反补贴调查最多的经济体。仅自2008年11月以来,中国就遭受超过100项的贸易保护主义壁垒,占同期世界各国各地区采取的贸易保护主义措施的1/3,名列世界第一。1995 年1 月—2008 年6 月,我国企业累计遭受反倾销调查640 起,平均每年超过48 起,且逐年增高。2006—2007 年,每年均超过60 起,2008年上半年即达到37 起。2007 年我国又成为全球遭受反补贴调查最多的国家。仅2007 年一年,就遭遇到8 起反补贴调查。2008 年,对我国反补贴调查更是多达11 起。2009 年以来,美国对中国产品共发起10 起反倾销和反补贴合并调查,2 起反倾销调查,立案频率之高极为罕见。我国遭遇反倾销、反补贴数量多,反倾销税、反补贴税率高,涉及金额大,使我国企业已成为国际反倾销、反补贴的最大受害者。

(1)反倾销税

反倾销税是对倾销商品所征收的进口附加税。当进口国因外国倾销某种产品,使国内产业受到损害时,征收相当于出口国的国内市场价格与倾销价格之间差额的进口税,目的在于抵制倾销,保护国内产业。通常由受损害产业有关当事人提出出口国进行倾销的事实,请求本国政府机构再征。政府机构对该项产品价格状况及产业受损害的事实与程度进行调查,确认在进口国低价倾销时,即征收反倾销税。政府机构认为必要时,在调查期间,还可先对该项商品进口暂时收取相当于税额的保证金。如果调查结果倾销属实,即作为反倾销税予以征收;倾销不成立时,保证金予以退还。

WTO《反倾销协议》规定,对倾销产品征收反倾销税必须符合3 个基本条件:一是产品以低于正常价格的价格向进口国销售;二是销售数量猛增;三是销售的产品对进口国造成实质性的危害,且这种危害与倾销之间存在因果关系。

反倾销的最终补救措施是对倾销产品征收反倾销税。征收反倾销税的数额可以等于倾销幅度,也可以低于倾销幅度。而在实际中,发达国家反倾销税的征收幅度是很大的,从百分之十几到百分之几百乃至上千都有。

1)我国遭受反倾销的情况

在反倾销调查中,涉案产品多达4 500 余种,包括五矿、化工、机电、轻工、纺织、土畜产和医药保健品等。近些年来,较为典型的反倾销案有:2000 年美国对我国宝钢、鞍钢、武钢、安钢、本钢以及莱钢等6 家主要钢铁企业提起反倾销诉讼;2005 年针对我国纺织品的反倾销案,涉案金额达2 亿美元;同年欧盟对我国产皮鞋的反倾销调查案,涉案企业超过1 000 家,涉案金额高达6 亿美元;2006 年欧盟对我国彩电反倾销调查案,涉案企业包括厦华、海尔、海信、长虹、TCL 和创维,几乎将我国主要彩电生产企业一网打尽。现在除美国、欧盟等发达国家之外,印度、阿根廷等发展中国家也频频对我国发起反倾销调查。1995 年1 月至2008 年6 月,累计有29 个国家和地区(欧盟作为一个经济体)对我国出口企业发起过反倾销调查。

全球金融危机爆发之后,由于国际市场需求快速萎缩,各国企业都面临着争夺国际、国内市场的双重压力,许多国家为扶持和保护本国产业,防范国际市场萎缩导致的贸易转移,纷纷出台各种贸易保护措施,这使中国这个世界第三贸易实体和第二大出口国深受其害。

2009 年,美国、加拿大、印度、墨西哥等国均在对原产于我国的无缝钢管发起反倾销调查;欧盟、美国、印度、巴西、阿根廷等多个国家及地区分别对我国产的聚酯高强力纱、粘胶纤维等纺织原料展开反倾销调查;欧盟、阿根廷、印度等国家及地区对我国的铝合金轮毂、钢轮毂、前轴传动杆和转向铰链等汽车零件发起反倾销调查。

从发起反倾销调查的国家和地区来看,印度对我国发起反倾销的宗数最多,商品涉及钢材、化学品、纺织品、机电产品等多个领域。虽然美国和欧盟针对我国发起反倾销调查的宗数不及印度,但由于二者是我国重要的出口市场,在我国出口贸易中占有40%左右的份额,因此美国和欧盟的反倾销措施对我国出口的影响更大。

除新发起的反倾销调查外,2009 年还有多起针对我国的反倾销案件,并对其作出了最终征收反倾销税的裁定,其中影响较大的是:2009 年 1 月 31 日,欧盟宣布对我国产紧固件征收最高达 85%的反倾销税;2009 年 10 月 24 日,欧盟决定对产自我国的无缝钢管和铝箔征收为期 5 年的正式反倾销税,税率分别高达 39.2%和 30%;2009 年 11 月 5 日美国初步裁定对从我国进口的油井管征收最高达 99.14%的反倾销税,该案是迄今外国对中国反倾销反补贴最大案值的案件,涉案产品金额为 32 亿美元,涉案钢铁企业 90 余家,包括天津钢管、宝钢、鞍钢等主要国有大型钢铁企业。

2)我国出口企业屡遭反倾销的原因

◆出口企业国际营销战略的失误。长期以来,我国出口的大宗商品多是劳动密集型或技术含量低的产品,产品附加值小,在国际市场上一直处于过度竞争态势。受短期利益的驱动,不少企业为打入欧美市场,工作重点常常不是放在如何加快新产品开发以及提高产品质量和服务上,而是同行之间采用竞相压价"薄利多销"的营销策略,以低价抢占国际市场,扰乱了正常的外贸出口秩序,导致中国产品远远低于欧美本国及其他国家生产商的产品价格,从而很容易为外国提起反倾销指控制造借口。

我国出口企业大多缺乏对国际市场的深入调研和总体把握,单纯依赖低价战略打入国际市场的居多。出口企业对进口国的社会风俗、消费群体及其心理缺乏了解,忽视出口产品的技术创新和后续改进,只能以廉价销售。出口企业未能把握国际市场和进口国行情,没有及时调整出口商品的价格和数量,致使某些商品大量涌入进口国,增大了其对我国反倾销的可能。

◆我国企业对反倾销诉讼的消极应对。遭到反倾销调查时,我国企业经常出现无人应诉的局面,结果使对方不战而胜。企业缺乏反倾销应诉意识,并且应诉经费不足、反倾销专业人才匮乏等问题也导致企业应诉不力。越是如此,国外就越变本加厉,久而久之,又鼓励了国外相关产业的反倾销势头。比如在 1994 年,美国对我国大蒜进行反倾销调查时,就是由于没有我国公司应诉,结果我国被裁定了高达 376%的反倾销税,致使我国大蒜被迫退出美国市场。而且在大蒜反倾销案之后,由于起诉方律师看到了我国企业不愿应诉,又鼓动美国蜂蜜行业对我国提起反倾销诉讼,接下来是蘑菇罐头,导致了我国数亿元的损失。

3)我国企业应对反倾销的措施

◆企业必须提高出口产品的技术含量,以质取胜,避免遭受反倾销。产品价格是竞争的重要形式,但并不是企业出口产品价格越低越好。企业应提高出口产品的技术含量和附加值,大力开发自己的核心技术、核心产品,实现技术创新,以质取胜,避免遭受反倾销。为此,企业要认真研究各种重要的国际标准,如 ISO 9000、ISO 14000、SA 8000 族系认证等,保证出口产品在技术、安全、卫生、环保各方面接近或达到国际标准;要提高企业环保意识,大力开拓绿色环保市场;要突出产品非价格方面的特征,如产品的物理特征、质量内涵、分销渠道等,建立品牌形象,增强国际竞争优势。

◆积极应诉,充分准备。面对国外反倾销,只要事先了解情况,积极应对,做好充分准备,据理力争,就有胜诉的机会。具体应诉中,应积极寻求中国国际贸易促进委员会和各国家级行业协会帮助,在国内尽快报名应诉;聘请律师,并在律师的指导下,积极准备相关材料和证据;配合律师填写问卷,要求认真填写,按时递交;全面、充分、认真地进行准备,以便顺利通过核查;应利用法律赋予的权利,要求召开听证会,阐明有利于自己的论点,弥补调查问卷中的一些不足。

由于我国企业组织应诉不及时,决策太慢,往往错过抗辩的最佳时机。美国国际贸易委员会的初裁时间是45天,在这段时间内企业有很多事情要做,如组织应诉、查询海关资料、统计调查出口数量和金额等。欧盟案件时间则紧迫些,从立案到答卷只有40天时间,且全部使用英文,还要填写关于市场经济的问卷,工作量很大。由于应诉工作千头万绪,面广量大,时间紧迫,必须有一个强有力的专门班子,才能出色地完成任务。参加应诉的工作人员既要精通生产、销售、财务等环节的业务知识,充分了解本企业的实际情况,又要具备认真、严谨、不怕吃苦、能连续作战的精神。

◆与国内同行、政府以及非政府组织合作。国外针对中国的反倾销案中不仅仅是针对个别企业,而是针对所有中国企业而言的,因此我国企业必须联合起来,一致对外。这样做有两个好处:其一,可以壮大声势,对调查委员会施加压力;其二,可以降低单个企业单独应诉的涉案成本,关于这一点是不言而喻的。在某种程度上,反倾销是进口国和出口国之间的较量。因此,企业只有与政府、行业协会以及其他非政府组织通力协作才能有效地应对反倾销案件。处于国际化经营低层次的中国企业尤其需要重视这个问题。在欧盟针对中国彩电的反倾销案件中,中国政府和新闻媒体积极施加影响是促使欧盟最终与中国企业达成价格承诺协议的重要原因。

(2)反补贴税

反补贴税是对直接或间接接受任何补贴的产品在进口时所征收的一种附加税。反补贴税的目的在于为了抵消国外竞争者得到奖励和补贴之后产生的影响,从而保护进口国的制造商。这种奖励和补贴包括对外国制造商直接进行支付以刺激出口;对出口商品进行关税减免,对出口项目提供低成本资金融通或类似的物质补助,凡进口商品在生产、制造、加工、买卖、输出过程中所接受的直接或间接补贴和优惠,都足以构成进口国征收反补贴税的理由。国际贸易中要衡量政府补贴是非常困难的,因此反补贴税使国际贸易变得非常复杂。

1)我国企业遭遇反补贴的现状

从2004年开始,加拿大对华进口产品提起反倾销调查的同时,也提起反补贴调查,即"双反"调查。截至2009年3月底,加拿大已对我国发起8起"双反"调查,除了户外烧烤架案外,其他7案的涉案产品都被征收了反倾销税和反补贴税。美国2006年对原产于中国的铜版纸发起的"双反"调查,到2009年3月底,共对华发起13起"双反"调查,其中有9案的涉案商品都同时被征收反补贴税和反倾销税。从现有的对华反补贴调查来看,除了印度只发起了单纯的反补贴调查之外,其他都是和反倾销结合在一起的"双反"调查。对国外而言,这样做可以给国内产业提供双重保护,以便更彻底地限制中国相关产品的进口;对我国而言,则意味着双重打击。从涉案产品来看,钢铁产品和化工产品受调查次数最多。加拿大的8件"双反"案中有5件为钢铁类产品;而美国发起的13件"双反"案件中有6件涉及钢铁类产品,4起为化工产品。就在加拿大和美国对我国紧锣密鼓进行反补贴之后,澳大利亚、南非和印度从2008年开始也拿起了反补贴大棒。2008年3月26日,澳大利亚对原产于中国的卫生纸启动了首例"双反"立案调查。

2009年11月3日,美国商务部以存在政府补贴为由,初步裁定对中国输美金属丝网托盘实施2.02%~437.73%的惩罚性关税。

2009 年 11 月 6 日，美国国际贸易委员会对我国铜版纸作出反倾销和反补贴产业损害初裁，根据该肯定性裁决，美国商务部将继续对涉案产品进行反倾销和反补贴调查，并将于 2009 年 12 月 17 日和 2010 年 3 月 2 日分别对该案作出反补贴初裁和反倾销初裁。

2009 年 11 月 24 日，美国商务部作出终裁，以中国油井管存在补贴为由宣称将对相关产品实施 10.36% ~15.78% 的反补贴关税制裁。该案涉及金额约 27 亿美元，是迄今为止美对我国贸易制裁最大的一起案件。

2) 我国企业应对反补贴的措施

◆加强与有关部门和组织的联系，积极应对。企业应与相关政府部门和行业组织保持联系、加强沟通，在遭受反补贴时，可通过行业组织委托律师积极应诉，及时寻求政府的帮助，由政府出面与其他国家进行磋商，以保护自己的利益。从已有反补贴案件的裁决结果来看，那些积极有效应诉的企业得到的反补贴税要低得多，有些甚至可以得到零税率。反之，如果中途退出或者不积极配合的企业，就可能以“可获得的不利事实”裁定极高的补贴率。

◆自我完善，自我保护。应建立严格的财务制度，使之符合国际标准，以便在反补贴应诉时准确、有效地提供各类数据，进行自我辩护。

◆知己知彼，寻找新出路。企业作为参加国际竞争的微观主体，还应注重国际市场调研，了解其他 WTO 成员方出口相关产业的情况，做到知己知彼。此外，应注重开拓国际新市场，加快实施市场的多元化战略，力求分散市场，尽可能降低出口产品遭到外国反补贴的可能性。

◆增强产品竞争力。从根本上来说，企业须尽快从价格竞争模式转换为非价格竞争模式，运用商标、包装、公关、广告等多种非价格竞争手段提高出口产品的档次、附加值和技术含量，以出口产品多元化、优质化来增强产品的竞争力，而不是寄希望于国家的各类补贴、税收优惠等来获得竞争优势。

4. 非关税壁垒

随着经济全球化进程的加快，关税的保护作用逐渐削弱，非关税壁垒成为贸易保护的重要工具。所谓“非关税壁垒”，是指政府设置的关税措施以外的其他一切直接或间接限制外国商品进口以保护本国产业的各种保护措施的总称。非关税壁垒形式多样，隐蔽性强，近年来，技术标准上升为主要的贸易壁垒，我国 70% 以上的出口企业、40% 以上的出口产品都受到国外技术性贸易壁垒的限制，造成大量损失。2008 年被美国拒绝进口的中国产品多达 1 714 批次，其中 41.5% 是由于安全和卫生不符合标准而被拒绝进口的。绿色壁垒成为新的行之有效的贸易壁垒。比如，2005 年 11 月，日本依据新修订的《食品卫生法》，颁布了食品中农业化学品残留限量“肯定列表制度”，只有符合“肯定列表制度”要求的食品、农产品才能进入日本市场。我国食品农产品出口量的 32% 针对日本市场，此举无疑将严重影响我国对日贸易。非关税壁垒在国际贸易中的应用越来越多，而且处于不断变化之中，为此，在从事进出口业务的实战时有必要关注这些问题，以免造成损失。

(1) 技术性贸易壁垒

“技术性贸易壁垒”是以国家或地区的技术法规、协议、标准和认证体系（合格评定程序）等形式出现，涉及科学技术、卫生、检疫、安全、环保、产品质量和认证等诸多技术性指标体系，旨在检验商品是否符合这些技术法规和确定商品质量及其性能的认证、审批和实验程序所形成的贸易壁垒。由于这类“壁垒”大量的以技术的面目出现，因此常常会披上合法外衣，成为当前国际贸易中最为隐蔽、最难对付的非关税壁垒。欧美等发达国家依靠其所拥有的科学技术优势，采用其所能达到的标准来限制国外产品的进入，这一措施起到了明显的保护作用。

技术性贸易壁垒涉及贸易的各个领域和环节：农产品、食品、机电产品、纺织服装、信息产业、家电、化工医药，包括它们的初级产品、中间产品和制成品以及涉及加工、包装、运输和储存等环节。

我国出口企业受到技术性贸易壁垒的限制和冲击较大。特别是许多中小型企业，由于缺乏对目标市场技术环境的了解和适应，企业往往在国外新的技术法规、标准出台后遭受重大损失。目前，我国出口产品面对着形形色色的技术性贸易要求，包括农药在食品和农产品中的残留量、陶瓷产品的含铅量、皮革中 PCP 残留量、烟草中的有机氯含量、汽油的含铅量、机电产品和玩具的安全性指标、汽车的尾气排放标准、保护臭氧层的受控物质、包装物的可回收性指标、纺织品纤维及染料指标等等。

1）技术性贸易壁垒的分类

根据 WTO《技术性贸易壁垒协议》（以下简称《TBT 协议》）技术性贸易壁垒可以分为 3 类，即技术法规、技术标准和合格评定程序。

◆技术法规。技术法规是规定强制执行的产品特性或其相关工艺和生产方法，包括可适用的管理规定在内的文件，如有关产品、工艺或生产方法的专门术语、符号、包装、标志或标签要求。为防止包装及其废弃物可能对生态环境、人类及动植物的安全构成威胁，许多国家颁布了一系列包装和标签方面的法律和法规，以保护消费者权益和生态环境。

◆技术标准。利用技术标准作为贸易壁垒具有非对等性和隐蔽性。在国际贸易中，发达国家常常是国际标准的制定者。他们凭借着在世界贸易中的主导地位和技术优势，率先制定游戏规则，强制推行根据其技术水平定出的技术标准，使广大经济落后国家的出口厂商望尘莫及。而且这些技术标准、技术法规常常变化，有的地方政府还有自己的特殊规定，使发展中国家的厂商要么无从知晓、要么无所适从。

◆合格评定程序。合格评定程序是指按照国际标准化组织（International Organization for Standardization，ISO）的规定，依据技术规则和标准，对生产、产品、质量、安全、环境等环节以及对整个保障体系进行全面监督、审查和检验，合格后由国家或国外权威机构授予合格证书或合格标志，以证明某项产品或服务是符合规定的标准和技术规范。合格评定程序包括产品认证和体系认证两个方面：产品认证是指确认产品是否符合技术规定或标准的规定；体系认证是指确认生产或管理体系是否符合相应规定。当代最流行的国际体系认证有 ISO 9000 质量管理体系认证和 ISO 14000 环境管理体系认证。

2）金融危机后我国遭受技术贸易壁垒的现状

全球金融危机背景下，贸易保护主义进一步抬头，一些国家加大了技术性贸易壁垒的强度，纷纷采取各种技术性贸易措施保护本国利益和本国产品，给我国外贸出口带来了严重的影响。

2008 年，由美国金融海啸引起的全球金融危机使得当前的新贸易保护主义之风有愈演愈烈之势，该年度世界每天平均出台 8 项新的技术措施，这些措施的制定和实施，对于对出口有很大依赖性的中国产生了巨大的不利影响。国外技术性贸易壁垒正呈现出广泛性、合理性、隐蔽性、歧视性、灵活性、双重性、针对性、争议性等多个特点，而且不同的国家和地区、不同的利益集团、不同的目的、不同的政治用意使用不同形式的技术性贸易措施，使得当前技术性贸易壁垒变得更加广泛化、频繁化、复杂化和尖锐化。目前，技术性贸易措施被认为是继汇率之后企业在出口中遇到的主要障碍,受到广大外贸企业的高度关注。

根据国家质检总局2008年国外技术性贸易措施对中国出口企业影响的调查结果显示:2008年我国有36.1%的出口企业受到国外技术性贸易措施不同程度的影响(2007年为34.6%,2006年为31.4%,2005年为25.1%),全年出口贸易直接损失505.42亿美元(2007年为494.59亿美元,2006年为359.2亿美元,2005年为288.13亿美元)。对我国企业出口影响较大的国家和地区排在前五位的是欧盟、美国、日本、俄罗斯和拉美国家。影响我国工业品出口的技术性贸易措施主要是有毒有害物质限量要求、技术标准要求、认证要求、包装及材料的要求、产品的人身安全要求、环保要求等。影响我国农产品、食品出口的技术性贸易措施类型主要是食品中农兽药残留要求、食品添加剂要求、重金属等有害物质限量要求、细菌等卫生指标要求以及加工厂、仓库注册要求等。

以出口水产品行业为例,作为我国出口水产养殖主要基地,湛江地区近年来水产品出口持续稳步增长,2008年该地区水产品出口量高达12.8万吨、6.96亿美元,其中出口对虾7.3万吨、4.5亿美元,对虾出口量占广东的60%,占全国的1/4。然而,自2008年以来,层出不穷的国外技术性贸易措施令湛江地区水产品出口企业举步维艰。如美国、欧盟、韩国、俄罗斯等国外官方考察团多次到湛江地区考察出口水产业,考察成功与否直接影响我国水产品能否保持稳定的出口;还有日本实施的食品中农业化学品残留"肯定列表制度",在湛江水产品出口中就新增加了孔雀石绿、苏丹红、氟喹诺酮类、磺胺类等几十个检测项目;再有就是美国"自动扣检"措施的实施,更是给湛江出口水产业带来了严重影响,湛江虾产品运往美国如果被扣检,时间花费就要长达1~3个月,企业不但要支付每柜每种样品5 000美元的检验费,还要加上仓储费、打冷费等,每柜虾产品的成本起码要增加1万美元以上。在全球金融危机和国外各种技术性贸易措施的双重影响下,自2008年下半年以来,湛江地区水产品出口开始出现严重下滑,2009年前5个月湛江水产品出口量比去年同期更是下降了30%,湛江水产品出口形势异常严峻,水产品加工企业遇到了前所未有的困难。

3)进出口企业的应对措施

◆要充分利用WTO有关协议条款,坚决反对不合理的技术性贸易壁垒。作为WTO成员,我国企业应该认真研究WTO有关协议,健全应诉机制,不断提高企业自我保护能力。遇到技术性贸易障碍时,联合进出口商会、行业协会,通过商务部等有关部门,积极应对,通过合法的途径减少或消除技术性贸易壁垒所形成的障碍,争取最大的利益。

◆出口企业不应该把严格的技术标准看成是一种障碍,而应看成提高企业自身技术水平的机遇,加快企业技术创新步伐,努力提高技术水平,突破技术性贸易壁垒的障碍。有些技术性标准是我们可以通过努力达到的,这样一方面消除了技术壁垒,另一方面也提高了出口产品的质量水平,有利于提高商品竞争力。

◆企业在提高技术水平,加强经营管理,使出口产品符合较高的技术和质量要求的同时,还应积极申请如ISO、IEC(国际电工委员会)、ITU(国际电信联盟)等国际标准的认证以及与出口市场相关的产品认证。对于出口企业来说,取得相关资格是十分必要的。

(2)绿色贸易壁垒

绿色贸易壁垒是指国际贸易活动中,一国以保护环境为由而制定的,贯穿于产品的研制、开发、生产、包装、运输、使用、循环再利用等整个过程的环境贸易措施,并以这些措施的实施来阻止或限制某些外国商品的进口。

1)绿色贸易壁垒的表现形式

◆"环境标志"形式的绿色壁垒。"环境标志"也称绿色标志、生态标志,它由各国政府管理部门或民间团体按照严格的程序和环境标准颁发给厂商,附印于产品及包装上,以向消费者表明该产品或服务从研制、开发到使用直至回收利用的整个过程均符合生态和环境保护要求。由于环境标志制度所确立的环境标准相当高,厂商为达到环境标志的要求,其产品的生产须改变原材料成分及生产工艺才能打开市场。因此,环境标志制度在一定程度上讲就成为一种变相的贸易壁垒。

◆"绿色关税"形式的绿色壁垒。"绿色关税"又称"环境进口附加税",是指以保护环境为由,对一些影响生态环境的进口产品除征收一般关税外,再加征额外的关税。

◆"绿色检疫"形式的绿色壁垒。它是发达国家为达到限制进口外国产品的目的而制定的严格的卫生检疫标准。为保护国内消费者的利益,各国海关、商检机构都制定了不同的卫生检疫制度,对进口商品的品质进行检测和鉴定。发达国家往往把海关的卫生检疫制度作为控制从发展中国家进口的重要工具。他们对食品、药品的卫生指标十分敏感,如食品的安全卫生指标、农药残留、放射性残留、重金属含量、细菌含量等指标的要求极为苛刻,使一些发展中国家的某些产品难以达到其要求,阻碍了发展中国家产品出口。

◆"环保包装"形式的绿色壁垒。目前世界各国在环保包装方面采取的措施主要有如下几种。第一,以立法的形式规定禁止使用某些包装材料,例如立法禁止使用含有铅、汞、硝等成分的包装材料,不能再利用的容器,没有达到特定的再循环比例的包装材料等。第二,建立存储返还制度。许多国家规定,啤酒、软性饮料和矿泉水一律使用可循环使用的容器,消费者在购买这些物品时,向商店交存一定的保证金,以后退还容器时由商店退还保证金。有些国家还将这种制度扩大到洗涤剂和油漆等的生产和销售上。第三,制定强制包装物再循环或利用的法律,如日本的再利用法、新废弃物处理法等。第四,税收优惠或处罚,即对生产和使用包装材料的厂商,根据其生产包装的原材料或使用的包装中是否全部或部分使用可以再循环的包装材料而给予免税、低税优惠或征收较高的税赋,以鼓励使用可以再生的资源。

◆"绿色保护"形式的绿色壁垒。绿色保护就是通过各种法律对环境进行保护,使之达到食物天然化、环境绿色化、空气水源纯净化的绿色要求。目前国际上已签订了150多个多边环保协定,其中有将近20个含有贸易条款,旨在通过贸易手段达到实施环保法规的目的。各国对进口产品也竞相制定越来越复杂且严格的环保技术标准。其中食品的环境技术标准是最高的,各国政府尤其是日本、欧盟、美国等发达国家对食品中的农药残留量和有毒物质含量标准的规定到了近乎苛求的地步。

2)企业应对绿色贸易壁垒的措施

◆提高绿色环保意识,树立绿色营销观念。我国许多企业对于"绿色壁垒"毫无准备,对绿色产品的认识也仅仅处于刚刚起步阶段,对获得绿色证书的重要意义缺乏清醒、明智、紧迫的认识。例如,山东省冻鸡肉由于农药残留超标而失去国际市场,造成巨大的经济损失。为此,出口企业应树立全方位、全过程的环境管理新思想,从产品的研制、生产、包装、运输、销售、消费到废物的回收、再利用,每个阶段都要考虑环保问题,以适应国际贸易发展的新形势。

◆追求技术创新,实施绿色发展战略。绿色贸易壁垒实质是高技术壁垒,对企业来说,提高产品科技含量是突破绿色贸易壁垒的根本途径。首先,企业要认清市场发展趋势,增加科技投入,开发绿色产品。随着社会的发展,消费者在衣、食、住、行方面的要求越来越高,绿色需求日益扩大，绿色消费成为主导国际贸易的新潮流。要争夺国际市场，扩大出口，必须适应绿色消费潮流，大力发展有益于环境和消费者身体健康的绿色产品。其次，重视对传统产业的改造。通过改造产品设计、包装，提高产品质量，努力达到各种技术、安全、卫生、环保标准以及包装、标签要求。

◆加快环境管理系列标志认证工作。企业应对绿色壁垒最有效的武器是通过环境管理系列标志 ISO 14000 认证。这一认证就是对企业或社团的环境行为进行两个方面的规范和评价，它们分别是组织环境管理体系和产品环境标志制度。出口企业要深入了解 ISO 14000 认证的各项标准与要求，扎实做好企业各方面、各环节的工作，综合提高环境管理水平和能力，争取早日通过国际认证，适应国际市场“绿色”潮流。

◆实施绿色营销，塑造绿色形象。首先，搞好绿色品牌设计。在给绿色产品设计品牌名称时应融入绿色概念，一个好的绿色品牌名称有以下特征。首先，暗示产品类别，支持标示物和标示语，尽量将品牌名与自然风景区的名称、少污染或无污染的地名及其具有代表性的动植物联系起来。其次，重视绿色产品的广告宣传。在绿色产品的广告宣传过程中，应强调产品对环境的友好性，使广告不仅突出产品的绿色形象，刺激消费者的购买，而且获得现代公众的好感与共鸣。在进行绿色产品的广告宣传时，可以实施差别策略，最立竿见影的方法有如下两个。一是注重产品包装。许多产品的外包装如可口可乐纸杯等示意消费者用后投入垃圾箱内，这很容易使环保意识较强的消费者对企业产生好感。从发展趋势看，可回收、易拆解的部件或整机、包装物可翻新和循环利用的产品将成为绿色消费的一种选择时尚，这无疑为广告产品差别化策略提供了新的诉求点。二是在商品上附上“绿色标志”。绿色标志，标志着该商品不但质量符合标准，而且在生产、使用和处置过程中也符合环境保护的规定要求。目前绿色标志已逐步成为企业产品进入国际市场所必备的通行证。因此，企业应努力取得环境标志并在广告宣传活动中对其加以强调，以增加绿色品牌广告的说服力。

(3)特别保障措施

“特保”是“特定产品过渡性保障机制”和“特殊保障措施”的简称，是世界贸易组织(WTO)成员针对来自特定成员的进口产品采取的措施，即在 WTO 体制下，在特定的过渡期内，进口国政府为防止来源于特定成员国的进口产品对本国相关产业造成损害而实施的限制性保障措施。

《中华人民共和国加入 WTO 议定书》中规定：中国在向有关 WTO 成员国出口产品时，如果数量增加幅度过大，以至于对这些成员国的相关产业造成“严重损害”或构成“严重损害威胁”时，那么这些 WTO 成员国可单独针对中国产品采取保障措施。“特保”实施的期限为 2001 年 12 月 11 日至 2013 年 12 月 11 日。

例：中美轮胎特保案。2009 年 4 月 20 日，美国钢铁工人协会依据美国 1974 年贸易法第 421 条款，向美国国际贸易委员会提出对中国输美商用轮胎的特殊保障措施案申请，6 月 29 日，美国贸易委员会建议在现行进口关税(3.4% ~4.0%)的基础上，对中国输美乘用车与轻型卡车轮胎连续 3 年分别加征 55%、45%和 35%的特别从价关税。美国总统奥巴马在 2009 年 9 月 11 日决定，对从中国进口轮胎实施的惩罚性关税税率第一年为 35%，第二年为 30%，第三年为 25%。这是美国奥巴马政府对中国发起的首例特保调查的结果。

(4)社会责任标准贸易壁垒

1)SA 8000 标准

SA 8000 是规范社会道德行为的一项新的国际标准。SA 8000 要求企业在赚取利润的同时主动承担社会责任,目标是保护人类基本权益,改善全球工人的工作条件,确保企业所提供的产品符合社会责任标准要求,达到公平的工作条件的标准。SA 8000 属于非政府组织制定的民间标准,是企业社会责任领域的自愿性标准,与 ISO 9000 质量管理体系、ISO 14000 环境管理体系一样,是一套可被第三方认证机构审核的国际标准,也是全球首个道德规范国际标准。

SA 8000 标准是根据国际劳工组织(ILO)公约、联合国儿童权利公约及世界人权宣言制定而成的,主要内容包括童工、强迫雇佣、健康安全、结社自由和集体谈判权、歧视、惩罚性措施、工作时间、工资报酬及管理体系等 9 个要素。

◆童工:企业不应使用或者支持使用童工,应与其他人员或利益团体采取必要的措施确保儿童和应受当地义务教育的青少年的教育,不得将其置于不安全或不健康的工作环境和条件下。

◆强制雇佣:企业不得进行或支持使用强制劳工或在雇佣中使用诱饵或要求抵押金或寄存身份证件,企业必须允许雇员轮班后离开并允许雇员辞职。

◆健康安全:企业须提供安全健康的工作环境,对事故伤害的防护,健康安全教育,卫生清洁维持设备和常备饮用水。

◆结社自由和集体谈判权:企业尊重全体人员组成和参加所选工会并集体谈判的权利。

◆差别待遇:公司不得因种族、社会阶层、国籍、宗教、残疾、性别、工会会员或政治归属等而对员工在聘用、报酬、训练、升职、退休等方面有歧视行为。

◆惩罚措施:不允许物质惩罚、精神和肉体上的压制和言词辱骂。

◆工作时间:企业必须遵守相应法规,雇员一周工作时间不得超过 48 小时,加班必须是自愿的,雇员每周至少有一天的假期。

◆报酬:工资必须达到法定和行业规定的最低限额,并在满足员工的基本需求外提供一些可随意支配的收入。不应以惩戒的目的扣减工资。不得以虚假的培训计划规避劳工法。

◆管理体系:企业须制定一个对外公开的政策,承诺遵守相关法律和其他规定;保证进行管理的总结回顾,选定企业代表监督实行计划和实施控制,选择同样满足 SA 8000 的供应商,确定表达意见的途径并采取纠正措施,公开与审查员的联系,提供应用的检验方法,并出示支持的证明文件和记录。

SA 8000 标准是一个通用的标准,不仅适用于发展中国家,也适用于发达国家;不仅适用于各类工商企业,也适合于公共机构;另外,SA 8000 标准还可以代替公司或行业制定社会责任守则。SA 8000 重点推广领域包括零售业、跨国公司和劳动密集型产业,对整个价值链上的生产商、供应商、分包商都产生影响,覆盖面会越来越广。一旦企业取得了 SA 8000 认证,就等于取得了进入进口国的通行证,但通过第三方认证则要增加企业的沉重的负担。

SA 8000 形成了新的贸易壁垒,隐蔽而复杂,关系到技术、法律以及行政管理等各个方面,覆盖道德、社会和环境等广泛范围,具有介于合理与不合理的双重性。目前,该标准已被德、法、荷、美、意等国的部分跨国公司采用,并且针对中国生产性企业,先后制定准则或讨论协议,规定进口商应经过 SA 8000 授权或要求中国有关企业通过 SA 8000 认证,这无疑将对我国出口贸易造成巨大压力，进而形成极大阻力。

2）申请 SA 8000 的必备条件及程序

申请 SA 8000 要必备两个条件是：提供证明公司符合国家和地方的法律法规；对照 SA 8000 规定自测公司情况。一年内进入申请程序。

一旦论证评估机构接受了申请，该公司就成为 SA 8000 申请者。当对 SA 8000 做好完全准备之后，可着手安排一次评估前的预测，如需采取改进措施，会给公司充足时间按 SA 8000 标准改善人力资源、安全和管理措施。如有必要可延长申请人状态至 2 年。

预测通过后准备进入论证评估。一个经特别培训的当地评估小组会来到申请者的工厂（验厂）。他们了解当地法律、社会，与该企业的管理人员和工人说相同的语言。此时，申请者要全面提供工厂的历史记录，评估人员可自由地与雇员谈话，如果工厂运营的某些方面需要改进，评估机构会给机会补救。

评估小组肯定您的工厂完全符合标准后，发给 SA 8000 证书。证书有效期 3 年，每 6 个月复查一次。每 3 年需申请延长一次。

3）企业可采取的应对措施

借鉴国际经验，加强劳工保护，不断提高企业人力资源管理水平，注重激励机制多样化，最大可能地激发人力资源的创造性，这样可以建立国际公信力，培养消费者对企业和产品的正面感情，建立合作伙伴对企业的长期信心，也有利于突破国外对我国的壁垒。要密切关注 SA 8000 的发展动态，分析其可能产生的影响。同时企业要严格遵守我国现行法律法规，积极改善劳资关系。由于多数企业在劳动者权益保护和企业管理方面长期存在缺陷，甚至最基本的劳动法规都无法得到较好的遵守，由此一旦发达国家正式执行 SA 8000，可能会对中国出口企业及相关企业造成极大的打击，因而遵守我国现有的关于劳动保护的法规显得十分重要。

以上所涉及的仅为非关税壁垒的几种常见形式，非关税壁垒的形式多样，如通关环节壁垒，对进口产品歧视性地征收国内税费，进口禁令，进口许可，动物福利壁垒，政府采购中对进口产品的歧视，服务贸易方面的壁垒，与贸易有关的知识产权措施等等。这些都给进出口贸易带来了不同程度的影响，而且这些壁垒比较灵活，处于不断变化之中。为此，我们在进出口实战中要关注这些问题，及时采取措施规避损失和风险。

参考文献

[1] 黄泰山.出口营销实战[M].北京:中国海关出版社,2006.
[2] 吴百福.进出口贸易实务教程[M].上海:上海人民出版社,2006.
[3] 中国国际贸易学会商务培训认证考试办公室.外贸业务理论与实务[M].北京:中国商务出版社,2007.
[4] 全国国际商务专业人员职业资格考试大纲编委会.国际商务基础理论与实务[M].北京:中国商务出版社,2008.
[5] 陈国武.解读《跟单信用证统一惯例(2007修订本)第600号出版物》[M].天津:天津大学出版社,2007.
[6] 张志涛.外贸新手入门必读[M].广州:广东经济出版社,2009.
[7] 周红军.最新国际贸易结算管理与操作实务[M].北京:中国金融出版社,2005.
[8] 朱意秋.国际贸易结算新编[M].青岛:中国海洋大学出版社,2001.
[9] 薛荣久.国际贸易[M].北京:对外经济贸易大学出版社,2008.
[10] 姚新超.国际贸易保险[M].2版.北京:对外经济贸易大学出版社,2006.
[11] 施莱希特里姆,李慧妮.《联合国国际货物销售合同公约》评释[M].3版.北京:北京大学出版社,2006.
[12] 陈岩,于永达.解析贸易术语[M].北京:清华大学出版社,2005.
[13] (美)卡里.国际商务谈判[M].上海:上海外语教育出版社,2000.
[14] 李品媛.现代商务谈判[M].大连:东北财经大学出版社,2005.
[15] 余世明.国际商务单证实务[M].3版.广州:暨南大学出版社,2008.
[16] 徐景霖.国际贸易实务[M].8版.大连:东北财经大学出版社,2006.
[17] 鲍传萍.外贸业务解惑500例[M].北京:对外经济贸易大学出版社,2005.
[18] 左东.国际贸易理论、政策与实务[M].2版.北京:高等教育出版社,2006.
[19] 余心之,徐美荣.外贸单证实务[M].北京:对外经济贸易大学出版社,2005.
[20] 陈文培.外贸实务一本通[M].北京:中国海关出版社,2006.
[21] 刘丽.国际物流报关实务[M].上海:立信会计出版社,2006.
[22] 沈玉良,孙楚仁,凌学岭.中国国际加工贸易模式研究[M].北京:人民出版社,2007.
[23] 郭建宏.中国加工贸易问题研究[M].北京:经济管理出版社,2006.
[24] 沈志澄.国际加工贸易与补偿贸易[M].上海:上海科学技术文献出版社,2002.
[25] 刘心一,刘翠微.出口退(免)税手册[M].北京:经济管理出版社,2007.
[26] 王立军.加工贸易与贸易融资[M].北京:中国金融出版社,1996.
[27] 王光艳.加工贸易及保税政策法规大全(上)[M].北京:经济管理出版社,2003.
[28] 陈文培.加工贸易实务[M].北京:中国海关出版社,2004.
[29] 李鹏南.加工贸易与保税法律法规大全[M].北京:经济管理出版社,2003.
[30] 赵丽梅.信用证操作大全[M].北京:中国经济出版社,2002.

[31] 姜学军. 国际结算[M]. 大连:东北财经大学出版社,2005.
[32] 周一敬. 国际贸易操作规范与风险规避及案例分析[M]. 延吉:延边大学出版社,2004.
[33] 李金泽. UCP600 适用与信用证法律风险防控[M]. 北京:法律出版社,2007.
[34] 卓乃坚. 国际贸易支付与结算及其单证实务[M]. 上海:东华大学出版社,2005.
[35] 黄飞雪,李志洁. 跟单信用证统一惯例(UCP600)与 ISBP681 述评及案例[M]. 厦门:厦门大学出版社,2009.
[36] 关于审核跟单信用证项下单据的国际标准银行实务(ISBP) [M]. 北京:中国民主法制出版社,2003.
[37] 国际商会托收统一规则(URC522)[M]. 北京:中国民主法制出版社,2003.
[38] 陈文培. 外贸单证电子化实用指南[M]. 北京:中国海关出版社,2004.
[39] 唐涛,陈文培. 加工贸易实务(修订本)[M]. 北京:中国海关出版社,2004.
[40] 陈文培,谢道一,朱巨公. 外贸实务一本通[M]. 北京:中国海关出版社,2003.
[41] 洪雷. 新外贸企业与检验检疫[M]. 北京:中国海关出版社,2004.
[42] 陈文培,钟洪林,陈培芳. 现代物流师职业资格考试习题精解[M]. 北京:中国海关出版社,2004.
[43] 庄乐梅. 国际结算实务精要[M]. 北京:中国纺织出版社,2004.
[44] 周红军. 最新国际贸易结算管理与操作实务[M]. 北京:中国金融出版社,2005.
[45] 陈文培,汤兵勇. RFID 与物流和供应链管理[J]. 计算机应用与软件,2004 增刊 Vol. 21.
[46] 阮家栻,杨立平. 对外经济贸易实用大全[M]. 3 版. 上海:复旦大学出版社,1995.
[47] 纪洪天. 新编外贸会计——外贸会计及国际结算[M]. 3 版. 上海:立新会计出版社,2004.
[48] 黄维梁. 国际经济贸易实务[M]. 北京:高等教育出版社,2002.
[49] 陈文培. 电子商务员[M]. 北京:中国劳动社会保障出版社,2005.
[50] 陈文培. 助理电子师[M]. 北京:中国劳动社会保障出版社,2006.
[51] 陈文培. 外贸业务经理人手册[M]. 北京:中国海关出版社,2006.
[52] 龙永图. 世界贸易组织知识读本[M]. 北京:中国对外经济贸易出版社,1999.
[53] 姚大伟. 国际贸易单证实务[M]. 北京:中国商务出版社 2007.
[54] 杨立平. 进出口单证实务[M]. 北京:中国对外经济贸易出版社,2001.
[55] 中国国际货运代理协会. 国际货运代理基础知识[M]. 北京:中国对外经济贸易出版社,2005.
[56] 杨占林. 国际货物运输操作规程[M]. 北京:中国对外经济贸易出版社,2002.
[57] 童宏祥. 外贸单证实务[M]. 上海:华东理工大学出版社,2003.
[58] 吴百福. 国际货运风险与保险[M]. 北京:对外经济贸易大学出版社,2002.
[59] 原擒龙. 主商业银行国际结算与贸易融资业务[M]. 北京:中国金融出版社,2008 .
[60] 赵薇. 国际结算——国际贸易融资支付方法(英文版)[M]. 南京:东南大学出版社,2005 .
[61] 苏宗祥,徐捷. 国际结算[M]. 4 版. 北京:中国金融出版社,2008.
[62] 王铁军,胡坚. 中国中小企业融资 28 种模式成功案例[M]. 北京:中国金融出版社,2006.

[63] 蒋琴儿,秦定. 国际结算:理论·实务·案例(双语教材)[M]. 北京:清华大学出版社,2007.
[64] 黎孝先. 国际贸易实务[M]. 北京:对外经济贸易大学出版社,2007.
[65] 高海红. 全球视角下的人民币汇率(政策选择与风险防范)[M]. 北京:中国财经出版社,2008.
[66] 彭志源. SA8000 企业社会责任国际标准实施认证指南[M]. 银川:宁夏大地出版社,2003.
[67] 赵春明. 非关税壁垒的应对及运用:入世后中国企业的策略选择[M]. 北京:人民出版社,2001.
[68] 荆涛,耿宇亭. 利用出口信用保险应对次贷危机对我国出口企业的影响[J]. 2008,(10)
[69] 董长德,崔志惠. 质量管理体系认证企业如何追求卓越[M]. 北京:中国计量出版社,2007.